SERAPION VON THMUIS

ECHTE UND UNECHTE SCHRIFTEN
SOWIE DIE ZEUGNISSE
DES ATHANASIUS UND ANDERER

VON

KLAUS FITSCHEN

WALTER DE GRUYTER · BERLIN · NEW YORK

1992

∞ Gedruckt auf säurefreiem Papier,
das die US-ANSI-Norm über Haltbarkeit erfüllt.

Die Deutsche Bibliothek — CIP-Einheitsaufnahme

Fitschen, Klaus:
Serapion von Thmuis, echte und unechte Schriften sowie die
Zeugnisse des Athanasius und anderer / von Klaus Fitschen. —
Berlin ; New York : de Gruyter, 1992.
(Patristische Texte und Studien ; Bd. 37)
Zugl.: Kiel, Univ., Diss., 1989
ISBN 3-11-012886-1
NE: GT

ISSN 0553-4003

Printed in Germany

Satz und Druck: Arthur Collignon GmbH, Berlin
Buchbinderische Verarbeitung: Lüderitz & Bauer, Berlin

SERAPION VON THMUIS

ECHTE UND UNECHTE SCHRIFTEN
SOWIE DIE ZEUGNISSE
DES ATHANASIUS UND ANDERER

W
DE
G

PATRISTISCHE TEXTE UND STUDIEN

IM AUFTRAG DER

PATRISTISCHEN KOMMISSION

DER AKADEMIEN DER WISSENSCHAFTEN
IN DER BUNDESREPUBLIK DEUTSCHLAND

HERAUSGEGEBEN VON

K. ALAND UND E. MÜHLENBERG

BAND 37

WALTER DE GRUYTER · BERLIN · NEW YORK
1992

VORWORT

Die vorliegende Untersuchung ist im Jahre 1989 von der Theologischen Fakultät der Christian-Albrechts-Universität zu Kiel als Dissertation angenommen worden. Meinem Doktorvater und Lehrer Prof. Reinhart Staats danke ich an dieser Stelle für die Beratung und Förderung, die schon lange Jahre vor meiner Beschäftigung mit Serapion von Thmuis ihren Anfang nahm und mich fast mein ganzes Studium über hier und dort begleitete. Zu Dank verpflichtet bin ich auch der Patristischen Kommission der Akademien der Wissenschaften für die Aufnahme der Arbeit in die Patristischen Texte und Studien, ebenso allen, die die Drucklegung finanziell unterstützten: meinen Eltern und Schwiegereltern, der Vereinigten Evang.-Luth. Kirche in Deutschland und der Evang.-Luth. Landeskirche in Bayern.

Nürnberg, im Februar 1992   Klaus Fitschen

INHALT

A. EINFÜHRUNG IN DAS THEMA

„Serapion, der Bischof von Thmuis, der sich wegen der Schärfe seines Verstandes den Beinamen Scholasticus verdient hat, ein Freund des Mönches Antonius, veröffentlichte ein herausragendes ‚Buch gegen Mani' und ein anderes ‚Über die Überschriften der Psalmen' und nützliche Briefe an verschiedene Personen; und er ist unter Kaiser Constantius auch im Bekenntnis berühmt gewesen."

So prägnant spricht Hieronymus in De viris illustribus 99[1] über Serapion von Thmuis, und dieser erste Handbuchartikel ist in gewisser Weise bis heute prägend geblieben. Serapion hat seinen Platz in vielen Lexika und Handbüchern, er ist bekannt als Freund des Antonius, als Verfasser nennenswerter Werke, als Asket und als Bischof.

Nun haben sich die Gelehrten, gerade in den letzten 100 Jahren, mit diesem Lehrbuchwissen natürlich nicht zufriedengegeben. Neue Quellen wurden entdeckt, herausgegeben und in die Diskussion um Serapion eingeführt. Kennzeichnend für die Serapion-Forschung ist, daß es dabei meist bei Einzelergebnissen blieb, die zwar immer wieder neu in den Artikeln über Serapion zusammengefaßt wurden, aber viele Lücken und Unwägbarkeiten ließen, wo man gern mehr über die Zusammenhänge der Quellen und Zeugnisse gewußt hätte.

Dem editorischen Fleiß und der Grundlagenforschung Früherer verdankt diese Arbeit viel. Sie hat in erster Linie das Ziel, mehr über Serapion zu erfahren. Dazu ist eine weitere kritische Analyse der Quellen unerläßlich. Es zeigt sich bald, daß nicht alles, was bis heute Serapion von Thmuis zugeschrieben wird, auch einer Echtheitsprüfung standhält. Die Gliederung der Arbeit setzt die Ergebnisse meiner Echtheitsprüfungen voraus:

Serapion soll zuerst in seinen echten Schriften zu Wort kommen (B). Viele seiner Werke, darunter auch das von Hieronymus bezeugte über die Psalmüberschriften, sind verloren. Das „Buch gegen Mani" ist aber erhalten und verdient nicht nur vom Umfang her unsere Beachtung. Seine Analyse wird das bisher gültige Serapionbild erweitern und ihm zu schärferen Konturen verhelfen. Um dem interessierten Leser den Zugang zu diesem Text zu erleichtern, habe ich im Anhang meine Übersetzung beigegeben. Ganz andere Themen behandelt Serapion dann in seinen beiden einzigen vollständig erhaltenen Briefen.

Die unter Serapions Namen umlaufenden Fragmente (C) werden aus methodischen Gründen zusammen abgehandelt. Zwar können sie nicht

---

[1] Ed. E. C. Richardson, TU 14,1, Leipzig 1896, S. 47.

alle vorbehaltlos für Serapion in Anspruch genommen werden — von den
drei Katenenfragmenten erweisen sich zwei gar als unecht — doch lohnt
sich auch bei ihnen eine Einführung in den Inhalt und seine Hintergründe.

Von den unechten Quellen (D) sind einige schon durch die kenntnis-
reichen Arbeiten anderer ausgeschieden worden. Die Clavis Patrum Graecorum[2] bietet hierzu einen ersten Überblick. Auch das sogenannte Euchologium ist in den letzten Jahren einer intensiven Diskussion ausgesetzt
gewesen. Es hat aber neben dem Werk und der Person Serapions immer
eine Sonderstellung gehabt, so daß die Ablehnung einer genuinen Autorschaft Serapions das bisherige Serapionbild kaum verändert. Schwerer
wiegt die Streichung der Epistula ad Monachos aus dem Werkregister:
Die Vorstellung vom "Mönch" Serapion verblaßt dadurch etwas. Was der
"Mönch" Serapion sein sollte — ein Anachoret? ein Koinobit? — ist im
übrigen nie klar definiert worden.

Dieses und andere Probleme versuchte Martin Tetz mit seinem Aufsatz
über Serapions Bedeutung für die Abfassung der Vita Antonii zu erhellen
(E)[3]. Seine Untersuchung ist eine entscheidende Anregung für die Entstehung der vorliegenden Arbeit gewesen. Die Überprüfung seiner interessanten These an Serapions Werk und der Vita Antonii leitet über zur
Bearbeitung der Sekundärquellen.

Die äußeren Zeugnisse über Serapion (F) sind zu einem erheblichen
Teil Werke des Athanasius. Sie erlauben Rückschlüsse auf Serapions Stellung in den dogmatischen Kontroversen seiner Zeit. Auch die äußeren
Zeugnisse müssen auf ihre Datierung und ihren Inhalt hin untersucht
werden. Dies dient — besonders bei den Athanasiusbriefen — immer dem
Zweck, den kirchen- und theologiegeschichtlichen Hintergrund aufzuhel-
len, vor dem sich Serapion dann wenigstens in Umrissen abhebt.

Neben den Zeugnissen, die zweifellos Serapion von Thmuis betreffen,
haben sich im Laufe der Forschungsgeschichte und der Hagiographie noch
einige angesammelt, die unserem Serapion zu Unrecht zugeordnet worden
sind (G).

Alle diese Überlegungen zu Fragen der Echtheit, der Datierung und
des Inhalts haben, wie schon gesagt, das Ziel, mehr über Serapion zu
erfahren. Hierin hat die spröde Kleinarbeit an den Quellen ihren Sinn.
Abschließend sollen die Ergebnisse zu zwei Skizzen über den Lebenslauf
und die Dogmatik Serapions zusammengesetzt werden (H).

Beginnen wir nun mit der Untersuchung des Manichäertraktates, in
dem wir viel über Serapions theologische Anliegen und seine Methode
erfahren.

---

[2] M. Geerard, CPG Bd. 2, Turnhout 1974, Nr. 2485—2504.
[3] M. Tetz, Athanasius und die Vita Antonii. Literarische und theologische Relationen,
ZNW 73, 1982, S. 1—30.

B. ECHTES

I. SERAPION ADVERSUS MANICHAEOS

1. *Einleitung*

Der Serapion von Thmuis zugeschriebene Traktat gegen die Manichäer ist bisher wenig beachtet worden. Der Manichäismus ist vordergründig gesehen ein Spezialproblem, und was an Serapion theologisch interessierte, war die Frage seiner Einordnung in die christologischen und pneumatologischen Auseinandersetzungen seiner Zeit.

Der Traktat gegen die Manichäer aber ist das Hauptwerk unter den erhaltenen Schriften Serapions und hat somit für die Nachzeichnung seines theologischen Profils erhebliche Bedeutung. Man wird angesichts der speziellen Intention dieses Werkes mit ihm den Theologen Serapion nicht vollständig beschreiben können; es geht aber auch nicht an, den Manichäertraktat als ein Spezialproblem zu übergehen und Serapion vorzuwerfen, er habe das — christologische — Thema seiner Zeit verfehlt[4].

Es ist deshalb angebracht, das Werk zuerst für sich sprechen zu lassen; es soll bei dieser einführenden Untersuchung immanent und im Kontext anderer antimanichäischer und manichäischer Quellen verstanden werden. Auch die Geschichte des Antimanichäismus wäre ein Beitrag zur Theologiegeschichte, insofern auch in ihr die recht verstandene christliche Lehre verteidigt und präzisiert wird. Der Theologe Serapion ist als Vertreter einer antihäretischen Front — und der Manichäismus gibt sich ja durchaus „häretisch" — zu respektieren, auch wenn seine Wirkung auf diesem Gebiet nicht die Augustins und anderer erreicht hat. Die folgenden Abschnitte sollen eine Einführung in Serapions Werk bieten, noch keinen vollständigen Kommentar[5]. Da die von Serapion behandelten Themen meist durch die Lehre der Manichäer vorgegeben sind, habe ich vor allem seine Angaben über die Lehre der Gegner anhand anderer Quellen zu

---

[4] G. Bardy hat diesen Vorwurf angesichts der Lehrbriefe des Athanasius an Serapion in das Zugeständnis gekleidet, „qu'il était capable à l'occasion de s'intéresser aux vrais problèmes théologiques" (Art. Sérapion de Thmuis, DThC Bd. 14,1, Paris 1939, Sp. 1910).

[5] Ich lasse deshalb auch die im Anhang beigegebene Übersetzung unkommentiert. Hinweise zur Gliederung und zum Inhalt gebe ich in B. I. 6. Ich zitiere Serapions Werk nach der Edition von R. P. Casey, Serapion of Thmuis against the Manichees, HThS 15, 1931.

verifizieren versucht und dabei seine Darstellung und Widerlegung nach thematischen Komplexen gegliedert.

Vor dieser inhaltlichen Auseinandersetzung aber müssen einige äußere Fragen geklärt werden, die die Autorschaft, die Geschichte der Rekonstruktion des Textes und seine räumliche und zeitliche Einordnung betreffen.

2. Autorschaft und äußere Zeugnisse

Die Autorschaft Serapions für ein antimanichäisches Werk ist gut bezeugt, wie auch in den Handschriften die Zuschreibung des vorliegenden Textes an ihn eindeutig ist. Daß Serapion von Thmuis den Manichäern literarisch entgegengetreten sei, findet noch im 4. Jhd. prominente Beglaubigung.

Der erste Zeuge ist Epiphanius. In seinem Panarion nennt er unter den Bestreitern des Manichäismus auch Serapion von Thmuis[6].

Den zweiten Beleg liefert Hieronymus, der unter Serapions Werken ein „Adversus Manichaeum egregius liber" aufzählt[7].

Zitate aus dem Werk bietet nur Facundus von Hermiane[8] im 6. Jhd. Er zitiert das Incipit „Dissolvit errorem veritas" und auch einen kurzen Abschnitt aus dem Inneren des Traktates[9]. Facundus überliefert den Text in einer Version, in der er ihn für seine christologischen Interessen adaptieren kann: Während Serapion allgemein von der Wandlungsfähigkeit menschlicher Verhaltensweisen bei gleichzeitiger Unveränderlichkeit des äußerlichen Wesens spricht („Wenn ich den Menschen betrachte, erkenne ich wieder, wie er beschaffen ist. Wenn ich aber sein Verhalten in Augenschein nehme, werde ich befremdet", XVII,1 f), bezieht Facundus diese Aussage auf Jesus: „Wenn ich den Menschen Jesus sehe, erkenne ich, wie beschaffen er ist". Zu diesem Textproblem kommt hinzu, daß Facundus den Traktat irrtümlich für ein Werk des Athanasius hält. Diese Zuschreibung hat sonst aber keinerlei Anhaltspunkte.

Die letzten Belege bietet Photius. In seiner Bibliothek greift er auf Heraklian von Chalkedon zurück, der in seinen „Zwanzig Büchern gegen die Manichäer" diejenigen Autoren aufzählt, die vor ihm gegen die Gottlosigkeit Manis geschrieben hätten. Unter ihnen nennt er auch Serapion

---

[6] Panarion 66,21,3, ed. K. Holl, GCS 37, Leipzig 1931, S. 49, Z. 2.

[7] De vir. ill. 99 (s. Anm. 1). Zu Hieronymus vgl. auch Anm. 154 und den zugehörigen Text.

[8] Ad Iustinianum XI,II,14, ed. I.-M. Clément, R. Vander Plaetse, CChr.SL 90A, Turnhout 1974, S. 336 f.

[9] Dieser entspricht in Caseys Edition XVII,1—XVIII,2. In XVII,4 hat Facundus das zweite σῶμα ausgelassen, in XVIII,1 τί οὖν ἐροῦμεν. XVIII,1f ist frei übersetzt.

von Thmuis[10]. Photius selbst führt in seinem Werk Contra Manichaeos Serapion neben anderen als Gegner der Manichäer auf[11].

Diese äußeren Zeugnisse weisen also Serapion als Autor eines antimanichäischen Werkes aus, und nichts spricht dagegen, daß es sich um den vorliegenden Text handelt.

3. Die Geschichte der Rekonstruktion des Textes

Der Manichäertraktat Serapions ist bis vor etwa hundert Jahren nur sehr verkürzt bekannt gewesen: Unter Serapions Namen waren nur die ersten 25 und etwas mehr als das letzte Kapitel des Buches bekannt[12], außerdem ein kurzes Fragment[13].

Die Geschichte der Rekonstruktion des vollständigen Textumfangs soll hier nur zusammenfassend wiedergegeben werden, da sie seit dem Erscheinen der von Robert Pierce Casey im Jahre 1931 erstellten Edition ein zwar interessantes, aber nunmehr abgeschlossenes Lehrstück editorischer Arbeit ist. Die Arbeiten von August Brinkmann und Casey[14], auf die ich hier im wesentlichen zurückgreife, zeichnen diese Geschichte ausführlich nach; sie markieren neben der Edition des Manichäertraktates des Titus von Bostra durch Paul de Lagarde die wichtigsten Stationen der vollständigen Rekonstruktion des Textes.

Möglich war diese Rekonstruktion, weil der uns heute bekannte restliche Text von Serapions Werk nicht verloren, sondern durch Quaternionenvertauschung in den Manichäertraktat des Titus eingegangen war. Beide Schriften wurden ab dem 17. Jhd. wiederholt aus einer Handschrift der ehemaligen Hamburger Stadtbibliothek ediert. Die letzte Edition des Titus-Textes durch De Lagarde stammt aus dieser Handschrift. De Lagarde

---

[10] Bibliotheca Cod. 85, ed. R. Henry, Bd. 2, Paris 1960, S. 9, Z. 11. Nach Henry, Anm. 1, ist der terminus ante quem für Heraklian seine Erwähnung durch Sophronius von Jerusalem im 7. Jhd.

[11] I,11, PG 102, 32 f.

[12] Diese Fassung wurde zuletzt ediert in PG 40, 900—924 (nach der Edition Gallandis in Bibliotheca Veterum Patrum, Bd. 5, Venedig 1769). 900—921C (inc. ἐπιλύει τὴν πλάνην; des. τῇ ἀρχῇ τῶν) entspricht Casey I,1—XXV,16. 921C—924 (inc. τῆς πονηρίας ἱστῶν; des. μνηστευόμενοι) entspricht LIII,56—LIV.

[13] Aus Codex Coislinianus 279, fol. 139 (inc. φήσομεν οὖν; des. πεποιημένοι). Ediert von J. B. Pitra in Analecta Sacra II, Tusculum 1884, S.XL und Analecta Sacra et Classica V, Paris/Rom 1888, S. 48. Der Text entspricht Casey XXVII,3—7. Dieses Fragment ist wie der Abschnitt bei Facundus redigiert: Nach der Abtrennung vom Kontext, in dem von den guten und bösen Früchten der ontologischen Grundwurzeln die Rede ist, wurde das unverständliche καρπούς durch ἀργούς ersetzt.

[14] A. Brinkmann, Die Streitschrift des Serapion von Thmuis gegen die Manichäer, SPAW 1894, S. 479—491. R. P. Casey, The Text of the Anti-Manichaean Writings of Titus of Bostra and Serapion of Thmuis, HThR 21, 1928, S. 97—111. Casey hat sich auch in der Einleitung zu seiner Edition geäußert (s. Anm. 5), S. 3 f.

nun bearbeitete zur gleichen Zeit auch die syrische Version des Titus-Traktates, die im Gegensatz zur griechischen alle 4 Bücher des Werkes umfaßt[15]. Mit Hilfe dieses Vergleichstextes erkannte er, daß die griechische Fassung eine längere überschüssige Passage enthält, die er als Interpolation ansah und deshalb seiner griechischen Titus-Edition nur als Appendix anfügte. Brinkmann entdeckte dann, daß die Hamburger Handschrift eine in Genua aufbewahrte Vorlage hat[16], in der die von De Lagarde ausgeschiedene Appendix genau den 3., 4. und 5. Quaternio einnahm. Im 3. Quaternio waren Blätter vertauscht worden, außerdem war ein Blatt verlorengegangen[17]. Das Hauptproblem aber war durch eine Quaternionenvertauschung verursacht worden: Der 2. Quaternio, der den Schluß von Serapions und den Anfang von Titus' Werk enthält, gehört eigentlich erst hinter den 5. und die nachfolgenden[18].

Somit war klar, daß De Lagardes Appendix nichts weiter war als der Hauptteil von Serapions Manichäertraktat, der allein durch technische Fehler mit dem Titus-Text vermischt worden war. Nachdem Brinkmann die Blatt- und Quaternionenvertauschungen behoben hatte, war Serapions Streitschrift bis auf ein Blatt wiederhergestellt.

Vollends bestätigt wurde diese Rekonstruktion durch eine genaue Begutachtung des Codex Athos Vatopedi 236 (12. Jhd.), in dem Casey den Serapion-Text vollständig und in richtiger Ordnung fand[19]. Die Handschrift vom Athos und die in Genua stammen von einem gemeinsamen Archetyp ab[20]. Der Athoscodex hat auch eine Bedeutung für die Ergänzung des griechischen Textes des Titus-Traktates: Er enthält die früher nur bis Buch III,7 bekannte griechische Fassung bis einschließlich III,29[21].

---

[15] Titi Bostreni quae ex opere contra Manichaeos edito in codice Hamburgensi servata sunt graece, Berlin 1859. Im gleichen Jahr veröffentlichte De Lagarde: Titi Bostreni contra Manichaeos libri quatuor syriace (2. Aufl. Hannover 1924).

[16] Aus dieser Handschrift hatte Francisco de Torres schon Anfang des 17. Jhd. den Serapion-Text ins Lateinische übersetzt, danach war sie aber in Vergessenheit geraten. Sie befindet sich in der Biblioteca della Missione Urbana: Cod. gr. 37 (auch: 27), plut. 31.6.8, 11. Jhd. In Caseys Edition ist dies die Handschrift „G". Pitra hatte 1888 in Analecta Sacra et Classica V, S. 48 f die Varianten der Genueser Handschrift gegenüber dem in PG 40 edierten Text aufgeführt.

[17] Brinkmann, Die Streitschrift (s. Anm. 14), S. 486 f.

[18] Brinkmann, S. 489 f. Auf den Quaternionen steht in armenischen Ziffern die richtige Reihenfolge (S. 490 f).

[19] In Caseys Edition ist dies die Handschrift „V".

[20] Casey, The Text of the Anti-Manichaean Writings (s. Anm. 14), S. 104. Aufgrund dieser gemeinsamen Abstammung haben beide Handschriften auch an der gleichen Stelle eine Lücke (XII,14).

[21] P. Nagel hat den über De Lagardes Edition hinausgehenden Teil ediert: Neues Griechisches Material zu Titus von Bostra (Adversus Manichaeos III,7—29), Studia Byzantina II (Hg. J. Irmscher, P. Nagel), BBA 44, Berlin 1973, S. 285—350. Casey bemerkt zu den

Bei der Arbeit mit dem Manichäertraktat Serapions darf also nur die Edition von Casey herangezogen werden. Dabei sollte berücksichtigt werden, daß die biblischen und die manichäischen Zitate unvollständig gekennzeichnet sind, so daß die Anführungszeichen im Text gelegentlich irreführen.

Nachdem nun die äußeren Grundlagen des Textes geklärt sind, soll auch kurz der historische Hintergrund dargestellt werden, auf dem er zu sehen ist. Dieser Hintergrund ist der Manichäismus im Ägypten des 4. Jhd.

4. Der Manichäismus in Ägypten

Serapion gibt eine grundsätzliche, anscheinend durch keinen konkreten Anlaß bedingte Widerlegung der manichäischen Lehre. Diese war schon zu Manis Lebzeiten bis in das römische Imperium und bald auch nach Ägypten vorgedrungen. Im Jahre 270 erreichten die manichäischen Missionare Alexandria[22].

Die erste christliche Reaktion auf diesen Vorstoß ist ein am Ende des 3. Jhd. verfaßter Brief, in dem vor manichäischer Propaganda und besonders vor der manichäischen Verachtung der Ehe gewarnt wird. Das Schreiben stammt wahrscheinlich von Bischof Theonas von Alexandria (285−290)[23]. Um die Jahrhundertwende erließ Diokletian ein Edikt, das die Manichäer als Anhänger der persischen Religion anklagt[24]. In der gleichen Zeit melden sich in der Philosophenschule des Alexander von Lycopolis Manichäer zu Wort und berichten von ihrer Lehre. Ebenfalls aus Lycopolis (Asyut) stammt der sogenannte Kölner Mani-Codex, der viel Material über das Leben Manis enthält. Lycopolis war gerade im 4. Jhd. ein Zentrum des ägyptischen Manichäismus[25].

---

bisherigen Editionen des griechischen Titus-Textes (The Text of the Anti-Manichaean Writings, S. 105): „The Text in Migne, P. G., XVIII,1070 ff., is a mass of confusion, and Lagarde's Text is at best an accurate copy of H, to which a few happy conjectures have been added" (H = Hamburgensis).

[22] Der wichtigste Missionar dieser Zeit war Adda. Die manichäischen Missionare hatten sich der palmyrenischen Armee angeschlossen, die in den Jahren 268 und 270 zwei Kampagnen gegen Ägypten unternahm. So M. Tardieu, Les Manichéens en Egypte, BSFE 94, Juni 1982, S. 8−11. Auf die Diskussion um die Namen der ersten Missionare soll hier nicht eingegangen werden, vgl. dazu Tardieu S. 12.

[23] Papyrus Rylands 469, ed. C. H. Roberts, Catalogue of the Greek and Latin Papyri in the John Rylands Library, Bd. 3, Manchester 1938, S. 42 ff. Vgl. Tardieu S. 10 und S. N. C. Lieu, Manichaeism in the Later Roman Empire and medieval China, Manchester 1985, S. 85.

[24] Vgl. hierzu Tardieu S. 11 und Lieu S. 91 ff.

[25] Zum Kölner Mani-Codex, der für einen Vergleich mit Serapion nichts erbringt, vgl. L. Koenen, Manichäische Mission und Klöster in Ägypten, in: Das Römisch-Byzantinische Ägypten (Aegyptiaca Treverensia 2), Mainz 1983, S. 93−95 (der Codex ist ediert in ZPE 19, 1975, S. 1−85; 32, 1978, S. 87−199; 44, 1981, S. 201−318; 48, 1982, S. 1−59).

In der ersten Hälfte des 4. Jhd. fand die neue Lehre in Ägypten weite
Verbreitung und wurde auch von christlichen Anachoreten angenommen.
Die Vita Antonii betont im 68. Kapitel, Antonius habe keine Freundschaft
mit den Manichäern gepflegt. Antonius selbst hebt, allerdings ohne auf
den Manichäismus Bezug zu nehmen, die von den Manichäern bestrittene
Bedeutung des alttestamentlichen Gesetzes hervor: Der Schöpfer drückt
darin seine Güte aus; es ist ein Helfer, das Gute zu tun[26]. Bei den
Anachoreten wird der Rat eines Christen an einen Manichäer überliefert:
„Gib das Gesetz dem Körper und du wirst sehen, daß der Körper dem
Schöpfer gehört"[27].

Neuerdings wird auch wieder die Frage nach einer religionsgeschicht-
lichen Ableitung der christlichen Koinobien aus manichäischen Kommu-
nitäten aufgeworfen. Schon der Missionar Adda soll klösterliche Gemein-
schaften in Ägypten gegründet haben: „Adda's foundations would have
predated the earliest Christian cenobitic communities by nearly half a
century and might have provided monastic founding-fathers like Pachomius with some sort of model"[28]. Wie frühere religionsgeschichtliche
Ableitungen leidet aber auch diese unter dem Mangel an positiven Anhaltspunkten und aufweisbaren Zwischengliedern, so daß sich auch in
diesem Falle nur Analogien, keine Genealogien aufweisen lassen. Überle-
genswert ist aber, ob die Manichäer nicht, bedingt durch die staatliche
Verfolgung, aus den Städten in die Wüste gingen[29], auch um dort den an
sie gestellten ethischen Anforderungen besser gerecht werden zu können.

---

[26] Lettres de Saint Antoine. Version géorgienne et fragments coptes, trad. G. Garitte, CSCO
149, Louvain 1950, Brief II,6 (S. 5); VII,8 (S. 28); entspricht in PG 40: 992C; 999A (dort
Brief IV bzw. VII).

[27] Apophthegmata Patrum, PG 65, 204A (Theodora). Diese Aussage erinnert an Serapions
Rat: „Vermische mit der Schöpfung das Gesetz, und du wirst das Geschaffene als etwas
sehen, das dem Schöpfer ähnlich ist, und es wird den Schöpfer nachahmen" (XVIII,20 f).

[28] Lieu, Manichaeism (s. Anm. 23), S. 145. So auch J. A. L. Vergote, Der Manichäismus in
Ägypten, in: G. Widengren (Hg.), Der Manichäismus, WdF CLXVIII, Darmstadt 1977,
S. 396 f. Die Angabe, Adda habe „Klöster" gegründet, findet sich aber nur in einem
mitteliranischen Fragment aus Chinesisch-Turkestan, Nachweis bei Vergote. Koenen,
Manichäische Mission und Klöster (s. Anm. 25), S. 102, zieht sogar die Linie Qumran-
klöster — Elchasaiten — Manichäer — christliche Klöster. Vgl. auch A. Vööbus, History
of Ascetism in the Syrian Orient I, CSCO 184, Louvain 1958, S. 109—137 (auch S. 169:
„the influence of Manichaeism remained in monasticism as a constitutive element") und
die Rezension dazu von A. Adam, in: K. Suso Frank (Hg.), Askese und Mönchtum in
der alten Kirche, WdF CCCCIX, Darmstadt 1975, S. 230—254 (S. 236: „Daß bestimmte
Züge gemeinsam gewesen sind, ist nicht mit einer Abhängigkeit des christlichen Mönchtums vom Manichäismus zu erklären, sondern genau umgekehrt").

[29] So G. Stroumsa, Monachisme et Marranisme chez les Manichéens d'Egypte, Numen 29,
1982, S. 190.

Die für die manichäischen Electi geltenden Regeln[30] ähnelten denen der christlichen Anachoreten und Koinobiten[31].

Die Manichäer sind in Ägypten also eine verbreitete Erscheinung, hier kursierten viele manichäische Schriften, von denen einige gefunden und ediert worden sind. Unter ihnen sind besonders die Kephalaia und die manichäischen Psalmen zu nennen, die zum Vergleich mit Serapions Angaben über den Manichäismus herangezogen werden sollen.

5. Datierung

Serapion gibt in seinem Werk keine Hinweise auf Zeit, Ort und Anlaß der Abfassung. Alle historischen Personen, die er nennt, sind biblisch oder Häresiarchen vergangener Zeiten: Valentin, Markion, Sitianus und Ophanius[32]. Manis Lehre ist das τελευταῖον ἔκτρωμα τῆς πονηρίας (III,21), seine Person aber und die seiner Missionare sind im Gegensatz zu anderen antimanichäischen Schriften nicht Gegenstand der Darstellung.

Casey und andere haben bei Serapion einen Hinweis auf die Anfänge des Reliquienkultes sehen wollen[33], denn Serapion sagt: „Ganz gewiß machten die Körper der Heiligen soweit Fortschritte, daß sie Ehre empfingen (τιμηθῆναι) und weder an göttlicher Kraft noch Fähigkeit leer wurden" (XI,1 f). Dafür führt Serapion Elisas lebendigmachenden Leichnam und den heilenden Schatten des Petrus als Beispiele an. Was es wirklich mit der Verehrung der Körper auf sich hat, verdeutlicht eine parallele Konstruktion in V,9—11: „Wenn die Körper aber soweit Fortschritte machen, so in Ehren stehen (τετίμηται) ... daß sie ein Haus des Schöpfers sind ...". Die Körper werden also nicht als Reliquien von Menschen verehrt, sondern haben ihre Ehre in ihrer Würdigung durch Gott. Somit

---

[30] Augustin, De moribus Manichaeorum X, 19, PL 32, 1353 kennt die Lehre von den tria signacula (oris, manuum und sinus), die sich gegen fleischliche Lüste, Zerstörung von Leben und Geschlechtlichkeit richten.

[31] Laut Ephräm sind die Werke und das Fasten der Manichäer dem der rechtgläubigen Christen gleich, nicht aber ihr Glaube: S. Ephraim's Prose Refutations of Mani, Marcion, and Bardaisan, ed. et trad. C. W. Mitchell, Bd. 1, London 1912, S. 184, Z. 28—34.

[32] III,19f. Σιτιανος und Ὀφανιος sind die von V und G gebotenen Lesarten. Casey konjiziert im Apparat Σηθιανος und Οφιανος. Serapion müßte diese beiden dann als Häresiarchen der Sethianer und Ophiten angesehen haben. Daß er den manichäischen Dualismus als eine Weiterentwicklung des valentinianischen bzw. sethianischen und ophitischen sah, verdeutlicht Kap. XXXIX f, wo die Valentinianer herausgegriffen werden. Vgl. hierzu die Beispiele aus anderen Schriften bei P. Alfaric, Les Ecritures Manichéenes, Bd. 1, Paris 1918, S. 7. Σιτιανος wäre durch Itazismus und Verschreibung des θ zu erklären. Späteren Abschreibern mögen die Namen nichts mehr gesagt haben, so daß der Namensfehler immer weiter überliefert wurde.

[33] Casey, Edition, S. 25; Bardy, Art. Sérapion (s. Anm. 4), Sp. 1911; J. Quasten, Patrology, Bd. 3, Utrecht 1963, S. 82.

kommt auch die Geschichte des Reliquienkultes nicht als Datierungshilfe in Frage.

Ein möglicher und häufig versuchter Zugang zu einer Datierung ist die Analyse des dogmengeschichtlich relevanten Vokabulars. Da Serapion in seinem Werk nur en passant auf die Christologie und Pneumatologie zu sprechen kommt, kann sich ein solcher Ansatz nur auf wenige Belege stützen. Als Vergleichsmaßstab wird meistens die ὁμοούσιος-Formel von Nicäa angeführt, gleichzeitig aber — mit guten Gründen — das 2. Viertel des 4. Jhd. als Abfassungszeit vorausgesetzt. Da die nicänische Formel zu dieser Zeit wieder ganz in den Hintergrund getreten war, überrascht es nicht, daß so kein aussagekräftiger Vergleich zu erzielen war[34].

Serapion verwendet den Begriff ὁμοούσιος ein einziges Mal: Die Apostel waren Erzeugnisse des Schöpfers, nicht »ὁμοούσια τοῦ πεποιηκότος« (XXVII,6). Die Acta Archelai verwenden den Begriff in ähnlicher Weise: „deus vero ... quid ei potest ex istis creaturis esse homousion?"[35]. In den Abschwörungsformeln ist vorgegeben: „Ich verfluche die, die sagen, die menschlichen Seelen seien mit Gott ὁμοούσιος"[36]. Serapion hat diesen Begriff also ganz spezifisch auf manichäische Vorstellungen angewendet und ihn somit, wie andere Autoren auch, unbefangen von christologischen Assoziationen gebraucht. Das Gleiche gilt für das in der Christologie zeitweilig strittige Attribut ἀγένητος: Serapion wendet es einmal auf den Schöpfer an (XXVII,7), nie aber auf den Sohn; sonst erscheint es nur im Munde der Manichäer, die so ihre Urprinzipien beschreiben. ἀγέννητος wiederum ist der Vater, γέννημα der Sohn (XLVIII,14—16).

Damit sind wir Serapions christologischer Terminologie auf der Spur: In Kapitel XXXIX berichtet er, die Valentinianer stellten den „rechtlichen" (δίκαιος — das Wort ist hier negativ gebraucht und bedeutet etwa „rechthaberisch" oder eben „rechtlich" —) Gott des Gesetzes dem gütigen Vater des Sohnes gegenüber. Serapion zeigt, daß das „Rechtliche" das Gute sei und auch der Sohn als der künftige Weltenrichter „rechtlich" sei. Dann aber, so Serapion, muß er auch von dem „rechtlichen" Gott des Gesetzes gezeugt worden sein; also ist dieser mit dem Vater des Sohnes identisch. »εἰ δὲ ὁ μονογενὴς μὲν τοιοῦτος, οὐ τοιοῦτος δὲ ὁ πατήρ, οὐκέτι ὅμοιος ἐξ ὁμοίου γεγέννηται«. Wenn hier eine Differenz besteht, ist der Sohn

---

[34] Casey zählt S. 24 f (Edition) einige theologische Termini Serapions auf und betont ihren nicht-nicänischen Charakter. Für ihn steht fest, daß Serapion gegen Nicäa an einer einfacheren Theologie festhielt (s. u. Anm. 44). Vgl. H. Dörrie, Art. Serapion von Thmuis, PRE Suppl. VIII; Stuttgart 1956, Sp. 1263.

[35] Acta Archelai XXXVI,8, ed. C. H. Beeson, GCS 16, Leipzig 1906, S. 52, Z. 4 f.

[36] S. N. C. Lieu, An early Byzantine formula for the Renunciation of Manichaeism, JAC 26, 1983, S. 184, Z. 164 f. PG 1, 1465B. „Il y a consubstantialité entre Dieu et les âmes; les âmes ne sont que des fragments de la substance divine": H. Ch. Puech, Le Manichéisme. Son Fondateur — Sa Doctrine, Paris 1949, S. 71.

nicht εἰκών, χαρακτήρ und ἀπαύγασμα (XXXIX,27—29, vgl. 2Kor 4,4 und Heb 1,3). In XLVIII,20 nennt Serapion den Sohn »γνήσιος, ὅμοιος τοῦ γεγεννηκότος«.

Welchen Bedeutungsgehalt hat der Begriff ὅμοιος? Serapion setzt ihn sonst zur Bezeichnung gleicher natürlicher Bedingungen ein: Die Apostel unterscheiden sich nicht in ihrer φύσις von anderen Menschen, sondern »ἐκ τῶν ὁμοίων φύντες καὶ ὁμοίως φύντες« (XXV,2f). Die Dämonen, die sich vor der Hölle fürchten, werden nicht von einem ὅμοιον geängstigt, sondern von etwas, das von anderer φύσις und οὐσία ist (XXIX,50 f). Eine φύσις ist in sich ὅμοια (XXX,36.44). Jesu Körper war sterblich und geschaffen und somit dem unseren ὅμοιον (LIII,26). Andererseits herrscht ὁμοιότης auch zwischen dem Alten und Neuen Testament (XLVIII,8—10.49.67; XLIX,7.45). Zwischen beiden besteht συγγένεια und ἀδελφότης, das eine ist χαρακτήρ[37] des anderen (XLVIII,10). Sie sind ὅμοια, φίλα und ἀδελφά (XLVIII,51f, vgl. L, 1). ὅμοιος und ἀδελφός sind auch inhaltsverwandte Texte (XXVI,4).

Aus allen diesen Belegen ist zu ersehen, daß Serapion auch den Begriff ὅμοιος nicht in einer innerkirchlichen christologischen Frontstellung gebraucht. Er soll die Wesensidentität von Vater und Sohn aussagen, die Serapion auch durch seine Zitierung von Joh 1,18 (XL,44 f; XLVIII,18) hervorhebt.

Berücksichtigt man, daß Serapion abgesehen vom Doketismus keines der christologisch kontroversen Themen anspricht, wird man kein durch Polemik profiliertes Vokabular erwarten dürfen. Arianisch in irgendeiner Ausprägung ist hier nichts; Athanasius lehrt in den Orationes contra Arianos ganz ähnlich wie Serapion, der Sohn sei γνήσιος τοῦ πατρός, γέννημα τῆς τοῦ πατρὸς οὐσίας, ὅμοιος τοῦ πατρός[38]. Wegen dieser Parallelen wird der Traktat ins 2. Viertel des 4. Jhd. gehören, unbedingt aber vor die Lehrbriefe des Athanasius an Serapion, die das ὅμοιος durch das nicänische ὁμοούσιος ersetzen.

Ziehen wir diese Lehrbriefe über den Heiligen Geist als Kriterium heran, müssen wir auch nach Serapions Pneumatologie im Manichäertraktat fragen. Auch zu diesem dogmatischen Topos äußert er sich nur beiläufig. An einer Stelle (XLIII,17—28) will er im Zusammenhang mit Röm 7,12.14 beweisen, daß das Gesetz als heiliges, geistliches und gutes von

---

[37] Vgl. die christologische Verwendung dieses Begriffes in XXXIX,29. Das Wort bezeichnet ebenso das Verhältnis von Schöpfung und Gesetz (XVIII,22).

[38] γνήσιος τοῦ πατρός: Oratio I,9 (PG 26, 28D), γνήσιος ἐκ τῆς οὐσίας αὐτοῦ: II,41 (233A), φύσει γνήσιος τοῦ πατρός: II,72 (301A). γέννημα (ἐκ) τῆς τοῦ πατρὸς οὐσίας: I,16 (45B), I,39 (93B), vgl. II,2 (149C). ὅμοιος: I,9 (32A — gegen das arianische ἀνόμοιος κατ᾽ οὐσίαν), I,21 (56B — der γεννηθείς und der γεννήσας sind ὅμοιοι), vgl. II,17 (181C). Ich setze hier die heute allgemein akzeptierte Frühdatierung der ersten beiden Orationes voraus.

Gott ist und daß der Geist die Beziehung des Menschen zu Gott ermög-
licht. Zu dieser These zieht Serapion auch noch Joh 4,24 heran: „Gott ist
Geist, und die ihn anbeten, müssen ihn in Geist und Wahrheit anbeten".
An einer anderen Stelle (XLVIII,57—65) will Serapion die Einheit von
Gesetz und Evangelium u. a. dadurch beweisen, daß in beiden jeweils von
Vater, Sohn und Heiligem Geist die Rede sei. Auch hier steht eine biblische
Argumentation (Ps 50,13 LXX; Joh 20,22) im Vordergrund. Genauso wie
an der erstgenannten Stelle spricht Serapion auch hier nur andeutungsweise
von der Rolle des Geistes: Die Seelen werden durch seine Gemeinschaft
geehrt und können nicht ohne sie existieren.

Serapion hat dem Heiligen Geist also auch schon im Manichäertraktat
eine wichtige, biblisch begründete Funktion zuerkannt: Der Geist ist die
heiligende und lebensspendende Kraft Gottes, die den Menschen an den
Willen Gottes verweist. Über die innertrinitarische Stellung des Geistes
hat Serapion zu diesem Zeitpunkt noch nicht nachgedacht, er kennt aber
auch keine Geistmystik oder eine ausgeprägte Spiritualität. Die Frage nach
einer Differenzierung von mosaischem Gesetz und geistlichem Herzensgesetz stellt sich für ihn nicht[39]: Die Manichäer lehnen das Gesetz nicht
ab, weil es mosaisch ist, sondern weil es vom Teufel sei, und Serapion
muß beweisen, daß gerade das Gesetz an sich, so wie es geschrieben steht,
geistlich ist.

Spirituelle Elemente einer monastischen bzw. anachoretischen Geistethik
wird man hier trotz der Biographie Serapions (s. u. F. IV.) nicht herauslesen
können. Wir haben, verglichen mit den Apophthegmata Patrum, Basilius
oder anderen, eine relativ frühe Quelle vor uns, von der in dieser Frage
noch kein ausgeprägtes Problembewußtsein zu erwarten ist. Im Manichäertraktat kommt Serapion über die konventionelle, biblisch geprägte
Pneumatologie seiner Zeitgenossen nicht hinaus.

Wie aber kommen wir nun zu einer genaueren Datierung? Der einzige
Weg ist die Suche nach einem Reflex auf eine zeitgeschichtliche Begeben-
heit. Nach seinem Exkurs über die valentinianische Lehre in Kap. XXXIX
sagt Serapion: „Werden wir die Valentinianer als Rasende und Besessene
außerhalb der gottgeziemlichen und heiligen Versammlungen halten?"
(XL,3f). Diese Frage könnte durch die kaiserliche Religionspolitik veranlaßt sein: Im September 326 ergeht ein Gesetz, das die Schismatiker von
den der Großkirche gewährten Privilegien ausschließt. In einem anderen
Gesetz aus der gleichen Zeit werden den Häretikern, darunter namentlich
auch den Valentinianern, die Versammlungshäuser entzogen und diese den

---

[39] Andere wissen hierzu mehr zu sagen: So unterscheidet Makarios/Symeon in Homilie 47,3
das steinerne, mosaische Gesetz vom geistlichen Herzensgesetz (Die 50 geistlichen Homilien des Makarios, ed. H. Dörries, E. Klostermann, M. Kroeger, PTS 4, Berlin 1964,
S. 305). Gerade solche — ganz traditionellen — allegorischen Differenzierungen vermei-
det Serapion.

Rechtgläubigen zugesprochen. Diejenigen, die guten Willens sind, sollen sich der katholischen Kirche anschließen[40]. Es wäre also möglich, daß Serapion angesichts der in die Gemeinde drängenden Valentinianer bei dieser Gelegenheit vor ihrer Lehre warnen wollte.

Serapions Traktat gehört demnach in die Jahre nach 326. Auf jeden Fall hat Serapion hier christliche Gemeindeversammlungen vor Augen und nicht anachoretische oder koinobitische Lebensverhältnisse. Er dürfte zu dieser Zeit also schon Bischof gewesen sein. Darauf ist bei der Erstellung von Serapions Lebenslauf noch zurückzukommen (H. I.).

6. Inhalt und Aufbau des Manichäertraktates

Nach der Klärung dieser Vorfragen können wir nun auf den Inhalt der Schrift eingehen. Zuerst soll sie im Überblick dargestellt werden:

Vorwort (I—III)
a) Die ἀπάτη der Gegner: Sie verstellen sich. Die Wahrheit aber deckt den Betrug auf (I).
b) Auch der geringste Betrug muß aufgespürt werden, schon er kann die ganze Seele verderben (II,1—III,5).
c) Die Gegner sind Wölfe in Schafspelzen, da sie sich zwar mit dem Namen Christi nennen, ihn aber gleichzeitig bekämpfen. Darin gleichen sie Valentin, Markion und anderen. Der Irrsinn des Mani aber ist die schlimmste Schlechtigkeit (III,5—27).

Der ἀποδεικτικὸς λόγος (vgl. IV,3: IV,1—LIII,44).
1. Anthropologie (IV,1—XXVI,5)
— Erster Leitgedanke: Das Böse ist ohne οὐσία und ὑπόστασις, es ist vielmehr ein Tun aus freiem Willen (προαίρεσις), das nicht für sich Bestand haben kann (IV).
Zweiter Leitgedanke: Weder ist die Seele wesenhaft gut, noch der Körper wesenhaft schlecht (V,1—3).
a) Der Körper (V,3—XI,10).
α) Der Körper ist zur σωφροσύνη als einer πρᾶξις fähig (vgl. V,3; X,3f; XII,1 f: V,3—IX,16).
— These: Der Körper ist generell zur Tugend befähigt, die Sinnesorgane können den guten Gedanken dienen, sie sind reine Schöpfungswerke (V,3—VI,16).

---

[40] Entzug der Privilegien: Codex Theodosianus XVI,5,1 (ed. Th. Mommsen, P. M. Meyer, Bd. I/2, Berlin 1904, S. 855). Verbot des συνάγειν und Entzug der συνέδρια und εὐκτήριοι: Euseb, Vita Constantini III,64f (ed. F. Winkelmann, GCS Euseb I/1, Berlin 1975, S. 117—119). Datierung nach H. Kraft, Kaiser Konstantins religiöse Entwicklung, Tübingen 1955, S. 248 (dort findet sich S. 246—248 eine Übersetzung des zweiten Schreibens).

° Potentieller Einwand der Gegner: Die einen Körper sind von guter, die anderen von böser Natur (VII,1—4).

° Widerlegung: In der einen οὐσία „Körper" kann es keine gegensätzlichen Naturen geben (VII,4—13).

° Richtigstellung: Der Körper kann sich aus freiem Willen zum Guten oder Bösen wenden, er kann sich nicht mit einer Naturgegebenheit entschuldigen. Entscheidend ist die διάνοια, die das Verhalten des Körpers steuert (VIII f).

β) Die λόγοι der Schrift zeugen dafür, daß die Körper Gott wohlgefällig sind (Röm 12,1), und sie unterstützen in Form der Gebote die zur Tugend geneigte διάνοια, auch den Körper zur Tugend hinzuziehen (X—XI).

— Begründung der These aus der Schrift (X).

° Beispiele für die göttliche Wirkung von Körpern: Elisas Leichnam weckte einen Toten auf, der Schatten des Petrus heilte (XI).

b) Die Lehre der Manichäer und ihre Widerlegung (XII—XVIII).

— Zitat: Der Körper ist vom Satan geschaffen und von Natur aus böse, die Seele aber von Gott geschaffen und von Natur aus gut. Es gibt zwei ἀρχαί und zwei οὐσίαι (XII,1—8).

° Widerlegung: Die Seele dient oft dem Teufel, der Körper oft Gott (XII,8—16).

° Beispiele: Der verlorene Sohn ließ von seiner Unvernunft ab und er kam zur Besinnung. Der Apostel Paulus bekehrte sich. Die Apostel insgesamt wandten sich aus freiem Willen der Sündlosigkeit zu (XIII,1—XV,5).

° Richtigstellung: Der Wille des Handelnden ist die Richtschnur der Taten. Die Entscheidung der διάνοια kann sich schnell ändern, während die οὐσία „Mensch" unverändert bleibt. Körper und Seele bleiben, was sie sind, das Verhalten aber ändert sich. Dabei helfen die Gesetze als Abbilder der Schöpfung, den Willen des Schöpfers nachzuahmen (XV,5—XVIII,24).

c) Die Seele (XIX,1—XXV,11): Dies alles ist auch auf sie anzuwenden. Wenn das Böse keine eigene ὑπόστασις hat, sondern nur auf dem Entschluß der Seele basiert, kann diese erzogen werden und sich selbst ermahnen, sie kann sich aber auch dem Schlechten zuwenden (XIX—XX).

° Potentieller Einwand der Gegner: Es gibt zwei Arten von Seelen, von denen die eine das Gute, die andere das Böse tut (XXI,1—3).

° Widerlegung: Dies widerspricht der sonstigen Lehre der Manichäer und dem Nachweis des freien Willens der Seele (XXI,3—10).

° Beispiele: Demas, Gehasi und Judas wandten sich vom Guten ab. Petrus ist ein Paradebeispiel für den freien Willen: Sein Verhältnis zu Jesus war ein ständiges auf und ab (XXII—XXIII).

° Folgerung: Man hüte sich vor der Sünde. Wenn aber nicht einmal die Apostel von Natur aus sündlos waren, ist es möglich, genauso wie sie aus freiem Willen zur Tugend zu kommen (XXIV,1 — XXV,11).

d) Überleitung und Abschluß: Die Widerlegung erfolgte aus den Evangelien, aber auch das Alte Testament, das die Manichäer ablehnen, hätte herangezogen werden können. Weitere Folgerungen wird der Leser aus verwandten Texten ziehen können (XXV,11 — XXVI,5).

2. Darstellung und Widerlegung der manichäischen Lehren (XXVI,5 — LIII,44).

A. Περὶ τῆς ἀρχῆς τῶν πραγμάτων (vgl. XXXVI,3 f: XXVI,5 — XXXVI,6).

— Zitat: Gott und der Satan sind die ewigen Grundwurzeln (ῥίζαι) des Guten und des Bösen (XXVI,5 — 16).

a) Exkurs: Widerlegung potentieller Einwände zum Nachweis des Dualismus (XXVI,17 — XXX,45).

— These: Die Apostel sind nicht Früchte einer Grundwurzel, sondern Geschöpfe. Sie sind nicht gleichwesentlich mit dem Schöpfer. So ist das Tun der Geschöpfe abhängig von ihrem Willen, auf den sich der Ruf Jesu und das Gesetz beziehen (XXVI,17 — XXVII,18).

° Einwand der Gegner: Der Pharao und Nebukadnezar waren radikal böse (XXVII,18 — 24).

° Widerlegung: Diese beiden sind nicht Früchte des Teufels, denn auch sie taten nach den Plagen und der Rettung der Männer im Feuerofen Gutes. Die Menschen können durch die Neigung zu den Affekten geschwächt sein, das Gute zu tun, sie sind aber nie völlig außerstande dazu (XXVII,24 — XXVIII,29).

— Potentieller Einwand der Gegner: Wenn nicht die Menschen Kinder des Teufels sind, dann sind es die Dämonen. Sie gehören von Natur aus der Finsternis an und können nicht ins Licht verwandelt werden (XXIX,1 — 5).

° Widerlegung: Auch die Dämonen haben den freien Willen. Wären sie von Natur aus böse, könnten sie Christus nicht als Sohn des lebendigen Gottes bekennen (Mk 1,24). Ihre προαίρεσις ist zwar gefallen, aber weiterhin urteilsfähig. Daß die Dämonen baten, nicht in die Hölle geschickt zu werden, beweist, daß sie von anderer οὐσία als die Hölle sind. Die Hölle selbst ist nicht von Ewigkeit her, sondern wurde nachträglich als Zuchtanstalt für die Sünder geschaffen. Wenn die Dämonen ewig und ungeworden wären, wären sie auch leidensunfähig und müßten die Hölle nicht fürchten (XXIX,5 — XXX,36).

° Zusatz: In einer Natur kann es keine Differenzierungen geben, in Lk 11,26 aber ist von schlechten und noch schlechteren Geistern die Rede (XXX,36 — 45).

b) Wiederaufnahme: Der Mythos (XXXI,1–XXXII,32).

– Zitat: Gut und Böse trennten sich, so daß zwei Herrschaftsbereiche entstanden, in denen jeweils Gutes bzw. Böses geschah (XXXI,1–11).

° Widerlegung: Da eine trennende Mauer gegen die Vermischung der beiden Wesenheiten denknotwendig ist, verunglimpfen die Manichäer Gott, da dieser ohne die Mauer als zur Selbstverteidigung gegen das Böse unfähig erscheint. Wenn aber die Mauer denknotwendig ist, ist die Frage, wer sie gebaut hat (XXXI,11–38).

° Weiterführung: Es könnte die böse Materie gewesen sein. Aber: Warum schützte sich die angriffslustige Materie und wie kann die unweise Materie für sich vorsorgen (XXXI,38–48)?

– Potentieller Einwand der Gegner: Wenn nicht die Materie, dann hat Gott die Mauer gebaut (XXXII,1).

° Widerlegung: Gott kann weder furchtsam sein noch unfähig, sich zu schützen (XXXII,2–7).

– Potentieller Einwand der Gegner: Die Mauer ist aus sich selbst heraus (αὐτογένητον; XXXII,7).

° Widerlegung: Eine dritte, mittlere und unentschiedene Wesenheit kann es nicht geben, sie müßte sofort vom Guten oder Bösen eingenommen werden (XXXII,7–23).

– Potentieller Einwand der Gegner: Das Mittlere ist gar keine Mauer, sondern etwas Nichtiges (XXXII,23–25).

° Widerlegung: Seiendes kann nicht von Nichtseiendem geschieden werden (XXXII,26–32).

c) Wiederaufnahme: Der Mythos (XXXIII,1–XXXV,22).

– Zitat: Die Schlechtigkeit befand sich im Kampf mit sich selbst, griff dann aber das Land der Wahrheit an und raubte das Licht (XXXIII,1–6).

° Erster Beweis (vgl. XXXIII,69): Ist das Böse selbstzerstörerisch, kann es nicht ungeworden und ewig sein. Vielmehr ist der Satan ein Gefallener, der die Mahnungen zur Wachsamkeit hören konnte (XXXIII,6–69).

– Zitat: Das Böse raubte von dem Licht (XXXIV,1–3).

° (Zweiter) Beweis (vgl. XXXVI,1): Dann wäre Gott leidensfähig, der Satan aber leidensunfähig. Das geraubte Licht nämlich und Gott sind eine unzerteilbare Natur (XXXIV,3–16).

° Weiterführung: Das Licht vergaß sich und tat die Werke der Schlechtigkeit (XXXIV,16–20).

° Widerlegung: Das Ungewordene bleibt immer, was es ist (XXXIV,20–22).

° Wiederaufnahme: Das Licht tat die Werke der Schlechtigkeit (XXXV,1–5).

° Widerlegung: Warum duldete Gott die Entführung des Lichtes?

Warum erfuhr das Gute durch den Lichtraub eine Schädigung, das
Böse aber keine Verbesserung (XXXV,5—22)?

d) Zur Methode: Nicht die gesamte Mythologie samt Emanationen und
Gigantenschlachten soll dargestellt werden. Was gesagt wurde, soll
nur ein „Same der Untersuchungen" sein. Nach der vorangegangenen
Abhandlung über den Anfang der Dinge folgt jetzt eine über das
Gesetz (XXXVI, 1—6).

. B. Περὶ τὸν νόμον (vgl. XXXVI,6: XXXVI,6—LI,8).

a) Der Tatbestand: Die Manichäer lehnen das Alte Testament ab; sie
benutzen aber auch das Evangelium nur als Köder, schreiben in Wirklichkeit die Evangelien nach eigenem Geschmack um und machen sich
ein neues Schriftencorpus. Ohne das Gesetz aber sind die Evangelien
nicht zu verstehen. Christus ist das Ziel des Gesetzes, er bezieht sich
auf das Gesetz und dessen Vorankündigungen; er kam, um das Gesetz
zu erfüllen (XXXVI,6—63).

b) Die ἀντιθέσεις τῶν λογίων (vgl. XXXVI,64: XXXVI,64—XLI,30).

— Die Anfänge der Evangelien: Die vier Evangelisten greifen am Anfang
ihrer Evangelien auf das Alte Testament zurück. Gesetz und Evangelium sind aufeinander bezogen (XXXVII,1—XXXVIII,4).

— Der Anfang des Hebräerbriefes (eigentlich sollten alle Anfänge der
Paulusbriefe behandelt werden, die Abhandlung wird aber gekürzt:
XXXIX,1f): Wer den Vater nicht ehrt, ehrt auch den Sohn nicht. Das
Gesetz ist von Gott (XXXVIII,4—XXXIX,4).

— Exkurs: Die Valentinianer unterscheiden den rechtlichen Gott des
Gesetzes vom gütigen Vater des gütigen Sohnes. Gerade der Sohn
aber wird im Neuen Testament als Richter benannt und ist auch darin
ein Abbild seines Vaters, der also mit dem Gott des Gesetzes identisch
ist (XXXIX,5—XL,4).

° Valentin, Markion und Mani sind nur Werkzeuge einer dreigeteilten
Schlechtigkeit, die das Gesetz gering macht (XL,4—14).

— Die Gegner: Das Gesetz ist von einem Wesen der Finsternis, es weiß
gar nichts (XL,15—22).

° Widerlegung: Die Evangelien sehen in Jesus die Erfüllung des Gesetzes. Der Autor des Gesetzes kannte den Willen Gottes genau, Kenntnis
vom Willen Gottes hat aber nach Joh 1,18 nur der eingeborene Sohn,
nicht etwa das von den Manichäern angenommene böse Prinzip. Die
Propheten wiederum kennen die Umstände der Geburt und den Lebenslauf Jesu genau. Aus ihren Prophezeiungen ließe sich das Evangelium rekonstruieren. So sagte Gott selbst durch das Gesetz seinen
Ratschluß vorher (XL,22—80).

— Die Gegner: Das Gesetz ist von dem Bösen (XLI,1 f).

° Widerlegung: Wie konnte der böse Autor des Gesetzes durch die
Gebote Gutes anraten (XLI,2—15)?

- Schlußfolgerung: Die Manichäer lehnen das Gesetz ab, um der Ungesetzlichkeit und dem Bösen Raum zu geben (XLI, 16—30).

c) Die Antithetik der πράγματα (vgl. XLII,1: XLII,1—LI,8).

- Der Tatbestand: Die Manichäer lehnen das Gesetz ab, da es den von ihnen praktizierten Polytheismus verbietet. Sie haben sich dem Kampf gegen das Gesetz ja verschrieben, um der Ausbreitung des Bösen Vorschub zu leisten. Darin sind sie noch schlimmer als die Heiden (XLII).
- ° Einwand der Gegner: Das Gesetz schützte nur ein wenig vom Guten vor, um das Böse zu tarnen (XLIII,1—5).
- ° Widerlegung: Das Gesetz Gottes enthält nichts Böses, es ist heilig, geistlich und gut und ermöglicht den Verkehr mit Gott (XLIII,5—28).
- Die vier Kardinallaster: ἀφροσύνη, ἀκολασία, δειλία, ἀδικία. Indem das Gesetz vor diesen warnt, schützt es das Denken vor dem Bösen insgesamt (XLIV).
- Das Verhältnis von Gesetz und Körper: Das Gesetz wacht über die Sinnesorgane und die Regungen der anderen Körperteile (XLV,1—19).
- ° Das Beispiel der Ungerechtigkeit: Gott die ihm zustehende Ehre zu entziehen, ist Ungerechtigkeit und Diebstahl, schlimmer noch als ein Vergehen gegen Menschen. Gegen beide Arten der Ungerechtigkeit richtet sich das Gesetz: Mit dem Bilderverbot schützt es die Ehre Gottes und kämpft gegen die Geldgier als Wurzel aller Übel (Ps 61,11 LXX). So zerstört es das Böse und die Sünde und ist deshalb bei den Häretikern verhaßt (XLV,19—XLVI,44).
- Die vier Kardinaltugenden: φρόνησις, σωφροσύνη, ἀνδρεία, δικαιοσύνη. Sie werden vom Gesetz an die Stelle der vier Kardinallaster gesetzt, wobei es für die Kardinaltugenden viele Beispiele gibt: den besonnenen Joseph, die tapfere und verständige Judith, den gerechten Abraham (XLVII,1—XLVIII,5).
- Weiterführung: Gesetz und Evangelium sind einander ganz ähnlich, es redet ein und derselbe aus ihnen. Die Apostel wiederum legten das Gesetz aus. Die Gegner aber müssen sich Bosheit nachsagen lassen, da sie das offenkundig Zusammengehörende trennen. Ihre Vorwürfe sollen nun aber dargestellt werden (XLVIII,5—XLIX,8).
- Vorwurf der Gegner (Zitat): Das Gesetz ist grausam. Elia und Elisa gaben Kinder und unfreiwillige Soldaten dem Tode preis (XLIX, 9—22).
- ° Widerlegung: Paulus machte Bar-Jesus blind, Petrus ließ Ananias und Saphira sterben. Im Neuen wie im Alten Testament handelt es sich um gerechte Bestrafungen (XLIX,22—45).
- Vorwurf der Gegner (Zitat): Das Gesetz kennt keine Vergebung, während das Evangelium barmherzig ist und die Buße predigt (XLIX,45—52).

° Widerlegung: Das Alte Testament kennt sehr wohl die Vergebung. Auch David fand Gnade, und Jona predigte die Buße, so daß Ninive Erbarmen fand. Selbst Ahabs geringe Buße fand Gottes Anerkennung (XLIX,53−L,48). Die πράγματα verhalten sich also nicht antithetisch zueinander, sondern sind miteinander verwandt (L,1).

− Abbruch und Zusatz: Das Gesetz hat nach Heb 10,1 einen Schatten der zukünftigen Güter (LI,1−8).

C. Weitere Themen: Anthropologie (Schöpfungslehre), Christologie (LI,8−LIII,44).

a) Die Gegner: Der Mensch ist ein Geschöpf des Bösen, der die gute Seele von Gott raubte und sie mit dem wesenhaft schlechten Körper vereinigte (LI,8−24).

° Widerlegung: Gegensätze können nicht miteinander bestehen, sie müßten einander zerstören. Tatsächlich nimmt die Seele Anteil an Freud und Leid des Körpers, wie auch der Körper an ihren Regungen Anteil hat. So kann auch der Körper rein und heilig sein (LI,24−74).

b) Übertragung auf die Christologie: Der Heiland bezeugt die Schöpfung des Menschen durch Gott. Nach ihm hat Gott Seele und Körper geschaffen und miteinander verbunden (Lk 11,40). Er selbst sorgt sich um Körper und Seele zugleich und ging deswegen auch in einen Körper ein (LII,2−LIII,44).

Schluß (LIII,45−LIV,13)
Man hüte sich also vor den falschen Christussen. Das Wort des wahren Christus klopft beharrlich beim Herzen an. Die Wachenden und Wissenden werden das betrügerische Anklopfen davon unterscheiden können und ihr Herz unter Verschluß halten.

7. Einführung in die bisherige Diskussion

Serapions Schrift hat seit dem Abschluß der Rekonstruktion ihres Textumfangs nur wenig Interesse gefunden, mag es an ihrer dogmengeschichtlichen Unergiebigkeit liegen oder der Meinung, er habe nur unzureichende Kenntnis von der Lehre seiner Gegner gehabt[41]. Tatsächlich wirkte Serapions Werk gerade nach der Entdeckung vieler manichäischer Originalquellen und auch im Vergleich zu anderen antimanichäischen Streitschriften wenig inhaltsreich. Ein genauerer Vergleich ist bisher aber unterblieben.

---

[41] Irritierend ist dabei vor allem die ungeordnete Reihenfolge, in der Serapion die Positionen seiner Gegner darstellt: „Die Disposition des S. folgt daher nicht der Lehre, die die Manichaeer wirklich vertraten; sondern hier liegt eine schulmäßige Dihairesis der nur irgend vertretbaren Standpunkte vor" (H. Dörrie, Art. Serapion, s. Anm. 34, Sp. 1263).

Casey hat seiner Edition eine Einführung in das Werk vorangestellt, in der er die stilistischen und terminologischen Eigenheiten des Textes aufführt. In einem ersten Durchgang listet er charakteristische Wörter und Redefiguren auf[42]. Er erfaßt den für Serapions Argumentationsgänge wichtigen Wortbestand im Hinblick auf die Methodik, außerdem führt er viele Begriffe an, die für die ontologische und anthropologische Auseinandersetzung mit den Manichäern kennzeichnend sind[43].

Ich will hier einige Begriffe ergänzen, die Serapions spezifisch theologisches Interesse, also die inhaltliche Füllung seiner argumentativen Methode, charakterisieren, um den Zugang auch zu diesen Teilen des Werkes zu erleichtern[44]. Zunächst sind auch noch einige Termini zu nennen, die den manichäischen Dualismus und seine Bestreitung weiter entfalten. Sie bezeichnen den ontologisch und anthropologisch bestehenden Gegensatz von Gut und Böse: ἀγαθός und καλός bzw. κακός[45] bezieht Serapion sowohl auf die beiden Grundprinzipien (ἀρχαί, ῥίζαι[46]) und ihre Erzeugnisse (καρποί[47]), als auch, was Casey angeführt hat, auf Körper und Seele (vgl. S. 8 zu ψυχή und σῶμα). Den Dualismus bezeichnet Serapion auch mit φῶς und σκότος[48]. Das böse Prinzip und seine Auswirkungen können auch als κακία und πονηρία oder auch personifiziert als der Satan auftre-

---

[42] S. 6–12 (s. Anm. 5). Casey teilt diese Merkmale ein in a) Introductions and transitions to arguments; b) Conclusions of arguments; c) Epigrammatic expressions; d) Subsidiary points of style; e) Technical vocabulary.

[43] Z. B. (unter e): ψυχή, οὐσία, ὑπόστασις, φύσις, φύω, ὕλη, ἀγένητος, ἀρετή, σωφροσύνη (S. 8–10).

[44] Casey bezeichnet dieses Interesse vereinfachend als Biblizismus, den er für charakteristisch für Serapions Theologie hält (Edition S. 23). Er leitet aus dem Fehlen dogmatischer Schlagworte zwar ab, Serapion habe sich noch nicht der nicänischen Formel angeschlossen, andererseits hält er dies für ein bloßes Zeichen von Provinzialismus: „It appears that Serapion improved the opportunity afforded by his provincial diocese to avoid the catchwords of the day and hold faster to a simpler and more biblical theology" (S. 25). Casey führt dies auf Serapions Bekanntschaft mit Antonius zurück.

[45] Zu ἀγαθός: VI, 10; VIII, 12; XII,7 bis; XXVI,6.8; XXXI,4.8.9.11.21.23; XXXII,12 (die Valentinianer betreffend: XXXIX,9bis. 10bis.12bis.13).
      καλός: V,1; VII,9; XII,5bis; XV,5; XVIII,18; XXIV,11ter.16bis; XXVI,11ter.12.17. 18bis.21.22.23bis; XXVII,26; XXVIII,7bis.8bis.21.23.25.26.28; XXXI,17bis.27.32.33.34; XXXV,6.8.18.20; XLIII,2.4.10.12.
      κακός: V,2.4.9; VI,9.12; VII,9; VIII,16; XII,5bis.7; XV,4; XXIII,2; XXVI,19ter. 21.22.23.24bis; XXVII,25; XXVIII,6.8ter; XXIX,10.48; XXX,6bis.7bis; XXXI,7.8.16.17; XXXII,19bis; XXXV,8.14bis.15ter.16.19bis.

[46] ἀρχή: XII,6ter. ῥίζα: XXVI,10.11ter.12.13.17bis.18ter.19.21bis.22; XXVII,4.31; XXIX,10bis.34.

[47] XXVI,17.19bis.20.25; XXVII,3.4.29.30.31; XXIX,1.4.

[48] φῶς: XXXII,7; XXXIII,5.6.13; XXXIV,2bis.3.7.9.10.15; XXXV,3.9.14; LI,31. σκότος: XXIX,13.16; XL,14.18; LI,31.

ten[49]. Besonders in der Frage, was wohl die beiden Prinzipien vor ihrem Krieg gegeneinander getrennt habe, fordert Serapion die Manichäer heraus: Was war in der Mitte (μέσον[50])? Als Trennendes kommt z. B. eine Mauer (τειχίον[51]) in Frage. Der Mensch wiederum steht in seinem Verhalten zwischen σωφροσύνη (Casey S. 10) und ῥᾳθυμία[52]. Serapion sieht den ganzen Menschen und nicht nur den Körper in diesem Spannungsfeld. Das menschliche Verhalten ist der Veränderung unterworfen (μεταβολή[53]). Petrus und Paulus sind mit ihren Lebensläufen die herausragenden Beispiele dafür[54].

Das spezifisch theologische Thema, das in Ergänzung zu Caseys Liste hier belegt werden muß, ist das des Verhältnisses von Gesetz und Evangelium, das die Frage nach der Bedeutung der Schrift insgesamt enthält. Serapion geht es darum, die γράμματα[55] vor den manichäischen Angriffen und Entstellungen in Schutz zu nehmen. Dabei ist vor allem das Gesetz, aber auch das Evangelium in Gefahr[56].

Im Hinblick auf die Methode der Argumentation sind noch einige Termini aufzuführen, die Serapion in seiner Polemik häufig verwendet. Er bezeichnet die manichäische Kosmogonie als μῦθος oder μυθοποιΐα und rückt sie somit in die Nähe heidnischer Vorstellungen[57]. Was seine Gegner vorbringen, sind Anklagen (διαβολή) oder Verunglimpfungen (ἀτιμία) gegen die christlichen Lehren[58]. Die Argumente der Gegner und

---

[49] κακία: IV,5.9.bis.11.12; XIX,17.18bis; XXXI,3.5.6.12.14; XXXII,20; XXXIII,34; XXXIV,1; XXXV,8. In der Abhandlung über das Gesetz (XXXVI,6 – LI,8) ist die κακία mit ihren vier Kardinallastern dann als Widerpart des νόμος gesehen.
πονηρία: XXXI,19.39; XXXIII,3.15; XXXIV,5.6.7.17bis.18; XXXV,4.5bis; XL,34.36.37.40.42; XLIV,9.36.
Σατανᾶς: XII,4; XXVI,6.9.18.25; XXXII,10.11; XXXIV,9. Diese personifizierende Qualifikation ist also relativ untypisch. Serapion nennt den Teufel sonst auch ὁ ἀπατεών (VI,16; XXXIII,38; LI,13.24).

[50] XXXI,35.37; XXXII,12.13.17.22.24.25.

[51] XXXI,36.38.43.45; XXXII,1.3.6.16.24.

[52] VIII,13; XVIII,10.16; XIX,10; XLVI,40. Vgl. auch ῥᾴθυμος (VIII,2.14; XLVI,39) und ῥᾳθυμέω (VII,1.2; VIII,3.6.12.14.15; X,15; XII,9.10; XIII,5; LIII,32).

[53] VIII,15; X,13; XIV,9; XV,8.18; XVIII,14; XXI,10; XXIII,28; XXVI,24; XXXV,7.16; L,30. Auf diese Veränderlichkeit gründet Serapion den Nachweis der προαίρεσις (Belege bei Casey, S. 8) und die Ablehnung einer determinierenden φύσις (Casey S. 9).

[54] Zu Paulus vgl. XVI,1; XXIV,12; zu Petrus XXIII,1.13.18.27; XXIV,7.13; XXV,4.8; XLIX,54; L,1.4.

[55] XXXVI,20.23.25; XLIII,10.12; XLVIII,17.59; XLIX,6; L,14.

[56] Vgl. hierzu die Kapitel XXXVI, XXXVII und XLVIII (passim), außerdem XLIX,46.48; L,4.20.21.

[57] μῦθος: XXVI,7bis; XXXIII,7.8ter.9ter.10. μυθοποιΐα: XXVI,8; XXXI,2; XXXVI,2.

[58] διαβολή: X,1; XVIII,23; XXXII,2. ἀτιμία: XXXVII,7.9.10bis.17; XXXVIII,22bis.

diese selbst werden häufig als ἄτοπος[59] abqualifiziert. Die referierte Lehre ist αἵρεσις, wer ihr anhängt, ist ein αἱρεσιώτης[60]. Das im ersten Kapitel herausgestellte Gegensatzpaar ἀπάτη/ἀλήθεια wird im Verlauf der Abhandlung nicht mehr nebeneinander genannt, die Begriffe treten aber noch einzeln auf[61].

Nach dieser an Casey anknüpfenden terminologischen Einführung in Serapions Denken soll nun die inhaltliche Problematik in den Blick genommen werden. Casey hatte sich in der Einleitung zu seiner Edition (S. 16—26) schon gefragt, was Serapion vom Manichäismus wußte, was die Methode und die Substanz seiner Widerlegung sei und welche Themen neben dem Manichäismus sonst noch angesprochen würden. Caseys inhaltliche Ausführungen sind im Jahre 1949 von Aemilianus Peters einer kritischen Revision unterzogen worden[62]. Casey hatte behauptet, viele Argumente Serapions seien in sich nicht schlüssig und basierten auf falschen Voraussetzungen. Peters bemühte sich darum, für die von Casey angeführten Belegstellen das Gegenteil zu beweisen (Peters S. 79—86).

Trotz dieser gegensätzlichen Einschätzung kamen Peters und Casey zu dem gleichen Schluß: Serapion habe den manichäischen Dualismus nur, und das auch noch sehr oberflächlich, kritisiert, um einen Anlaß für eine grundsätzliche Polemik gegen die Ethik der Manichäer zu haben[63].

Kann es bei diesem Urteil bleiben — hat Serapion seine Gegner also so wenig ernstgenommen? Beantworten läßt sich diese Frage nur, wenn wir klären, inwiefern Serapions Kritik am Manichäismus sachgerecht ist und was er von der Lehre seiner Gegner wirklich wußte bzw. ihnen nur unterstellte. Durch Serapions dialektisches Verfahren, seine Distinktionen und die potentiellen Einwände, durch die die Aporie der Gegner vorzeitig aufgewiesen werden soll, ergibt sich oft ein verwirrendes Bild.

Es soll also versucht werden, Serapions Kenntnis der manichäischen Lehre aus seiner Abhandlung herauszupräparieren und auch das zu erfassen, was er seinen Gegnern bona oder mala fide unterstellte.

---

[59] III,25; IV,1; V,13; XII,2; XIII,2; XXI,3; XXXII,2; XXXIII,22; XXXV,20; XXXVI,61; LI,9.

[60] αἵρεσις: XXXIX,5; XLVII,2 (in IX,8.11.14 einfach „Wahlmöglichkeit"). αἱρεσιώτης: XXXVII,23; XL,5; XLVI,42; XLIX,4.

[61] ἀλήθεια: I,1.2.5.8.11; IV,4; VI,16; XXIII,24.25; XXIV,21.22; XXV,2; XXVII,34; XXVIII,20.23; XLVI,11.29.36. Da das gute Prinzip mit dem „Land der Wahrheit" (XXXIII,4) identifiziert wird und das Licht von hier geraubt wird, ergibt sich der Vorwurf, die Gegner hielten die Wahrheit für schwächlich (XXXIV,4—6). ἀπάτη hat nur in Kap. I einen derart absoluten Sinngehalt wie „die Wahrheit", sonst ist auch von Abstufungen von Betrugsfällen die Rede (III,1).

[62] Het Tractaat van Serapion van Thmuis tegen de Manichaëen, SE 2, 1949, S. 55—94.

[63] Casey, Edition S. 17: Serapion suchte nach einem „point of departure for his attack on dualism as a solution to the problem of evil". Peters S. 69: „het dualisme bestrijden ... vooral omwille van de morele gevolgen".

8. Serapions Kenntnis der manichäischen Lehre

Aus dem Überblick über den Inhalt und den Aufbau des Manichäertraktates läßt sich erkennen, daß Serapion an einigen Stellen die manichäischen Ansichten zitiert, um sie zu widerlegen. Diese direkten Zitate
leitet er mit φησίν, φατέ oder φασίν ein[64]. Die Darstellung der gegnerischen Lehre hat allein apologetische Gründe: „Den Mythos drehe und
wende ich, damit ich den Mythos zuschanden mache, und wenn ich nicht
anführe, was sie erzählen, kann ich die Mythenmacherei nicht überführen"
(XXVI, 7 f). Welcher Quelle diese Zitate entstammen, läßt sich nicht
verifizieren; Serapion nennt nur allgemein „die Manichäer"[65]. In der
erhaltenen manichäischen Literatur lassen sich zwar viele Parallelen aufzeigen — dies soll im folgenden Abschnitt 9 geschehen — es gibt aber
nirgendwo längere Passagen wörtlicher Übereinstimmung.

Neben diesen direkten Zitaten finden sich bei Serapion etliche Anspielungen auf die Lehren seiner Gegner, ohne daß er diese immer ausdrücklich
als solche kenntlich macht. Er führt sie oft in konditionalen Nebensätzen
an, um sie dann als fehlerhafte Denkvoraussetzungen ad absurdum zu
führen[66]. Anspielungen verbergen sich auch in mit πῶς eingeleiteten
Fragesätzen[67] oder sind Tatbestandsfeststellungen, die sich aus bestimmten
Redefiguren herausschälen lassen[68]. Serapions Bewertung der Lehre der
Manichäer ist nicht durchweg sachlich. Er wirft ihnen Rotzigkeiten vor
(πτύσματα, XXVIII,10; XXXIX,7) oder ruft aus: „Papperlapapp" (βα-
βαί, XXXVI,44).

Von solcher Emphase und polemischen Interessen ist auch die dritte
Gruppe von Formulierungen manichäischen Lehrgutes beeinflußt. Hierbei
handelt es sich um die potentiellen Einwände der Gegner, bei denen

---

[64] XII,3; XXVI,9.10; XXXI,3; XXXIII,3.12.29; XXXIV,1; XLIX,15.18.45; LI,22. Ein
Sonderproblem ist XXIII,1 f: »τί δέ φησι περὶ τοῦ Πέτρου ἢ Θωμᾶ, ὅτι ποτὲ ἁλιεὺς ἦν
...«. Die gleiche Konstruktion lautet in XLIX,24 f: »τί ἐροῦσι περὶ Παύλου, ὅτι ποτὲ
διαλεγομένου Βαριησοῦ ...«. Es wird also nicht ein von den Manichäern erfragtes Zitat
wiedergegeben, sondern Serapion selbst gibt die Antwort auf seine rhetorische Frage
(vgl. auch XLIX,30), und zwar aus seiner Bibelkenntnis.

[65] So in X,1; XXI,4; XXXI,29; XXXIX,6. In XII,3 heißt es lapidar: »φασὶ γὰρ Μανιχαῖοι«.
Mani selbst kommt ausdrücklich auch nicht zu Wort. Auf ihn nimmt Serapion nur in
III,23 und unter Anführung seiner Lehre vom Gesetz in XL,14 Bezug.

[66] XXXIII,20; XXXIV,16; XXXV,3; L,5; LIII,11. Vgl. die Formel „Daß es nicht möglich
ist . . ." (V,1).

[67] XXX,13 f; XXXIII,15; XXXIV,15. Den Fragen gehen auch hier Konditionalsätze voran.
Vgl. XXXI,42: ποῖον . . .;

[68] Rhetorische Frage: „Klagen sie nicht heftig an . . . Tadeln sie nicht heftig . . . Solches
schwätzen sie" (XXVII, 21—24). Negativer Rückschluß: Die Gegner bekämpfen das
Verbot der Anbetung von Sonne und Mond (XLII,11). Doppelter Akkusativ und AcI
(XLVIII,52f; XXIII,26; LI,13). „Sie beschuldigen . . ." (XLIX,9). In XL,14 findet sich
die Formel »διὰ τοῦ Μανιχαίου«.

Serapion nicht immer deutlich macht, ob es sich tatsächlich um polemisch verschärfte Rückgriffe auf manichäische Äußerungen handelt oder um hypothetische Einwürfe, die nur um der Erzwingung einer Aporie willen aufgeführt werden. Charakteristisch für diese Gruppe sind die Einleitungsformeln εἰ φήσουσιν und εἰ ἐροῦσιν[69]; an anderer Stelle nimmt Serapion Ausflüchte der Gegner aus der Aporie vorweg[70] oder unterstellt ihnen Prämissen, aus denen nur widersprüchliche und leicht widerlegbare Schlüsse gezogen werden können[71]. Der Sachgehalt dieser potentiellen Einwände kann erst im Vergleich mit anderen manichäischen und antimanichäischen Schriften geprüft werden.

In diesem ersten Durchgang sind die Kriterien der Klassifikation immanent aus Serapions Werk ermittelt worden. Was die Formulierungen der gegnerischen Lehrinhalte angeht, so ist, wie gesagt, der Weg zu bestimmten schriftlichen Quellen nicht mehr zurückzuverfolgen. Serapions Kenntnisse können auch durch nicht mehr existierende Florilegien oder auf mündlichem Wege vermittelt sein. Die obige Klassifikation zeigt, daß er sehr wohl zwischen manichäischer Lehre und eigenen Unterstellungen zu differenzieren weiß, doch ist dieser Unterschied für einen unkundigen Leser nicht immer erkennbar. Serapions vorrangiges Anliegen war es augenscheinlich, seine christlichen Leser mit möglichst vielen Argumenten zu versorgen, wobei die potentiellen Einwände die ganze Absurdität des Manichäismus verdeutlichen sollen.

Generell und auch im Einzelvergleich steht Serapions Kenntnis, wie wir sehen werden, durchaus nicht auf tönernen Füßen[72], denn er stellt

---

[69] φήσουσιν: XXVII,29 (hier ohne εἰ); XXIX,4; XXXI,45; XXXII,2.7; XLI,14; L,8. ἐροῦσιν: XXXII,12.23; XL,21; XLI,4.16. Dieses potentiale Futur verwendet auch Titus von Bostra (s. Anm. 15), z. B. I,9, S. 5, Z. 9 f.

[70] »εἰ δὲ ἀποροῦντες ... ἀντερωτῶσι, φάσκοντες« — nämlich die Lösung der vorgelegten Fragen sei schwierig (XXVII,1—3). Hier ist aber nichts Konkretes aus den manichäischen Lehren angeführt.

[71] Dies ist besonders in Kap. VII und XXI zu beobachten, wo es um eine angenommene manichäische Unterscheidung von guten und schlechten Seelen bzw. Körpern geht. Daß Körper und Seele sowohl gut als auch schlecht sein können, widerspricht eigentlich dem manichäischen Dualismus von Körper und Seele. Serapion setzt aber auch die von ihm kritisierte Aussage wie seine Anspielungen in den Irrealis und folgert: „dann könnte man sagen" (VII,3; XXI,2: ἦν εἰπεῖν). In VII,5f vermutet er: „Wenn sie sich solch einer ὑπόθεσις bedienten". Am Schluß stellt er den potentiellen Einwand dann als real hin (VII,12 f): Die πρότασις der Gegner wird sich als Geschwätz erweisen.

[72] Die Äußerung „Ich weiß nun nicht, ob sie auch den Apostel anklagen oder ihn überhaupt zu den Aposteln rechnen wegen des Neuen" (XIV,1 f) ist von Casey, Edition S. 18 f, als Beleg für Serapions Unkenntnis angeführt worden. Der Apostel ist Paulus, der von den Manichäern gelegentlich zur Begründung des Dualismus herangezogen wurde. Ob Serapion mit diesem Satz wirklich seine Unkenntnis betont? Im folgenden stellt er den „alten" dem „neuen", bekehrten Paulus gegenüber, betont also seine Wandlungsfähigkeit.

weniger dar, als er zumindest zu wissen vorgibt („indem wir über ihre
Emanationen, die Kämpfe, jene Mythenmachereien und die Gigantenschlachten schweigen", XXXVI,2 f).

Andererseits ist Serapion auch nicht die beste Adresse, sich über den
Manichäismus insgesamt zu informieren: In seiner Widerlegung fehlen
wesentliche Teile des manichäischen Lehrsystems. Die Manichäer teilten
dieses System, also eigentlich den Ablauf des zur Erlösung führenden
kosmischen Dramas, für ihre Katechumenen in drei Teile ein: Anfang (die
beiden Urprinzipien stehen sich gegenüber), Mitte (Angriff der Dunkelheit;
Ethik und Ekklesiologie), Ende (Gutes und Böses trennen sich endgültig
wieder)[73]. Serapions Darstellung bricht noch vor der Entfaltung der
Schöpfungslehre ab, umfaßt also nur den geringsten Teil des Gesamtsy-
stems, selbst wenn man seine sonstigen verstreuten Einzelangaben hin-
zurechnet. Auch die oben genannten Emanationen und Gigantenschlachten
gehören im Vergleich zum Gesamtumfang des Lehrsystems noch zum
Anfangsteil — ohne daß hier zu quantifizieren wäre, denn die Gewichtung
ist in den einzelnen manichäischen Quellen durchaus unterschiedlich.

Daß Serapion sich auf Grundzüge beschränken will[74], weist darauf hin,
daß sein Werk eben ein Traktat für Christen gegen die Manichäer, nicht
aber ein Kompendium des Manichäismus sein sollte. Serapion kürzt an
mehreren Stellen die Darstellung und Widerlegung ab und ruft den Leser
auf, anhand des gegebenen Rüstzeugs Analogien zu bilden[75].

Zu beachten ist auch, daß Serapion seine Darstellung auf das begrenzt,
was er exegetisch fundiert widerlegen kann, was also zwischen Christen

---

Die Manichäer konnten sich die Apostel nur als „Früchte Gottes" (XXVII,3) denken,
die von Natur aus gut sind (XXV,4 f). Also ist Serapions Aussage eine auf die Aporie
zielende rhetorische Frage: „Ich weiß nun nicht, ob die Manichäer angesichts ihrer
Definition von ‚Apostel' den Paulus noch als solchen ansehen können, da er doch eine
Veränderung erfahren hat".

[73] Vgl. E. Chavannes, P. Pelliot, Un traité manichéen retrouvé en Chine, Teil 2, JA,11. Serie,
Bd. 1, S. 114 f. Augustin, Contra Felicem II,1, ed. J. Zycha, CSEL 25, Wien 1891, S. 828,
Z. 25 f: Die Epistula fundamenti enthält initium, medium und finis (vgl. I,9, S. 811,
Z. 13 f.30 und I,12, S. 814, Z. 11). Eine schematische Darstellung bietet R. Merkelbach,
Mani und sein Religionssystem, Rhein.-Westf. Akad. der Wiss., Vorträge Geisteswiss. G
281, Opladen 1986, im Anhang nach S. 58.

[74] Z. B. XXVI,1—3: „Wenig ist dies und gar nicht viel, aber ausreichend für die Untersuchung. Denn nur an den Grundzug habe ich gerührt".

[75] So in XXVI,3—5 (der Leser soll verwandte Bibeltexte aufsuchen), XXXVI,62f (man
soll Analogien bilden), XLIX,2f (aus dem Grundsatz lassen sich weitere Lehrsätze
ableiten), XXXVI,4 f (nur ein „Same der Untersuchungen" wurde gegeben). Die Darstellung über das Gesetz wird abgebrochen (XXXIX,1 f), um noch andere Lehren
anführen zu können (LI,1 f.8—11), ebenso die über die böse Natur des Menschen
(XXXI,1 f). Das heuristische Prinzip ist also, durch weniges das andere aufzuzeigen
(LIII,43—45).

und Manichäern umstritten ist und wo die Manichäer am ehesten christliche
Proselyten machen können. „Die Schrift wird sie beschämen und ihr Urteil
widerlegen" (XXVI,28 f); die Gegner werden dafür getadelt, daß sie das
Neue und vor allem das Alte Testament nicht eingehend genug studieren
(XXXVI). In Wahrheit, so meint Serapion, verstehen die Manichäer gar
nichts vom Evangelium, da sie dessen Verbindung mit dem Gesetz miß-
achten (XXV,8—18) und sich außerdem die Evangelien nach ihrem Geschmack umschreiben, ihnen Mißliebiges weglassen und anderes hinzufügen (XXXVI,14—21).

Daß sich die Manichäer überhaupt auf die Evangelien stützen, hat nach
Serapions Meinung allein propagandistische Gründe: Als Wölfe in Schafspelzen (III,10) schützen sie die Verehrung des Evangeliums nur vor, um
Christen auf ihre Seite zu ziehen (XXXVI,10—13). Sie berufen sich auf
den Namen Christi und den des Evangeliums (XXXVI,28 f) und können
auf diese Weise bei den Unverständigen Anklang finden, obwohl sie in
Wirklichkeit Christus widerstreiten (III,15—18).

Gerade dieses Haupteinfallstor gilt es also durch exegetische Argumente
zu schließen. Zwar gibt sich Serapion bei seinen Untersuchungen auch
viel Mühe, die Positionen der Manichäer durch logische Analyse zu
widerlegen — ohne sich dabei aber etwa wie Titus von Bostra ausdrücklich
der κοιναὶ ἔννοιαι zu bedienen[76] — doch er konzentriert sich auf die
Lehrtopoi, die seiner Meinung nach das exegetische und dogmatische
Fundament recht verstandener christlicher Theologie bedrohen.

Aus dem Überblick über den Aufbau und den Inhalt des Werkes
(Abschnitt 6) ist zu ersehen, daß Serapion sich hierin zuerst auf die
manichäische Anthropologie bezieht, die von einem deterministischen
Dualismus geprägt ist. Ihr setzt er die Lehre vom freien Willen und der
Einheit von Körper und Seele entgegen. Erst an zweiter Stelle behandelt
er den manichäischen Mythos vom Anfang der Dinge, also den grundlegenden ontologischen Dualismus. Auch ihn versucht er zu widerlegen,
indem er zum einen Einzelbeispiele, so die Apostel, den Pharao, Nebukadnezar und die Dämonen, als Gegenargumente anführt und zum anderen
die manichäische Lehre aus sich heraus als unstimmig erweist. Offensichtlich mangelt es ihm hier an schlagenden, exegetisch begründbaren Argumenten, so daß er die Darstellung des Grundmythos abrupt beendet und
zu seinem neben der Anthropologie zweiten Hauptthema kommt: Der
Frage nach der Bedeutung des Gesetzes. Auch hier stellt er einen Gegen-
entwurf vor: Gesetz und Evangelium gehören zusammen, das eine ist das
Abbild des anderen. Zum Schluß kommt er noch einmal im Zusammenhang mit der Schöpfungslehre auf die Anthropologie zurück und spricht
auch kurz die damit in Verbindung stehende Christologie an.

---

[76] Titus (s. Anm. 15) gibt in Kap. I,1, S. 1, Z. 27 f an, er wolle den Weg der Wahrheit
beschreiten »ἔκ τε τῶν ἁγίων γραφῶν καὶ τῶν κοινῶν ἐννοιῶν«.

Im folgenden wollen wir nun nicht der Themenanordnung Serapions nachgehen, sondern die Lehrtopoi wieder in die Reihenfolge bringen, in der sie sich im manichäischen Lehrgebäude finden. Auf diese Weise lassen sich auch verstreute Einzelargumente Serapions besser sortieren. Vor allem erleichtert diese thematische Reorganisation die spätere Überprüfung der Behauptungen Serapions an den manichäischen Quellen und ermöglicht einen besseren Einblick in den ursprünglichen Zusammenhang der von Serapion umgruppierten Lehrgegenstände.

Deshalb soll im Gegensatz zu Serapions Ausführungen zuerst die manichäische Lehre vom Anfang der Dinge gemäß Serapions Angaben dargestellt werden (A), anschließend die davon abgeleitete Anthropologie (B) und die von Serapion und den Manichäern nicht eigens thematisierte Christologie (C). Die von Serapion vorgebrachten Beispiele zur Frage des Dualismus gehören bei den Manichäern nicht zu den tragenden Argumenten, sie bilden bei Serapion aber eine eigene Gruppe (D). Die manichäische Gesetzeskritik hat Serapion als seinen zweiten Hauptangriffspunkt wieder ausführlicher dokumentiert (E).

In dieser Reihenfolge sollen Serapions Angaben über die manichäische Lehre herauspräpariert werden (des schnelleren Zugriffs wegen füge ich die Übersetzung jeweils an), um sie anschließend einer genaueren inhaltlichen Prüfung unterziehen und seine antimanichäische Argumentation in den Kontext anderer Manichäertraktate stellen zu können. Im Text sind die Merkmale für die Kategorien (Zitat, Anspielung, potentieller Einwand) kursiv gesetzt, in der Übersetzung sind sie eingeklammert.

A. Die manichäische Lehre vom Anfang der Dinge[77]

a) Zitate

— ἀγαθὸς μὲν ἦν ὁ θεός, *φησί,* πονηρὸς δὲ ὁ Σατανᾶς. καὶ ἦν πονηρὸς καὶ οὔτε ποτὲ οὐκ ἦν· ἀεὶ γὰρ ἦν καὶ οὐκ ἀπό τινος ἦν. ἦν γὰρ καὶ ῥίζα ἦν, *φησί.* καὶ ἦν κύριος καὶ αὐτὸς καλὸς ἦν καὶ ῥίζα ἦν καὶ ῥίζα καλὴ καὶ ῥίζα καλῶν καὶ πᾶν καλὸν ἀπὸ τούτου ἐξῆλθε. δύο γὰρ ἦσαν ῥίζαι καὶ αἱ δύο προῆλθον πρόοδοι, αἱ πρόοδοι κατάλληλαι ταῖς ῥίζαις. (XXVI,8 – 13).

Gut war Gott (heißt es), schlecht aber der Satan. Er war schlecht und war nicht einstmals nicht. Er war immer und war nicht von jemandem. Er war nämlich und war eine Grundwurzel (heißt es). Und da war der Herr und der war gut, und er war eine Grundwurzel, und zwar eine gute Grundwurzel, eine Grundwurzel der guten Dinge, und jedes Gute ging von ihm aus. Es waren also zwei Grundwurzeln, und die zwei

---

[77] Serapion will den λόγος bzw. die δόγματα der Manichäer wiedergeben (XXVI,5 f). Der Mythos soll aber nur um seiner Widerlegung willen dargestellt werden (XXVI,7 f).

28 Echtes

Auswüchse gingen hervor, Auswüchse entsprechend den Grundwurzeln.

— κακία, φησίν, ἦν καὶ ἀγένητος ἦν· ἦν δὲ καὶ ὁ θεὸς καὶ ὁ θεὸς ἀγαθὸς καὶ μεμερισμένοι οἱ τόποι τῆς οἰκήσεως καὶ ἑκάτερος καθ᾽ ἑαυτὸν τοῦ ἑτέρου ἀπηλλαγμένος. καὶ ἀφώριστο μὲν κακίας ὁ θεός, ἀφώριστο δὲ καὶ ὁ τῆς κακίας ἄρχων τοῦ θεοῦ καὶ ἑκάτερος καθ᾽ ἑαυτὸν ἦν καὶ ἦρχεν ἑκάτερος τῶν ἰδίων καὶ ᾠκονόμει ὡς ἐπεφύκει, ὁ μὲν κακὸς κακῶς, ὁ δὲ ἀγαθὸς ἀγαθῶς, ὁ μὲν κακὸς βλάπτων καὶ τὰ ἑαυτοῦ βλάπτων καὶ τοῦ βλάπτειν τὰ ἴδια μὴ ἀπαλλαττόμενος, ὁ δὲ ἀγαθὸς ἀεὶ ἀγαθὸς καὶ ὠφελῶν καὶ τὰ ἑαυτοῦ ὠφελῶν καὶ μηδέποτε μὴ ὠφελῶν. πᾶσα γὰρ ὠφέλεια ἐξ ἀγαθοῦ προήρχετο. (XXXI,3—11).
Das Böse war (heißt es) und es war ungeworden; es war aber auch Gott da und Gott war gut. Die Wohnsitze waren getrennt, und jeder von beiden sonderte sich für sich vom anderen ab. Gott grenzte sich vom Bösen ab, es grenzte sich aber auch der Herrscher des Bösen von Gott ab. Jeder von beiden war für sich und es herrschte jeder über das ihm Eigene und verwaltete es, wie er es hervorgebracht hatte: Der Böse böse, der Gute gut; der Böse als Schadender dem Seinigen schadend und nicht davon ablassend, dem ihm Eigenen zu schaden — der Gute aber als immer Guter und Nützlicher dem Seinigen nutzend und ihm niemals nicht nutzend. Denn jedes Nützliche geht aus einem Guten hervor.

— φασὶ γὰρ ὅτι προϊοῦσα ἡ πονηρία καὶ καθ᾽ ἑαυτὴν χωροῦσα ἑαυτὴν ἠδίκει καὶ ἑαυτὴν ἐλυμαίνετο, ὡς δὲ ἐπέστη τῷ χωρίῳ τῆς ἀληθείας, ἐξεπλάγη, θαῦμα ἔλαβε τοῦ ἐξαπιναίου φωτός, ἐπελάθετο τῆς ἰδίας μάχης, ἐπέθετο τῷ φανέντι, ἥρπασε φῶς, κατέπιε τὸ θεωρηθέν. (XXXIII,3—6).
(Denn sie sagen:) Die voranmarschierende und gegen sich vorrückende Schlechtigkeit schadete sich und mißhandelte sich. Als sie aber zum Land der Wahrheit gekommen war, erschrak sie, wunderte sich über ein plötzliches Licht, vergaß den eigenen Kampf, griff das Leuchtende an, raubte das Licht und verschlang das Gesehene.

— ὡς μεμηνυῖα, ὡς φατέ, καὶ καθ᾽ ἑαυτὴν ἑαυτὴν πολιορκοῦσα, ἐφθακυῖα εἰς τὰ οἰκεῖα ὅρια, εἶδε φῶς καὶ κατεπλάγη καὶ ἀπηλλάγη τῆς ἰδίας μάχης καὶ ἐπέθετο τῷ φανέντι καὶ ἥρπασε τὸ θεωρηθέν. (XXXIII,11—14).
Wie eine Irrsinnige (wie ihr sagt) und eine sich bei sich selbst belagernde und eher gegen das eigene Gebiet aufmarschierende sah sie ein Licht und griff so, beeindruckt und ablassend von dem eigenen Kampf, das Leuchtende an und raubte das Gesehene.

— διαφθείρεται, ὡς φατέ (τοῦτο γὰρ ὁ ὑμέτερος ὁρίζει λόγος, τὸ καταπίνεσθαι ὁμολογῶν τὸ εἶναι ἅλωσιν καὶ φθορὰν τὴν κατάποσιν τῶν καταπεπομένων). (XXXIII,29—31 — das Zitat ist wie auch das vorige im Konditionalsatz mit Realis eingeführt).

(Das Ungewordene) wird zerstört (wie ihr sagt — denn das gibt eure Darstellung als Definition, wenn sie erklärt:) Das Verschlungenwerden ist Gefangenschaft und das Verschlingen des Verschlungenen ist Zerstörung.

— φασίν, ἔτι προϊοῦσα ἡ κακία καὶ ἑαυτὴν καταπίνουσα καὶ γενομένη πρὸς τῷ φωτὶ ἥρπασεν ἀπὸ τοῦ φωτὸς καὶ κατέπιεν ἀπὸ τοῦ φωτός. (XXXIV,1—3).
(Sie sagen:) Ferner raubte das voranmarschierende und sich verschlingende und zum Licht gelangende Böse von dem Licht und verschlang etwas von dem Licht.

b) Anspielungen

— πῶς γὰρ ἑαυτὴν ἠδίκει ἡ πονηρία, ἑαυτὴν ἀνήρει, ἑαυτὴν ἠφάνιζεν, ἄρτι μὲν καταπίνουσα, ἄρτι δὲ γεννῶσα. (XXXIII,15 f).
(Denn wie) schadete sich die Schlechtigkeit, zerstörte sich, beseitigte sich, bald verschlingend, bald aber hervorbringend?

— εἰ δὲ καὶ ἑαυτὴν ἐγέννα καὶ εἶναι ἤρχετο, ἀρχομένη δὲ τοῦ εἶναι καὶ γεννητὴ ἦν, πῶς ἔτι ἀγένητος; (XXXIII,20 f).
(Wenn sie aber) sich selbst erzeugte und zu sein begann, also Urheberin und Erzeugerin des Seins war, (wie) ist sie noch ungeworden?

— πῶς (sc. τὸ φῶς) ποτε χωρισθῆναι δεδύνηται; πῶς δὲ ἀπαλλαγῆναι ἑαυτοῦ καὶ γενέσθαι ἕτερον παρ' ἑαυτό; εἰ γὰρ ὑπηρέτησε πονηρῷ καὶ βεβιασμένον ὑπὸ τῆς πονηρίας λοιπὸν τὰ πονηρίας ᾑρεῖτο καὶ ἔπραττε τὰ πονηρίας καὶ ἠγνόει μὲν ἑαυτὸ καὶ οὐκέτι ἑαυτὸ ἐγνώριζεν, ἀλλ' ἐπιλῆσμον ἑαυτοῦ ἐγεγόνει, ᾤετο δὲ ἑαυτὸ τοιοῦτον εἶναι οἷόν ἐστι καὶ τὸ πονηρόν, μαχόμενος φανήσεται ὁ λόγος. (XXXIV,15—20).
(Wie konnte das mit dem Ungewordenen vereinigte Licht) einmal abgetrennt werden? (Wie) konnte es sich trennen und ein anderes neben sich selbst werden? (Denn wenn) es dem Schlechten diente und gezwungen von der Schlechtigkeit künftig die Sache der Schlechtigkeit vorzöge und die Sache der Schlechtigkeit betriebe, sich selbst nicht mehr kennen würde und nicht mehr um sich wüßte, sondern selbstvergessen geworden wäre, ja vielmehr glaubte, es sei selbst so beschaffen, wie auch das Schlechte sei (wird die Darstellung als widersprüchlich erscheinen).

— εἰ ἠδύνατο τὸ φῶς ἀμειφθῆναι καὶ ἕτερον παρ' ἑαυτὸ γενέσθαι καὶ γενέσθαι πρὸς τῇ πονηρίᾳ καὶ ἑαυτοῦ μὲν ἐπιλαθέσθαι, ποιῆσαι δὲ ὅσα ἡ πονηρία ποιεῖ. (XXXV,3—5).
(Wenn) das Licht verändert werden könnte und etwas anderes neben sich selbst werden, ja bei der Schlechtigkeit sein und sich selbst vergessen könnte, tun aber, was die Schlechtigkeit tut.

— ποῖον πρῶτον *μυθοποιοῦσι* πόλεμον ὕλης καὶ θεοῦ. (XXXI,42f).
(Was für einen) ersten Krieg zwischen Materie und Gott (machen sie zum Mythos)?

— Serapion nennt einige Stichworte aus der Entfaltung des Grundmythos: προβολαί, μάχαι, μυθοποιΐαι, γιγαντομαχίαι. (XXXVI,2 f).

c) Potentielle Einwände: Die trennende Mauer

— καὶ μέσα ἦν τειχία μεταξὺ τῶν οὐσιῶν, ἵνα μὴ τῇ ἄλλῃ οὐσίᾳ ἑκάτερα ἐπιχειρῇ, ἀρρήτου τινὸς δυνάμεως μέσως κειμένης; (XXXI,35—37).
Mitten zwischen den Wesenheiten wären Mauern, damit nicht etwa eine Wesenheit Hand an die andere lege, wobei irgendeine ungenannte Macht in der Mitte liegt (?)

— ... ἵνα φοβουμένη ἡ ὕλη τειχίῳ χρήσηται, δειλιῶσα μὴ αἱρεθῇ; *εἰ δὲ* προέλαβε τὴν μάχην καὶ πολέμου μὴ συστάντος τοῦ τειχίου προενοεῖτο, προμηθεστάτην αὐτὴν *φήσουσιν ἔπαινον*. (XXXI,43—45).
(Was für einen ersten Krieg zwischen Materie und Gott machen sie zum Mythos, damit) die Materie in ihrer Furcht sich einer Mauer bediene, in ihrer Angst, erobert zu werden? (Wenn sie aber) den Kampf vorausahnte und, damit der Krieg nicht beginne, mit der Mauer vorsorgte, (werden sie ihr das Lob zollen,) sie sei sehr vorsorglich.

— *εἰ δὲ* θεὸν δεδρακέναι καὶ ἀρχιτεκτονηκέναι τὸ τειχίον *φήσουσιν*. (XXXII,1 f).
(Wenn sie aber sagen werden:) Gott hat die Mauer gebaut und ist ihr Architekt gewesen.

— *εἰ δὲ* καὶ αὐτογένητον *φήσουσιν*. (XXXII,7).
(Wenn sie sie aber) Selbsterzeuger (nennen werden).

— *εἰ γὰρ ἐροῦσιν*, ὅτι μέση καὶ ἀδιάφορος. (XXXII,12 f).
(Wenn sie nämlich sagen werden:) Sie ist in der Mitte und unentschieden.

— *εἰ δὲ ἐροῦσιν* οὐκέτι τειχίον εἶναι τὸ μέσον καὶ διαιροῦν τὸ γειτνιᾶν τὰς οὐσίας καὶ πλησιάζειν ἑαυταῖς, ἀλλ' εἶναί τι κενὸν καὶ ἀχανὲς μέσον, τῆς διαστάσεως αἴτιον. (XXXII,23—25).
(Wenn sie aber sagen werden:) Keineswegs ist das eine Mauer, was in der Mitte ist und die Nachbarschaft der Wesenheiten und ihre wechselseitige Annäherung trennt, sondern es ist etwas Nichtiges und Offenes in der Mitte, das die Trennung verursacht.

B. Anthropologie

a) Zitate

— *φασὶ γὰρ Μανιχαῖοι·* τὸ σῶμα ἐφορέσαμεν τοῦ Σατανᾶ, ἡ δὲ ψυχὴ τοῦ θεοῦ. καὶ τὸ μὲν σῶμα οὕτω πέφυκε κακόν, ἐκ κακοῦ προελθόν, ἡ δὲ ψυχὴ πέφυκε καλή, ἐκ καλοῦ ἔχουσα τὴν ἀρχήν· οὐκοῦν δύο

ἀρχαὶ καὶ δύο οὐσίαι· καὶ ἀρχαὶ δύο γεγόνασιν αἰτίαι, καὶ ἡ μὲν
σώματος κακοῦ, ἡ δὲ ψυχῆς ἀγαθῆς. ἀγαθὴ οὖν ἡ ψυχή, πονηρὸν δὲ
τὸ σῶμα. (XII,3—8).

(Die Manichäer sagen nämlich:) Wir tragen den Körper des Satans,
die Seele aber ist Gottes. Und so ist der Körper von Natur aus böse,
da er aus Bösem hervorging, die Seele aber ist von Natur aus gut, da
sie vom Guten her ihren Ursprung hat. Also gibt es zwei Prinzipien
und zwei Wesenheiten; und die zwei Prinzipien waren Ursachen, nämlich das eine die eines bösen Körpers und das andere die einer guten
Seele. Gut also ist die Seele, schlecht aber der Körper.

— σκυλεύσας γάρ, ὡς φασίν, εἰσέκρινε (sc. ὁ πονηρὸς τὴν ψυχήν) τῇ
σαρκί. (LI,22).

Als Plünderer nämlich (wie sie sagen) führte der Böse die Seele ins
Fleisch ein.

b) Anspielungen

— τοῦτο τὸ φαινόμενον ποίημα τοῦ ἀπατεῶνος ποίημα εἶναι βούλεται
καὶ εἶναι μὲν τὸν ἄνθρωπον πλάσμα τοῦ πονηροῦ καὶ εἶναι μὲν τὴν
ψυχὴν ἀπὸ θεοῦ, εἶναι δὲ παρὰ τῷ πονηρῷ ἡρμοσμένην, καὶ γεγονέναι
τὸν ἄνθρωπον τὴν μὲν οὐσίαν τοῦ σώματος ἀπὸ τῆς οὐσίας εἰληφότα
τοῦ πονηροῦ, τὴν δὲ οὐσίαν τῆς ψυχῆς ὡς σκῦλον ἢ λάφυρον ἀπὸ
θεοῦ ληφθεῖσαν, ὑπὸ δὲ τοῦ πονηροῦ λαφυραγωγηθεῖσαν. οὕτως ἔκ
τε τῆς λαφυραγωγηθείσης καὶ τῆς οὐσίας τοῦ πονηροῦ γεγονέναι
τὸν ἄνθρωπον ἐκ ψυχῆς καὶ σώματος, καὶ τῆς μὲν ψυχῆς μὴ αἴτιον
εἶναι τὸν πονηρὸν μήτε πεποιηκέναι οὐσίαν ψυχῆς, τῆς δὲ εἰσκρίσεως
μόνης τῆς ἐν σώματι ἐνεργὸν εἶναι (σκυλεύσας γάρ, ὡς φασίν, εἰσέκρινε
τῇ σαρκί), τὴν δὲ σάρκα αὐτὴν καὶ τὴν πλάσιν αὐτὴν καὶ τὸν
χαρακτῆρα καὶ τὴν τοιάνδε μορφὴν καὶ τὴν οὐσίαν ὅλην ἔργον εἶναι
καὶ πλάσιν τοῦ ἀπατεῶνος. ἐξ ἐναντίων οὖν γεγονέναι τὸν ἄνθρωπον
ὁμολογοῦντες. (LI,12—25).

(Die unsinnige Lehre der Gegner will:) Dieses sichtbare Werk ist ein
Werk des Betrügers, und der Mensch ist ein Gebilde des Schlechten.
Zwar ist die Seele von Gott, sie ist aber mit dem Schlechten zusammengefügt; und so ist der Mensch entstanden, indem er die Substanz
des Körpers von der Substanz des Schlechten empfangen hat, die
Substanz der Seele aber wie ein Raub oder eine Beute von Gott
genommen worden ist, nachdem sie von dem Schlechten erbeutet
worden war. So ist aus der erbeuteten Substanz und der des Schlechten
der Mensch geworden aus Seele und Leib, und der Schlechte ist nicht
der Urheber der Seele und hat nicht die Substanz der Seele gemacht,
sondern er ist nur der Verursacher ihres Eintritts in den Körper, —
(folgt das Zitat LI,22) — das Fleisch an sich aber und seine Formung,
das äußere Bild und die vorfindliche Gestalt und auch die ganze

Substanz sind Werk und Formung des Betrügers. Aus Gegensätzen also ist der Mensch geworden (erklären sie).

— ὅτι δὲ οὐκ ἔστι καθ᾽ ἑαυτὴν ἰδεῖν ψυχὴν οὐσιώδη καλήν, οὕτω πεφυκυῖαν καὶ οὖσαν, οὔτε σῶμα καθ᾽ ἑαυτὸ οὐσιῶδες κακόν. (V,1f).
(Daß es nicht möglich ist,) die Seele für sich wesenhaft gut zu sehen, so wie sie von Natur aus ist und existiert, noch den Körper für sich wesenhaft böse.

— βούλονται φύσεις εἶναι. (XXIII,26).
(Sie wollen, daß) es Naturen gibt.

c) Potentielle Einwände

— εἰ δὲ ἔνια μὲν τῶν σωμάτων ἀεὶ ἐσωφρόνει, οὐδέποτε ἐρρᾳθυμηκότα, ἔνια δὲ ἀεὶ ἐρρᾳθύμει, οὐδὲν μόριον σωφροσύνης ἀποσπασάμενα, ἦν εἰπεῖν ὅτι. (VII,1−3).
(Wenn) einige der Körper immer besonnen wären und niemals nachlässig, einige aber immer nachlässig wären und in keinem Teil von der Besonnenheit zurückgehalten (könnte man sagen...).

— καὶ εἰ μὲν αἱ τὰ ἄτοπα ἑαυταῖς παρέχουσαι ψυχαὶ ἕτεραι ἦσαν, καὶ καθ᾽ ἑαυτὰς δὲ ἦσαν, ἄλλως δὲ τὰ σώφρονα, ἦν εἰπεῖν. (XXI,1 f).
(Und wenn) die Seelen, die sich dem Verwerflichen hingeben, die einen wären und sie für sich wären, auf der anderen Seite aber die wären, die sich dem Besonnenen hingeben (könnte man sagen...).

C. Christologie

b) Anspielungen

— εἰ μὲν γὰρ (sc. ὁ Χριστός) οὐ σῶμα φέρων οὔτε σῶμα ἔχων. (LIII,11, vgl. LIII,1).
(Denn wenn Christus) weder einen Körper trug noch überhaupt einen Körper hatte.

D. Beispiele für den Dualismus

b) Anspielungen

— οὐ σφόδρα διαβάλλουσι τὸν Ναβουχοδονόσορ; οὐ σφόδρα μέμφονται τὸν Φαραώ; οὐ πέρας αἰσχρότητος αὐτοὺς νενομίκασι; τοιαῦτα ... θρυλοῦσιν. (XXVII,21−24).
(Klagen sie nicht heftig Nebukadnezar an? Tadeln sie nicht heftig den Pharao? Sind sie nicht im Glauben, diese seien das Äußerste an Schändlichkeit? Solches schwätzen sie).

— (οἱ δαίμονες) . . . πῶς ἀγένητοι; πῶς ἀεί; πῶς οὐδέποτε ἤρξαντο; πῶς ἀφ᾽ ἑαυτῶν εἰσιν; (XXX,13 f).

(Wie sind die Dämonen) ungeworden? (Wie) ewig? (Wie) jemals ohne Anfang? (Wie) sind sie aus sich selbst heraus?

c) Potentielle Einwände

— ἢ γὰρ τὸν Σατανᾶν μικτὸν ἐξ ἀρετῆς καὶ κακίας ὡς μικτοὺς καρποὺς ἐνεγκόντα *φήσουσιν* ἢ τούτους καρποὺς μὴ εἶναι τοῦ διαβόλου. (XXVII,28—30).

(Sie werden sagen:) Entweder ist der Satan gemischt aus Tugend und Bosheit, so daß er gemischte Früchte hervorbringt, oder diese Früchte sind nicht vom Teufel.

— *εἴ γε μὴ ἄρα φήσουσιν·* ἀνθρώπων μὲν οὐδεὶς καρπὸς τοῦ διαβόλου, δαίμονες δὲ γόνοι καὶ τοκετὸς μόνοι αὐτοῦ. (XXIX,3—5).

(Andernfalls werden sie nämlich sagen:) Von den Menschen ist keiner eine Frucht des Teufels, die Dämonen aber sind allein seine Kinder und sein Nachwuchs.

E. Die manichäische Gesetzeskritik

a) Zitate

— οὐχ ὁρᾶτε, *φησίν,* ἵνα παιδία λοιδορήσωσι τὸν Ἐλισσαῖον, κατηρᾶτο καὶ δυσὶν ἄρκοις ἔκδοτα παρεδίδου τὰ *νήπια,* βορὰν καὶ θοίνην παρεσκευακὼς ταῖς ἄρκοις τὰ παιδία. οὐχ ὁρᾶτε, *φησίν,* ἵνα τινὲς ἄκοντες στρατιῶται ἀπὸ τοῦ ἐπιτάττοντος ἀποσταλῶσι καλέσαι τὸν Ἠλίαν, βαδίσαι μὲν ὤκνησε καὶ φθάσαι παρητήσατο, πῦρ δὲ κατ-ήνεγκε καὶ τοὺς ἄνδρας ἐδαπάνα καὶ ἀνήλισκε, λέγων· εἰ ἄνθρωπος τοῦ θεοῦ εἰμι ἐγώ, καταβήσεται πῦρ ἀπὸ τοῦ οὐρανοῦ καὶ καταφά-γεταί σε καὶ τοὺς πεντήκοντά σου. (XLIX,15—22).

Seht ihr nicht (heißt es), daß Kinder den Elisa beschimpften, er aber sie verfluchte und die Unmündigen durch die Auslieferung an zwei Bären preisgab, um die Kinder den Bären zum Fraß und zur Atzung vorzuwerfen? Seht ihr nicht (heißt es), daß einige Soldaten wider ihren Willen vom Befehlshaber geschickt worden waren, um Elia zu rufen, dieser aber sich scheute zu gehen und sich weigerte mitzukommen, dann aber Feuer herabholte, das die Männer fraß und vertilgte, da er sagte: Wenn ich ein Mann Gottes bin, wird Feuer vom Himmel herabkommen und dich und deine Fünfzig fressen?

— ἀλλά, *φησίν,* ἐλεήμων ὁ υἱός, ἐλεήμων ὁ τὰ εὐαγγέλια γεγραφηκώς, καὶ ὁ ἐλεήμων ὢν γέννημά ἐστι τοῦ ἐλεήμονος. ὁ δὲ νόμος τραχύς, οὐ συγγινώσκων τοῖς ἡμαρτηκόσι, σπλάγχνον δὲ ἔχει τὸ εὐαγγέλιον, συστέλλον μὲν τὰς πλημμελείας, κηρύττον δὲ τὰς μετανοίας. ἰδοὺ γὰρ

ὁ σωτήρ, λέξουσι[78], καὶ Πέτρου ἀρνησαμένου ἐφείσατο καὶ ἁμάρτημα
τηλικοῦτον πεπλημμεληκότος παρίστησι καὶ ἀπειλὴν τῇ φιλανθρω-
πίᾳ προσπεποίηται, ὑπόδειγμα τὸν ἄνδρα παντὶ τῷ βίῳ καταλε-
λοιπώς, ἵνα τῆς ἑαυτοῦ φιλανθρωπίας εἰκόνα ἐκείνῳ παράσχῃ.
(XLIX,45—52).

Aber (heißt es) mitleidig ist der Sohn, mitleidig ist der, der die
Evangelien geschrieben hat, und wer mitleidig ist, ist ein Sprößling
des Mitleidigen. Das Gesetz aber ist hart, weil es den Sündern nicht
verzeiht, während das Evangelium ein Herz hat, die Vergehen mindert
und die Bußen predigt. Denn siehe, der Heiland (werden sie sagen)
schonte sogar den verleugnenden Petrus und stand so großer Sünde
dessen, der sich verfehlt hatte, bei. Er eignete sich die Bedrohung in
Menschenfreundlichkeit zu, um den Mann als Beispiel in seinem ganzen
Leben zurückzulassen, damit er in jenem ein Vorbild seiner Menschenfreundlichkeit darbiete.

b) Anspielungen

— Die Schrift des Gesetzes ist διὰ δὲ Μανιχαίου das Werk πονηροῦ
τινος, ἀφεγγοῦς, ὅλου σκότους (XL,14), also irgendeines Schlechten,
Lichtlosen, ganz Dunklen.

— Das alttestamentliche Verbot der Anbetung von Sonne und Mond ist
abzulehnen, dagegen ὅπλα κεκινήκασιν. (XLII,5—16 passim).

— ἵνα δὲ μή τις . . . λέγῃ[79]· ἐσχηματίσατο ὁ νόμος, καὶ ἔνια τῶν καλῶν
σεσυληκὼς ὡς ἴδια προηνέγκατο, σεμνῦναι τὰς ἑαυτοῦ ἀτοπίας βου-
λόμενος, καὶ μόρια τῶν καλῶν ἐνέσπειρε, διὰ τῶν μορίων τῶν καλῶν
τἆλλα κατακρύψαι ἐσπουδακώς. (XLIII,1—5).
(Damit nun aber nicht einer unter Anwendung eines sehr betrügerischen Kunstgriffes ganz hergeholt sagt:) Das Gesetz verstellte sich,
und nachdem es einige von den Gütern geraubt hatte, brachte es sie
wie eigene vor, weil es die eigenen Abscheulichkeiten zu Ehren bringen
wollte, und es streute Teile der Güter ein, weil es durch die guten
Teile die anderen zu verbergen trachtete.

— Über das Verhältnis von Gesetz und Evangelium: οὗτοι . . . ἀεὶ ἀνόμοια
ἡγησάμενοι καὶ . . . ἄφιλα καὶ ἄσπονδα ὁμολογοῦντες. (XLVIII,
51—53).

---

[78] λέξουσι markiert hier nicht wie die konditional eingeführten Futura φήσουσιν oder
ἐροῦσιν einen potentiellen Einwand, sondern soll die Fortführung des Zitates deutlich
machen, wie aus dem Kontext klar zu ersehen ist.

[79] Hier ist nicht ganz deutlich, ob es sich um eine Anspielung oder um einen potentiellen
Einwand handelt. Die Aussage hat aber auf jeden Fall Anhalt an manichäischen Äußerungen, wie noch gezeigt werden wird.

(Sie halten das Ähnliche) immer für unähnlich und (das mit sich Befreundete und Verschwisterte erklären sie) für verhaßt und unversöhnlich.

— ἐγκαλοῦσι γὰρ τῷ παλαιῷ νόμῳ ὡς τραχεῖ καὶ ἀπηνεῖ, ἐγκαλοῦσι καὶ τοῖς παλαιοῖς ὑπηρέταις ὡς αὐστηροτέροις καὶ μᾶλλον πρὸς τὴν ἐπιτιμίαν ῥέπουσι καὶ στοργῆς ἐλέους ἀπηλλαγμένοις. (XLIX,9—11). (Sie beschuldigen nämlich) das alte Gesetz als hart und grausam, (sie beschuldigen auch) die alten Diener als Grobiane und eher zur Bestrafung Geneigte und von der erbarmenden Liebe Abgewandte.

— εἰ δὲ αἰτιῶνται ὅτι μετὰ τοσάδε (sc. εὐαγγέλια) οὐκ ἀφείθη ὁ Δαβίδ. (L,5 f). (Wenn sie aber tadeln:) Gemäß den so großen Evangelien wurde David nicht freigesprochen.

c) Potentielle Einwände

— εἰ μὲν γὰρ ἐροῦσιν, ὁ νόμος οὐκ ἐδήλωσεν οὔτε προφῆται προεσήμαναν. (XL,21 f). (Wenn sie aber sagen werden:) Das Gesetz offenbarte nicht, und die Propheten kündigten nicht vorher an.

— εἰ μὲν γὰρ ἐροῦσιν ὅτι πέφυκε (sc. ὁ πονηρός) καλὰ παραινεῖν καὶ ἀγαθὰ συμβουλεύειν. (XLI,4 f). (Denn wenn sie sagen werden:) Der Böse ist von Natur aus da, um zum Guten aufzufordern und Gutes anzuraten.

— Über die Gebote: εἰ μὲν γὰρ σεμνὰ καὶ θεῖα καὶ ἐράσμια τὰ τοιαῦτα φήσουσιν ... εἰ δὲ φαῦλα αὐτὰ ἐροῦσι καὶ διαβεβλημένα. (XLI,14—16). (Wenn sie die Gebote nämlich) heilig, göttlich und lieblich (nennen werden ... wenn sie) sie aber schlecht und verworfen (nennen werden).

— εἰ δὲ φήσουσιν ὅτι καλὴ μὲν ἡ συγχώρησις. (L,8 f). (Wenn sie aber sagen werden:) Gut ist die Verzeihung.

Soviel also zu Serapions Kenntnis der manichäischen Lehre, besser gesagt: Zu seiner Darstellung dieser Lehre und seinen Vermutungen über sie. Diesem ersten, positiven Arbeitsgang muß nun ein zweiter folgen, der das herauspräparierte Material einer genaueren inhaltlichen Prüfung unterzieht.

9. Serapions Darstellung und ihr Sachgehalt

In diesem zweiten Arbeitsgang soll Serapions Darstellung der manichäischen Lehre anhand der im vorhergehenden Abschnitt festgelegten Themenordnung auf ihren Sachgehalt hin überprüft werden. Dabei können die Zitate und die Anspielungen weitgehend zusammen betrachtet werden, während die potentiellen Einwände eine Sonderstellung behalten müssen. Die oben gegebene Aufstellung zeigt ja, daß sich Zitate und Anspielungen oft inhaltlich decken oder wenigstens überschneiden, während die potentiellen Einwände meist schon in sich widersprüchlich sind.

Im folgenden werden Serapions Angaben mit denen manichäischer und antimanichäischer Quellen verglichen werden. Von seiten der Manichäer habe ich besonders die Kephalaia und Psalmen herangezogen, die dem großen Mani-Fund in Ägypten entstammen. Von seiten der antimanichäischen Schriften des 4. Jhd. sind besonders die des Titus von Bostra, des Alexander von Lycopolis und die Ephräms ergiebig. Für Ephräms Schriften hat Edmund Beck eine vergleichende Untersuchung angestellt und dabei im Hinblick auf die mit Serapion übereinstimmenden Themenkomplexe auch Serapions Werk einbezogen[80]. Die Schriften Augustins, der sich mit einer in vielem ganz anderen Ausprägung des Manichäismus auseinandersetzt, habe ich nur dort einbezogen, wo sie vergleichbares Material bieten. Unter den Untersuchungen zu Augustin sei hier nur die Arbeit von Erich Feldmann angeführt, der aber auch vor einer Gleichsetzung des nordafrikanischen mit dem ägyptischen Manichäismus warnt[81]. Augustin hat in der Geschichte des christlichen Antimanichäismus eine bedeutende Stellung, doch spiegelt seine Darstellung nur einen regionalen Typus des Manichäismus wider, der gerade angesichts der aufgefundenen koptischen Originalquellen nur in sorgfältiger Einzeluntersuchung mit dem ägyptischen vergleichbar ist.

In der folgenden inhaltlichen Diskussion sollen also von Serapions Angaben ausgehend Parallelen zu seinen Zitaten und Anspielungen, aber auch zu seinen potentiellen Einwänden aufgesucht werden. Gerade zu den Komplexen C (Christologie), D (Beispiele für den Dualismus) und E (Gesetz und Evangelium) lassen sich dabei nur verstreute Vergleichsbelege finden — diese Themen sind für Serapion viel wichtiger als für die Manichäer selbst — während Kosmogonie (A) und Anthropologie (B) auch in den manichäischen und in anderen antimanichäischen Quellen thematische Schwerpunkte bilden.

---

[80] E. Beck, Ephräms Polemik gegen Mani und die Manichäer im Rahmen der zeitgenössischen griechischen Polemik und der des Augustinus, CSCO 391, Louvain 1978. Alexanders Schrift ist deshalb interessant, weil er als Philosoph manche Themen unbefangener darstellt. Zu diesem Werk gibt es zwei neuere, kommentierte Übersetzungen: P. W. van der Horst, J. Mansfeld, An Alexandrian Platonist against Dualism. Alexander of Lycopolis' Treatise ‚Critique of the Doctrines of Manichaeus', Leiden 1974, und: A. Villey, Alexander Lycopolitanus, Contre la doctrine de Mani (Sources Gnostiques et Manichéenes 2), Paris 1985.

[81] E. Feldmann, Der Einfluß des Hortensius und des Manichäismus auf das Denken des jungen Augustinus von 373 (Diss. theol.), Münster 1975, S. 235.

A. Die manichäische Lehre vom Anfang der Dinge

a/b) Zitate und Anspielungen

Die Lehre von den zwei Prinzipien, die von Anfang an bestehen, ist sehr gut dokumentiert, sie ist die Grundlage der manichäischen Ontologie. Serapion selbst gibt mehrere Versionen der Diastase von Gut und Böse wieder. Die dualistische Prinzipienlehre ist, was auch Serapion erkennt, letztlich nur ein erklärender Vorspann für die Schöpfungs- und Erlösungslehre der Manichäer. Deutlich sichtbar wird dies in den manichäischen Kephalaia, wo die Lehre von den Grundprinzipien — hier heißen sie ΟΥϹΙⲀ — nur kurz angesprochen wird[82], um einen Ausgangspunkt für das beginnende Schöpfungs- und Erlösungsdrama zu geben. In den manichäischen Psalmen schließt sich ganz ähnlich die Erzählung von der Sendung des ersten und zweiten Sohnes zur Abwehr des Angriffes der Finsternis auf das Licht an. In den Psalmen werden die Prinzipien als ⲪΥϹΙϹ bezeichnet, als Reich des Lichtes und Reich der Finsternis[83].

Neben Serapion stellen auch andere antimanichäische Autoren die dualistische Prinzipienlehre dar. Alexander von Lycopolis nennt zwei ἀρχαί, die die Manichäer aufgestellt hätten, nämlich θεός und ὕλη[84]. Wie bei Serapion, so haben auch bei anderen die Prinzipien jeweils verschiedene Namen. Auch die Manichäer selbst hatten keine einheitliche Terminologie festgelegt. Titus von Bostra kennt die Lehre Manis von den zwei ἀρχαί oder φύσεις[85]. Er spezifiziert diese ähnlich wie Serapion als »θεὸς καὶ ὕλη, φῶς καὶ σκότος, ἀγαθὸν καὶ κακόν« (I,6 S. 4, Z. 16). Die Acta Archelai werfen Mani vor, er verehre zwei einander gegenüberstehende Götter (VII,1, GCS 16, S. 9, Z. 12—14), sie legen Mani auch die Rede von zwei Naturen in den Mund (XVI,1, S. 26, Z. 5f). Die polemische Bezeichnung

---

[82] Kephalaia, 1. Hälfte, ed. H. J. Polotsky, A. Böhlig, Stuttgart 1940, S. 3, Z. 33 — S. 4, Z. 2.

[83] A Manichaean Psalm-Book, ed. C. R. C. Allberry, Stuttgart 1938, S. 9, Z. 8—21. Das gute und das böse Prinzip sind hier in 5 Abteilungen gegliedert, wobei die 5 bösen miteinander im Krieg liegen. Vom Krieg des Bösen gegen sich selbst weiß auch Serapion (s. u.).

[84] Alexandri Lycopolitani contra Manichaei Opiniones Disputatio, ed. A. Brinkmann, Leipzig 1895, Kap. II, S. 4, Z. 24ff, vgl. VI, S. 9, Z. 17.

[85] ἀρχαί: I,5 (s. Anm. 15), S. 3, Z. 38. φύσεις: I,4, S. 3, Z. 24. Nach A. Baumstark (Der Text der Mani-Zitate in der syrischen Überlieferung des Titus von Bostra, OrChr 28, 1931, S. 23—42) sind die von Titus aufgeführten Mani-Zitate bei der Übersetzung des Werkes ins Syrische den syrischen Originalschriften Manis entnommen und in Titus' Text eingesetzt worden, so daß sie im syrischen Text reiner erhalten sind. Demnach stellt Titus in I,1 eigentlich „Wesenheiten" einander gegenüber (griechisch: ἀγένητον ἀγενήτῳ, S. 1, Z. 11 f; syrisch: S. 2, Z. 11 — Editionen s. Anm. 15).

der zwei Prinzipien als Götter wird von Cyrill von Jerusalem auf die dualistischen Häresien insgesamt zurückgeführt[86].

Auch Serapion kennt die Prinzipien als Gott und Satan, doch ist „Satan" nur eine Bezeichnung unter mehreren für das Böse (s. o. Anm. 49).

Charakteristisch für Serapion ist, daß er die beiden Prinzipien unter der Bezeichnung „Grundwurzeln" (ῥίζαι) kennt. Der Begriff klingt auch in den Acta Archelai kurz an[87] und ist auch in manichäischer Literatur wenigstens an einer Stelle gut bezeugt: „... da kannten wir die zwei Wurzeln ... Wir wußten, daß die lichte Wurzel das Reich Gottes, die finstere Wurzel das Reich der Hölle sei"[88]. Auch Aphraat und Ephräm kennen die Lehre von den zwei Wurzeln[89]; Epiphanius verneint die Existenz einer ῥίζα des Bösen[90]. Theodoret gibt einen Hinweis darauf, aus welcher Vorstellungswelt der Begriff stammt. ῥίζα ist faktisch ein Äquivalent zu δένδρον: Mani habe das Licht einen guten Baum, die Finsternis aber einen schlechten genannt, „der mit der Wurzel übereinstimmende Früchte trägt"[91]. Das Bild vom guten bzw. schlechten Baum ist neutestamentlich (Mt 7,17)[92], worauf der Manichäer Felix auch seinen Gegner Augustin hingewiesen hat[93].

Edmund Beck hat auf die unterschiedlichen Vorstellungen über die Anordnung der beiden Prinzipien hingewiesen: Serapion zufolge liegen diese einander gegenüber (was sich im übrigen nur erschließen läßt, da Serapion es nicht eigens thematisiert). Eben das hatte Mani laut Ephräms Dokumentation auch behauptet (Prose Ref. I, S. 140, Z. 35–37). Alex-

[86] Cyrill, Kat. VI,13, ed. W. C. Reischl, J. Rupp (Opera quae supersunt omnia), München 1848 (Nachdruck Hildesheim 1967), S. 172. Der Manichäer Faustus aber streitet Augustin gegenüber ab: „non dicimus duos deos, sed deum et hylen" (Contra Faustum XXI,4, CSEL 25, S. 572, Z. 23 f).

[87] Vgl. bei Serapion besonders das Kap. XXVI. radix in den Acta Archelai: XIX,3, GCS 16, S. 30, Z. 8.

[88] Chuastuanift. Ein Sündenbekenntnis manichäischer Auditores, ed. A. von Le Coq, APAW.PH Anhang Abh. IV, Berlin 1910, S. 16, Z. 6–8. Vgl. auch S. 10, Z. 1.9.

[89] ܐ̈ܪ ܚܡ̈ܐ: Demonstrationes, ed. J. Parisot, PS I,2. Paris 1907, Sp. 12, Z. 7 f. Ephräm: Prose Refutations I (s. Anm. 31), S. 10, Z. 2.13; S. 71, Z. 24.

[90] Panarion 66,15,5, GCS 37, S. 39, Z. 6. Augustin fragte als Manichäer nach radix und semen des Bösen (Conf. 7,5,7, ed. P. Knöll, CSEL 33, Wien 1896, S. 147, Z. 3 f).

[91] Haereticarum fabularum Compendium I,26, PG 83, 377B: »τὸ μὲν γὰρ φῶς ὠνόμασε δένδρον ἀγαθόν, ἀγαθῶν πεπληρωμένον καρπῶν· τὴν δὲ ὕλην δένδρον κακόν, συμβαίνοντας τῇ ῥίζῃ φέρον καρπούς«.

[92] Das Bild von der Wurzel läßt sich derart dualistisch nicht aus dem Neuen Testament gewinnen; es entstammt anderen, spezifisch manichäischen Vorstellungen (s. o. Anm. 88 und Text dazu).

[93] Contra Felicem II,2, CSEL 25, S. 829, Z. 15–17. Felix zitiert hier Mani.

ander von Lycopolis und Titus ordnen die Prinzipien übereinander an[94]. Wichtiger als die räumliche Anordnung aber ist die Tatsache der strikten Trennung der beiden Prinzipien. Wie Serapion zufolge die Manichäer dem Bösen und dem guten Gott getrennte τόποι τῆς οἰκήσεως zuweisen (XXXI,4), so weiß auch Titus davon, daß Gott und sein Gegenspieler sich an je einem ἴδιος τόπος gegenüberstehen sollen (I,8, S. 4, Z. 31).

Serapions Angaben über die beiden Prinzipien im Vorkriegszustand sind also zutreffend, seine Zitate sicher authentisch. Als nächstes muß nun seine Schilderung vom Krieg der beiden Prinzipien gegeneinander untersucht werden.

Der Angriff der Finsternis auf das Licht und die daraus resultierende Vermischung von Licht und Finsternis sind nach manichäischer Lehre der Auslöser für die Schöpfung und die Erklärung für den gegenwärtigen Weltzustand, gleichzeitig aber auch der Ansatz für die Erlösungslehre: Der Mensch kann und muß sich um die Befreiung der in seinem Körper gefangenen Lichtseele bemühen. Serapion geht auf diese Folgen nur andeutungsweise ein; er beschränkt sich auf die Darstellung des Krieges an sich.

Serapion weiß aber, daß es nach manichäischer Lehre mehrere Kriege zwischen der Materie und Gott gegeben haben soll, denn er spricht von einem „ersten Krieg", den die Manichäer zum Mythos machen (XXXI,42 f). Die Kephalaia benennen einmal drei Kriege[95], von denen der erste jener ist, den auch Serapion behandelt. Nach manichäischer Lehre führt dieser erste Krieg nun nicht nur zur Gefangennahme des Lichtes durch die Finsternis, sondern auch umgekehrt zur Fesselung der Finsternis an das Licht, wodurch sie keine eigene Subsistenz mehr hat und am Ende der Welt durch die Trennung vom Licht vernichtet werden wird[96]. Diesen Gedanken gibt auch Serapion wieder, wenn auch nur verstümmelt (XXXIII,29—32): Das Verschlingen (nach XXXIII,6 das des Lichtes)

---

[94] Beck (s. Anm. 80), S. 67—69. Alexander, Kap. II (s. Anm. 84), S. 5, Z. 11—13: oben Licht/unten Finsternis; Titus I,17 (s. Anm. 15), S. 9, Z. 15 f: Die Materie steigt auf.

[95] Kephalaia S. 105, Z. 18—24. Die anderen beiden Kriege (auch „Schläge" gegen den Feind) führen zur Auflösung des Bösen im großen Feuer (Z. 24—29) und am Ende zu dessen endgültiger Fesselung (Z. 30—35).

[96] Vgl. Severus von Antiochien, 123. Homilie, ed. M. Brière, PO 29,1, Paris 1960, S. 166, Z. 6 f: „damit durch die Vermischung die Feinde gefangengenommen werden und den Guten Ruhe zuteil wird und die Natur des Guten bewahrt wird", vgl. auch Z. 14 f. Titus I,39 (s. Anm. 15), S. 24, Z. 15 f: Durch die Abtrennung der göttlichen δύναμις von der Materie wird die Materie zerstört. Alexander III (s. Anm. 84), S. 5, Z. 21—25; V, S. 8, Z. 1—4; XII, S. 18, Z. 19 f: Eine von Gott gesandte δύναμις und die Materie vermischen sich; nach der Trennung der beiden wird die Materie in einem „äußeren Feuer" verbrannt. Die Vermischung der beiden ist also faktisch heilsnotwendig.

bewirkt die Zerstörung des Bösen[97]. Er übergeht aber die näheren Umstände des vorhergehenden Kampfes und der Gegenreaktion des guten
Prinzips auf den Angriff des bösen, die in der Sendung einer δύναμις oder
eines Gottessohnes bestehen soll[98]. Dieser Teil des manichäischen Dramas
dürfte für ihn unter den Topos προβολαί (Emanationen) fallen, auf den
er nicht weiter einzugehen gedenkt (XXXVI,2).

Andererseits aber interessiert er sich für die Vorstellung, daß das böse
Prinzip schon vor dem ersten Krieg mit sich im Streit liege, sich selbst
belagere (XXXIII,12) und sich selbst Schaden zufüge (XXXIII,3 f; vgl.
auch XXXI,8 f). So kann er beweisen, daß das Böse schon von vornherein
auf Zerstörung hin angelegt und somit nicht ewig ist. Vom inneren Kampf
des Bösen handeln auch die manichäischen Psalmen[99]. Titus stellt die Sache
ähnlich wie Serapion dar: Die Materie mit ihren Emanationen liegt mit
sich im Streit. Die Bestandteile des Bösen ἠδίκουν ἀλλήλους (I,20, S. 12,
Z. 14). Serapion: ἡ πονηρία ... ἑαυτὴν ἠδίκει (XXXIII,3f). Der Kampf
des Bösen gegen sich selbst hört erst in dem Moment auf, in dem das
Böse das Licht erblickt[100]. Die Materie sehnt sich nämlich nach dem Licht,
so daß sie ihre eigene Natur vergißt: ἐπιλησθεῖσα παντελῶς τῆς ἰδίας
φύσεως (Titus I,24, S. 15, Z. 11f). Serapion formuiert es ähnlich: ἐπελάθετο
τῆς ἰδίας μάχης (XXXIII,5). Serapion kennt auch die manichäische Begründung für den plötzlichen Verhaltensumschwung des Bösen: Die Materie verwunderte sich über das Licht, als sie es sah. Deshalb griff die
Materie das Licht an und raubte es[101]. Wie die Manichäer sich genau den

---

[97] Ähnliche Formulierungen wie Serapion gebraucht Epiphanius (Panarion 66,17,2, GCS
37, S. 40, Z. 21—24). Serapion: Die πονηρία διαφθείρεται (XXXIII,29). Epiphanius:
ἑαυτῆς ἐστι φθορά. Serapion: Sie wird zerstört (ἀναλισκομένη, XXXIII,32). Epiphanius:
ἑαυτῆς ἀναλωτική τις οὖσα.

[98] Den manichäischen Psalmen zufolge wird vom Vater ein Sohn wie ein Lamm in den
Kampf geschickt. Sein Bruder muß ihm zu Hilfe kommen, dieser bewirkt dann die
Weltschöpfung (A Manichaean Psalm-Book, s. Anm. 83, S. 10, Z. 22—24). Alexander
spricht von einer δύναμις, die auch ψυχή genannt wird (III, s. Anm. 84, S. 5, Z. 21—25;
vgl. Titus I,17, s. Anm. 15, S. 9, Z. 17 f).

[99] A Manichaean Psalm-Book (s. Anm. 83), S. 9, Z. 20 f. Vgl. auch Severus von Antiochien,
123. Homilie, PO 29,1, S. 162, Z. 6—13: Der Baum des Bösen befindet sich im ständigen
Kampf mit sich selbst. Serapion spricht nur vage von Teilen des Bösen, die zerstört
werden (XXXIII,18 f), geht aber nicht weiter auf deren Eigenheiten ein.

[100] Für Ephräm ist dies ein Ansatzpunkt seiner Kritik: Wenn die Söhne der Finsternis damit
beschäftigt waren, gegeneinander Krieg zu führen, wie konnten sie sich dann gegen das
Licht wenden (S. Ephraim's Prose Refutations of Mani, Marcion, and Bardaisan, ed. C.
W. Mitchell u. a., Bd. 2, London 1921, S. 195, Z. 45 — S. 196, Z. 2)?

[101] Vgl. Alexander III, S. 5, Z. 17 f: θαυμάσαι τό τε λαμπρὸν καὶ τὸ φῶς ὅσον ἦν παρὰ τῷ
θεῷ. Theodoret, Haer. fab. Compendium I,26, PG 83, 377C: εἶτα τὸ φῶς θεασαμένους
... καὶ θαυμάσαι. Bei beiden folgt dann die Schilderung des Angriffs der Materie.

Ablauf des Angriffs der Finsternis auf das Licht dachten, ist nicht eindeutig festzulegen. Für Serapion ist es auch kein eigenes Thema.

Wichtiger für ihn sind der von den Manichäern behauptete Raub des Lichtes im ersten Krieg, die daraus folgende Vermischung von Licht und Finsternis und die aus dieser entstehenden Probleme. In dem, was durch die Vermischung geschaffen ist, sind Gut und Böse gemischt vorhanden, und wenn das Böse auch am Ende durch die Abtrennung vom Guten vernichtet werden wird, so behält es jetzt doch die Überhand, da es das Gute in die Knechtschaft zwingt. Hierauf geht auch Serapion ein (XXXIV,16—20; XXXV,3—5), er überspringt aber die eigentliche manichäische Schöpfungslehre und setzt erst bei dem aus der Schöpfungslehre folgenden anthropologischen Dualismus von Körper und Seele wieder ein.

Was er überspringt, ist in den von ihm summarisch aufgeführten Lehrtopoi enthalten (XXXVI,2 f). Welche Inhalte er mit „Emanationen, Kämpfe, Mythenmachereien und Gigantenschlachten" tituliert, ist nicht zu erheben, da Manis „Buch der Giganten" nur in Fragmenten erhalten ist[102]. Alexander berichtet, die gebildeteren Manichäer bezögen sich auch auf die griechische Mythologie und die Gigantomachie (V, S. 8, Z. 5—10, vgl. X, S. 16, Z. 9ff). Daß die Manichäer zur Mythopoiie neigten, ist ein gern geäußerter Vorwurf, doch hat er, wie die Dokumentation Alexanders zeigt, durchaus reale Anhaltspunkte. Bei den von Serapion angeführten προβολαί handelt es sich um die Emanationen der beiden Urprinzipien, wie aus Parallelen bei Titus deutlich wird[103]. Unter das Stichwort „Kämpfe" fallen vorwiegend die zwischen den beiden Prinzipien.

Serapion beschränkt sich hier also auf den grundlegenden Teil des manichäischen Lehrgebäudes, auf den sich der gesamte Dualismus seiner Gegner gründet. Was er in Zitaten und Anspielungen vorbringt, läßt sich bis in einzelne Punkte anhand anderer Quellen verifizieren. Einzig zwei Anspielungen, die sich auf die Selbstvergessenheit des Lichtes nach dem Raub durch die Finsternis beziehen, haben anscheinend keine direkten Parallelen (XXXIV,15—20; XXXV,3—5). Nun ist das Thema der Selbstvergessenheit des Lichtes bzw. der Lichtfunken gnostischen Ursprungs[104]; bei den Gnostikern und auch bei den Manichäern, die es übernahmen,

---

[102] Diese finden sich in den Turfan-Texten, die für einen Vergleich mit Serapion wenig ergiebig sind. Bezeugt ist das Werk u. a. in den manichäischen Psalmen (s. Anm. 83, S. 46, Z. 30). Es gibt auch einen „Sermon vom Großen Krieg", ed. H. J. Polotsky, Manichäische Homilien, Stuttgart 1934, S. 7 ff.

[103] Die Materie sah bei ihrem Angriff nicht das Licht selbst, sondern eine προβολή Gottes (Titus I,24, S. 14, Z. 36—39). Sie selbst πολλὰς προβαλλομένη δυνάμεις (I,17, S. 9, Z. 14 f).

[104] Vgl. z. B. das Referat Hippolyts über die Sethianer: Ref. V,20,9—21,2, ed. M. Marcovich, PTS 25, Berlin 1986, S. 195 f.

gehört es aber eher in die Anthropologie und Erlösungslehre, wo es um die Befreiung des Lichtes aus dem Gefängnis des Körpers geht. Auch diese Anspielungen sind also sicher dem manichäischen Lehrgebäude entnommen.

Nach dieser Prüfung und Bestandsaufnahme können jetzt die potentiellen Einwände bearbeitet werden, die sich mit einem interessanten Problem des manichäischen Dualismus befassen.

c) Potentielle Einwände

Ein von den Kritikern des Manichäismus gern genutzter Angriffspunkt auf den manichäischen Dualismus ist die Frage, was denn wohl zwischen den beiden Urprinzipien gelegen und sie an der Verschmelzung oder völligen Scheidung voneinander gehindert habe. Hieraus ergibt sich dann das Problem, ob das anzunehmende Mittelstück nicht wie die Urprinzipien auch von Ewigkeit her Bestand haben müsse. Die manichäischen Quellen äußern sich zu diesem Thema nicht explizit. In den manichäischen Psalmen wird der Finsternis der Bau einer Mauer zugeschrieben; dieser findet aber erst in der Folge des Krieges zwischen Licht und Finsternis statt[105].

Auf die Frage, was denn in der Mitte liegen könne, gibt Serapion so viele und einander widersprechende Antworten in den bei ihm formulierten potentiellen Einwänden, daß diese sich tatsächlich als seine Konstruktionen erweisen. Genauso wie die Frage, was in der Mitte liege, führt die Frage, wer es geschaffen habe, in die Aporie: War es das gute Prinzip oder das böse oder ist das Mittlere Selbsterzeuger?

In der Argumentation steht Titus, dessen Werk in den 60er Jahren des 4. Jhd. erschien, Serapion sehr nahe, obwohl er sich terminologisch etwas von ihm unterscheidet: Auch Titus meint, die manichäische Lehre bedinge ein Grenzgebiet zwischen den beiden Gegenspielern, und er nennt dieses Gebiet ganz allgemein μεθόριον, ein Begriff, den Serapion nur beiläufig in der Anthropologie einsetzt (IX,6). Dann aber bezeichnet Titus die von ihm postulierte dritte οὐσία genau wie Serapion als eine Mauer (ἀδαμάντινον τεῖχος: I,9, S. 5, Z. 9). Wie für Serapion, so erhebt sich auch für ihn die Frage, welches Prinzip hier mit der Mauer Vorsorge getrieben habe (S. 5, Z. 10ff), bzw. ob die Mauer aus sich selbst heraus als ein ἕτερον ἀγένητον (S. 5, Z. 16) entstanden sei.

Dieses den Manichäern zugeschriebene Motiv einer hypostasierten Mauer hat anscheinend auch Makarios/Symeon aufgenommen: Er spricht von einer „Mauer des Bösen", die der Mensch im Gebet zum Einsturz bringen könne. Zwar erwähnt er nicht den manichäisch-ontologischen Hintergrund dieser Vorstellung, doch muß er die Terminologie der Ma-

---

[105] A Manichaean Psalm-Book (s. Anm. 83), S. 206, Z. 1—4 (aus den sogenannten Thomaspsalmen).

nichäer gekannt haben, da er wie sie von einer guten und einer bösen ῥίζα spricht[106].

Doch zurück zu Serapion: Er hatte als eine zweite Möglichkeit für ein Mittelstück zwischen dem guten und dem bösen Prinzip etwas „Nichtiges und Offenes" (XXXII,25) in die Diskussion eingeführt. Titus wiederum gibt als mögliches Mittelstück an: „eine Mauer oder ein unbewohntes Land oder was sie wollen" (I,9 S. 5, Z. 20). Titus verwickelt die Manichäer wie Serapion in eine hypothetische Diskussion, in der es um den Aufweis der gegnerischen Aporie geht: »ἄπορος αὐτοῖς ἡ ὑπόθεσις εὑρεθήσεται« (S. 5, Z. 12 f). Die von Serapion gegebene Alternative wird in Form eines breiten Abgrunds dann auch von Ephräm ins Auge gefaßt (ܪܘܚܐ ܪܒܬܐ Prose Ref. I, S. 96, Z. 12). Augustin bezeichnet diese Vorstellung als manichäische Lehrmeinung[107].

Wahrscheinlich ist die spezifische Vorstellung einer Mauer zwischen den Prinzipien erst durch Serapion und andere den Gegnern in den Mund gelegt worden. Mani selbst soll dem Fihrist nach — allerdings eine späte Quelle! — gelehrt haben: „Jenes Lichtwesen grenzt unmittelbar an das finstere Wesen ohne eine Scheidewand zwischen beiden"[108]. Die Acta Archelai fingieren eine Diskussion darüber; ihnen zufolge hat Mani den guten Gott, der sich vom Bösen absondern wollte, für die Mauer verant-wortlich gemacht (XXVI,5—XXVII,2, GCS 16, S. 38 f). Mani soll an dieser Stelle aber nicht seine Ontologie begründen, sondern Antwort auf ein exegetisches Problem geben, nämlich auf Gen 1,4: Gott schied Licht und Finsternis[109]. Da Mani unter Voraussetzung dieser Bibelstelle nur Gott für die Abgrenzung vom Bösen verantwortlich machen kann, liegt der Vorwurf nahe, für ihn sei Gott timidus und habe keine fortitudo (XXVII,4, S. 39, Z. 22 f), was auch Severus bemerkt (PO 29,1, S. 156, Z. 20—22). Genauso argumentiert Serapion: Wenn man Gott als Erbauer der Mauer annimmt, muß man ihm δειλία und ἀστρατήγητος vorwerfen (XXXII,1—3). Ephräm erwähnt die Mauer in zwei Zusammenhängen: Zum einen müßte seiner Meinung nach das Gute hier und jetzt von einer

---

[106] Zur Mauer des Bösen äußert sich Makarios/Symeon in Homilie 15,15 (s. Anm. 39), S. 136, Z. 206—215. Zu den Wurzeln vgl. Epistola Magna 3,74 f und 11,123 f, ed. R. Staats, AGWG.PH, 3. Folge, Nr. 134, Göttingen 1984, S. 100 und 171.

[107] Zwischen der terra tenebrarum und der terra lucis „interpatent cavernae quaedam profundae per infinitum inanes" (Contra Epistulam fundamenti 26, CSEL 25, S. 225, Z. 7 f).

[108] G. Flügel, Mani, seine Lehre und seine Schriften, Leipzig 1862, S. 86. Neuübersetzung bei K. Kessler, Mani. Forschungen über die manichäische Religion, Berlin 1889, S. 387.

[109] Archelaus: „quis est qui exstruxerit murum?". Mani: „Bonus deus ... firmamentum posuit in medio". Der Begriff firmamentum aber stammt eindeutig aus Gen 1,6 und ist von dort aus Mani in den Mund gelegt worden.

Mauer geschützt werden (Prose Ref. I, S. 37, Z. 26—29)[110], zum anderen wäre eine solche Mauer schon von Anfang an notwendig (S. 35, Z. 13; S. 89; Z. 28—33).

Serapion hat in der Thematisierung eines die Prinzipien trennenden Mittelstückes also wie die Acta Archelai oder andere durch selbstformulierte hypothetische Einwände die Manichäer in die Aporie bringen wollen.

B. Anthropologie

a/b) Zitate und Anspielungen

Auch in der Darstellung der Anthropologie beschränkt sich Serapion auf die Grundzüge, ohne dabei auf die daraus folgenden Konsequenzen (z. B. hinsichtlich der Ethik und der Erlösungslehre) einzugehen. Aus den Grundzügen werden auch schon die von ihm konstatierten negativen Folgen sichtbar: Ist das Böse aufgrund einer ontologischen Determinierung substantiell im Menschen auszumachen, ist dieser aus der Verantwortung und Haftung für seine Taten entlassen.

Serapions Kenntnis vom anthropologischen Dualismus der Manichäer läßt sich an etlichen Stellen verifizieren. Den Kephalaia zufolge wohnt das Böse, der alte Mensch, sogar in den Heiligen (S. 220, Z. 13—17). Die gegensätzlichen Naturen sind in jedem Menschen gemischt vorhanden (Titus I,4, S. 3, Z. 24 f.). Die Seele ist gefangen im Körper, den der Teufel gemacht hat[111]. Der Mensch insgesamt ist ein Geschöpf des Bösen und nicht Gottes: »πεποίηκεν δὲ ἡ ὕλη τὸν ἄνθρωπον« (Alexander XXIII, S. 32, Z. 26)[112]. Dabei ist die Kategorie „Mensch" gewissermaßen nur ein πρόσωπον, grundsätzlich ist der Mensch in sich gespalten und von zwei Ursprüngen abhängig: »λέγουσιν τὴν ψυχὴν εἶναι τοῦ θεοῦ, τὴν δὲ σάρκα τοῦ διαβόλου«[113]. Dies ist nicht nur ein Problem für die Ethik, sondern auch ein Angriff auf die christliche Schöpfungslehre. Die Lehre, der

---

[110] Nach M. A. Kugener, F. Cumont, Recherches sur le Manichéisme, Bd. 2, Brüssel 1912, S. 166, Anm. 4, soll die im Fihrist abgelehnte Mauer eine nach der Schöpfung aufgebaute sein (sie verweisen auf Augustin, Conf. 13,30,45). Von dieser Mauer war schon im Text zu Anm. 105 die Rede, s. o. Der Kontext im Fihrist jedoch behandelt eindeutig den Urzustand der beiden Prinzipien, so daß es hier doch um die erste Mauer gehen muß.

[111] „Wer hat dich eingeschlossen in diesem finstren Gefängnis ... (das) dieser Fleischeskörper darstellt?" (Ein Manichäisches Bet- und Beichtbuch, ed. W. Henning, ABAW.PH 1936, Nr. 10, S. 45). Vgl. Kephalaia S. 95, Z. 25.

[112] Vgl. Titus III,7,1, ed. Nagel (s. Anm. 21), S. 296, Z. 3: »οὐκ ἔστι πλάσμα θεοῦ«. Acta Archelai XIX,11, GCS 16, S. 31, Z. 6: „a mala natura plasmatus".

[113] Severian von Gabala, Un traité inédit de Christologie de Sévérien de Gabala. In Centurionem et contra Manichaeos et Apollinaristas, ed. M. Aubineau (Cahiers d'Orientalisme 5), Genf 1983, S. 128, Z. 1. Vgl. auch Titus I,17 (s. Anm. 15), S. 9, Z. 31—33; I,29, S. 18, Z. 3 f.

Körper sei aus dem bösen Urprinzip hervorgegangen, wird auch ausdrücklich in der Großen griechischen Abschwörungsformel verurteilt[114].

Auch hier also bestätigen sich Serapions Angaben in Zitaten und Anspielungen.

c) Potentielle Einwände

Die in der Behandlung der manichäischen Anthropologie wiedergegebenen potentiellen Einwände lassen sich wiederum nicht verifizieren. Eine Unterscheidung von besonnenen und leichtfertigen Körpern bzw. Seelen würde der manichäischen Anthropologie widersprechen (s. o. Anm. 71).

Bekannt ist, daß Augustin eine manichäische Lehre von zwei Seelen kennt: „duas animas esse in uno animantis corpore adfirmant, unam bonam de gente lucis, alteram malam de gente tenebrarum"[115]. Dies ist aber eine vereinzelte, bei den Manichäern selbst nicht zu belegende Äußerung.

Noch weniger ist eine solche Differenzierung für die Körper bezeugt. Nur Ephräm gibt einmal in hypothetischer Weise etwas Entsprechendes wieder: „Wenn sie aber sagen, daß es Körper gibt, die böser sind als ein Körper" (Prose Ref. I, S. 182, Z. 37–40). Serapion teilt also in seinen hypothetischen Einwänden mit Ephräm und Augustin das Ungenügen an einer undifferenzierten Sicht von Körper und Seele.

C. Christologie

Serapions Anspielung auf den Doketismus der manichäischen Christologie ist sachlich richtig. Mehr weiß oder will er zu diesem Thema nicht berichten. Wenn der Körper vom Bösen sein soll, ist eine doketische Sicht Jesu nur folgerichtig: Er kam ohne Körper (Kephalaia S. 12, Z. 24); was man für seinen Körper hält, ist nur ein Scheinleib[116].

Da die Manichäer nicht die ersten waren, die solche Ansichten vorbrachten, konnte Serapion auf das bewährte antignostische Arsenal zurückgreifen und mußte die Christologie nicht ausführlicher thematisieren[117]. Sein Rekurs auf die Beispiele der Evangelien in Kap. LIII ist allerdings pro domo gesprochen, da die Manichäer ihre Evangelien von christologisch Anstößigem gereinigt hatten.

---

[114] PG 1, 1464B: »ἀναθεματίζω τοὺς λέγοντας ὅτι τὸ σῶμα ἐκ τῆς πονηρᾶς ἀρχῆς ὑπέστη, καὶ ὅτι φύσει ἔστι τὰ κακά«.

[115] Contra Faustum VI,8, CSEL 25, S. 298, Z. 1–3: Hier hat die böse Seele faktisch die Stelle des sonst für böse gehaltenen Körpers eingenommen.

[116] »καὶ τὸν Χριστὸν ἐν σαρκὶ γεγονέναι οὐ βούλεται, φάντασμα αὐτὸν λέγων εἶναι«: Sokrates, Kirchengeschichte I,22, PG 67, 137B. Vgl. Evodius von Uzalis, De fide contra Manichaeos 28, CSEL 25, S. 964, Z. 6.

[117] Nach E. Rose, Die manichäische Christologie, Wiesbaden 1979 (urspr. Diss. 1941), S. 120, stand Mani bei dem überlieferten Jesusbild vor dem gleichen Problem wie die Gnostiker

D. Beispiele für den Dualismus

b) Anspielungen

Was Serapion hinsichtlich Nebukadnezars und des Pharao bzw. hinsichtlich der Dämonen anführt, läßt sich nicht in manichäischen Parallelen nachweisen. Daß die Manichäer sich ihre Beispiele aus dem Alten Testament herausgesucht haben, ist unwahrscheinlich. Eine Dämonenlehre in Serapions Sinne ist bei den Manichäern ebenfalls nicht nachzuweisen.

Nun lassen sich die Aussagen über Nebukadnezar und den Pharao nicht einfach als Insinuationen Serapions ausscheiden, da sie mit dem Nachsatz schließen: „Solches schwätzen sie doch hin und her über deren Lebensführung" (XXVII,23 f). Diese Worte weisen darauf hin, daß wir es hier mit einer anderswo nicht verifizierbaren manichäischen Sonderüberlieferung zu tun haben können.

c) Potentielle Einwände

Daß der Satan aus Gut und Böse gemischt sein soll, kann nur eine den Gegnern unterstellte hypothetische Ausflucht sein. Die Aussage widerspricht der manichäischen Ontologie. Das Gleiche gilt für den Einwand, die Dämonen, keineswegs aber die Menschen seien eine Frucht des Teufels. Einer solchen Behauptung steht die manichäische Anthropologie entgegen. Auch für diese potentiellen Einwände zeichnet also Serapion verantwortlich.

E. Die manichäische Gesetzeskritik

a) Zitate

Das Elia und Elisa betreffende Zitat läßt sich im Umkreis der manichäischen Literatur nicht verifizieren. Die Große griechische Abschwörungsformel verbietet aber die Schmähung von Elia und anderen[118]. Augustin spielt Faustus gegenüber auf die Tötung der Knaben durch Elisa an, ohne eine manichäische Kritik daran zu erwähnen[119].

---

und „hat es in der traditionellen gnostischen Weise gelöst, ohne daß dabei eine spezifisch manichäische Ausbildung dieser Lösung festzustellen wäre". Sprechen die Manichäer einmal von Jesu Kreuzigung und seiner Passion, so reihen sie diese hinter die Kreuzigung Manis unter die anderer Glaubenszeugen ein, ohne daß Jesu leibliches Leiden irgendeine Heilsbedeutung hätte: Vgl. W. Sundermann, Mitteliranische manichäische Texte kirchengeschichtlichen Inhalts, Berlin 1981, Text 4a. 18 (S. 76—79).

[118] Neben Elia sind genannt: Abraham, Isaak, Jakob, Hiob, Mose, Josua, Samuel, David (PG 1, 1464A; auch in den Capita VII contra Manichaeos, ed. S. N. C. Lieu, JAC 26, 1983, S. 180).

[119] Contra Faustum XII,35, CSEL 25, S. 361, Z. 25—27. Hier geht es wertfrei um eine Typologie: Die Knaben rufen „calve, calve" — und Christus wurde auf den calvaria gekreuzigt.

Wenn sich auch keine Parallele zu diesem Zitat finden läßt, so ist es doch für ein Originalzitat aus manichäischen Quellen zu halten, das sich mit einer rhetorischen Frage („Seht ihr nicht ...?) an einen imaginären Gegner richtet. Da Serapion nirgendwo im Stile der Acta Archelai einen Dialog konstruieren will, ist dieses Zitat wahrscheinlich aus einer mündlichen oder schriftlichen Auseinandersetzung der Manichäer mit ihren Bestreitern herausgebrochen.

Das zweite von Serapion zu diesem Themenkomplex wiedergegebene Zitat befaßt sich mit der Vergebung, die im Alten Testament fehle. Dieses Zitat macht wie auch das vorhergehende keinen spezifisch manichäischen Eindruck, es könnte ebensogut gnostischen oder markionitischen Quellen entstammen. Auf das gleiche Thema war Serapion schon bei seiner Darstellung der valentinianischen Lehre eingegangen.

Die Frage der Herkunft der beiden Zitate wird weiter unten (unter 10.3.) noch einmal aufzunehmen sein.

b) Anspielungen

In seinen Anspielungen faßt Serapion die grundlegende Ablehnung der Manichäer dem Alten Testament gegenüber zusammen. Diese hatten ihren Dualismus auch auf die christliche Bibel übertragen und das Alte Testament vom bösen Prinzip abgeleitet. Allerdings hat dieser Topos bei den Manichäern wohl nur in der Apologetik eine Rolle gespielt; von ihren Bestreitern wird er dann aufgegriffen und stärker thematisiert.

Das Gesetz und die Propheten sollen also von der κακία oder dem bösen ἄρχων stammen[120]. Die Manichäer unterziehen das Alte Testament auch einer Einzelkritik; Titus zufolge werden dabei besonders die Ermordung Abels, die Sintflut, die Verbrennung Sodoms, die Vielehen, das Verhalten gegenüber den Ägyptern und das Tun des Mose hervorgehoben (III,7,10−15, s. Anm. 21, S. 298−300). Die Widersprüche zum Neuen Testament werden ebenfalls herausgestellt[121].

Aber nicht nur das Gesetz und seine Vertreter, sondern auch die Propheten werden scharf kritisiert: Der böse ἄρχων hat ihren Verstand mit Blindheit geschlagen[122].

---

[120] Titus III,2 (s. Anm. 15), S. 67, Z. 18−20. Vom ἄρχων (princeps) berichten auch die Acta Archelai (XLIV,6, GCS 16, S. 65, Z. 4) und Augustin, De haeresibus, PL 42, 38. Nach Cyrills Darstellung in Kat. VI,27 (s. Anm. 86), S. 192, soll der Gott des Alten Testamentes der κακῶν εὑρετής sein. Epiphanius berichtet, den Manichäern zufolge sei das Alte Testament von einem anderen Gott und Lehrer als das Neue (Panarion 66,74,1, GCS 37, S. 115, Z. 2 f).

[121] Es gibt ἐναντιώσεις (Titus III,8,1, ed. Nagel, s. Anm. 21, S. 300, Z. 6). Das Gesetz hat keine cognatio mit dem Evangelium, es ist diesem gegenüber contraria und inimica (Acta Archelai XLIV,6, GCS 16, S. 65, Z. 5 f).

[122] Acta Archelai XI,3, S. 19, Z. 2. Die Propheten sind des Satans (XV,10, S. 25, Z. 2 f). So

Wenn Serapion berichtet, die Manichäer hätten das Gute im Gesetz nur für eine vorgeschobene Verstellung gehalten, mit deren Hilfe das Böse besser durchgesetzt werden sollte, so trifft sich dies mit der in den Acta Archelai wiedergegebenen Behauptung, der Satan habe schreiben wollen „pauca quaedam vera, ut per haec etiam cetera, quae sunt falsa, crederentur" (XV,10, S. 25, Z. 4 f)[123].

Serapion kennt also die generelle und spezielle manichäische Kritik am Alten Testament. Dieser gegenüber entfaltet er eine breit angelegte Widerlegung und geht dabei auch noch auf zwei Einzelprobleme ein:

Zum einen berichtet er über die manichäische Kritik an David, weil dieser den Evangelien zufolge keine Vergebung gefunden habe. Davids Vergehen und ihre Vergebung sind auch im Streit zwischen Faustus und Augustin ein Thema. Augustin erklärt, David habe seine Sünde bekannt und Vergebung empfangen[124].

Zum anderen geht Serapion auf ein mit dem Gesetz zusammenhängendes Sonderproblem ein, nämlich auf den den Manichäern vorgeworfenen Polytheismus, genauer: die ihnen unterstellte Anbetung von Sonne und Mond. Serapion ignoriert im Gegensatz zu anderen Kritikern des Manichäismus den manichäisch-theologischen Hintergrund der Ehrerbietung gegenüber diesen Himmelskörpern. Tatsächlich nämlich sind nach manichäischer Lehre Sonne und Mond die Lichtschiffe, die die Seelen aus der Gefangenschaft der Materie befreien und sie hin zu Gott bringen[125]. Die Sonne „ist das Tor des Lebens und das Fahrzeug des Friedens zu diesem großen Äon des Lichtes" (Kephalaia S. 158, Z. 31 f). Deshalb behaupten die Manichäer, worauf auch Serapion anspielt, der Satan habe die Verehrung der Sonne in seinem Gesetz verboten, um die Menschen an der Erkenntnis ihrer Heilsbedeutung und somit an der Erlösung zu hindern[126].

Alexander, der das Thema als Philosoph frei von alttestamentlich begründeten Vorbehalten sieht, weiß, daß die Manichäer Sonne und Mond nicht wie Götter verehren, „sondern wie einen Weg, durch den es möglich ist, zu Gott zu kommen" (V, S. 7, Z. 28 f). Bei dieser Unterscheidung ist es aber nicht geblieben, denn es ist auch eine kultische Verehrung der

---

heißt es auch im Fihrist (Flügel, Mani, s. Anm. 108, S. 100): Mani bezichtigte die Propheten der Lüge und behauptete, die Teufel sprächen aus ihnen.

[123] Vgl. Epiphanius: Der Urheber des AT hat einiges von Christus prophezeit, um durch das wenige Glaubwürdige Glauben zu erwecken (66,70,3, GCS 37, S. 111, Z. 20 f). Weitere Belege bei Beck (s. Anm. 80), S. 10—16.

[124] Contra Faustum XXII,67, CSEL 25, S. 663, Z. 15 f: „confessus in aeternum liberaretur". XXII,87, S. 692, Z. 24 f: „scelus eius etiam per prophetam deus arguit increpando et ipse abluit paenitendo".

[125] Alexander XXI f, S. 28—32. Acta Archelai VIII,6, S. 13, Z. 3 ff (s. Anm. 84 und 35).

[126] Kephalaia S. 159, Z. 1—4 (zu Dtn 17,3). Die Sonne offenbart die Gnadengaben des Erleuchters (S. 163, Z. 14—17), sie repräsentiert die reine Schöpfung, da sie nach dem Bilde der „ersten Größe" gestaltet ist (S. 158, Z. 29 f).

Sonne bei den Manichäern bezeugt: „Wir Brüder sind bereit, uns vor ihr zu verneigen, auf daß sie uns Freude und das ewige Leben gebe"[127].

Serapions Angaben in den Anspielungen sind also zutreffend. Der in Anm. 79 aufgrund stilistischer Kriterien geäußerte Vorbehalt kann nach dieser inhaltlichen Prüfung aufgelöst werden; »ἵνα δὲ μή τις … λέγῃ« (XLIII,1 f) führt eine echte Anspielung ein.

c) Potentielle Einwände

Es paßt zur Lehre der Manichäer, daß sie dem Gesetz und den Propheten jedes Vorwissen abstreiten. Dieser potentielle Einwand hat also Anhalt an ihrer Lehre. Daß sie die Vergebung, die ihnen zufolge im Alten Testament fehlt, für etwas Gutes halten, ist ebenfalls naheliegend, wie auch Serapions Anspielungen beweisen. In der Großen griechischen Abschwörungsformel wird Mani sogar mit den Worten zitiert: „Ich bin nicht so unbarmherzig wie Christus, denn ich verleugne nicht den, der mich vor den Menschen verleugnet" (PG 1, 1469D).

Die anderen beiden Einwände sind wiederum Unterstellungen Serapions, denn die Manichäer messen dem Bösen oder den Geboten des Gesetzes nicht von Natur aus etwas Gutes zu.

Die inhaltliche Prüfung der Angaben Serapions hat also im wesentlichen die Richtigkeit seiner Zitate und Anspielungen bestätigt, während die potentiellen Einwände zum allergrößten Teil von ihm konstruiert worden sind. Aus dem Vergleich mit anderen antimanichäischen Quellen ist deutlich geworden, daß Serapion sich oft auf den gleichen Argumentationslinien wie sie bewegt. Dies soll zum Abschluß der Untersuchung noch etwas erweitert und vertieft werden, indem einige herausragende und mit anderen Autoren vergleichbare Argumente herausgearbeitet werden.

10. Weitere Vorwürfe, Argumente und Themen Serapions

1. Der Manichäismus als die schlimmste Häresie

Dieses Thema ist nicht nur im Hinblick auf eine einzelne Redefigur von Bedeutung, in der die Manichäer recht traditionell als Übersteigerung aller anderen Häresien benannt werden, sondern es ist auch erhellend für den Hintergrund des gesamten Werkes, in dem die Manichäer immer wieder im Zusammenhang mit ihren Vorgängern gesehen werden.

---

[127] Ein manichäisches Bet- und Beichtbuch (s. Anm. 111), S. 31. Sokrates sagt polemisch: »τὸν ἥλιον προσκυνεῖν διδάσκει« (I,22, PG 67, 137A). Vgl. auch W. Sundermann, Mitteliranische manichäische Texte (s. Anm. 117), S. 47 f: Die Manichäer nannten den Mond „Jesus".

Für Serapion ist Mani im Vergleich zu seinen Vorgängern, besonders Valentin und Markion, das τελευταῖον ἔκτρωμα τῆς πονηρίας (III,21)[128]. Die Manichäer werden gern und in vielem mit Recht als Nachfolger der Gnostiker gesehen, so von Cyrill von Jerusalem, der unter anderen ebenfalls Valentin und Markion nennt[129]. Auch Ephräm weiß Mani, mit dem für ihn die letzte Zeit der Welt anbricht, in deren Nachfolge[130].

Daß Serapion die Manichäer in einer solchen Traditionslinie sieht, bleibt nicht ohne Einfluß auf seine Einordnung der gegnerischen Lehrinhalte: Er widmet der Lehre der Valentinianer über das Verhältnis von Gesetz und Evangelium einen eigenen Exkurs (XXXIX,4—XL,4) und rechnet Valentin, Markion und Mani der einen πονηρία zu.

Es läßt sich demnach nicht ausschließen, daß Serapion in manchen Punkten seiner Darstellung und Widerlegung auch auf Material aus gnostischen oder markionitischen Quellen zurückgegriffen hat, und dies gerade, wie sein antivalentinianischer Exkurs zeigt, in der Frage der Bedeutung des Gesetzes[131]. Andererseits haben die Manichäer auch die Vorarbeiten ihrer Vorläufer übernommen, wie z. B. die im vorhergehenden Abschnitt gemachten Beobachtungen zur Christologie zeigen.

2. Das Wesen des Bösen

Serapion eröffnet seine eigentliche Abhandlung in Kap. IV mit dem Leitsatz, das Böse sei keine οὐσία und sei auch nicht ununterscheidbar mit einer solchen verbunden, sondern es sei eine πρᾶξις aufgrund der προαίρεσις. Die Manichäer konnten sich das Böse nur mit der Existenz eines zweiten Urprinzips erklären: Wenn es nämlich nur eine Wesenheit

---

[128] Serapion verfällt in diesem Zusammenhang auf das beliebte Wortspiel Μανιχαῖος — μανία (III,23). Vgl. Cyrill, Kat. VI,20 (s. Anm. 86), S. 182: Die Häresie mit dem Beinamen μανία. Augustin unterstellt den Gegnern, sie hätten den Namen Mani in Mannichaeus geändert, um den Anklang an mania zu vermeiden, „ut scilicet in graeca lingua tamquam manna fundere videretur, quia graece fundit χεῖ dicitur" (Contra Faustum XIX,22, CSEL 25, S. 520 f). Manichaios ist aus dem Syrischen übernommen, vgl. S. N. C. Lieu, Manichaeism (s. Anm. 23), S. 65.

[129] Kat. VI,14—17 (s. Anm. 86), S. 174—178. Die anderen Vorläufer sind laut Cyrill: Simon Magus, Kerinth, Menander, Karpokrates, die Ebioniten, Basilides. Mani sammelte alle Häresien in eine (VI,20, S. 182).

[130] Prose Ref. I (s. Anm. 31), S. 125, Z. 1 ff. Für Ephräm kommt aus seinem Umkreis noch Bardaisan dazu. Ephräm vergleicht auch einmal die Lehre Manis zur Frage der Anordnung der beiden Wesenheiten mit der Markions und Bardaisans (S. 140, Z. 19 ff).

[131] Das von Serapion in diesem Exkurs zitierte valentinianische Lehrstück ist dem Wortlaut nach nicht in den erhaltenen älteren valentinianischen Quellen nachzuweisen, es gibt aber Anklänge im von Epiphanius überlieferten Brief des Ptolemaios an die Flora. Allem Anschein nach dokumentiert Serapion hier eine spätere Fassung des valentinianischen Systems, denn er verfolgt mit seiner Darstellung ja einen aktuellen Zweck (s. o. 5. Datierung).

gäbe und dieser eine Gott das Böse und das Gute zugleich gewollt hätte, wäre der Täter des Bösen sündlos[132]. Was den von Natur aus guten Teil des Menschen, die Seele, angeht, kennt der Manichäismus keine mit den ontologischen Verhältnissen begründete billige Gnade, denn er ruft den Menschen zur Selbsterlösung seiner Seele von der Gefangenschaft im Körper. Die Heiligen leben in einem Körper, der nicht der ihre ist — was allerdings nur die Eingeweihten wissen (Kephalaia S. 220, Z. 20—22).

Der Mensch als ganzer aber kann sich sehr wohl selbst rechtfertigen, denn die Antwort auf die immer wieder gestellte Frage „Woher stammt das Böse?"[133] ist unter Voraussetzung eines ontologischen und anthropologischen Dualismus einfach: Das Böse stammt vom bösen Urprinzip und wird von der bösen, körperlichen Natur im Menschen ausgeführt. Wenn die Manichäer es sich auch zur Aufgabe gemacht hatten, ihre böse Körperlichkeit immer mehr zurückzudrängen, so mußte bei ihren Gegnern doch der Eindruck entstehen, ihnen gehe es nur um eine billige Selbstrechtfertigung.

Die christlichen Bestreiter des Manichäismus und auch Alexander von Lycopolis setzen diesem dualistischen Determinismus die Lehre vom freien Willen des ganzen Menschen und von der Abhängigkeit seines Tuns von seiner ethischen Qualität entgegen. Wie für Serapion, so hat auch für Titus und Epiphanius die κακία allein in der πρᾶξις Bestand[134].

Welche Instanz aber steuert das Tun des Menschen? Serapion hatte den freien Willen, die προαίρεσις, angeführt. Von dieser spricht auch Severian von Gabala, wobei auch er mit der Schrift argumentiert[135]. Alexander nennt die ποιότης (VIII, S. 13, Z. 1), genauso Titus (I,13, S. 7, Z. 25 f). Titus führt wie auch Serapion (dieser z. B. in XX,7) die διάνοια an, außerdem λογισμός, αἵρεσις und σκοπός (I,34, S. 22, Z. 13.29). Augustin spricht, was die Entscheidung zum Bösen angeht, abgeschwächt von einer inclinatio[136].

---

[132] Kephalaia, 2. Hälfte, ed. A. Böhlig, Stuttgart 1966, S. 287.

[133] Titus I,4 (s. Anm. 15), S. 3, Z. 26. II,1, S. 26, Z. 8 f. Augustin, Conf. 7,5,7, CSEL 33, S. 147, Z. 3.

[134] Titus II,8, S. 29, Z. 33 f: »ἐν πράξει μόνον συνισταμένην, πρὶν πραχθῆναι μὴ ὑφεστάναι«. Epiphanius wendet sich wie Serapion auch zugleich gegen die Idee einer „Grundwurzel" des Bösen (s. o. Anm. 90): »ἀνυπόστατον εὑρεθήσεται τὸ κακὸν καὶ μηδεμίαν ῥίζαν ἔχον, ἀλλὰ ἕως ἔργων μόνον ἐστὶ πρακτικῆς ἀνθρωπίνης ἐνεργείας ἀποτελεστικόν« (Panarion 66,15,5, GCS 37, S. 39, Z. 6 f).

[135] Die Schrift nennt den Menschen gut und böse, damit man die προαίρεσις erkennt: In Centurionem et contra Manichaeos et Apollinaristas 16, Z. 5 f., vgl. Kap. 15, Z. 6 (s. Anm. 113), S. 122.

[136] „nos vero non substantiam, sed inclinationem ab eo, quod magis est, ad id, quod minus est, malum esse dicimus" (Contra Secundinum 12, CSEL 25, S. 923, Z. 19 f). Vgl. Serapion XXVIII,28: ῥοπὴ πρὸς τὰ πάθη.

Der von den Manichäern eingesetzte Begriff οὐσία wird von Serapion in diesem Zusammenhang relativiert: Zwar sind die Substanzen Körper und Seele die augenfälligen Hauptbestandteile des Menschen, das Verhalten aber ist von ihnen unabhängig (Kap. XVII)[137]. Genauso wendet auch Titus den Begriff ins Äußerliche: Der Mensch ist schön (καλός) aufgrund von οὐσία und φύσις, gut oder böse (ἀγαθός/κακός) aber aufgrund der πρόθεσις (II,8, S. 29, Z. 28−30). Er besteht aus Seele und Körper, die beide von Gott geleitet werden (II,36, S. 47, Z. 5−7). Gegen den Dualismus tritt also die menschliche Freiheit in den Vordergrund.

Angesichts solcher spezifisch antimanichäischer Argumentation tritt — was Casey bemängelt (Edition S. 21) — die Lehre von Adams Fall und der Korruption der menschlichen Natur in den Hintergrund. Das Böse wird zu einer Krankheit des freien Willens, von der es Heilung gibt (Serapion IV,6−8, vgl. XXXIII,36 f). Tatsächlich klingt bei Serapion auch eine eher philosophisch gestimmte Definition des Bösen als στέρησις (XXXIII,50) oder als Nichts (XIX,18) an. Casey vermißt die paulinisch-christliche Lehre vom dynamischen Kontrast von Gut und Böse[138], doch sieht gerade Serapion den Menschen in diesem Spannungsfeld und mahnt ihn deshalb zur Wachsamkeit, so in XXIV, 3−6 unter Verweis auf 1Kor 9,27. Zur konkreten Belehrung verweist er den Menschen an das Gesetz.

Daß der Körper und seine Sinne grundsätzlich zum Guten fähig sind, wie Serapion behauptet, weist auch Ephräm nach. Wie Serapion greift er auf die neutestamentliche Bezeichnung des Körpers als Tempel Gottes zurück[139]. Beide weisen auch darauf hin, daß die Seelen oft sündigen[140]. Die christliche Anthropologie ist in ihrer antimanichäischen Wendung ganzheitlich: Körper und Seele beeinflussen einander[141]. Der Mensch be-

---

[137] Was Serapions Verständnis von οὐσία angeht, so wäre E. Beck (s. Anm. 80) dahingehend zu ergänzen, daß diese nicht unbedingt „religiös gefärbt so sehr auf Gott bezogen erscheint, daß neben ihr nicht οὐσίαι sondern nur Geschöpfe möglich sind" (Beck S. 30) und daß das Wort nicht nur in Kap. LI allgemein Wesen bedeutet (Beck Anm. 23). Vielmehr bezeichnet es oft die natürliche Beschaffenheit, das Wesen: Die Dämonen haben eine gegen die Hölle empfindliche οὐσία (XXX,11), denn sie sind von anderer οὐσία (XXIX,51−53). Der Begriff wird auch auf den Menschen an sich in seiner Gesamtheit bezogen: „Es bleibt die οὐσία eines jeden bestehen, die οὐσία des Menschen" (XVI,1). Der Begriff wird an diesen Stellen wie ein Äquivalent zu φύσις gebraucht.

[138] „For Paul, Augustine, and Mani the problem of evil was positive, active and exciting; for Serapion it was an interesting philosophical question with important practical consequences" (Edition S. 21).

[139] Serapion VI,2. Ephräm, Prose Ref. I (s. Anm. 31), S. 86, Z. 32. Diesen Beleg nimmt auch Severian auf: In Centurionem 23, Z. 10 (s. Anm. 113), S. 128. Auch Severian führt die guten Möglichkeiten der Sinne an (Kap. 18, S. 124).

[140] Serapion XII,8 ff. Ephräm, Prose Ref. I, S. 168, Z. 34 ff.

[141] Ephräm, Prose Ref. I, S. 147, Z. 38 − S. 148, Z. 27: Körper und Seele kämpfen einen gemeinsamen Kampf und erringen gemeinsam die Krone des Sieges. Serapion behandelt die Sympathie von Körper und Seele besonders in Kap. LI.

steht aus beiden, und beide sind jeweils zu guten oder schlechten Regungen fähig. Dies bestreiten die Manichäer; ihnen zufolge sind die Sinne des Körpers nicht von sich aus zum Empfang des Guten fähig, sondern sie müssen einen Akt der Befreiung durch den Licht-Nous erfahren (Kephalaia S. 139—142)[142].

Die Einheit von Körper und Seele betont Serapion auch in seinem christologischen Abschnitt: Christus sorgte sich um Körper und Seele zugleich (LII). Der Nachweis dieser Einheit erst zeigt die ethischen Möglichkeiten des freien Willens auf — wenn Serapion auch auf die Ethik in seiner Anthropologie weniger eingeht als in seiner Verteidigung des Gesetzes. Überhaupt kommt er wesentlich weniger auf die formale oder materiale Ethik zu sprechen, als nach den Ausführungen von Casey und Peters zu erwarten wäre.

Der freie Wille kann sich an die Weisungen des Gesetzes halten und somit dem Bösen entgehen. „Wir wissen, daß das Gesetz geistlich ist", zitiert Serapion Röm 7,14 (XLIII,18 f) und er vertraut dabei auf die Unaufmerksamkeit seiner Leser, die im Weiterlesen einen Dualismus sehen könnten: „Ich aber bin fleischlich, verkauft unter die Sünde". Serapion sieht den Menschen nicht zwischen Sünde und Gnade, sondern zwischen Vernunft und Unvernunft (XIII, 3 f): Die Seele bedarf der Weiterbildung (XX,8f).

Serapion war kein vom Manichäismus Bekehrter und auch noch nicht mit dem Pelagianismus konfrontiert. Insofern ist seine Lösung des Problems voraugustinisch. Wieweit sie durch Augustin überholt ist, ist eine Frage, die wir hier offenlassen müssen.

3. Gesetz und Evangelium: Die „Antithesen"; Kardinaltugenden und -laster

Nicht nur das Alte, auch das Neue Testament wird von den Manichäern kritisch geprüft. Sie gehen davon aus, daß die Schriften des Neuen Testamentes erst durch Mani in Ordnung gebracht und gedeutet werden mußten, nachdem sie zuvor in judaisierender Weise verfälscht worden waren[143].

---

[142] Serapion kennt die manichäische Lehre gut genug und er liefert von seiner Warte aus den Gegenbeweis. Seine Argumentation ist in der Frage des anthropologischen Dualismus keineswegs verfehlt, wie Casey meint (Edition S. 19). Casey erwartet in dieser Sache ein Eingehen auf die manichäische Anthropologie, das — da es die Annahme der manichäischen Prämissen voraussetzt — eine Widerlegung unmöglich machen würde. Zur Kritik an Casey vgl. Peters, Het Tractaat van Serapion van Thmuis, SE 2, 1949, S. 82. Das Gleiche im Hinblick auf die Methodik ist auch für die Christologie und ihre Betonung der Leiblichkeit Jesu gegen Casey einzuwenden (Casey S. 19, vgl. dazu Peters S. 83).

[143] A Manichaean Psalm-Book (s. Anm. 83), S. 12, Z. 31. Die Schriften der Alten werden erst durch Manis Lehren verständlich (S. 13, Z. 11—13). Zur judaisierenden Verfälschung: Augustin, Conf. 5,11,21, CSEL 33, S. 108, Z. 16—18.

Mani schrieb neben anderen Werken selbst ein „Evangelium"[144], das die
wahre Lehre Jesu Christi enthalten sollte und das von den Manichäern
den christlichen Evangelien gegenübergestellt wurde[145]. Die christlichen
Evangelien wurden redigiert, und Mani übernahm nur weniges aus ihnen[146], was auch Serapion in Kap. XXXVI kritisiert.

Auffällig in Serapions Argumentationsgang ist der Satz: „Wir aber
wollen, im rechten Maß verfahrend, zu den Antithesen der Schriftworte
kommen" (XXXVI,64 f). ἀντίθεσις mag hier einfach Gegensatz oder Gegenüberstellung bedeuten, doch ist angesichts der folgenden Thematik —
Aussagen des Alten und des Neuen Testamentes werden einander gegenübergestellt und ihre Entsprechung erwiesen — eine Reminiszenz an
etwaige Rückgriffe auf Markions Antithesen seitens der Manichäer nicht
auszuschließen. Ab XLII,1 (ἀντιθῶμεν τὰ πράγματα) stellt Serapion dann
die Übereinstimmung der alttestamentlichen Ethik mit der christlich-
philosophischen dar. Das Ergebnis: »ἀδελφὰ οὖν τὰ πράγματα« (LI,1).

Die Manichäer haben in ihren Schriften ganz allgemein auf Markion
zurückgegriffen[147]. Für die Benutzung von Markions Antithesen sprechen
auch zwei Einzelbeispiele: Die Erzählungen von Elia, der die Soldaten
mit Feuer verbrennen läßt, und von Elisa, der die Knaben den Bären
preisgibt, waren im literarischen Umkreis des Manichäismus nicht zu
verifizieren gewesen — Markion bezieht sich auf beide Texte des Alten
Testamentes, um den Schöpfergott zu diskreditieren[148]. Markions Methode

---

[144] Eine Aufzählung der Schriften Manis und seiner Schüler gibt G. Widengren, Mani und
der Manichäismus, Stuttgart 1961, S. 79—83. Das „Evangelium" ist nur in Fragmenten
(in den für unser Thema unergiebigen Turfan-Funden) erhalten, es wird aber in manichäischen Schriftenkatalogen oft bezeugt, so in den Kephalaia (s. Anm. 82), S. 5, Z. 23;
A Manichaean Psalm-Book (s. Anm. 83), S. 46, Z. 21 (hier heißt es „Das Große Evangelium"); Manichäische Homilien (s. Anm. 102), S. 25, Z. 2 f u. ö. Weitere Belege finden
sich bei Hennecke/Schneemelcher, Neutestamentliche Apokryphen, Bd. 1, Tübingen, 5.
Aufl. 1987, S. 323 f.

[145] Vgl. Al-Bîrûnî, The Chronology of Ancient Nations, trad. E. Sachau, London 1879,
S. 27, Z. 11—16: Die Manichäer haben ein eigenes, dem christlichen völlig widersprechendes Evangelium, das sie für das einzig wahre halten. Dieses Werk war in 22 Bücher
gemäß den 22 Buchstaben des syrischen Alphabetes eingeteilt (Hennecke/Schneemelcher,
Bd. 1, S. 324).

[146] Titus IV,1, ed. De Lagarde (syrisch, s. Anm. 15), S. 129: Mani hat das Neue Testament
wie einen Körper zerstückelt, vieles davon getilgt und nur weniges für sich ausgewählt.
Vgl. auch Titus III,8,1 f (ed. Nagel, s. Anm. 21), S. 300 und III,2, ed. De Lagarde
(griechisch, s. Anm. 15), S. 67, Z. 28—30. Dieser Umgang mit dem Neuen Testament
hat Vorbilder, in ihm steht Mani in einer Traditionslinie mit Markion.

[147] „Auch weitere Aussagen, ja sogar Topoi Markions begegnen in den Kephalaia": A.
Böhlig, Das Böse in der Lehre des Mani und des Markion, in: W. Strothmann (Hg.),
Makarios-Symposium über das Böse (GOF.S, Bd. 24), Wiesbaden 1983, S. 18, vgl. S. 30.

[148] Zitate bei A. v. Harnack, Marcion. Das Evangelium vom fremden Gott, TU 45, Leipzig

hat bei den Manichäern auf jeden Fall einen Nachahmer gefunden: Adda, der Schüler Manis, der als Missionar bis nach Ägypten vordrang, stellte Aussagen des Alten und des Neuen Testamentes gegeneinander, und dies augenscheinlich nach Markions Vorbild[149]. Ein mittelpersisches Gedicht bezeugt in späterer Zeit, daß die Manichäer den Schöpfergott als „Gott von Markion" bezeichneten[150]. Serapion stellt also mit Recht gerade in dem Abschnitt „Antithesen" eine Traditionslinie von Markion zu den Manichäern her (XXXIX,7; XL,13).

In seiner Abhandlung über die Entsprechung von Gesetz und Evangelium sammelt Serapion verschiedenartiges Material: Er spricht über die Anfänge neutestamentlicher Schriften[151], über die Lehre der Valentinianer und auch über die vier philosophischen Kardinaltugenden und Kardinallaster.

Gerade der Abschnitt über die Kardinallaster ist eine originelle Verknüpfung exegetisch-theologischer und philosophischer Thematik. Die Reihe der Laster (ἀφροσύνη, ἀκολασία, δειλία, ἀδικία, XLIV,3 f) ist in der patristischen Literatur selten[152]. Sie stammt aus der stoischen Ethik und ist auch bei Philo nachzuweisen[153]. Im Bereich der manichäischen und antimanichäischen Literatur ist Alexander von Lycopolis anscheinend der einzige, der neben Serapion dieses Thema anspricht (XIV, S. 21, Z. 17–20). Für ihn stellt sich die Frage, was Mani zu ἀκολασία, ἀδικία »καὶ πᾶν ὁτιοῦν τοιοῦτον« sagen wird. Und er fragt weiter: „Ist nicht für

---

[2]1924 (Nachdruck Darmstadt 1960), S. 282*. Sie stammen aus Tertullian, Adv. Marcionem IV,23 und Megethius, Dial. 1,16.

[149] Vgl. Augustin, Contra adversarium legis et Prophetarum, PL 42, 666: „ubi de utroque Testamento velut inter se contraria testimonia proferuntur". Lieu, Manichaeism (s. Anm. 23), S. 65: „The method which he (sc. Adda) adopts, is undoubtedly borrowed from Marcion's Antitheses".

[150] Nach Lieu, Manichaeism (s. Anm. 23), S. 39. Quellennachweis bei Lieu: S. 277, Anm. 92.

[151] Da Serapion Mk 1,1 vor Mt 1,1 zitiert (XXXVII,11–13), ist gelegentlich vermutet worden, Serapions Version des NT habe die Evangelien in dieser Reihenfolge aufgewiesen (so Casey, Edition S. 26). Serapions Bedeutung für die Textgeschichte des NT ist untersucht worden von A. Globe, Serapion of Thmuis as witness to the Gospel Text used by Origen in Caesarea, NT 26,2, 1984, S. 97–127. Im Hinblick auf unser Thema kann dieser Aufsatz aber vernachlässigt werden, zumal Globe seine Untersuchung auch auf einige Schriften Serapions stützt, die sich noch als unecht erweisen werden.

[152] Vgl. R. Staats, Art. Hauptsünden, RAC Bd. 13, Sp. 759. A. Vögtle, Die Tugend- und Lasterkataloge im Neuen Testament, Münster 1936, S. 199. Didymus, In Zachariam I, 375–377; V,16 f, ed. L. Doutreleau, SC 83, S. 392; SC 85, S. 974.

[153] Stoicorum Veterum Fragmenta, ed. I. v. Arnim, Bd. 3, Stuttgart 1903 (Nachdruck 1968), S. 23, Z. 33 f; S. 63, Z. 23–35 (aus Stobaeus); S. 65, Z. 18 f (aus Diogenes Laertius). Philo sieht die Reihung negativ: Das γένος κακίων wird nur in vier Kardinallaster zerlegt, um der Schlechtigkeit einen begrifflichen Halt zu geben: Philo, Opera Bd. 2, ed. P. Wendland, Berlin 1897, S. 246, Z. 14 f (De confusione linguarum 90).

diese die παίδευσις und der νόμος als Helfer gegeben?" Für Serapion liegt
die Verknüpfung von alttestamentlichem Gesetz (bei Alexander ist es das
Strafgesetz) und Erziehung aufgrund von Gal 3,24 f nahe: Indem das
Gesetz die vier Kardinallaster als παιδαγωγός bekämpft, bereitet es auf
den διδάσκαλος Christus und seine höheren Erkenntnisse vor
(XLVI,39—44; LI,4—8). Ob Serapion Alexanders Gedanken gekannt hat,
läßt sich nicht mehr erhellen.

Mit diesen ausgewählten Themenkomplexen muß es hier sein Bewenden
haben. Thematische Hauptlinien und auch Schwerpunkte von Serapions
Ausführungen sollten mit dieser kurzen Untersuchung deutlich gemacht
werden.

11. Schlußbemerkungen

Serapion schrieb sein antimanichäisches Werk zu Beginn des 2. Viertels
des 4. Jhd. Aus seiner Hand ist uns somit der erste christliche Traktat
gegen die Manichäer überhaupt überliefert. Er kannte die manichäische
Lehre wenigstens im Großen aus mündlichen oder schriftlichen Quellen
und er wendet sich mit seinem Buch vorwiegend an seine Mitchristen, die
von den falschen manichäischen Christuspredigern bedroht sind. Diese
werden sich in Ägypten auch bis Thmuis ausgebreitet haben. Auf eine
bestimmte Zielgruppe, also z. B. auf Anachoreten oder Koinobiten, hat
Serapion seine Argumentation nicht zugespitzt. Wir können voraussetzen,
daß Serapion dieses Werk schon als Bischof verfaßt hat, um seine Gemeinde
vor den Manichäern (und Valentinianern: XL,3 f) zu warnen.

In vielem ist Serapions Argumentationsweise mit der anderer Bestreiter
des Manichäismus verwandt; zu Titus von Bostra bestehen Parallelen,
wenn auch keine direkten Beziehungen. In einzelnen Punkten kommen
Serapion und Ephräm einander nahe, doch sind auch ihnen keine längeren
Passagen gemein. Hierbei ist nochmals zu bedenken, daß der Manichäismus
in unterschiedlichen regionalen Ausprägungen auftrat — man vergleiche
die geringe Zahl der Übereinstimmungen mit Augustin — und Serapion
somit ein Hauptzeuge vor allem für den ägyptischen Manichäismus ist.

Serapion verknüpft logische Argumente mit exegetischen, seine Dar-
stellung läßt eine schulmäßige Kenntnis der Logik und Dialektik erkennen.
Seine Thematisierung der Kardinaltugenden und -laster verrät eine gewisse
Belesenheit. Ein weiteres Indiz für seine Vertrautheit mit klassischer Lite-
ratur ist der von ihm vorgenommene Vergleich des gefallenen Satans mit
Iros (XXXIII,49.55), jenem sagenhaften Bettler, den die Odyssee am
Anfang des 18. Gesanges vorstellt.

Aus diesem Bildungshorizont heraus wird auch verständlich, warum
Wissen und Erziehung Anliegen Serapions sind. Er ermuntert seine Adressaten gelegentlich zum eigenen Nachdenken und müht sich ihnen gegenüber um Aufklärung. Wachsamkeit und Wissen gehören für ihn zusammen

(LIV,12f). Wahre Sicherheit ist nur durch den Einzug Christi in den Menschen möglich (LIII), nur der Wissende aber kann der Herausforderung durch die Gegner überhaupt gewachsen sein. Das Werk hat an einigen Stellen fast katechetischen Charakter.

Hieronymus, der als einer der ersten Serapions Werk bezeugt, gründet wohl auf der Kenntnis solchen Bildungshorizontes sein Urteil, Serapion zähle zu denen, bei deren Büchern man nicht wisse, ob sie mehr wegen ihrer eruditio saeculi oder wegen ihrer scientia scripturarum zu bewundern seien[154] — und man erinnere sich an Serapions immer wieder in die Argumentation eingeführten Schriftbelege. Insgesamt ist sein Werk doch ein ideenreicher Beitrag zur christlichen, allerdings spezifisch antimanichäischen, Theologiegeschichte und insofern, wie Hieronymus auch sagt, ein egregius liber[155].

II. DER BRIEF AN DIE NACHFOLGER DES ANTONIUS

1. *Der Text*

Der in seinen syrischen und armenischen Handschriften dem „Serapion" zugeschriebene kurze Brief an die Schüler des Antonius war schon im Jahre 1855 zum Teil von den Mechitaristen in seiner armenischen Version ediert worden[156], ohne allerdings das Interesse der mit Serapion von Thmuis befaßten Gelehrten zu wecken. René Draguet entdeckte dann in einer Handschrift des Katharinenklosters auf dem Sinai in einer Sammlung von Apophthegmen die syrische Version des Briefes, die er zusammen mit der armenischen nebst lateinischen Übersetzungen im Jahre 1951 veröffentlichte[157].

Die beiden Versionen haben an einigen Stellen Varianten im Wortlaut; die armenische bietet insgesamt mehr Text, da die Kap. 13b—15 in der syrischen Version fehlen. Bei beiden Versionen handelt es sich, wie Draguet nachgewiesen hat[158], um voneinander unabhängige Übersetzungen eines griechischen Originals.

---

[154] Ep. 70,4,4, ed. I. Hilberg, CSEL 54, Wien 1910, S. 706 f.

[155] De vir. ill. 99 (s. Anm. 1).

[156] Liber de vita moribusque sanctorum Patrum ex gemina interpretatione veterum scriptorum, Bd. 1, Venedig 1855, S. 81 f (nach BHO, Brüssel 1910, Nr. 70, S. 17). Ich habe diese Edition hier nicht herangezogen.

[157] R. Draguet, Une lettre de Sérapion de Thmuis aux disciples d'Antoine, Muséon 64, 1951, S. 1—25. Nach seiner ersten Entdeckung konnte Draguet den Text auch in einer zweiten syrischen Handschrift wiederfinden und zudem weitere armenische Handschriften einarbeiten (s. Draguet S. 2 f).

[158] S. 17—20. Das Original war nicht koptisch (S. 18). Die Unterschiede zwischen den beiden Versionen fallen bei der hier anzustellenden Untersuchung kaum ins Gewicht. Der

2. Autorschaft und Datierung

Die Handschriften weisen den Brief eindeutig einem Serapion zu, die syrischen einem Serapion von Amu, was nur eine Verschreibung von Thmuis sein kann, denn einen Ort dieses Namens gibt es nicht.

Der inhaltliche Rahmen spricht nur für eine Autorschaft Serapions: Der Verfasser ist wie Serapion im kirchlichen Milieu einer größeren Stadt zu Hause (Kap. 19—21) und er ist wie jener ganz unmittelbar mit zwei aktuellen Ereignissen konfrontiert: mit dem Tod des Antonius und mit dem über die Kirche hereinbrechenden Unheil durch Gewaltmaßnahmen der Arianer.

Antonius ist, wenn man der Chronik des Hieronymus glauben kann, im Jahre 356 gestorben[159]. Im gleichen Jahr versuchte Constantius II. seine Kirchenpolitik in Ägypten mit verstärkten militärischen Mitteln durchzusetzen, was am 8./9. Februar zur Erstürmung der alexandrinischen Theonaskirche und zur Flucht des Athanasius führte[160]. Die Anhänger des Athanasius konnten die anderen Kirchen der Stadt noch vier Monate besetzt halten, bis auch diese am 14. Juni den Arianern übergeben werden mußten[161]. In der Folgezeit waren die Anhänger des Athanasius in ganz Ägypten schweren Anfeindungen ausgesetzt, die sich zu Deportationen, Absetzungen von Bischöfen und Ausschreitungen gegen das widerständige Kirchenvolk steigern sollten[162]. So konnten sich die Athanasianer nur noch im Verborgenen versammeln, »ἐν ἐρήμῳ τόπῳ πλησίον τοῦ κοιμητηρίου«, wie Athanasius es an einer Stelle präzisiert[163].

Abschnitt 13b—15 vertieft nur den Aufruf zur Nachahmung des Antonius. Sonstige Differenzen sind aus der Übersetzung von Draguet synoptisch zu ersehen; sie sind ferner im wesentlichen aufgelistet bei B. Outtier, Saint Sérapion, Evêque de Thmuis, Lettre sur la mort d'Antoine, in: Outtier u. a., Lettres des Pères du Désert, Spiritualité Orientale 42, Abbaye de Bellefontaine 1985, S. 151.

[159] Hieronymus, Chronik, ed. R. Helm, GCS 47, Berlin 1956, S. 240, Z. 6 f.

[160] Apologia de fuga sua 24, ed. H. G. Opitz, Athanasius' Werke II/1, Berlin 1935—1941, S. 84 f. Athanasius entkam mit knapper Not, weil ihn befreundete Mönche in Sicherheit brachten.

[161] Historia Acephala 2,1, ed. A. Martin, M. Albert, SC 317, Paris 1985, S. 144. Leider sind hier und auch sonst über die Schilderung der Ereignisse in Alexandria hinaus nur allgemeine Angaben über die Lage in Ägypten überliefert.

[162] Hierbei muß man sich auf Athanasius' Schilderung in den Apologien verlassen: De fuga sua 6 f, Ad Constantium 27 f, Historia Arianorum 54 ff.

[163] Apologia ad Constantium 27, PG 25, 629C. Hierzu kann auch Kap. 14, 612D verglichen werden: Das Volk wollte lieber εἰς τοὺς ἐρήμους τόπους ἐν ἡλίῳ συνελθεῖν als in der πόλις. Ähnlich Kap. 16, 613C: Das Volk betet ἐν ἐρήμοις statt ἐν οἰκοδομουμένῳ τόπῳ und muß das Amen ἐν ἐρήμοις sprechen statt ἐν τῷ ... κυριακῷ. Aus diesen Entgegensetzungen wird deutlich, daß ἔρημος τόπος keine feste Eremitenkolonie o. ä. meint, sondern vielleicht, wie aus dem parallelen Begriff κοιμητήριον zu erschließen ist, eine der Nekropolen westlich und östlich von Alexandria. Zu κοιμητήριον ist noch zu vergleichen: Apologia de fuga sua 6,4, ed. Opitz, S. 72: Das Volk feiert im Jahre 357 Pfingsten περὶ τὸ κοιμητήριον, um nicht mit Bischof Georg κοινωνία halten zu müssen.

Unser Brief ist noch im Jahre 356 geschrieben, da der eigentliche Anlaß
— die Bedrängnis der ägyptischen Kirche — ganz unmittelbar widerge-
spiegelt wird. Geht man von der Situation in Alexandria aus, so müßte
der Brief nach dem 14. Juni geschrieben sein, denn er setzt die Okkupation
aller Kirchen durch die Arianer voraus (Kap. 19—21). Was sich in diesen
Monaten in Thmuis ereignete, wissen wir nicht.

3. Die Adressaten

Die syrischen Handschriften nennen Isaak und Sarmata (bzw. Rasarmata,
s. Apparat bei Draguet S. 4) als Adressaten des Briefes, die armenische
Handschrift M gibt Makarius und Amata an. Diese Empfänger sollen, so
die armenische Version, Schüler des Antonius sein, also Anachoreten, die
in seiner Nachfolge standen.

Draguet hat zum Vergleich die Namen der Schüler des Antonius angegeben, die Hieronymus und Palladius zufolge ihren Meister beerdigt
haben sollen (S. 12, Anm. 1). Die Vita Antonii spricht nur von zwei
namenlosen Brüdern, die bei Antonius waren (Kap. 91). Bei der Prüfung
dieser Angaben und der Sichtung von Parallelüberlieferungen zeigt sich
eine gewisse Namensverwirrung. Aus Hieronymus und Palladius lassen
sich folgende Namen erheben:

— Hieronymus, Vita Pauli (PL 23, 17A): Amathas und Macarius. Eine
griechische Version dazu bietet als Lesarten zu Ἀματᾶς: ἀματός, ματάς,
ἅμα, zu Μακάριος: οἱ μακάριοι[164]. Eine andere griechische Version
gibt Μακάριος und Πλουτῖνος als Namen an[165].
— Hieronymus, Chronik (GCS 47, S. 240 Z. 17 f): Sarmata, Amatas und
Macarius.
— Palladius, Historia Lausiaca 21[166]: Μακάριος und Ἀμάτας. Der Apparat
bietet zu Ἀμάτας: Ἀμμάτος/-τᾶς, Ἀμάτος, Ματώιος, Σαρματᾶς. Die

---

[164] J. Bidez, Deux versions grecques inédites de la vie de Paul de Thèbes, Gand/Brüssel
1900, S. 2.
[165] MS Paris 919, fol. 1—3 nach F. Nau, Le Chapitre Περὶ ἀναχωρητῶν ἁγίων et les sources
de la vie de Saint Paul de Thèbes, ROC 10, 1905, S. 402. Nau hatte aus einer koptischen
Version eine griechische Vorlage der Vita Pauli rekonstruieren wollen, wobei aus »τοῦ
μακαρίου ἀββᾶ (τοῦ) Ἀντωνίου« die Eigennamen Makarius und Amatas geworden sein
sollen (aus αββα soll durch Verschreibung αμμα geworden sein). Die Angaben bei
Palladius seien von Hieronymus abhängig (Nau S. 401—403). Dies muß aber Hypothese
bleiben. Antonius hatte etliche Schüler, unter denen Makarius immer wieder genannt
wird (vgl. auch meine Ausführungen zu der unter den unechten Schriften Serapions
abgehandelten Vita Macarii). Bei Hieronymus und anderen mag das Bedürfnis bestanden
haben, die Anonymität der beiden Brüder aufzulösen, die Antonius das letzte Geleit
gaben. Konkurrierende Überlieferungen führten dann zu der obigen Namensvielfalt.
[166] The Lausiac History of Palladius, Bd. 2, ed. C. Butler, Cambridge 1904, S. 63 f.

syrische Version nennt Makarius und Amutis bzw. Amhatas, letzteren auch
in anderen Schreibweisen[167].

Was Hieronymus und Palladius angeht, so ist der Name Makarios bei
ihnen gesichert, während „Amatas" nur unsicher und in vielen Variationen
überliefert ist. Der in der Chronik des Hieronymus bezeugte Name „Sarmata" ist außer von unserem Brief her nur als Variante zu Amatas in einer
Handschrift der Historia Lausiaca bekannt.

Der in der Überschrift des Briefes an die Schüler des Antonius genannte
Sarmata dürfte also mit „Amatas" identisch sein — ihn gibt ja auch die
armenische Handschrift M als Adressaten an. Der von der syrischen
Version ebenfalls bezeugte Isaak ist sonst nicht als Schüler des Antonius
bekannt. Es gibt einige Anachoreten dieses Namens[168], doch der einzige,
der in Frage käme, wäre „ein Schüler des Makarius, des Schülers des
Antonius"[169].

Die Namen der Adressaten unseres Briefes sind also nicht dingfest zu
machen, noch weniger — und darauf kommt es eigentlich an — läßt sich
ihre Identität klären. Womöglich sind die Namen erst später in die Überschrift des Briefes eingesetzt worden, und dies unabhängig voneinander
jeweils in die syrische und in die armenische Version. Dabei können noch
alte Traditionen eine Rolle gespielt haben, denn die ältere syrische Handschrift stammt aus dem 6. Jhd.

Daß es sich bei den Adressaten um Schüler des Antonius handelt, also
um Anachoreten, die sich öfter Rat bei ihm holten, ist angesichts des
Briefinhaltes nicht zu bezweifeln. Dem Inhalt zufolge sind aber alle Nachfolger des Antonius angesprochen; Serapion geht auf keinen persönlich
ein. Die hinter den Namen der Überschrift stehenden Personen haben für
das Verständnis des Inhalts keine Bedeutung.

Demnach müssen die äußeren Umstände und das eigentliche Anliegen
des Schreibens aus dem Brief selbst erhoben werden.

4. Zum Inhalt

Auch zu diesem Text, der im übrigen in lateinischer und französischer
Übersetzung vorliegt[170], gebe ich eine Übersicht über den Inhalt und seine
Gliederung:

---

[167] R. Draguet, Les Formes syriaques de la matière de l'Histoire Lausiaque II, CSCO 398,
Louvain 1978, S. 169, Z. 11 und S. 170, Z. 9; vgl. den Apparat auf S. 170.

[168] Vgl. J.-C. Guy, Art. Isaac (2.), DSp Bd. 7, Sp. 2005 f.

[169] Palladius, Dialogus de Vita Ioannis Chrysostomi 17, PG 47, 59 (bei Guy Nr. 5). An
dieser Stelle erwähnt Palladius auch einen zweiten Isaak, ebenfalls einen Schüler eines
Antoniusschülers, nämlich des Kronios. Es ist selbstverständlich nicht auszuschließen,
daß der Isaak unserer Briefüberschrift zwar existierte, aber in anderen Quellen nicht
genannt wird.

[170] Draguet S. 12—17. In der Übersetzung des syrischen Textes könnten an zwei Stellen

I. Überschrift (Kap. 1)

II. Der Tod des Antonius und seine Folgen (2—12)
— Sein Tod ist ein Gewinn für den Himmel und ein Verlust für die Menschen, denn sofort nach dem Hinscheiden des großen Fürbitters wurde Ägypten vom Zorn verwüstet (2—6).
— Bisher hatte Antonius den Zorn durch seine Fürbitte aufgehalten, und das im Gegensatz zu Aaron sein ganzes Leben lang. Nach dem Tod des Heiligen aber gibt es kein Heilmittel gegen den Zorn mehr (7—12).

III. Bitte an die Schüler (13—18)
— Die Klage über den Zorn mündet in einen Aufruf an die Schüler des Antonius: Sie sollen dem Vorbild ihres Meisters nacheifern (13).
— Die Schüler sollen dieses Vorbild ausformen. Es gilt, „die Kraft des Einen in den Vielen zu finden" (16), so daß jeder ein Seliger Antonius wird und zur Besserung beiträgt (14—17).
— Selbst wenn dies nicht für jeden möglich ist, werden doch die Vielen so wie der eine Antonius Erhörung für ihre Gebete finden, so daß der Zorn ein Ende nehmen wird (18).

IV. Die aktuelle Situation: Die Kirche und die ganze Stadt sind von arianischer Verfolgung betroffen. Das will der Brief eigentlich mitteilen. Der Klerus ist verbannt[171]. Das Volk muß zu den kirchlichen Versammlungen in die Wüste gehen, die Kirchen aber sind verlassen (19—21).

V. Schluß: Nochmaliges Drängen, Gott mit vereinter Fürbitte zum Eingreifen zu bewegen (22).

Der größte Teil des Briefes (II und III) behandelt also die Bedeutung der Fürbitte, einmal im Hinblick auf das, was Antonius durch sie in seinem Leben vollbracht hat, zum anderen im Hinblick darauf, wie seine Nachfolger durch sie die gegenwärtige Krise der rechtgläubigen Kirche beenden können.

Antonius selbst hatte in seinen Briefen und somit sicher auch mündlich seinen Schülern gegenüber die Fürbitte thematisiert. Er bitte Gott Tag und Nacht darum — so schreibt er — daß dieser seinen Schülern die Augen öffne für seine Gnade, für die Liebe ihres Lehrers und für die

---

Ergänzungen vorgenommen werden. S. 14, Kap. 12: „... sancto privati sumus (erg.: et ira rapti sumus), quique tale remedium ...". S. 16, Kap. 18: „... in vobis exhibeatur (erg.: et quod ipse solus efficiebat, nos multi efficiamus), et quod ipse solus faciebat ...". Französische Übersetzung: B. Outtier, Saint Sérapion, Lettre sur la mort d'Antoine (s. Anm. 158), S. 152—157.

[171] In Kap. 20 bietet die armenische Version: „Das Heiligtum Gottes hat seinen Diener nicht" (syrisch: „seine Diener"). Draguet meint, hier könne ursprünglich Athanasius gemeint gewesen sein (S. 24f). Zwar waren durch die Deportationen und Verbannungen bald auch andere Bischöfe und Kleriker betroffen, doch ist Athanasius tatsächlich deren erstes und prominentestes Opfer.

Bedrohung durch das Böse[172]. Die Heiligen aber übten vor Gott Fürbitte
für die Brüder[173].

Antonius verweist aber nicht nur auf sein eigenes Gebet, sondern er
fordert auch seine Adressaten auf, in der Fürbitte tätig zu sein. Sie sollen
die Güte Gottes um Hilfe vom Himmel bitten[174]. Antonius sieht sie in
großer Gefahr, vor allem durch Menschen, die Zwietracht unter ihnen
säen. Solchen Leuten und ihrer Bosheit sollen sie keinen Raum geben,
sonst würden sie Gottes Zorn erregen[175]. Die Vita Antonii berichtet davon,
Antonius habe — offenbar im Beisein Serapions — prophezeit, Zorn
werde die Kirche ergreifen und sie werde Menschen, die unvernünftigen
Tieren ähnlich seien, ausgeliefert werden. Zwei Jahre später hätten sich
die Arianer der Kirchen bemächtigt[176].

Antonius spricht in seinen Briefen an den eben erwähnten Stellen nicht
von den Arianern und nimmt auch nicht auf kirchenpolitische Probleme
Bezug. Die Vita vereinnahmt ihn demgegenüber sehr stark als Kronzeugen
gegen die Arianer, während unser Brief nur ganz allgemein von seiner
Rolle als Katechon gegenüber dem „Zorn" spricht, der in seiner arianischen
Ausprägung erst nach seinem Tod virulent zu sein scheint.

Was Antonius selbst als für seine Adressaten bedrohlich ansah, läßt sich
nur in Andeutungen erfassen. Er sieht große confusio über seine Adressaten kommen[177]. Sie sind von Feinden bedroht, die Böses über sie
ausgießen „in isto nunc tempore"[178]. Diese allgemeinen Warnungen ließen
sich in späterer Zeit als vaticinia auf die Arianer lesen.

Die Bedeutung der Fürbitte jedenfalls ist den Menschen, die bei Antonius Rat suchten, von ihrem Lehrer her bekannt, ebenso die Rede vom
Zorn, der über sie kommt. Auch der Gedanke, die vielen Schüler könnten
den Meister ersetzen, soll aus dem Munde des Antonius stammen, denn
er tröstet die hinterbliebenen Mönche des Pachomius mit den Worten:
„Weint nicht! Ihr alle wurdet wie Abba Pachomius"[179].

---

[172] PG 40, 994B (Brief V,1, entspricht: Lettres de S. Antoine, Version géorgienne et fragments
coptes, ed. G. Garitte, CSCO 148/149, Louvain 1950, Brief III,3); 987CD (II,12; entspricht
IV,111); 983A (II,5; entspricht IV,27 f).

[173] 982C (II,4; entspricht IV,18 f); 994D (V,1; entspricht III,11).

[174] 994C (V,1; entspricht III,5); 986C (II,10; entspricht IV,96); vgl. 982BC (II,3; entspricht
IV,15 f).

[175] 984B (II,6; entspricht IV,52). Gott wird schon durch die schlechten Werke der Brüder
erzürnt (994D, V,1; entspricht III,12).

[176] Kap. 82, PG 26, 957B. 960A. Es geht mir in diesem Zusammenhang nur um das an
dieser Stelle auftretende Motiv Zorn/Arianer. Auf das Datierungsproblem gehe ich bei
der Besprechung des Textes unter E. 2. ein (die Aussage des Antonius kann auf die
Ereignisse von 339 oder 356 bezogen werden).

[177] 982C (II,4; entspricht CSCO 148/149, Brief IV,17).

[178] 983A (II,5; entspricht IV,28).

[179] Hier nach Vita Pachomii Graeca I,120, ed. F. Halkin (SHG 19), Brüssel 1932, S. 77,
Z. 25.

Serapion, der gemäß Vita Antonii 82 Antonius besucht hatte (auf dem „Inneren Berg" in der Nähe des Roten Meeres) und sich seine Visionen und Prophezeiungen angehört hatte, wird seine Vorstellungswelt gut gekannt haben. So konnte er die Schüler im Sinne ihres Meisters erinnern und dessen Lehren ihnen gegenüber neu deuten. Seine Belehrung über die Bedeutung der Fürbitte ist dabei ebenso bar einer Christologie wie die entsprechenden Stellen der Antoniusbriefe. Die Heilsfunktion, die er Antonius zuschreibt, klingt auch in den Apophthegmata und in der Vita Antonii an[180].

Der letzte Hauptteil des Briefes (IV) schildert den Adressaten den gegenwärtigen Zustand der Kirche und ihrer Gläubigen. Man kann sich fragen, welche Stadt „unsere Stadt" (19) sein soll. Von Serapion aus gesehen kann es durchaus Thmuis sein, denn die arianischen Maßnahmen bezogen sich auf mehrere ägyptische Bistümer, und unsere Perspektive ist stark von den auf Alexandria ausgerichteten Schilderungen des Athanasius bestimmt. Andererseits ist es im Deltagebiet in der Umgebung von Thmuis kaum möglich, daß das Volk „die Wüsten zu Kirchen macht" (20). Entweder greift Serapion auf Nachrichten aus anderen Gegenden zurück, oder es gibt auch in Thmuis Lokalitäten entsprechend dem von Athanasius bezeugten ἔρημος τόπος πλησίον τοῦ κοιμητηρίου (s. o. Anm. 163). Diese Ortsangabe wird, jedenfalls in Bezug auf Alexandria, noch von späteren Quellen gestützt, die aus der Zeit der arianischen Krise von 356 berichten, das Kirchenvolk von Alexandria habe sich an wüsten Orten, in Höhlen und auf freiem Feld versammelt[181].

Serapions Brief nimmt also die Theologie des Antonius auf und bezieht sie auf die kirchenpolitische Situation des Jahres 356. Die Adressaten — Anachoreten, die mit Antonius in Verbindung gestanden hatten und mit seinen Anschauungen vertraut waren — sollen gegen die Arianer mobilisiert werden, indem sie mit ihrer Fürbitte Gott zu Hilfe rufen.

Daß es dabei letztlich um mehr als um die Aktivierung von Gebeten geht, ist zu bedenken, denn die „Wüste" der Anachoreten ist auch der Zufluchtsort des Athanasius und anderer Verfolgter. Schließlich mußte Serapion um Unterstützung in einer kirchenpolitischen und dogmatischen Auseinandersetzung werben, die nicht selbstverständlich Sache der Adressaten war. Die Verknüpfung der Laudatio auf Antonius und der Adhortatio an seine Nachfolger mit der die Arianer anklagenden Lagebeschreibung der Kirche ist nicht von vornherein schlüssig. Die von Antonius vorge-

---

[180] Antonius ist die Lichtsäule, die den Erdkreis erleuchtet (PG 65, 241C) — „Lichtsäule" ist im übrigen ein manichäischer Titel, vgl. Acta Archelai VIII,7, GCS 16, S. 13, Z. 12. Und: Antonius ist wie ein Arzt, der Ägypten von Gott gegeben worden ist (PG 26, 965A).

[181] History of the Patriarchs of the Coptic Church of Alexandria, ed. B. Evetts, PO 1,4, Paris 1948, S. 414. T. Orlandi, Storia della Chiesa di Alessandria, Bd. 1, Mailand 1967, S. 32 (Übersetzung S. 61, Z. 148—150).

gebene Begriffs- und Vorstellungswelt wird in Teil II und III des Briefes noch ganz immanent reproduziert und aktualisiert, bevor sie in Teil IV konkret identifiziert wird. Erst hier, nachdem die Akzeptanz der Adressaten errungen ist, tritt mit dem Stichwort Arianer die eigentliche Intention des Schreibens in den Vordergrund.

Unser Brief ist also ein Zeugnis für die Anwendung der Lehre des Antonius auf ein kirchenpolitisches Problem, womit der dann auch in der Vita sichtbaren Vereinnahmung des Antonius für die antiarianische Polemik der Weg gebahnt wird. Auf die Vita Antonii selbst und den Anteil Serapions an ihr wird in Teil E noch genauer einzugehen sein.

III. DER BRIEF AN BISCHOF EUDOXIUS

1. Autor und Adressat

Der kurze Brief trägt die Zuschreibung »τοῦ ἁγίου Σεραπίωνος ἐπισκόπου Θμούεως ἐπιστολὴ πρὸς Εὐδόξιον ἐπίσκοπον«. Er wurde von Angelo Mai entdeckt und ediert[182] und in PG 40, 924 f übernommen. Der knappe Inhalt des Briefes bietet nichts, was eine Bestreitung der Autorschaft Serapions anraten würde. Auf die Frage der Datierung ist bei der Besprechung des Inhalts noch einzugehen.

Wer ist der Adressat? Der einzige näher bekannte Bischof Eudoxius ist jener kirchenpolitisch umtriebige Arianer, der zuerst Bischof von Germanicia, dann von Antiochia (357) und schließlich von Konstantinopel (360) wurde. Müßte man ihn als Adressaten annehmen, wäre an der Autorschaft des Serapion von Thmuis zu zweifeln, denn der hatte sich ja in dem eben besprochenen Brief an die Schüler des Antonius als Gegner der Arianer erwiesen. Wahrscheinlicher ist, daß Eudoxius ein Kollege Serapions war, der zu kurze Zeit amtierte, als daß wir ihn in den Bischofslisten wiederfinden könnten. Serapion hatte ihm gegenüber anscheinend eine gewisse Weisungsbefugnis: „Wir aber durften nicht veranlaßt werden (ἐπασχόμεθα — wahrscheinlich ist ἐπεσχόμεθα zu konjizieren), Dich zu rufen, damit wir Dich nicht aus der Stadt zu entfernen schienen" (PG 40, 925AB). Die πόλις, in der sich Eudoxius zur Abfassungszeit des Briefes aufhält, könnte Alexandria sein[183].

---

[182] A. Mai, Classici Auctores e Vaticanis codicibus editi, Bd. 5, Rom 1833, S. 364—366. Die von Mai im Vorwort als Fundort des Textes genannte, jedoch nicht näher bezeichnete Handschrift (ein Vatikan-Codex, der sich einst in Grottaferrata befunden habe), habe ich in den einschlägigen Katalogen nicht verifizieren können.

[183] R. P. Casey vermutet, Eudoxius sei „a kind of bishop coadjutor in Alexandria" gewesen, der angesichts seiner Krankheit und der kirchenpolitischen Wirren von seinem Posten habe demissionieren wollen, um in Serapions Umgebung Ruhe zu finden (Serapion of Thmuis against the Manichees, s. Anm. 5, S. 12).

2. Inhalt und Datierung

Der erste Teil des Briefes spendet dem schwer erkrankten Eudoxius Trost und ermahnt ihn zugleich: „Glaube nicht, daß die Krankheit beschwerlich ist, denn nur die Sünde ist beschwerlich" (924C). Von der Sünde soll sich Eudoxius fernhalten, denn die Krankheit endet mit dem Tode, die Sünde aber besteht über diesen hinaus fort und straft den Sünder weiterhin.

Der Grundgedanke des Trostes mutet stoisch an: Krankheit und Tod gehen uns nichts an; es gilt — so heißt es dann im zweiten Teil des Briefes — in ihnen die Tugend zu bewahren: „Zeige also die Verfassung Deiner Tugend dem allsehenden Gott" (925A). Überformt wird dieser Grundgedanke von der Vorstellung der immerwährenden Sünde, die den Menschen mit ihrem Feuer straft. Vom Feuer (φλόξ) in der betrogenen Seele spricht Serapion auch in Adv. Man. II,15. Im Manichäertraktat ließ sich auch schon die Verknüpfung von theologischer und philosophischer Argumentation beobachten. Der erste Teil des Briefes endet mit den Worten: „Das habe ich Dir geschrieben, liebster Bruder, damit Du nicht ganz mutlos wirst, sondern Dich in Christus bewahrst" (925A).

Ob Eudoxius ganz allgemein vor der Sünde gewarnt wird oder ob Serapion auf eine bestimmte mögliche Verfehlung anspielt, kann der zweite Teil des Briefes erhellen, der die persönliche Lage des Adressaten mit der der Kirche verschränkt: „Man muß seine Wirrungen tragen und es gehört sich, das Getümmel[184] zu ertragen und auf das Ende zu blicken und zu wissen, daß Gott lenkt. Und wenn er auch ein wenig ausruht, leitet er dann doch wieder, und wenn er ein wenig nachgibt, steht er doch bald wieder vornean. Niemals wird die Kirche im Stich gelassen, denn die Pforten der Hölle werden sie nicht überwältigen" (925A)[185]. Deshalb soll Eudoxius seine ἀρετή beweisen. Es folgt der oben unter 1. zitierte Schlußsatz.

Die Anführung von Mt 16,18 läßt sich am ehesten damit erklären, daß die Krankheit des Eudoxius in eine für die Kirche spannungsreiche Zeit fällt, in der es darauf ankommt, sich trotz aller körperlichen Schwäche zu bewähren. Dann wäre auch geklärt, was die „Sünde" konkret sein soll: Sie bestände darin, dem kirchenpolitischen Druck nicht gewachsen zu sein

---

[184] »αὐτοῦ τὰς συγχύσεις φέρειν δεῖ, καὶ τοὺς θορύβους βαστάζειν προσήκει«. Mai emendiert αὐτοῦ zu βίου oder κόσμου (PG 40, 925, Anm. 19). In Adv. Man. XIX,21 schreibt Serapion: „Bedenke deine Gedanken, wenn du τάραχος erduldest oder irgendeinen θόρυβος". ταραχή wiederum macht besonders dem Enkratiten zu schaffen (s. u. C. I. 2. zu Brief 55).

[185] Vgl. unter C. I. 1. das Fragment aus Brief 23: „Niemals hat eine Häresie die Kirche besiegt ...".

und zu der die Kirche bedrängenden Gegenpartei abzufallen. Man wird bei diesen Worten an die arianischen Krisen ab Ende der dreißiger und besonders Ende der fünfziger Jahre denken müssen, in denen Serapion um Parteigänger für Athanasius warb.

Mehr läßt sich dem kurzgefaßten Schreiben, das viele Assoziationen des Adressaten voraussetzt, nicht entnehmen.

C. FRAGMENTE

Unter Serapions Namen sind einige Fragmente überliefert, andere aber, die ein helleres Licht auf seine Dogmatik werfen würden, sind verschollen[186]. Die erhaltenen Bruchstücke sind ihrer Kürze und ihres unübersichtlichen Überlieferungsweges wegen nur schwer zu interpretieren und zu datieren. Vorsicht ist hier angebracht. Dies gilt auch für die Zuschreibung der Fragmente an Serapion von Thmuis: Sie sind, da es an genügend Vergleichsmaterial mangelt, kaum als typisch serapionisch zu identifizieren — eben wegen der begrenzten Vergleichsgrundlage aber gibt es auch keine zureichenden inneren Gründe gegen die Annahme der Autorschaft Serapions. Einzig äußere Indizien, wie die Zuweisung der Katenenfragmente an andere Autoren, können hier Zweifel rechtfertigen.

Ich habe die Bruchstücke aufgrund dieser Ausgangslage in eine eigene Gruppe eingeordnet, versuche aber im folgenden, jeweils Hinweise auf eine lebens- und theologiegeschichtliche Einordnung zu geben. Besonders interessant sind unter diesem Gesichtspunkt die bei Apollinaris überlieferten Sätze, da sie das späteste äußere Zeugnis für Serapion sind.

Zum Manichäertraktat gibt es wegen der thematischen Unterschiede kaum Parallelen, die Fragmente vermitteln im Unterschied zu jenem Werk tatsächlich einen Eindruck von Serapions innerkirchlichen Lehrmeinungen — insgesamt sind sie aber nur versprengte Mosaiksteine, die kaum mehr ein Bild ergeben.

I. AUS DEN BRIEFEN

Bei Johannes Damascenus sind drei Fragmente aus zwei Briefen überliefert. Diese sind neben den eben behandelten beiden Schreiben an die Schüler des Antonius und an Eudoxius die letzten Relikte der von Hieronymus bezeugten „epistulae utiles ad diversos" (De vir. ill. 99).

---

[186] Es gibt einen Brief des Andreas von Samosata an Rabbula von Edessa aus der Zeit um 430/440, dem ein Florilegium mit Zitaten orthodoxer und häretischer Väter beigefügt war. Das Florilegium ist verschollen, nur der Brief mit der Autorenliste ist erhalten. In der Liste ist auch „Serapion der Ägypter, Bischof von Thmuis" aufgeführt: F. Pericoli-Ridolfini, Lettera di Andrea di Samosata a Rabbula di Edessa, RSO 28, 1953, S. 159, Z. 6.

1. Aus Brief 23

Das Fragment lautet:

(τοῦ ἁγίου Σεραπίωνος ἐκ τῆς κγ᾽ ἐπιστολῆς)
οὐδέποτε αἵρεσις τὴν ἐκκλησίαν ἐνίκησεν, ἀλλ᾽ ἀεὶ μαίνεται, καὶ κατ᾽
ὀλίγον προελθοῦσα εὐθέως λύεται[187].

Niemals hat eine Häresie die Kirche besiegt, sondern sie wütet immer,
und wenn sie allmählich hervorgekommen ist, wird sie sofort zerstört.

Das Zitat stammt der Überschrift zufolge aus dem 23. Brief, setzt also
eine Sammlung von Briefen Serapions voraus. Da es nicht nur von
Johannes Damascenus, sondern auch in der gleichen Handschrift wie ein
Fragment aus Serapions Manichäertraktat überliefert ist[188], stammt es
sicher von Serapion von Thmuis.

Das Fragment hat im Brief an Eudoxius eine inhaltliche Parallele. Dort
heißt es: »οὐδέποτε ἡ ἐκκλησία καταλιμπάνεται« (PG 40, 925 A). Der 23.
Brief ist also aller Wahrscheinlichkeit nach ebenfalls in einer kirchenpolitischen Krisenzeit geschrieben worden. Wie der Brief an Eudoxius und
auch der an die Schüler des Antonius behandelt er die Hoffnung auf ein
baldiges Ende der Gefahr.

2. Aus Brief 55

Aus diesem Schreiben sind zwei Fragmente erhalten:

(τοῦ ἁγίου Σεραπίωνος ἐκ τῆς νε᾽ ἐπιστολῆς)
ἁρμόζει τῷ ἐγκρατεῖ καὶ τοὺς ὄχλους φυγεῖν (φεύγειν), ἵνα τὸν νοῦν
ἀπερίσπαστον ἔχῃ καὶ τὴν καρδίαν ἀτάραχον· πολλὴ γὰρ ἐν τοῖς ὄχλοις
ἡ ταραχή[189].

Es ziemt sich für den Enthaltsamen, auch die Menschenmassen zu meiden,
damit er das Denkvermögen ungestört behält und das Herz ohne Unruhe.
Denn große Unruhe ist in den Menschenmassen.

(ἐκ τῆς αὐτῆς)
μέγας συνεργὸς πρὸς τειλειότητα τῶν ἀνθρώπων ἐστὶν ἡ ἀναχώρησις[190].

Ein großer Helfer zur Vollkommenheit der Menschen ist die Anachorese.

Diese beiden Bruchstücke sollen also dem 55. Brief Serapions entstam-
men, in welchem er demnach Anachorese und Enkratie thematisiert hätte.
Der Vita Antonii zufolge meinten einige Alexandriner, als Antonius ihre
Stadt besuchte, »ἐκ τῶν ὄχλων αὐτὸν ταράττεσθαι« (Kap. 70, PG 26,

---

[187] PG 95, 1165 C; PG 96, 512 A. Hier fehlen aber die Worte ἀλλ᾽ ἀεὶ μαίνεται. Bei J. B.
        Pitra, Analecta Sacra II, Tusculum 1884, S. XL und Analecta Sacra et Classica V, Paris/
        Rom 1888, S. 47 findet sich der hier wiedergegebene Wortlaut.
[188] Codex Coislinianus 279 (Analecta Sacra et Classica V, S. 47).
[189] PG 96, 481 D; PG 95, 1245 C.
[190] PG 96, 484 A; PG 95, 1245 D.

944 A) — was Antonius aber mit der Begründung verneint, die Dämonen auf dem Berg machten ihm auch nicht mehr zu schaffen.

Das Fragment spiegelt demnach eine verbreitete Ansicht über die Gefahren wider, die die Anachorese bedrohen. Die Unruhe (τάραχος) behandelt Serapion auch im Brief an Eudoxius und im Manichäertraktat (s. o. Anm. 184). Als Adressaten kommen Anachoreten aus dem Ostdeltagebiet (vgl. S. 118) oder solche aus dem Umkreis des Antonius in Frage. Serapion sieht den Nutzen der anachoretischen Lebensweise in ihrer Beruhigung von νοῦς und καρδία; er setzt bei seinen Adressaten also eine differenzierte Sicht des Menschen voraus.

II. AUS EINEM SYRISCHEN FLORILEGIUM

Die folgenden Fragmente, die einem anonymen antinestorianischen Florilegium entstammen, wurden ediert von Jean Baptiste Pitra und Ignaz Rucker[191]. Die Sammlung wurde im 6. Jhd. zusammengestellt.

1. Aus einer Rede über die Jungfrauenschaft

Das Fragment ist überschrieben: „Von Serapion, dem Bischof von Thmuilôn. Aus einer Rede über die Jungfrauenschaft". Rucker nimmt bei ܬܡܘܐܝܠ eine Vertauschung von ܠ und ܛ an, so daß Thmuitôn zu lesen wäre (S. 27). Aus dieser Rekonstruktion läßt sich schließen, daß die Fragmente ursprünglich griechisch abgefaßt waren, denn die Überschrift dieses ersten Fragmentes hätte dann gelautet: Σεραπίωνος ἐπισκόπου Θμουϊτῶν ...[192]. Der syrische Übersetzer hat den Genetiv-Plural als Städtenamen mißverstanden. Obwohl Hieronymus in seinem sicher unvollständigen Katalog der Werke Serapions in De vir. ill. 99 keinen Sermo (ܡܐܡܪܐ) über die Jungfrauenschaft aufführt, kann man der Zuschreibung an Serapion vertrauen.

Der Text lautet in Übersetzung:

„Jede Frau, die eine Ehegemeinschaft eingeht, gebiert ein Kind. Und wenn das geboren ist, bedarf es der Mutterbrust und des Schutzes derer, die es geboren hat, wobei die Mutterschaft sie nicht übermütig macht und die Aufzucht nicht ohne Gefahr ist. Die Jungfrauenschaft aber erwies Maria, die nicht in der Ehe versucht wurde, als Mutter Gottes, denn sie gebar als Mädchen, wobei sie das Gesetz der Zeugung vertauschte. Sie sah nämlich eine neue Zeugung, die nicht nach der Gewohnheit der Frauen

---

[191] Pitra, Analecta Sacra IV, Paris 1883, S. 214 f, 443 f. Rucker, Florilegium Edessenum anonymum, SBAW. PPH 1933, H. 5, S. 26—29 (mit griechischer Rückübersetzung).

[192] Vgl. das noch zu besprechende Fragment bei Evagrius Ponticus (PG 67, 520 C), das überschrieben ist: ὁ τῆς Θμουϊτῶν ἐκκλησίας ἄγγελος Σαραπίων.

war: Der, der geboren wurde, war nämlich Gott, sie aber, die gebar, blieb
Jungfrau. Das aber, was nicht zu glauben war, daß die Jungfrau Mutter
wurde, das wurde mit dem Wort des Heranwachsenden bestätigt. Gott
nämlich war es, der geboren wurde. Und Gott begleitete sie, solange er
noch ein Knabe war, und nannte die Jungfrau Mutter. So ehrte er und
pries er sie, und Gott schenkte einem Mann und einer Frau, die nicht
ehelich vereinigt waren, die Vorwegnahme der himmlischen Ehre".

Abhandlungen zum Thema der Jungfrauenschaft sind von vielen Theologen verfaßt worden. Unser Fragment widmet sich ganz der Jungfrauenschaft Marias, ohne sie auf ein asketisches Ideal zu beziehen. Thema ist
hier der Lobpreis der Maria Theotokos — der Begriff fällt hier aber nicht
— und ihrer wunderbaren Empfängnis. Man kann aus den wenigen Sätzen
auch die Idee der virginitas post partum herauslesen.

Das Fragment paßt insofern in Serapions Zeit, als in ihm die Vorstellung
von der Gottesgebärerin Maria noch ganz unbefangen in der Frömmigkeit
verankert ist. Viele Zeitgenossen Serapions, darunter auch Athanasius,
gebrauchen den Titel ganz unreflektiert. Daß Serapion den Sohn „Gott"
nennt und nicht anders, hat alte Tradition. Ignatius sagt in diesem Sinne
über Jesus Christus, er sei „unser Gott, der von Maria ausgetragen
wurde"[193]. Die Begriffswelt ist in unserem Text ganz aus der Vorstellung
der Gottesgebärerin heraus entwickelt. Da unser Fragment keinen Aufschluß darüber gibt, welche christologische Bedeutung der Titel „Gott"
haben soll, ist eine genauere Datierung nicht möglich.

2. Aus einem Brief an Confessoren

Das Fragment trägt die Zuschreibung: „Von demselben aus dem Brief
an die bekennenden Bischöfe". Es hat folgenden Wortlaut:

„Ihr seid angekommen und vorangegangen, ihr habt mit dem Heiland
gesiegt und mit ihm gelitten. So seid ihr die Teilhaber seiner Schmerzen
geworden, wobei ihr wißt, daß er der Sohn Gottes ist und dem Vater
gleicht. Immer ist er bei seinem Erzeuger und ist die Ursache aller
sichtbaren und unsichtbaren Dinge. Am Ende der Zeiten aber wurde er
Mensch und gab[194] die Wunden des Kreuzes für alle Zeitalter".

Die Adressaten waren also Mißhandlungen ausgesetzt gewesen, die hier
martyrologisch gedeutet werden. Rucker nimmt die 373 nach Diocaesarea
verbannten Bischöfe als Adressaten an (S. 28), ohne dies näher zu begrün-

---

[193] An die Epheser XVIII,2, ed. F. X. Funk, K. Bihlmeyer (Die Apostolischen Väter),
Tübingen ³1970, S. 87. Zum Theotokos-Titel vgl. die Belege bei G. W. H. Lampe, A
Patristic Greek Lexicon, Oxford 8. Aufl. 1987, Art. θεοτόκος A.
[194] Im Text heißt es ܝܗܒ (geben). Rucker emendiert ܢܣܒ (nehmen), „was im syrischen
Schriftbild ebenso leicht zu verwechseln ist wie in griechischen Majuskeln" (S. 28).

den. Diese Bischöfe waren in eine Korrespondenz mit Apollinaris verwik-
kelt. Apollinaris hatte ihnen seine Ansichten über die göttliche Fleischwerdung dargelegt, sie aber verweigerten ihm nach weiterer Korrespondenz und Prüfung seiner Ideen die Gemeinschaft.

Gegen Ruckers Annahme spricht, daß unserem Fragment ein auf Apollinaris und seine Lehren bezogener Skopos fehlt. Das Thema ist vielmehr
die „klassische" Christologie in ihrer antiarianischen Ausprägung. Dabei
stützt sich die Argumentation vorwiegend auf Kol 1,15 f: Die Schöpfungs-
mittlerschaft des Sohnes ist der Beweis für seine ewige Gemeinschaft mit
dem Vater. Dieser ist sein „Erzeuger", so daß der Sohn wie in Adv. Man.
XLVIII,15 f als γέννημα gilt. Die Aussage, der Sohn sei dem Vater „gleich"
(ܪܒ), wird von Rucker mit ὅμοιος τῷ πατρί rückübersetzt. Dies ist,
wenn das Fragment in die gleiche Zeit wie der Manichäertraktat fällt, eine
ganz unanstößige Aussage (s. o. Anm. 38 und den Text dazu).

Daß Christus am Ende der Zeiten Mensch wurde, betont in Oratio
contra Arianos I,55 unter Aufnahme von Heb 1,1−3 auch Athanasius
(PG 26, 125 C). Die Kombination dieser Aussage mit Kol 1,16 findet sich
dann auch in Synodalbekenntnissen der 40er und 50er Jahre des 4. Jhd.[195]

Die theologiegeschichtliche Einordnung des Fragmentes entspricht also
der von Adv. Man., in Frage kommt demnach das 2. Viertel des 4. Jhd.
Es ist in eine Zeit zu datieren, in der Bischöfe drangsaliert wurden. Dafür
kommen die Jahre nach 339 in Betracht[196].

3. Fragment ohne Herkunftsangabe

Dieses dritte syrische Fragment ist nur überschrieben „Von demselben".
Es lautet:

„Jener, der gelitten hat, ist Gott und Gottes Sohn. Als er im Bauch der
Jungfrau weilte und Fleisch annahm, zog er auch unsere Schwachheit an,
daß er[197] zu dem hinausgehe, was notwendigerweise (oder: mit Gewalt)
geschehen sollte".

Auch hier geht es also um die Christologie und die Menschwerdung.
Das Stück könnte aus dem gleichen Schreiben stammen wie das vorher-
gehende, in dem ebenfalls das Leiden Christi und seine Erniedrigung im
Vordergrund stehen. Die Annahme des Fleisches und deren soteriologische

---

[195] Athanasius gibt diese Texte wieder in De Synodis 25,3; 26,2; 27,2 (Opitz II/1, S. 251 und
S. 254).

[196] Vgl. Historia Arianorum 12,2 (Opitz II/1, S. 189): Bischof Sarapammon wird zu dieser
Zeit verbannt, Potamon mißhandelt.

[197] Rucker und Pitra übersetzen ܢܦܩܘ als 1. Person Plural. Hier müßte der verlorene Kontext
entscheiden (… er geht hinaus …/… wir gehen hinaus …).

Konsequenzen sind hier ohne Reflexe auf den Apollinarismus gesehen. Der Sohn wird Gott genannt, also auf die Ebene des Vaters gestellt. Für eine genauere Ortung ist das Bruchstück zu kurz.

III. KATENENFRAGMENTE ZUR GENESIS

Serapion werden in der Katenenüberlieferung zur Genesis insgesamt 13 verschiedene Fragmente zugeschrieben, wobei jeweils „Serapion/Sarapion"[198], „Bischof Serapion" oder „Serapion, Bischof von Thmuis" als Autor genannt wird.

Die meisten dieser Stücke aber stammen ursprünglich von Severian von Gabala[199]. Robert Devreesse hat in Codex Barberinus 569 nur drei Fragmente ausmachen können, die sich nicht bei Severian oder Procopius von Gaza nachweisen lassen[200]. Diese drei behandeln die Schöpfung durch Christus (zu Gen 1,1 werden Kol 1,15 und der Johannesprolog angeführt), die Gottesebenbildlichkeit des inneren Menschen (zu Gen 1,27) und das „Protoevangelium" (Gen 3,15 wird auf Christus gedeutet). Da die Texte über Devreesses Arbeiten leicht zugänglich sind, gebe ich sie hier nur in Übersetzung wieder:

1. Zu Gen 1,1 („Von Serapion, dem Bischof von Thmuis")
„Wer ist der Anfang aller Dinge, wenn nicht der Herr und Heiland aller, Jesus Christus, der Erstgeborene der ganzen Schöpfung? In diesem Anfang also, das heißt in seinem Wort, hat Gott den Himmel und die Erde gemacht, so wie auch der Evangelist Johannes sein Evangelium mit den Worten beginnt: Am Anfang war das Wort ... durch ihn wurde ... und so weiter."

2. Zu Gen 1,27 („Von Bischof Serapion aus dem Hexaämeron")
„Der nach dem Bilde Gottes und nach dem Gleichbild gewordene ist unser innerer Mensch, der körperlose, der unsichtbare, der unvergängliche,

---

[198] Zu den Namensformen s. u. F. II. (Äußere Zeugnisse).

[199] Ich habe nur Codex Basiliensis AN III 13 und die Edition von Nikephoros Hieromonachos Theotokis zu Rate gezogen (Σειρὰ ἑνὸς καὶ πεντήκοντα ὑπομνηματισμῶν εἰς τὴν ὀκτάτευχον καὶ τὰ τῶν βασιλείων, Bd. 1, Leipzig 1772). Die im Basiliensis in fol. 49 r—52 v dem „Serapion" zugeschriebenen Fragmente finden sich in PG 56, 491—495 (Severian) bzw. zum Teil in PG 87, 201 f, 216 (Prokop). Ähnlich ist der Befund für die Edition des Nikephoros, die einen anderen Überlieferungsstrang repräsentiert. Hier sind in Sp. 89 Δ, 91 ΓΔ, 92 AB Stücke aus Severian dem Serapion zugeschrieben (88 Δ konnte ich allerdings nicht reidentifizieren).

[200] Devreesse hat die drei Fragmente ediert in: Les anciens Commentateurs grecs de l'Octateuque et des Rois, StT 201, Rom 1959, S. 104. Ferner in RB 44, 1935, S. 181 (Anciens Commentateurs grecs de l'Octateuque). Vgl. auch seinen Artikel Chaînes exégétiques, DBS 1, 1928, Sp. 1109.

der unsterbliche. Nach dem Bilde und dem Gleichbild besitzt Gott dies alles."

3. Zu Gen 3,15 („Von Bischof Serapion")

„Gewiß hat die Frau keinen Samen, sondern der Mann. Wie also wird dieses zu der Frau gesagt? Offensichtlich[201] über Christus, den die heilige Jungfrau ohne Samen gebar. Denn ‚der Same' ist Singular und nicht Plural ‚die Samen'."

In der letzten Zeit wurde die Echtheit auch dieser Bruchstücke angezweifelt, und zwar aufgrund der Überlieferungsgeschichte der Katenen, die für sich gesehen ein zu spezielles Problem ist, als daß es hier erörtert werden könnte. Für diese Überlieferungsgeschichte ist in jüngerer Zeit ein Modell entworfen worden, das von zwei Hauptüberlieferungssträngen ausgeht[202]. Zu diesem Problemkreis sind die Arbeiten von Françoise Petit hervorzuheben[203], die mich erst auf das eigentliche Spezialproblem der Überlieferung der Serapion-Fragmente hingewiesen hat:

Demnach sind die drei von Devreesse für echt gehaltenen Texte allein in einem Unterzweig der Überlieferung vertreten, der von Codex Mosquensis 385 repräsentiert wird. Der von Devreesse untersuchte Barberinus ist eine Kopie davon. „La tradition Mo apparaît comme une entreprise isolée" (CChr.SG 15, S. LXXV). Diese isolierte Überlieferung hat an den hier zur Diskussion stehenden Stellen Ergänzungen. Solche Zusätze gibt es nun auch — und hier setzt die These von F. Petit an — bei den Testimonien, die von Severus von Antiochien stammen. Sind also die verbliebenen drei Serapion-Fragmente in Wirklichkeit von Severus verfaßt worden und liegt hier demnach eine Namensverschreibung vor? Schon F. Petit aber hat darin ein Problem gesehen, daß sich ihre eigene These wenigstens an den Kathedralhomilien des Severus nicht verifizieren läßt.

Dieser Befund erklärt sich daraus, daß die Fragmente der Sonderüberlieferung Mo zu Gen 1,1 und 1,27 tatsächlich nicht von Severus, sondern von Origenes stammen[204]. Einzig das dritte Fragment, das ich bei Origenes

---

[201] εὔδηλον: Eine Konjektur von Devreesse (nur in RB 44, 1935, S. 181). Die Handschrift hat ἢ δῆλον, was aber keinen Sinn ergibt.

[202] Das ältere Modell von G. Karo und H. Lietzmann postulierte deren drei: Catenarum Graecarum Catalogus, AGWG.PH 1902, S. 2—17. Der von Devreesse analysierte Barberinus gehört hier zu Typus II.

[203] Vgl. besonders die Einleitungen zu den Editionen der Catenae Graecae in Genesim et in Exodum, CChr.SG 2 und 15, Turnhout 1977 und 1986. Die folgenden Überlegungen gehen auf einen Brief von Mme. Petit zurück.

[204] Sie sind nur noch in lateinischer Übersetzung erhalten: Origenes, Hom. in Genesim, ed. W. A. Baehrens, GCS 29, Leipzig 1920. Dort heißt es in Hom I,1 zu Gen 1,1 (S. 1, Z. 1 ff): „Quod est omnium principium nisi Dominus noster et ‚Salvator omnium' Iesus Christus ‚primogenitus omnis creaturae'? In hoc ergo principio, hoc est in verbo suo, ‚Deus coelum et terram fecit', sicut et Evangelista Iohannes in initio Evangelii sui ait

nicht wiederfinden konnte, könnte mit der von F. Petit brieflich geäußerten These noch auf Severus zurückgeführt werden, doch fehlt an der Stelle, an der Severus auf Gen 3,15 einmal Bezug nimmt, die für unser Fragment kennzeichnende Deutung auf Christus. Severus fordert nur zur Nachahmung des Kampfes gegen die Schlange, d. h. die bösen Gedanken des Teufels, auf[205].

Die Autorschaft Serapions ist für das dritte Fragment also nicht zu widerlegen. In ihm wird ganz traditionell versucht, Gen 3,15 als einen Vorverweis auf Christus zu deuten. Diese Idee läßt sich in voller Ausbildung zuerst bei Irenäus nachweisen, sie erscheint dann aber bei den Vätern nur vereinzelt, so bei Cyprian[206]. Im 4. Jhd. wird sie in einer mit unserem Fragment vergleichbaren Weise von Epiphanius aufgenommen[207]. Er schreibt, in Gen 3,15 sei das Kommen Christi im Fleisch vom Himmel her und das ewige Leben verkündigt. Auch er hebt hervor, daß eine Frau keinen Samen habe[208].

Selbst wenn dieses Textstück also einem Werk Serapions entstammen sollte, so steht es doch in einer älteren Tradition und ist vielleicht ebenfalls auf einen früheren Autor zurückzuführen.

IV. FRAGMENT BEI EVAGRIUS PONTICUS

Sokrates zitiert in seiner Kirchengeschichte einen Abschnitt aus dem Gnostikos des Evagrius, wo es heißen soll:
„Es sagte Serapion, der Engel der Kirche der Thmuiter (ὁ τῆς Θμουϊτῶν ἐκκλησίας ἄγγελος): Das Denkvermögen, das geistliche Erkenntnis getrunken hat (ὁ νοῦς μὲν πεπωκὼς πνευματικὴν γνῶσιν), wird vollkommen gereinigt. Die Liebe heilt die erhitzten (φλεγμαίνοντα) Teile des Mutwillens. Die Enthaltsamkeit (ἐγκράτεια) aber hält die einfließenden schlechten Begierden auf" (PG 67, 520 C).

---

dicens: (folgt Joh 1,1 als Vollzitat)." Und in Hom I,13 heißt es zu Gen 1,27 (S. 15, Z. 11 ff): „Is autem, qui ‚ad imaginem Dei' factus est, interior homo noster est, invisibilis et incorporalis et incorruptus atque immortalis. In his enim talibus Dei imago rectius intelligitur". Es ist natürlich nicht auszuschließen, daß Serapion diese Zitate von Origenes übernommen hat, doch ist ihre Originalität damit dahin.

[205] 57. Homilie, ed. R. Duval, PO 4,1, Paris 1906, S. 93.

[206] So J. Michl, Art. Protoevangelium I, LThK², Bd. 8, Sp. 832; und vom selben Autor: Der Weibessame (Gen 3,15) in spätjüdischer und frühchristlicher Auffassung, Bib 33, 1952, S. 371–401, 476–505, dort besonders S. 504. Zu Irenäus vgl. z. B. Adversus Haereses IV, 40,3, ed. A. Rousseau, SC 100, Paris 1965, S. 982, zu Cyprian u. a. Ad Quirinum II,9, ed. W. Hartel, CSEL 3,1, Wien 1868, S. 74.

[207] Panarion 78,18,7 f, GCS 37, S. 469.

[208] Vgl. auch Ps.-Hieronymus, Ep. VI ad amicum aegrotum. Dort heißt es zur Genesisstelle: „semina non habent mulieres" (PL 30, 82 D).

Dieses Zitat findet sich tatsächlich in der syrischen Überlieferung des Gnostikos, die als Autor Serapion von Thadmor (also Palmyra) nennt. Hierbei kann es sich aber nur um eine Verschreibung des Städtenamens handeln. ἄγγελος ist im übrigen ein Titel, den Evagrius den Geronten verleiht, die er in der Nitria und den Kellia kennenlernte[209].

Da Evagrius das Fragment auf seine Interessen hin ausgewählt hat — es wirkt ja recht evagrianisch — kann man es nur vorsichtig interpretieren. Im 55. Brief hatte Serapion einen Zusammenhang zwischen dem νοῦς und der ἐγκράτεια hergestellt, ohne aber auf die γνῶσις einzugehen. In Adv. Man. XLV,27—29 führt er die διάθεσις πρὸς τὸν θεόν auf die περιουσία τῆς γνώσεως zurück und in LI,55 spricht er vom φλεγμαίνειν des leidenschaftlich erregten Körpers.

Die gnostische Tendenz des bei Evagrius überlieferten Fragmentes hat sonst bei Serapion keinen Anhalt. Sie ist aber im Bannkreis alexandrinischer Theologie nicht befremdend. Festzuhalten ist in diesem Zusammenhang, daß die ἐγκράτεια ein für Serapion wichtiges Thema war, da sie den Menschen bei seiner Suche nach wahrer Erkenntnis unterstützt, indem sie den νοῦς gegen schlechte Einflüsse wappnet.

V. DER BRIEFWECHSEL MIT APOLLINARIS

Leontius von Byzanz schreibt: „Apollinaris ... brüstet sich damit, daß unzählige Briefe von Athanasius dem Großen und Serapion und den anderen an ihn ergangen seien, die damals leuchtende Sterne und Vorkämpfer der Wahrheit waren. Wenn aber jemand das Ganze in die Hand nimmt, was der bekannte Anhänger des Apollinaris, Timotheus, als Kirchengeschichte zusammenstellt, wird er keinen anderen Skopos dieses Werkes finden als die Empfehlung des Apollinaris, die er aus den unzähligen von ihm und an ihn geschriebenen und zurückgeschriebenen Briefen zusammenhämmert" (PG 86,1, 1377 C).

Tatsächlich war Apollinaris mit vielen seiner Kollegen in einen Briefwechsel eingetreten, der dann aber meist bald die Differenzen zu ihnen offenbar machte. Ein Briefwechsel mit Serapion — und gemeint ist im Zusammenhang mit Athanasius sicher der Bischof von Thmuis — ist daher glaubhaft. Aus den eben zitierten Worten des Leontius muß man über die Tatsache einer solchen Korrespondenz hinaus jedoch schließen, daß Apol-

---

[209] Zum Gnostikos vgl. die Edition von W. Frankenberg, Euagrius Ponticus, AGWG. PH 1912, S. 552. Zu ἄγγελος vgl. Èvagre le Pontique, Traité Pratique ou le Moine II ed. A. et C. Guillaumont, SC 171, Paris 1971, S. 710 (Kap. 100, Z. 5 f). Das semianachoretische Milieu, das Evagrius hier vor Augen hat, ist eine ähnliche Mischform wie das des Ostdeltagebietes (s. u. F. I.). Zu „Engel": Apk 2 f.

linaris und seine Schüler die Briefe nur in ihrem Sinne zitierten und die
Teile wiedergaben, die ihre Argumentation stützten.

Von Apollinaris sind drei Fragmente überliefert, in denen er auf Serapion
Bezug nimmt[210]. Die ersten beiden Texte stammen aus Apollinaris' „Brief
an Serapion"; da der dritte ebenfalls „dem Brief an Serapion" entnommen
ist, könnte es sich um ein und dasselbe Schreiben handeln. Die Äußerungen
des Apollinaris kennen wir nur aus dritter Hand: Unser Gewährsmann
Leontius zitiert selbst schon die Exzerpte anderer. Die ersten beiden
Fragmente hat Leontius einer Schrift des Apollinaris-Schülers Valentin
entnommen, der einige Sätze „des Herrn Apollinaris aus dem Brief an
Serapion" zitiert. Apollinaris hatte darin geschrieben:

— „Ich habe den Brief Deiner Liebe erhalten, Herr, und zu der Sache,
nach der der Überbringer des Briefes fragte, haben wir ihm mit dem
Möglichen geholfen. Den Brief meines Herrn, der nach Korinth geschickt
worden war, haben wir sehr gebilligt; den großen Irrsinn derer aber, die
sagen, das Fleisch sei Gott gleichwesentlich, verurteilen wir."

° (Und wiederum aus demselben Brief)
„Das Fleisch ist göttlich durch Vereinigung mit dem Logos, nicht von
Natur aus. Deshalb hat es in der Vereinigung seinen Bestand, wie er selber
sagt: ‚Der Geist ist es, der' das Fleisch ‚lebendig macht'. Denn es ist gewiß
unmöglich, daß der Körper unkörperlich wird, wie die anderen unsinni-
gerweise sagen."

Aus diesem Brief kann man nur indirekte Schlüsse auf Serapions Ansichten zur Fleischwerdung des Logos ziehen. Immerhin enthält das erste
Teilstück einen Hinweis auf die Datierung: „Der Brief meines Herrn, der
nach Korinth geschickt worden war", ist der Brief des Athanasius an
Epiktet von Korinth, verfaßt etwa im Jahre 370 (Lietzmann S. 12).

Einen kurzen Einblick in Serapions Meinung erhalten wir im dritten
Fragment. Es stammt, so Leontius, aus einem Schreiben des Timotheus
von Berytus an Homonius. Timotheus sagt, er habe auf die Anfrage eines
gewissen Agapius hin ein Exzerpt aus seinem „Tomos über die göttliche
Fleischwerdung" angefertigt, „und wir taten es, indem wir folgendes aus
dem an Serapion geschriebenen Brief entnahmen":

— „Richtig sagst Du also auch selbst: ‚Wir und Christus sind nicht
gleich (οὐκ ἴσον ἡμεῖς καὶ ὁ Χριστός)', aber zu sagen: ‚Uns ist das Fleisch
nicht gleichwesentlich, weil es Gottes Fleisch ist (οὐκ ὁμοούσιος ἡμῖν ἡ
σάρξ ἐπειδὴ θεοῦ σάρξ)', bedarf einer kleinen Präzisierung. Es ist nämlich
besser, zu sagen, daß er ein uns von Natur aus gleichwesentliches Fleisch
annahm, es aber in der Vereinigung als göttlich erwies. Dies sagst Du

---

[210] Ed. H. Lietzmann, Apollinaris von Laodicea und seine Schule, Tübingen 1904, S. 253 f
(Nr. 159—161). Die Fragmente stammen aus Leontius, PG 86,2, 1948 BC, 1960 B.

auch, nämlich: ‚Demgemäß ist es uns nicht gleichwesentlich, weil es Gottes Fleisch ist (κατὰ τοῦτο οὐχ ὁμοούσιος ἡμῖν, ἐπειδὴ θεοῦ σάρξ)‘, aber es müßte wohl präziser eher so gesagt werden, daß von Natur aus das Fleisch uns zwar gleichwesentlich ist, es in der Vereinigung aber göttlich ist und durch die Vereinigung einen Unterschied annimmt.“

Insgesamt erfahren wir über Serapions Überlegungen zur göttlichen Fleischwerdung nur wenig: Er hatte Apollinaris gegenüber die Homousie des Fleisches Christi mit dem unsrigen abgelehnt. Diese von Serapion so prägnant geäußerte Meinung birgt nun aber ein Problem, denn aus der Ablehnung der Homousie des Fleisches Christi mit dem menschlichen ließe sich folgern, daß dann das Fleisch des Logos schon von seinem Ursprung her göttlich sein müsse.

Gegen diese synousiastische Verzeichnung seiner Lehre wehrt sich Apollinaris, indem er eine Differenzierung einführt: φύσει ist das Fleisch des Inkarnierten dem menschlichen gleichwesentlich, ἑνώσει aber ist es von ihm verschieden.

Aus den wenigen Worten Serapions, die uns hier aus dritter Hand überliefert sind, kann man nur eine ungefähre Standortbestimmung für ihn vornehmen. Deutlich ist, daß er nicht auf die synousiastische Seite gehört, denn Apollinaris zieht ihn im ersten Fragment nicht des „Irrsinns“ derer, die die Homousie des Fleisches Christi mit Gott behaupten. Andererseits unterscheidet sich Serapions negativ begründete Definition offensichtlich von der des Athanasius im Brief an Epiktet, dem Apollinaris hier so eilfertig zustimmt. Athanasius hatte in diesem Schreiben die Lehre vom göttlichen Leib des Logos hin und her gewendet und ihre Konsequenzen bis in alle Absurditäten ausgezogen[211].

Hat Serapion in seinen Anschauungen also eine Mittelposition zwischen Athanasius bzw. Apollinaris und den Synousiasten eingenommen? Daß Apollinaris die Aussage seines Korrespondenten mit Hilfe des dynamischen Schemas φύσις-ἕνωσις wohlwollend „präzisiert“, läßt darauf schließen, daß der von ihm bei Serapion konstatierte Mangel gar nicht auf einer Fehlentwicklung, sondern quasi auf einer Unterentwicklung beruht. Serapion war ja prinzipiell, so wie es gegenüber den Arianern bisher gegolten hatte, vom Unterschied zwischen Christus und den Menschen ausgegangen (οὐκ ἴσον ἡμεῖς καὶ ὁ Χριστός). Diese konventionelle Position qualifiziert den Fleischgewordenen primär vom Logos her. Das hatte auch Athanasius in seinen Lehrbriefen an Serapion etwa zehn Jahre zuvor noch betont: Die Menschen untereinander sind ὁμοούσιοι, es gibt aber keine ὁμοιότης

---

[211] PG 26, 1049−1070 (zu beachten ist besonders Kap. 2).

zwischen den Menschen und dem Sohn[212]. Es galt, jeden Anschein einer Geschöpflichkeit Christi, etwa in seiner Leiblichkeit, zu vermeiden — deshalb wird das Fleisch an sich bei solchen Überlegungen nicht thematisiert, es ist kaum mehr als das Organon des Logos, auch in seiner soteriologischen Funktion. Die Ambivalenz des Fleisches, die Apollinaris mit seinem φύσις-ἕνωσις-Schema zu erfassen versucht, ist von Serapion und auch von Athanasius noch nicht problematisiert worden: Auch der Brief an Epiktet geht letztlich an dieser Ambivalenz vorbei.

Was Serapion gegenüber den Manichäern im Sinne einer antidoketischen Christologie über die Leiblichkeit Christi gesagt hatte, mußte er später gegenüber den Arianern umformulieren und, wohl durch ein Logos-Sarx-Schema, besser erklären. An dieser zweiten antihäretischen Front wird er seine Christologie unter Belehrung durch Athanasius weiter ausgebildet haben. Der Endpunkt dieser Entwicklung ist die Korrespondenz mit Apollinaris, in der es wieder darauf ankam, die von einer neuen Fragestellung überforderten Axiome in sachgerechter Weise neu zu formulieren.

Ob Serapion diese Transformation gelang, wissen wir nicht — die Korrespondenz mit Apollinaris ist das letzte Lebenszeichen Serapions.

---

[212] Brief II,3, PG 26, 612 B. In Oratio contra Arianos I,61 (PG 26, 277 A) hatte Athanasius den Sohn immerhin noch als ὅμοιος κατὰ τὸ σῶμα mit den Menschen bezeichnet, wie ja auch Serapion Jesu Körper in seiner Sterblichkeit und Geschaffenheit als dem unsrigen ὅμοιος angesehen hatte (Adv. Man. LIII,26).

D. UNECHTES

I. DIE EPISTULA AD MONACHOS

1. Die bisherige Beurteilung

Der Brief an die Mönche, ediert in PG 40, 925—941, ist bisher allgemein als ein Hauptwerk des Serapion von Thmuis angesehen worden. Das Schreiben fügte sich nahtlos ein in das Bild vom ehemaligen Mönchsvater Serapion, und man meinte auch Parallelen zu seinen sonstigen Werken finden zu können, wenn diese auch eher vereinzelt waren und sich zudem etliche Differenzen feststellen ließen[213]. Vor einigen Jahren ist der Text auch ins Französische übersetzt und erstmals einführend interpretiert worden[214].

Drei Punkte unseres Schreibens sind neben der Überschrift (sie nennt als Autor „Bischof Serapion") immer wieder herausgegriffen und als Argumente für die Zuschreibung an Serapion von Thmuis angeführt worden:

1. Die Adressaten leben anscheinend in der Nähe des Bischofs von Thmuis: „Selig also die Stadt der Alexandriner, die euch als Fürbitter hat" (Kap. 4, 929 B). In Kap. 3 wird dann noch auf den Nil angespielt.
2. In Kap. 11 wird der Kampf der Mönche für die ὁμοούσιος τριάς gerühmt (936 f). Damit war das Schlagwort gefunden, der Gebrauch des ὁμοούσιος für Serapion nachgewiesen. Daß der Begriff hier überhaupt nur nebenbei fällt, wurde zwar registriert (z. B. von Casey, Edition S. 14), die Stelle wurde aber ohne Bedenken zur Datierung des Briefes herangezogen: Er mußte nach den Lehrbriefen des Athanasius

---

[213] Zu dieser Schrift haben sich geäußert: R. P. Casey in der Einleitung zur Edition des Manichäertraktates, S. 13—15 (er sieht im Brief Parallelen zu diesem Werk); R. Draguet in seiner Publikation zum Brief an die Antoniusschüler, S. 23 f (s. Anm. 157, er stellt ebenfalls Parallelen zu dem von ihm herausgegebenen Text fest) und M. Tetz, Athanasius und die Vita Antonii, ZNW 73, 1982, S. 16—19 (er datiert den Brief aufgrund der Aussage in Kap. 13 „Welcher König vergangener oder auch jetziger Zeiten ... wünschte nicht, euch kennenzulernen" vor die religionspolitischen Maßnahmen Julians und nach dem Brief an die Antoniusschüler bzw. die Lehrbriefe des Athanasius an Serapion). Vgl. auch die jüngste Äußerung von Tetz dazu in ZNW 79, 1988 (Ein enzyklisches Schreiben der Synode von Alexandrien), S. 276 f.

[214] C.-A. Zirnheld in: Lettres des Pères du Désert, Spiritualité Orientale 42, Abbaye de Bellefontaine 1985, S. 115—147. Sie stellt im Brief auch ein Gliederungsschema fest (s. u. Anm. 217).

an Serapion, in denen das ὁμοούσιος Verwendung findet, geschrieben sein.

3. In Kap. 13 ist eine schriftliche Vita Antonii vorausgesetzt (940 A), ebenso sind drei andere ägyptische Anachoreten genannt. Daraus wurde auf unmittelbare Zeitgenossenschaft des Autors geschlossen.

Alle diese Argumente beruhen auf einem Zirkelschluß: Sie setzen Serapion von Thmuis immer schon als Autor voraus, ohne daß sie jemals auf ihre innere Stringenz hin überprüft worden wären. Die aber ist durchaus zweifelhaft.

2. Innere Kriterien gegen die Echtheit

An der Echtheit des Schreibens war nie gezweifelt worden. Schon A. Mai aber hatte im Vorwort zu seiner Edition einer Kritik vorgegriffen, die das Fehlen des Städtenamens Thmuis in der Überschrift hätte anmerken können (es ist ja nur von „Bischof Serapion" die Rede). Mai hatte auch schon die für die Beurteilung der Echtheitsfrage wichtigste Passage hervorgehoben: Serapion müsse ein Zeitgenosse von Antonius, Amun, Johannes und Makarius gewesen sein (Kap. 13, 940 AB).

Diese von Mai als Beweis für die Echtheit herangezogene Textstelle soll hier nun näher untersucht werden. Ich gebe den Abschnitt nach derjenigen Handschrift wieder, die auch Mai für seine Edition benutzt hat, nämlich Codex Vaticanus Graecus 439 (fol. 73 r, entspricht PG 40, 940 AB). Außerdem gebe ich als Anmerkungen die Varianten der Handschrift wieder, die als zweite unseren Text enthält, nämlich Codex Mosquensis S. Synodi 128 (Vlad. 159), fol. 152 r. Dieser Codex wird bei der Besprechung der äußeren Kriterien noch eine Rolle spielen. Für die Überlassung der Handschriftenkopien des Mosquensis und die Beratung hinsichtlich der äußeren Qualität des Textes bin ich Prof. Joseph Paramelle in Paris zu Dank verpflichtet. Er hatte aufgrund dieser zweiten Handschrift als erster seine Zweifel an der Zuschreibung des Textes an Serapion von Thmuis geäußert[215].

Die zur Debatte stehende Passage lautet:

ἐξ ὑμῶν ἀββᾶ[1] Ἀντόνιος[2] δι'[3] ἀκρότατον βίον γενόμενος· οὗ καὶ ὁ βίος ἔγγραπτος[4] παρ' ὑμῖν[5] διασώζεται[6]. ἔτι τε[7] καὶ ἀββᾶ[8] Ἀμοῦν· καὶ ἀββᾶ[9] Ἰωάννης· καὶ ἀββᾶ[10] Μακάριος· οἳ[11] καθ' ὑπερβολὴν ἐναρέτως διέλαμψαν.

1 ὁ ἀββᾶς. 2 (sic! Mai corr: Ἀντόνιος) Ἀντώνιος ὁ περιώνυμος. 3 διά. 4 ἔγγραφος. 5 add μέχρι καὶ νῦν. 6 σώζεται. 7 δέ. 8 (sic! Mai: ὁ ἀββᾶ) om. 9 ἀββᾶς. 10 om. 11 καὶ ἕτεροι πολλοί.

---

[215] S. u.: Äußere Kriterien. M. Geerard (CPG Bd. 2, Turnhout 1974, Nr. 2487) nimmt auf einen entsprechenden Privatbrief von J. Paramelle Bezug.

Wichtig für die Interpretation der Passage ist ihre Wiederaufnahme am
Anfang von Kap. 14 (940 B), wo es im Vaticanus heißt (darunter wieder
die Varianten des Mosquensis und Mais Verschreibungen):

ὑμεῖς γὰρ αὐτοῖς καὶ συνδιετρίψατε[12] καὶ οἱ πατέρες[13] ἡμῶν[14].

12 (sic! Mai: συνδιατρίψατε) συνανεστράφητε καὶ συνδιετρίψατε. 13 (in
Vat. schlecht lesbar) πρεσβύτεροι. 14 (sic! Mai: ὑμῶν) ὑμῶν.

Die Moskauer Handschrift bietet also die Variante »ὁ ἀββᾶς Ἀντώνιος
ὁ περιώνυμος ... οὗ καὶ ὁ βίος ἔγγραφος παρ᾽ ὑμῖν μέχρι καὶ νῦν σώζεται«.
Nun könnten περιώνυμος bzw. μέχρι καὶ νῦν spätere Glossen sein, gerade
der zweite Zusatz aber formuliert nur aus, was der Satz an sich impliziert:
Die Vita Antonii, von der hier die Rede ist, ist keine Neuerscheinung
mehr, sie hat schon eine gewisse Tradition, sie „wird aufbewahrt". Es geht
hier also auch nicht um eine Vorfassung, die etwa von Serapion von
Thmuis erstellt worden wäre[216]. Von der Vita wird zu distanziert gesprochen, als daß der Autor unseres Schreibens räumlich oder zeitlich etwas
mit ihrer Abfassung zu tun haben könnte.

Noch schwerer wiegt, daß der Text auch aus anderen Gründen gar nicht
in der Lebenszeit des Serapion von Thmuis verfaßt worden sein kann.
Aus der Fortsetzung der auf die Vita Antonii anspielenden Passage ist
nämlich klar zu erkennen, daß die Adressaten und sogar schon ihre
Vorfahren zwar Zeitgenossen von Antonius, Amun, Johannes und Makarius waren, die genannten Väter jetzt aber keine aktuelle Bedeutung
mehr haben. Von ihnen wird ganz summarisch gesprochen, es gibt keinen
Hinweis darauf, daß einer von ihnen noch leben könnte. Antonius, mit
dem die drei anderen in einem Atemzug genannt werden, muß schon der
Erwähnung der Vita wegen bereits tot sein. Amun starb einige Jahre vor
ihm. Johannes kann entweder der von Lycopolis oder der „Kolobos" sein.
Johannes von Lycopolis ist der frühere, aber auch er starb erst 394 oder
etwas später. Macarii gab es wiederum zwei berühmtere, Makarius der
Ägypter starb 390.

Das letzte Zeugnis für Serapions Existenz aber ist der Briefwechsel mit
Apollinaris um 370. Selbst wenn man Serapion eine antonianische Le-
bensspanne zumessen wollte oder die erwähnten Väter für doch noch am
Leben hielte: Wie ist es zu erklären, daß ein so beteiligter Beobachter der
ägyptischen Szene wie Serapion von Thmuis nicht mehr über Antonius,
Amun, Johannes und Makarius mitzuteilen wußte? Der Autor unseres
Schreibens kennt gerade einmal die Namen der alten Heroen, ohne wirklich
etwas aus ihrem Leben berichten zu können. Er weiß auch nicht mehr die

---

[216] Tetz (s. Anm. 213), S. 19: „... kann man die Frage stellen, ob er (sc. Serapion) nicht
womöglich mit einer schriftlichen enkomiastischen Würdigung auch des Antonius schon
zu dessen Lebzeiten begonnen hat. Das muß hier offenbleiben".

beiden ägyptischen Macarii zu differenzieren. Serapion hätte auf jeden Fall mehr über Antonius zu sagen gewußt, wie man an seinem kurzen Brief an dessen Nachfolger beobachten kann.

Gerade gegenüber diesem Brief zeigt sich, wie fern der „Brief an die Mönche" der Realität der Zeit und Umgebung Serapions ist. Die „Epistula" ist ja gar kein Brief, sondern ein an manchen Stellen überladenes Enkomium. Die Anachoreten — um solche soll es anscheinend gehen — sind nicht mehr von den Fährnissen betroffen, von denen z. B. die Apophthegmata oder auch die Antoniusbriefe berichten. Wir haben es auch nicht mit der Gattung Hagiographie zu tun, wie sie in der Vita Antonii, der Historia Lausiaca oder anderen relativ authentischen Mönchsgeschichten dieser Zeit vorliegt. Unser Enkomium sieht die Adressaten schon ganz im Himmlischen; sie haben das Ideal der Vita angelica erreicht, ihr Vollkommenheitsstreben ist ganz ungebrochen (Kap. 7 f, 932 D, 933 BC). Der belehrende und mahnende Ton, der sonst in diesem literarischen Umfeld angeschlagen wird (auch Serapion warnte in Brief 55 den Enkratiten vor dem ὄχλος) klingt nur im letzten Kapitel an, in dem die doch angeblich Vollkommenen vor Ermüdung gewarnt werden. Auch hier fehlt aber jeder konkrete Hinweis auf Mißstände. Das „Gedächtnis der Gerechten mit Lobpreisungen", das gemäß Prov 10,7 in unserem Text erklang (940 D), endet mit der allgemeinen Mahnung, auszuharren bis ans Ende (941 B).

Die Adressaten und ihre Lebensweise bleiben also im Dunkeln. Die Beschreibung des anachoretischen Lebens als eines entsagungsvollen und vollkommenen christlichen Daseins und die Rede von der Bedeutung der Angesprochenen für das Heil Ägyptens und der Welt wirken stereotyp und wie vom Hörensagen. Entsprechend werden auch von Antonius, Amun, Johannes und Makarius nur ihre Wunderheilungen hervorgehoben[217].

Worauf es dem Autor wirklich ankommt, ist die Kennzeichnung des Lebens der Anachoreten als eines vollendeten Gegenentwurfes zum unruhigen Leben in der Stadt. Immer wieder wird aufgeführt, was die Gepriesenen hinter sich gelassen haben. Sie sind von allem befreit, was das bürgerliche Leben von der christlichen Vervollkommnung abhält, kurz gesagt: von den privaten und beruflichen Sorgen, von verwandtschaftlichen Verpflichtungen, von Ehe und luxuriösen Ausschweifungen — vor

---

[217] Nach dem von Zirnheld aufgestellten Gliederungsschema (s. Anm. 214, S. 121 f) wird dreimal ein Grundschema (Eloge-Interzession-Vergleich) vorgebracht. Beim Vergleich sind immer jeweils vier Personen aufgeführt: I. Elia, Hiob, Mose, Abraham (929 B–932 A), II. Johannes der Täufer, Hiob, Abraham, David (937 BC), III. die vier Wüstenväter. Diese sind letztlich nur Illustrationsmaterial und treten hinter die biblischen Personen zurück, wie überhaupt der ganze „Brief" versucht, die Adressaten und ihr Leben im Lichte der biblischen Weisungen zu sehen und zu stilisieren.

allem aber von dem Zugriff der Obrigkeit (Kap. 2) und der Auspressung durch die Steuerpflicht in öffentlichen Ämtern (Kap. 7). Die anachoretisch Lebenden werden dafür gepriesen, daß sie dem spätantiken Zwangsstaat entkommen sind. Der Autor hat dabei besonders die Kurialen im Blick, die durch die Steuerpflicht in „staatlichen oder städtischen Ämtern" (Kap. 7, 933 A) in den Ruin getrieben wurden.

Der Text gehört also noch in die Zeit der Spätantike, aber wegen der Todesdaten der Väter nicht ins 4., sondern eher ins 5. Jhd. Aufgrund der geographischen Angaben und der genannten ägyptischen Väter könnte man den Autor in Ägypten orten; er mag tatsächlich ein Bischof mit Namen Serapion gewesen sein — etwa der Verfasser der Vita Iohannis Baptistae (s. u. VI)? Was er an Realia mitteilt, ist aber so oberflächlich, daß es auch von einem Nichtägypter fingiert sein könnte. Wie wir sehen werden, wird die Zuschreibung an einen Serapion von der Moskauer Handschrift auch nicht gestützt.

3. Äußere Kriterien gegen die Echtheit

Der Codex Mosquensis S. Synodi 128 (Vlad. 159) gibt sich als eine Sammlung von Homilien des Chrysostomus, von dem auch unser Text stammen soll: »τοῦ αὐτοῦ λόγος πρὸς μονάζοντας Αἰγύπτου« (fol. 148 v, der Text reicht bis 152 v). Von den 76 wiedergegebenen Homilien sind etliche aber nicht von Chrysostomus, mehr als die Hälfte ist apokryph, acht stammen von Severian von Gabala. Die Handschrift entstand im 11. Jhd.[218].

Der Anfang unseres Textes fehlt in der Moskauer Handschrift, sie setzt erst bei PG 40, 929, Z. 11 ein (inc. ταῖς ὑμετέραις ἱκεσίαις). Der fehlende Text entspricht etwa einem Blatt. Ist es verlorengegangen oder samt der Zuschreibung an Serapion einmal ausgelassen worden, so daß der Text unter die Chrysostomica eingereiht werden konnte? Die Handschrift bietet unseren Text sonst vollständig, aber mit vielen Varianten, wofür die oben wiedergegebene Passage ein kleines Beispiel ist.

Da es keine Anzeichen für Chrysostomus als den Autor gibt, wird man den Text von der Moskauer Handschrift aus gesehen als anonym betrachten müssen. Es spricht im übrigen nichts für eine nahe Verwandtschaft unserer beiden Handschriften; die Lesarten und die Überlieferungszusammenhänge sind zu verschieden.

Der Vaticanus Graecus 439 (11. Jhd.[219]) wiederum, aus dem Mais Edition stammt, ist eigentlich eine Sammlung von Schriften Ephräms, in die aber

---

[218] Nach M. Aubineau, Un traité inédit de christologie de Sévérien de Gabala (Cahiers d'Orientalisme 5), Genf 1983, S. 25—28.

[219] Diese und die folgenden Angaben stammen aus R. Devreesse, Codices Vaticani Graeci (Cod. 330—603), Rom 1937, zu Cod. 439.

Texte anderer Autoren eingeschoben sind: Zum ersten unser Text
(fol. 66 v — 74), zweitens ein Brief des Abba Isaias (fol. 74—75), drittens
der Brief des Nilus πρὸς Ἀχίλλιον διάκονον (fol. 75—75 v), viertens die
Abhandlung des Abba Markianus De Panoplia Monachi (fol. 75 v—78),
fünftens ein Schreiben ἐκ τῆς διδασκαλείας τῆς πρὸς τοὺς Ἱεροσολυμίτας
Ἰωάννου τοῦ βλέποντος (fol. 78—78 v). Diese eingeschobenen Texte weisen also ins 5. Jhd.

Bemerkenswert ist ferner, worauf mich Prof. J. Paramelle aufmerksam
gemacht hat, daß dieser Codex einen Zwilling im British Museum hat. Es
handelt sich hierbei um Add. 28.825 aus dem 12. Jhd. Die Handschrift
enthält alle die angeführten Werke — mit einer Ausnahme: Der Brief des
Serapion fehlt[220]. Er war also nicht fester Bestandteil einer älteren Sammlung, denn der Kopist des Londoner Codex hätte das Werk des Antonius-
und Athanasiusfreundes Serapion kaum unterschlagen.

Von der Handschriftenüberlieferung her ist unser „Brief" also dubioser
Herkunft. Eine Zuschreibung an Serapion von Thmuis kommt jedenfalls
schon aus inhaltlichen Gründen nicht mehr in Frage.

II. DAS EUCHOLOGIUM

Die am Ende des 19. Jhd. in einer Athos-Handschrift (Lawra 149)
entdeckte Sammlung von 30 Gebeten, in der Literatur meist als „Euchologium" bezeichnet, ist bis zum Jahre 1964 immer wieder als das bedeutendste Werk Serapions von Thmuis angesehen worden. Die Person und
das übrige Werk Serapions haben in der Sekundärliteratur aber nie mehr
als eine oberflächliche Berücksichtigung gefunden. Da die Gebete als
unvergleichbar mit anderen Gattungen theologischer Literatur galten,
bewegte sich die Argumentation wie im Falle der Epistula ad Monachos
im Kreis: Serapion, dessen Name über zweien der Gebete steht, wurde als
Autor oder Redaktor aller 30 Gebete vorausgesetzt — also waren diese
ein Zeugnis rechtgläubiger Liturgie und somit der wichtigste Beleg für
Serapions Wirken. Abweichungen von der Normaltheologie der Zeit
Serapions wurden als im Rahmen von Gebeten verständliche Archaismen
identifiziert.

Die von den Gebeten aufgegebene Problemstellung läßt sich sehr gut anhand einer kurzen Geschichte der Sekundärliteratur nachzeichnen (Abschnitt
1 und 2), im Anschluß daran stelle ich meine Lösung dar (3 und 4).

---

[220] Catalogue of Additions to the Manuscripts in the British Museum 1854—1875, London
1877.

1. Von der Entdeckung des Textes bis Bernard Botte

Der Text wurde im Jahre 1894 erstmals von A. Dmitrijewskij ediert[221], 1898 erschien unabhängig davon die Edition von Georg Wobbermin[222]. Die Gebete haben Überschriften, und da über dem 1. Gebet „Bischof Sarapion" und über dem 15. „Sarapion, Bischof von Thmuis" genannt ist, wiesen in der Folgezeit viele Gelehrte alle 30 Gebete Sarapion von Thmuis zu[223]. Wobbermin selbst hatte zwischen Autor und Redaktor unterschieden: Sarapion sei nur der Endredaktor des 1. und 15. Gebetes, eine personifizierte Autorschaft sei bei Gebeten gar nicht nachweisbar (S. 31). Die ganze, in sich geschlossene Sammlung wiederum sei nicht Sarapion, sondern „der Zeit und der Gegend des Serapion zuzuschreiben" (S. 34).

Mit Wobbermin beginnt die lange Reihe der Versuche, aus den 30 Gebeten eine liturgische Ordnung zu rekonstruieren. Darauf muß hier nicht eingegangen werden, ebensowenig auf die Frage nach der richtigen Reihenfolge der Gebete. Diese Forschungsansätze sind von dem Versuch bestimmt gewesen, das Euchologium mit vergleichbaren liturgischen Texten zu parallelisieren.

Konzentrieren wir uns auf die Frage der Zuschreibung an Serapion: John Wordsworth war an den Schlußdoxologien der Gebete ihre „archaische" Form aufgefallen, die pneumatomachischen Interpretationen offen war[224]. Eine ähnliche Beobachtung machte Frank Edward Brightman, der deswegen die Mitte des 4. Jhd. als obere Grenze für die Abfassung festlegte, da er den Inhalt der Gebete für orthodox hielt[225].

---

[221] A. Dmitrijewskij, Ein Euchologium aus dem IV. Jahrhundert von Serapion, Bischof von Thmuis, in: Trudy, Kievskoja duchovnoja akademija 2, Kiew 1894, S. 242—274. Dmitrijewskij hat in der Einleitung zu seiner Edition viele Serapion betreffende Quellen bearbeitet, ohne sie allerdings mit dem Euchologium in einen vergleichenden Zusammenhang zu bringen. Die Bezeichnung Euchologium wählte Dmitrijewskij, weil der Inhalt der Gebete dem des griechischen Liturgiebuches entspricht (S. 251). Ich danke an dieser Stelle Frau Petra Kochendörfer, Bonn, für eine Einführung in den russischen Text.

[222] G. Wobbermin, Altchristliche liturgische Stücke aus der Kirche Aegyptens, TU 17 (= NF 2), 3b, Leipzig 1898.

[223] Ich zitiere die Gebete nach der Numerierung Wobbermins, der in seiner Edition die in der Handschrift vorgegebene Reihenfolge beibehalten hat. Seit der Edition von Brightman (s. u. Anm. 225) werden die Gebete oft auch nach einer anderen Reihenfolge zitiert. Die Zählweisen konkurrieren in der Sekundärliteratur und auch in den Übersetzungen miteinander.

[224] J. Wordsworth, Bishop Sarapion's Prayer-Book. An Egyptian Sacramentary dated probably about A. D. 350—356, ²1923 (Nachdruck Hamden/Conn. 1964), S. 17 f. Wordsworth hatte die Doxologien dann doch im orthodoxen Sinne zu interpretieren versucht (S. 19). Für ihn stand fest, daß das Euchologium von Serapion zusammengestellt worden war (S. 8), und zwar zwischen 350 und 356 (S. 13).

[225] F. E. Brightman, The Sacramentary of Serapion of Thmuis, JThS 1, 1900, S. 88—113,

Brightman ging auf die Frage nach der Autorschaft Serapions insofern
genauer ein, als er die Überschrift über dem 15. Gebet diskutierte. Hier
heißt es: »προσευχ (sic) Σαραπίωνος ἐπισκόπου θμούεως – εὐχὴ εἰς τὸ
ἄλειμμα τῶν βαπτιζομένων«. Brightman las die Abkürzung als Plural und
bezog προσευχαί mindestens auf die Gebete 15–18 (S. 90), denn diese
erschienen ihm als eine eigene Gruppe mit spezifischen Merkmalen (S. 276).
Welche Rolle Serapion bei der Abfassung konkret gespielt haben mochte,
ließ Brightman im unklaren; der Name galt ihm eher „as a symbol of the
date and provenance of the prayers" (S. 91).

Paul Drews wiederum hielt die Gebete 15–17 für eine eigenständige,
serapionische Gruppe[226]. Die Zuschreibung einzelner Gebete an Serapion
aber lasse nicht auf den Verfasser oder Redaktor der ganzen Sammlung
schließen. Drews unterschied zwischen der Entstehungszeit der Gebete
und der der Sammlung: Die Sammlung könne das gelehrte Werk des
Kopisten im 11. Jhd. sein, der Teilsammlungen wie 15–17 zusammengestellt habe (S. 415–417). Doch auch Drews brachte Serapion unver-
mittelt mit allen Gebeten in Verbindung: Diese sollen z. T. schon im 3.
Jhd. entstanden sein; Serapion habe sie dann benutzt, seine eigene Hand
sei aber nur im 1. Gebet (der Anaphora) und in der Gruppe 15–17
erkennbar (S. 438). In der Anaphora versuchte Drews traditionelle und
serapionische Partien zu scheiden (S. 305–328).

In der Folgezeit richtete sich die Aufmerksamkeit dann auf diese Anaphora. Anton Baumstark knüpfte an Drews an und thematisierte „Die
Anaphora von Thmuis und ihre Ueberarbeitung durch den hl. Serapion"[227]. Theodor Schermann[228] und Hans Lietzmann[229] arbeiteten mit
unterschiedlichen Ergebnissen weiter daran, ebenso Bernard Capelle, der
aber vor weiterreichenden liturgiegeschichtlichen Schlüssen warnte, da die
Komposition Serapions sehr persönlich geprägt sei[230]. Eine weitere Arbeit
zu diesem Thema stammt von Klaus Gamber[231].

247–277 (91 f). Die Doxologien („a form which was long in use", S. 92) seien später
arianischer Auslegung offen gewesen.

[226] P. Drews, Über Wobbermins „Altchristliche liturgische Stücke aus der Kirche Ägyptens",
ZKG 20, 1900, S. 291–328, 415–441 (hier 300–302).

[227] RQ 18, 1904, S. 123–142.

[228] Th. Schermann, Ägyptische Abendmahlsliturgien des ersten Jahrtausends, Paderborn
1912, S. 100–114.

[229] H. Lietzmann, Messe und Herrenmahl, Bonn 1926, S. 186–197.

[230] B. Capelle, L'Anaphore de Sérapion, essai d'exégèse, Muséon 59, 1946, S. 425–443 (vgl.
S. 438).

[231] K. Gamber, Die Serapion-Anaphora ihrem ältesten Bestand nach untersucht, OstKSt 16,
1967, S. 33–42. Man kann in diesem Zusammenhang auch noch auf E. Mazza hinweisen,
der nach B. Bottes Aufsatz (s. u.) „Pseudo-Serapion" zum Redaktor der Anaphora
erklärte: L'Anafora di Serapione: una ipotesi di interpretazione, EL 95, 1981, S. 510–528.

Die ganze Sammlung wurde erst wieder von Panteleimon E. Rodopoulos bearbeitet[232]. Für ihn war Serapion Verfasser aller Gebete (Theol[A] 28, 1957, S. 260, s. u. Anm.). Er sah aufgrund des von Casey erhobenen Vokabulars Parallelen zum Manichäertraktat (S. 261—263) und meinte, eine gemeinsame Autorschaft für den Traktat und das Euchologium erhärten zu können — wobei er die Differenzen zwischen den beiden Werken nur sehr pauschal mit den unterschiedlichen Umständen ihrer Abfassung erklärte (S. 263). Die Sammlung sei, so Rodopoulos weiter, trotz der für arianische Interpretationen offenen Doxologien antiarianisch, denn sie betone die wechselseitige Kenntnis von Vater und Sohn, und sie sei vor den pneumatologischen Unterweisungen Serapions durch Athanasius entstanden (S. 269). Serapion habe traditionelles Material bearbeitet und ihm seinen persönlichen Stempel aufgedrückt (S. 433). Den Gebeten fehle zwar die nicänische Terminologie, sie hätten aber eine „antiarianische Atmosphäre" (Theol[A] 29, 1958, S. 208 f, s. Anm. 232).

2. Bernard Botte und die folgende Kontroverse

Im Jahre 1964 erschien ein kurzer Aufsatz von Bernard Botte, der die Frage stellte: „L'Eucologe de Sérapion est-il authentique?"[233]. Botte wies darauf hin, daß nur die Gebete 1 und 15 Serapion zugeschrieben seien und daß die Zuschreibung der Anaphora an Serapion nicht die der ganzen Sammlung an ihn begründe (S. 50 f). Botte kehrte die bisherigen Argumentationslinien auch für die inneren Kriterien um: Der Autor der Gebete sei ein Arianer bzw. Pneumatomache, denn die vormals konstatierte Abweichung der dogmatischen Formeln von der zeitgenössischen Normaltheologie sei kein Archaismus. Zu fragen sei dabei gerade nach dem, was nicht gesagt werde (S. 51).

Botte nannte folgende Einzelargumente: Wenn nur der Vater ἀγένητος, der Sohn aber γεννητός genannt werde, entspreche dies dem arianischen Verständnis: γεννητός gleich γενητός (S. 52). Wenn der Vater in der Anaphora „jeder gewordenen Hypostase" gegenübergestellt werde, seien hierin auch die anderen göttlichen Hypostasen inbegriffen. Eine Tendenz zur Subordination sei zu beobachten (S. 53). Der Geist werde ohne Artikel und nur θεῖον genannt (S. 53), statt seiner wirke in Taufwasser und Salböl der Logos. In der Anaphora werde dieser statt des Geistes herabgefleht (S. 54 f).

---

[232] P. E. Rodopoulos, The Sacramentary of Serapion, Theol(A) 28, 1957, S. 252—275, 420—439, 578—591; 29, 1958, S. 45—54, 208—217. Einen Auszug veröffentlichte Rodopoulos in GOTR (Brookline/Mass.) 9, 1963/1964, S. 201—214 (Titel: Doctrinal Teaching in the Sacramentary of Serapion of Thmuis, entspricht im wesentlichen dem letzten Teil der in ΘΕΟΛΟΓΙΑ erschienenen Arbeit).

[233] OrChr 48, 1964, S. 50—56.

Die Schlußfolgerung Bottes war, daß der Antiarianer Serapion von Thmuis nicht mehr als Verfasser oder Redaktor der Gebete in Frage kam. Wie die Gebete aber theologisch genau einzuordnen seien, blieb durch die Intervention Geoffrey John Cumings in der Folge weiter umstritten. Cuming versuchte wieder, die Autorschaft Serapions für alle Gebete nachzuweisen[234], indem er wie schon etliche vor ihm die Gebete umstellte: Der mit Gebet 15 beginnende Teil gehöre vor die Gebete 1–14, die Sammlung habe mit der Überschrift begonnen: προσευχαὶ Σαραπίωνος ἐπισκόπου θμούεως. Der Abschreiber habe sich geirrt, er habe ursprünglich den Titel der Anaphora für den der ganzen Sammlung gehalten und die Anaphora an den Anfang gesetzt. Als er seinen Irrtum bemerkt habe, habe er unter das letzte Gebet die Anmerkung geschrieben: „Alle diese Gebete werden ausgeführt vor dem Gebet der Darbringung" (S. 570). Nach Cuming besteht die Sammlung aus überarbeiteten Teilsammlungen. Die von Botte kritisierte Epiklese des Logos hält Cuming wieder für orthodox: Athanasius habe in seinen Lehrbriefen an Serapion λόγος und πνεῦμα gleichgesetzt (S. 573)[235]. ἀγένητος sei nur eine Verschreibung von ἀγέννητος und somit unproblematisch (S. 574). Die Sammlung sei demnach tatsächlich das Werk des Serapion von Thmuis (S. 575).

Direkt von Botte angeregt ist die Dissertation von Michel-Dieudonné Dufrasne[236]. Seine Hauptargumente gehen auf die von Botte genannten zurück:

1. Nur der Vater ist ἀγένητος, der Sohn ihm gegenüber μονογενής und γεννητός, was die Arianer als γενητός verstehen[237]. Der Vater ist jeder Hypostase unbekannt, also auch den anderen göttlichen; er ist allein die „Quelle" von Licht, Leben, Gnade und Wahrheit (Dufrasne, Les Tendances, Bd. II[238]/S. 6–18).

---

[234] G. J. Cuming, Thmuis Revisited: Another Look at the Prayers of Bishop Sarapion, TS 41, 1980, S. 568–575.

[235] Dies ist für sich betrachtet ein wichtiges Argument, das Bottes und Dufrasnes (s. u.) kritische Sicht der Pneumatologie des Euchologiums relativiert: Man kann die Äquivalenz der beiden Begriffe tatsächlich im Euchologium beobachten (vgl. Anm. 243). Andererseits setzt Cuming die Lehrbriefe des Athanasius voraus, ohne zu erklären, warum die Gebete sonst eine recht indifferente Pneumatologie enthalten. Charakteristisch für die Lage der Forschung ist im übrigen, daß Dufrasne durch das Studium der Athanasius-Briefe zu dem genau entgegengesetzten Ergebnis kommt (s. z. B. unten Anm. 241).

[236] M.-D. Dufrasne, Les Tendances ariennes et pneumatomaques de l'Eucologe du Pseudo-Sérapion, Louvain-la-Neuve 1981, 3 Bde. (Diss. masch., Signatur LV 22 032).

[237] Wie willkürlich das Argument der Verlesung des -γεν(ν)η- ist, zeigt die Gegenüberstellung mit Cuming, der ja gerade umgekehrt argumentiert (Cuming S. 574, s. o. im Text).

[238] Bd. I der Arbeit von Dufrasne enthält den griechischen Text der Edition von F. X. Funk (Didascalia et Constitutiones Apostolorum, Bd. 2, Paderborn 1905, S. 158–203), eine Übersetzung und einen Konkordanz-Index. Bd. III enthält eine breit ausgeführte, in vielem ab ovo ausgehende theologiegeschichtliche Analyse, deren Ergebnisse in Bd. II („Synthèse de l'argumentation") gebündelt zu finden sind.

2. Der Geist wird ohne Artikel genannt (Bd. II/S. 19—24).

3. Die in der Anaphora genannten zwei Seraphim sind nach Origenes der Sohn und der Geist, die anbetend vor dem Vater stehen. Diese Vorstellung wurde von den Arianern und Pneumatomachen aufgenommen (Bd. II/S. 25—29).

4. Die zweite Epiklese der Anaphora richtet sich an den Logos, nicht an den Geist. Die erste ruft eine δύναμις, und dies ist pneumatomachischer Sprachgebrauch für den Geist (Bd. II/S. 30—36).

Dufrasne bearbeitete primär die Anaphora. Da er die Sammlung für eine Einheit hält (Bd. II/S. 42—45), überträgt er die Ergebnisse auf alle Gebete: Serapion war nicht der Endredaktor; der Autor ist Arianer und Pneumatomache; er gehört ins Ägypten der 2. Hälfte des 4. Jhd.; die Anaphora ist ein bedeutendes Zeugnis für die liturgische Praxis im 4. Jhd. (Bd. II/S. 46—51). Die Nennung Serapions in den Überschriften geht womöglich erst auf den Abschreiber des 11. Jhd. zurück (Bd. III/S. 36).

3. Problemstand und Weiterführung

Der in der Sekundärliteratur formulierte Erkenntnisstand ist durchaus nicht eindeutig: Die theologiegeschichtliche Einordnung der Gebete ist von Prämissen abhängig, deretwegen die inneren Kriterien für die Analyse nicht präzise bestimmt werden können.

Was die äußeren Kriterien angeht, wird man sich ganz positivistisch zuerst einmal Botte anschließen können, der sich am Anfang seines Aufsatzes mit ihnen auseinandergesetzt hatte, indem er die Grundfrage stellte: Was besagt die Nennung des Namens Serapion über dem 1. und 15. Gebet (S. 51)? Die Sammlung hat keinen Titel, die Gebete haben zwar Überschriften, nennen aber außer Serapion keine Namen. Für Serapion ließen sich also grundsätzlich nur das 1. Gebet (εὐχὴ προσφόρου Σαραπίωνος ἐπισκόπου) und das 15. (προσευχ Σαραπίωνος ἐπισκόπου θμούεως – εὐχὴ εἰς τὸ ἄλειμμα τῶν βαπτιζομένων) in Anspruch nehmen. Nach Belieben kann dann προσευχ auch auf weitere Gebete bezogen werden.

Dies ist der Befund; wer wie Cuming dem Problem durch Umstellungen entgehen will, löst es damit nicht, denn dann ist immer noch nicht klar, was die Gebete theologisch mit Serapion zu tun haben. Gewiß: Der Schlußsatz der Sammlung („Alle diese Gebete werden ausgeführt vor dem Gebet der Darbringung" – also vor dem 1. Gebet) könnte sich auf die über Gebet 15 angekündigten προσευχ(αί) beziehen, doch bleibt die eigene Überschrift über dem 1. Gebet eine Crux, denn hier ist nur eine προσευχή Serapions angekündigt.

Von den äußeren Kriterien her sind somit etliche Rätsel aufgegeben: Von wem stammen die Überschriften und der Schlußsatz? Werden eventuell tatsächlich nur zwei Gebete auf Serapion zurückgeführt und wird ansonsten respektiert, daß Gebete meist anonymer Herkunft sind?

Kommen wir nach diesem eher offenen Ergebnis aber noch einmal auf die inneren Kriterien, das Hauptthema von Botte, Dufrasne und allen anderen, zurück. Wenn man nach solchen Kriterien fragt, wird man den unpersönlichen Charakter von Gebeten und die Möglichkeit eines gattungsgeschichtlichen Anachronismus berücksichtigen müssen: Liturgische Formeln folgen der dogmatischen Entwicklung oft mit Verzögerung. Die Traditionsverbundenheit gerade des 1., Serapion zugeschriebenen Gebetes ist gar nicht von der Hand zu weisen, schon Wobbermin hatte die Parallelität eines Teiles dieser Anaphora mit der Markus-Liturgie und anderen Formularen erkannt (S. 32 f). In der Anaphora findet sich auch ein Zitat aus der Didache (9,4), das samt einigen anderen Übereinstimmungen ebenso im liturgischen Papyrus Dêr al-Balâ'iza angeführt ist[239]. Daraus lassen sich aber keine Traditionsstränge für die gesamte Anaphora oder gar alle Gebete rekonstruieren, vielmehr wird gegenüber diesen vereinzelten Parallelen die isolierte Stellung des übrigen Materials um so deutlicher. Die Anaphora und vielleicht die ganze Sammlung mögen aufgrund der wenigen Übereinstimmungen auf Material ägyptischer Herkunft zurückzuführen sein, eine genauere chronologische oder lokale Einordnung ist aber nicht möglich. Die Gebete hatten im Gegensatz zu anderen liturgischen Formularen offenkundig auch keine Folgewirkungen in einem später entwickelten regionalen liturgischen Typus, so daß sie uns heute als ein rein literarisches Zeugnis erscheinen.

Nun enthalten die Gebete zwar auch Notizen, die auf die Situation in Thmuis um 350 passen könnten, sie bleiben aber so allgemein, daß sie auch in andere Zeiten und Gegenden gehören könnten: Es gibt Mönche und Jungfrauen (Gebet 25). Gott soll „ein Volk auch in dieser Stadt schaffen" (20) — leben in ihr also noch viele Heiden? Man ist auf Übersetzer angewiesen (25), lebt also in einer zweisprachigen, vielleicht griechisch-koptischen Umgebung. Es gibt eine ausgebaute Hierarchie der kirchlichen Ämter (25), und die „Ruhe für die katholische Kirche" (27) wie auch die Bitte um Regen (23) sind Gebetsanliegen.

Setzt man voraus, daß diese Anspielungen auf Serapion, den Bischof von Thmuis, einer Stadt mit zweisprachiger Bevölkerung und etlichen Heiden, einem umfangreichen Klerus und in der Nähe wohnenden Anachoreten und Koinobiten (vgl. hierzu F. I. Thmuis), zurückgehen — müßte sich dann nicht auch ein Teil seines theologischen Gedankengutes wiederfinden lassen? Andernfalls wäre Serapion nur als Benutzer der Gebete zu benennen, an denen sein Name eher zufällig haften geblieben wäre.

Hielte man die Gebete insgesamt für traditionell und auch Serapions Redaktion für ganz von der Tradition bestimmt, müßte man sich in ein non liquet hinsichtlich der Frage nach dem Einfluß Serapions auf das

---

[239] C. H. Roberts, B. Capelle, An Early Euchologium. The Dêr-Balizeh Papyrus enlarged and reedited, Louvain 1949, S. 26 f.

Euchologium schicken. Faktisch hat man genau dies meist getan, und auch wir kommen nicht umhin, diesen Ausweg offenzulassen: Selbst wenn sich herausstellt, daß Serapions theologisches Profil nicht mit dem des Euchologiums, d. h. vorrangig der ihm zugeschriebenen Anaphora, in Deckung zu bringen ist, könnte er mit den Gebeten immerhin noch als bloßer Tradent zu tun haben. Der Titel „Euchologium Serapions" wäre dann aber in historischer Hinsicht eine Irreführung; die Gebete wären für Serapion nicht typisch, und wir hätten mit der Zuschreibung an ihn bestenfalls einen Hinweis für die Lokalisierung an der Hand.

Wie verhalten sich also die Gebete, über denen Serapions Name steht, zu dem, was sonst aus seiner Feder floß? Botte und Dufrasne sind dieser konkreten Problemstellung nicht nachgegangen, sie haben gegenüber der These vom Archaismus liturgischer Formeln Serapion nur sehr allgemein als engagierten antiarianischen Theologen identifiziert, der sich nicht der Gefahr ausgesetzt hätte, durch mißverständliche Archaismen Wasser auf die Mühlen der Häretiker zu leiten.

Auch diese Ausgangsposition aber ist nicht ohne weitere Reflexion methodisch tauglich: Serapions theologische Aktivität erstreckt sich über einen Zeitraum von einigen Jahrzehnten, und wie am Manichäertraktat zu sehen ist, führte er nicht immer oder wenigstens nicht von Anfang an die antiarianische Polemik im Munde. Wenn Dufrasne für seine pneumatologische Analyse dann unreflektiert die relativ späten Lehrbriefe des Athanasius an Serapion voraussetzt, ist nochmals eine Prämisse gesetzt, die nur Scrapions letzte Schaffensperiode ins Auge faßt.

Der einzige Ausweg aus allen diesen Hypothesen und Dilemmata ist also ein Vergleich mit Serapions Theologie. Dabei können wir nur auf den Manichäertraktat zurückgreifen, der aber immerhin das früheste und in dogmatischer Hinsicht unbefangenste Zeugnis ist: Bei seiner Besprechung war deutlich geworden, daß Serapion hier wenigstens implizit eine Christologie und Pneumatologie entwickelt, hinter die er später terminologisch sicher nicht mehr zurückfiel.

4. Die Theologie Serapions und das Euchologium

Welches Verhältnis besteht zwischen dem theologisch markanten Vokabular des Manichäertraktates und dem des Euchologiums? Ich orientiere mich bei dem folgenden Vergleich an der von Dufrasne herausgearbeiteten Kriterienliste. Dufrasne selbst hatte seine allgemeine theologiegeschichtliche Argumentation nicht weiter auf den Manichäertraktat angewendet. Er hatte zwar aufgrund des von Casey herausgestellten Vokabulars auf wenigen Zeilen die Titel für Vater und Sohn im Manichäertraktat angeführt und den Gebrauch des Artikels bei der Nennung des Heiligen Geistes festgestellt, ansonsten aber nur die unterschiedlichen „Klimata" der beiden Schriften hervorgehoben (III/S. 110).

Ein genauerer Vergleich, der etwas Substantielles über das Verhältnis Serapion-Euchologium aussagen will, wird sich auf die trinitätstheologisch relevanten Begriffe und einige Termini technici beschränken können. Alle anderen Begriffe mögen in verändertem Kontext Bedeutungswandlungen unterworfen sein oder sich in den Gebeten als „Archaismen" verhalten — dies aber läßt sich für das theologisch zentrale Vokabular und die unreflektiert gebrauchten technischen Termini nur dann voraussetzen, wenn man konsequent auf einen theologiegeschichtlichen Vergleich der Gebete mit Serapions Schriften verzichtet und alle inneren Kriterien für unwägbar hält. Im übrigen haben alle Versuche, das Euchologium mit gattungsverwandten, also spezifisch liturgischen Werken zu vergleichen, auch nie über Einzelergebnisse hinausgeführt. Wagen wir also einen Vergleich, bei dem alle 30 Gebete des Euchologiums einbezogen werden, bei dem die Belege aus der Anaphora aber die wichtigsten sind:

1. Vater und Sohn: Serapion nennt den Schöpfer ἀγένητος (XXVII,7), er ist γεννήτωρ des Sohnes (XXXVIII,17). Der Sohn ist μονογενής, ein Titel, den Serapion aus Joh 1,18 übernimmt. Die direkte, für das Euchologium typische Gegenüberstellung ἀγένητος πατήρ – μονογενής (vgl. neben der Anaphora auch die Gebete 13 und 26—28) findet sich im Manichäertraktat aber nicht. Dort nennt Serapion den Sohn γέννημα, den Vater aber ἀγέννητος, Begriffe, die wie auch ὅμοιος im Euchologium fehlen. γνήσιος, im Manichäertraktat eine christologische Qualifikation (XLVIII,20), wird im Euchologium nur auf das Kirchenvolk bzw. den Täufling angewendet (Gebet 9, 14, 20, 24, 27).

Daß Dufrasne und Botte unter die „gewordenen Hypostasen" (Gebet 1) auch den Sohn und den Geist rechnen, ist angesichts der Singularität des Begriffs im Euchologium nicht ganz problemlos. Hypostase wird als ontologischer Begriff auch im 4. Jhd. nicht nur mit trinitarischem Beiklang verstanden; Serapion z. B. nennt die Apostel ὑποστάσεις ... πεποιημένοι (XXVII,9). Trotzdem läßt sich am Manichäertraktat Bottes und Dufrasnes Argumentation weiter stützen: Serapion kennt keine γενητὴ ὑπόστασις (bzw. γενητὴ φύσις wie im 7. Gebet), sondern nur γενητοί (substantivisch, XXVII,6) und eine φύσις τῶν γενητῶν (XXX,26) oder eben die Apostel als geschaffene Hypostasen.

Zuzustimmen ist Dufrasne auch in dem, was er über die Zuordnung von Leben, Licht, Gnade und Wahrheit zum Vater als der „Quelle" sagt: Für Serapion ist in der Aufnahme des Neuen Testamentes Christus die Wahrheit (I,2). ζωή (das Wort bildet mit ζάω/ζῶν ein für das Euchologium charakteristisches Wortfeld) taucht in Adv. Man. nur in Schriftzitaten auf (I,8; IX,7; XXXIX,19).

Eine von Botte hervorgehobene Eigenart des Euchologiums ist der Gebrauch des Wortes σωτήρ (S. 53): Der Titel wird auf Christus, aber häufig auch auf den Vater angewendet. Serapion bezieht ihn nur auf

Christus und leitet mit ihm oft Evangelienzitate ein: „Der Heiland sagt"
(z. B. XXVII,10; XXXIII,43 f; XXXVI,54 f u. ö.).

2. Der Geist: Im Manichäertraktat nennt Serapion den Geist: τὸ πνεῦμα
(VI,8; XLIII,22), τὸ πνεῦμα τὸ ἅγιον (XXIV,17; XLVIII,59), τὸ ἅγιον
πνεῦμα (XLVIII,63), πνεῦμα ἅγιον (XLVIII,58). Der einzige Beleg ohne
Artikel steht also zwischen solchen mit Artikeln (in Kap. XLVIII)[240]. Wie
Dufrasne hervorhebt, fehlt der Artikel im Euchologium[241]. Im Gegensatz
zum Euchologium (vgl. Gebet 13 f) nennt Serapion den Geist auch nie
θεῖον.

3. Die beiden Seraphim: Zu diesem Thema gibt es bei Serapion kein
Vergleichsmaterial.

4. Die Epiklesen: Hier interessiert besonders das Verhältnis von πνεῦμα
und λόγος. λόγος wird in Adv. Man. nie christologisch verwendet, sondern meint meistens die „Darstellung" der Argumentation[242]. In anderen
Zusammenhängen kann Serapion das Wort aber christologisch verwendet
haben; diese Schriften sind jedoch verloren.

Der Geist wiederum hat bei Serapion inspirierende Funktion (s. auch
Anm. 240): Er redet aus den Aposteln (XXIV,17 — in der Anaphora heißt
es jedoch: „Es rede in uns der Herr Jesus und Heiliger Geist"), er bringt
den Verkehr mit Gott in Ordnung (XLIII,22), durch seine Gemeinschaft
werden die Seelen geehrt (XLVIII,63 f). Im Euchologium wiederum wird
der Getaufte zum πνευματικός, er ist nicht mehr σάρξ (Gebet 11, vgl. 7).
Serapion kennt diese Gegenüberstellung nicht, er sieht das Fleisch als
verbesserungsfähig und der Fürsorge Christi unterstehend an (LI,68;
LII,25).

Die in der Anaphora ausgesprochene Bitte um Sendung einer δύναμις,
die Dufrasne für pneumatomachisch hält, paßt ebenfalls nicht zum Manichäertraktat: Hier spricht Serapion von mehreren δυνάμεις, die aber im
Gegensatz zum Sohn den Willen Gottes nicht kennen und dem Sohn
dienen müssen (XL,42−44; XLVIII,27−30). Insgesamt hat Dufrasne die
Pneumatologie zu scharf rezensiert; der Geist wird im Euchologium nir-

---

[240] In XL,61 f ist beiläufig noch vom πνεῦμα (wohl: „Inspiration") die Rede, mit dem man
die Prophezeiungen des AT zu einem Evangelium zusammenschreiben könnte.

[241] Dufrasne ist allerdings dahingehend zu korrigieren, daß Serapion von der Bedeutung
des Artikels nicht erst durch Athanasius erfuhr, sondern diesen schon aufgrund seiner
Bibelkenntnis verwendete: Er zitiert 1 Kor 6,19 (Adv. Man. VI,2), 1 Kor 2,11 (XL,28)
und Ps 50,13 LXX (XLVIII,60 f).

[242] Einzig in Adv. Man. LIII,45 f hat λόγος einen christologischen Beiklang: Der ψευδής
wird dem ἀληθής λόγος gegenübergestellt, und mit dem wahren Wort hält Christus
Einzug in den Menschen. λόγος ist hier aber kein christologischer Titel, sondern meint
in erster Linie die falsche bzw. die in Christus personifizierte rechte Lehre.

gendwo ausdrücklich abgewertet. πνεῦμα und λόγος stehen vielmehr
miteinander auf einer Stufe[243].

Die von Botte eingeführte Kritik e silentio hat ihre Grenzen: Sie kann
das Verhältnis der trinitarischen Personen zueinander nicht positiv beschreiben. Dufrasne wiederum hat die von ihm im I. Band erstellte
Konkordanz kaum genutzt. Eine „Theologie des Euchologiums" steht
insofern noch aus.

Grundsätzlich jedoch muß Botte und Dufrasne zugestimmt werden:
Serapion hat das Euchologium nicht verfaßt oder redigiert, nicht einmal
die mit seinem Namen überschriebenen Gebete 1 und 15. Auch das
technische Vokabular des Manichäertraktates hat keinen Bezug zur Ge-
betssprache des Euchologiums. Einige Beispiele:

— Im Euchologium ist ὑμνέω der Terminus technicus für den Lobgesang
  (Gebet 1 und 24); im Manichäertraktat wird das Verb zwar in L,38
  gebraucht, in XXVIII,15 f aber wird der Sachverhalt mit ὕμνοι/ᾆσμα
  τελέω umschrieben.

— δόξα, im Euchologium doxologisch gebraucht (außer in den Schluß-
  formeln der Gebete noch in Gebet 1 und 24), meint in Adv. Man. die
  Lehre der Gegner (III,25; XXI,4.5; XXXIII,22; XXXVI,61; LI,9.11)
  oder negativ den Ruhm der Welt (XXII,3; XLVI,25). Ein doxologi-
  scher Gebrauch ist angesichts der biblischen Herkunft des Wortes für
  verlorengegangene Schriften Serapions natürlich nicht auszuschließen.

— „Loben" findet in der Anaphora nur als Simplex Verwendung (αἰνέω),
  während Serapion nur das Kompositum ἐπαινέω benutzt (XIV,3;
  XXVIII,21), obwohl er das Simplex im Schriftzitat aufnimmt (XX,12).
  Der gleiche Befund gilt für das Substantiv: Es lautet in Gebet 24 αἶνος,
  im Manichäertraktat aber ἔπαινος (XXXI,45).

---

[243] λόγος und πνεῦμα werden in den Gebeten kaum differenziert. So heißt es im 7. Gebet:
„Blicke auf dieses Wasser und erfülle es mit Heiligem Geist. Dein unaussagbarer Logos
sei in ihm...dein eingeborener Logos ... komme nun auf dieses herab und mache es
heilig und pneumatisch". Der Geist ist keine Person, aber auch kein κτίσμα oder
λειτουργικόν, sondern er ist der Geist Christi: „Teile auch diesem den Heiligen Geist zu
vom Geist des Eingeborenen" (Gebet 13). Die von Dufrasne kritisch betrachtete δύναμις
wird in gleicher Weise eingeführt: „Wir bitten, daß du eine heilsame Kraft des Eingeborenen vom Himmel schickst" (Gebet 17). Ein weiteres Beispiel: „Schenke uns, die
göttlichen Schriften zu verstehen vom Heiligen Geist ... damit alle anwesenden Leute
Hilfe bekommen durch deinen Eingeborenen Jesus Christus im Heiligen Geist" (Gebet
19).
Pneumatologie und Christologie sind also nicht scharf unterschieden: Präsentiert wird
eine Art Geistchristologie, nicht aber eine (von Dufrasne größtenteils e silentio postulierte) pneumatomachische Geistlehre. Zur Epiklese des Logos sei noch bemerkt, daß
diese in sich schlüssig und originell ist: „Es komme...dein heiliger Logos auf dieses Brot,
damit das Brot Leib des Logos werde".

Es gibt somit signifikante Unterschiede zwischen Serapions Vokabular und dem der Anaphora bzw. dem des ganzen Euchologiums. Ein eigenständiger Beitrag Serapions zu den Gebeten ist damit sehr unwahrscheinlich geworden; die Überschriften bezeugen bestenfalls, daß man Vorlagen für die Gebete 1 und 15(ff) in seinen Werken fand oder ihn aus anderen Gründen mit den Formularen in Verbindung brachte.

Es gibt durchaus eine Erklärungsmöglichkeit dafür, wie Serapions Name in die Überschriften der Gebete geriet: Unter dem Namen Abba Serapion ist ein Gebet überliefert, das zwar ähnlich wie die Anaphora auf das Sanctus der Cherubim und Seraphim anspielt, sonst aber mit dem Euchologium nichts gemein hat[244]. Ebenso gibt es in einer koptischen Handschrift in Kairo ein Fragment, auf dem sich die Überschrift findet: „Abba Sarapon, der heilige Bischof. Psalm ...“. Das folgende Zitat ist aber unlesbar[245].

Demnach wurde der Name Serapion mit der Abfassung von Gebeten in Verbindung gebracht, und in der zuletzt angeführten Notiz ist sicher Serapion von Thmuis gemeint, denn „Abba Bischof Serapion“ ist eine Figur der östlichen Hagiographie (s. u. G. II.), die aus dem Bischof von Thmuis und Anachoretenvätern dieses Namens konstruiert worden ist. Wenn es denn Gebete gab, die einem Serapion zugeschrieben wurden, könnten auch die Gebete 1 und 15 aus einer solchen sekundären Überlieferung stammen. Dies muß aber Hypothese bleiben.

Halten wir also fest: Wenn Serapion überhaupt etwas mit dem Euchologium zu tun hat, dann nur als Tradent von Vorlagen für Gebet 1 (der Anaphora) und 15(ff), ohne daß er zu diesen Formularen einen erkennbaren theologischen oder sonstigen Beitrag geleistet hätte. Der Kopist der Athos-Handschrift könnte aber auch einer pia fraus aufgesessen sein, indem schon lange vor ihm dem wohlbeleumundeten Serapion Gebete zugeschrieben worden waren, die in Wirklichkeit ganz anderer, anonymer Herkunft sind.

III. DER LEHRBRIEF ÜBER VATER UND SOHN

1. Forschungsgeschichte

In der Handschrift Athos Lawra 149 folgt unmittelbar auf die 30 Gebete ein Text, der überschrieben ist: Περὶ πατρὸς καὶ υἱοῦ. Wobbermin hatte

---

[244] Prière du Père Sérapion, ed. F. Nau, ROC 12, 1907, S. 323–325. Das syrisch überlieferte Gebet enthält einen Lobpreis Gottes durch die Schöpfung.

[245] Nach H. G. Evelyn White, The Monasteries of the Wâdi'n Natrûn, Bd. 2, New York 1932, S. 220. Er konjiziert Sarap(am)on. Zwar gibt es diesen Namen, doch wurde er oft mit „Sarapion" gleichgesetzt (s. u. zur koptischen Version der Vita Macarii). Die Konjektur erübrigt sich aber bei der Vokalisierung Sarap(i)on.

ihn als das 31. Stück der Sammlung aufgefaßt und ediert[246] und auch für
diesen Text Serapion von Thmuis als Autor angenommen. Um seine
Argumentation zu stützen, stellte er für das Schreiben einen scharfen
Antiarianismus heraus („wir erkennen den Freund und Parteigänger des
Athanasius", S. 28) und konstatierte eine in der Tendenz rechtgläubige,
aber unterentwickelte Pneumatologie („wie wir sie von dem Serapion, an
den Athanasius seine Briefe gerichtet hat, erwarten müssen", S. 29).

Weder die Festlegung der Autorschaft aufgrund der Stellung des Textes
in der Handschrift noch die davon beeinflußte theologiegeschichtliche
Einordnung aber ist überzeugend. Spätere Herausgeber des Euchologiums
haben den sich als Brief gebenden Text weggelassen; die Autorschaft
Serapions ist in der Literatur weithin abgestritten worden[247]. Wordsworth
hob die Unterschiede zwischen dem Brief und den 30 Gebeten „Serapions"
hervor[248]: „Apostolisch" heißt die Kirche im Brief, nicht aber in den
Gebeten; die Doxologien am Schluß unterscheiden sich voneinander; der
Stil des Briefes ist im Gegensatz zu dem der Gebete aufgeblasen und
dunkel.

Hält man Serapion nicht für den Autor der Gebete, erübrigt es sich
eigentlich, den Brief mit ihm in Verbindung zu bringen. Dennoch soll das
aus der Untersuchung der Gebete folgende Ergebnis kurz am Brief selbst
verifiziert werden.

2. Inhalt und Einordnung des Schreibens

Noch eindeutiger als bei den 30 Gebeten stehen bei diesem Text die
äußeren Kriterien einer Zuschreibung an Serapion entgegen: Der Brief ist
anonym, die Überschrift und auch der Text selbst machen keine Angaben
zum Autor oder zum Adressaten. Der Titel „Über Vater und Sohn" ist
nur eine Inhaltsangabe.

Daß es sich um einen Brief handeln soll, läßt sich aus dem Vorwort
erschließen: „Nachdem die Liebe und die gottgemäße Brüderlichkeit, nicht
nur die gottgemäße Liebe, sondern auch die menschengemäße Brüderlichkeit uns davon abgehalten haben, Dir zu schreiben … wollen wir es wagen,
Dir kleine Maße … zu offenbaren" (Wobbermin S. 21, Z. 2—9).
Wobbermin hat den Brief in 5 Kapitel eingeteilt:

1. Der Autor will „den Glauben der heiligen, allgemeinen und aposto-
    lischen Kirche" darstellen (S. 21, Z. 9 f).

---

[246] S. Anm. 222, S. 21—25.
[247] Eine Ausnahme bildet der Lexikonartikel von H. Dörrie, PRE Suppl. VIII, Stuttgart
1956, Sp. 1264, der Wobbermins Argumentation übernimmt.
[248] S. Anm. 224, S. 19—23.

2. Dieser Glaube besagt für den Vater, er sei ἔγγονος, λογικός und σοφός, und dies ἀεί (Z. 11—13). Nachkomme, Logos und Weisheit aber ist der Sohn, der allein den Vater kennt, weil er in seinem Schoß war. Dieser Schoß aus Joh 1,18 ist der Heilige Geist, „in dem alle Tugenden, Mächte und Kräfte des Vaters sind" (S. 22, Z. 2 f).
3. Der Vater offenbart sich im Logos, durch den er die Schöpfung gemacht hat. Der Logos ist wie das menschliche Wort die nicht vom Urheber zu unterscheidende Kunde. Das Kapitel enthält einen Lobpreis des Logos-Wortes.
4. Der Logos ist in seinen Wesenseigenschaften das Abbild des Vaters, er repräsentiert den Vater gewissermaßen ad extra, denn er ist σπλάγχνα, νοῦς, σύνεσις, σοφία, πρόσωπον τῆς ἐννοίας usw. des Vaters (S. 23, Z. 13 ff). Das Verhältnis von Vater und Sohn ist das von νοῦς und λόγος (Z. 18—21).
5. Der Gebrauch von Bildern für das Verhältnis von Vater und Sohn ist berechtigt. Das Anzeichen und Abbild einer Sache enthält auch deren Wesensmerkmale. Da der Vater die Eigenschaft „Vater" schon immer hat, ist auch der Sohn ewig: ἀεὶ πατήρ, ἀεὶ υἱός (S. 24, Z. 33).

Positive Bezüge zu den Schriften Serapions lassen sich — über Allgemeines hinaus — nicht zeigen. Ein Einzelvergleich erübrigt sich. Serapions Vokabular zur Darstellung des Verhältnisses von Vater und Sohn ist schon im Manichäertraktat wesentlich präziser. Ihm fehlt die ins Anthropomorphe übergehende Bildhaftigkeit des Briefautors. Die Mittlerschaft des Logos ist für ihn kein Thema; während der Brief das Logos-Wort als Übermittler der Fürbitten ansieht (S. 22, Z. 25—27), hat Serapion den Nachfolgern des Antonius unmittelbare Gebetserhörung ohne Zwischeninstanz zugesichert. Genauso unterscheidet sich die Pneumatologie des Briefes, die den Geist als rein innergöttliche Wirkursache sieht (der κόλπος des Vaters aus Joh 1,18 ist der Heilige Geist, von dem der Sohn alle Macht des Vaters hat), von Serapions Auffassung des Geistes als der den Menschen zugewandten heiligenden Kraft Gottes. Dies ist der Kern der in Adv. Man. vorgetragenen Pneumatologie, und dort ist der κόλπος auch keineswegs der Geist, sondern in Parallele zu Ps 109,3 LXX tatsächlich der „Bauch" des Vaters (XLVIII,15—21).
Auch die inneren Kriterien sprechen also gegen Wobbermins singulär gebliebene Hypothese von der Autorschaft Serapions. Ob der Text überhaupt in die Zeit der arianischen Krise gehört, wie Wobbermin voraussetzte, ist nicht einmal sicher, denn von den Arianern ist nicht die Rede. Es gibt Parallelen zu den Fragmenten des Theognost, der aber stärker den Unterschied von Vater und Sohn betont[249]. Auch er sieht den Logos als

[249] Zu Theognost vgl. A. Grillmeier, Jesus der Christus im Glauben der Kirche, Bd. 1, Freiburg ²1982, S. 290—294.

Abbild des göttlichen Nous: Das Logos-Wort offenbart die Gedanken des Vaters[250]. Die Ewigkeit der Vaterschaft Gottes wiederum ist ein Thema, das zum Umkreis des Origenes paßt.

Die Einführung des Barnabasbriefes als einer apostolischen Schrift (S. 21, Z. 16 f) ist am ehesten in der Zeit vor der Bestreitung der Apostolizität durch Euseb möglich[251], also vor Beginn des 4. Jhd.

Diese einzelnen Hinweise empfehlen eine Datierung des Briefes in die 2. Hälfte des 3. Jhd. Damit ist eine Autorschaft Serapions auch aus inhaltlichen Gründen ausgeschlossen.

IV. DIE VITA MACARII SCETENSIS

1. Der Text und seine Zuschreibung

Die Vita Macarii Scetensis, also die des „Großen" oder des „Ägypters", ist in verschiedenen Übersetzungen überliefert, von denen die syrische[252] und die koptische[253] ediert sind. Außerdem existieren arabische Handschriften[254] und auch eine griechische[255]. Die griechische Version habe ich an wenigen Stellen mit herangezogen. Sie ist in manchen Passagen recht eigenständig, einige Episoden sind dort ausführlicher erzählt. Wie die Versionen voneinander abhängig sind, müßte eine genauere Untersuchung

---

[250] Die Traditionen des Briefes reichen z. T. weit zurück. Die Formulierung „Wenn das Logos-Wort im Nous bleibt, dann ist Schweigen" (S. 23, Z. 18 f) erinnert an Ignatius, Magn 8,2: Jesus Christus ist „sein Logos-Wort, das aus dem Schweigen hervorging" (ed. F. X. Funk, K. Bihlmeyer, Die Apostolischen Väter, Tübingen ³1970, S. 91).

[251] Euseb, Kirchengeschichte III,25,4, ed. E. Schwartz, GCS 9,1, Leipzig 1903, S. 252: Barnabas zählt zu den unechten Schriften (νόθα).

[252] P. Bedjan, AMSS, Bd. 5, Paris/Leipzig 1895, S. 177—262. Im Thesaurus Syriacus von Payne-Smith (Oxford 1879, 1901) werden immer wieder mit Folioangaben Belege aus einer Handschrift der Vita zitiert, ohne daß diese genannt wird. Im Thesaurus firmieren die Angaben unter „Patrum Vitae e codice Quatremerii". Dahinter verbirgt sich Cod. Syr. 234 der Bibliothèque Nationale, denn die Folioangaben des Thesaurus passen zu dieser Handschrift. Vgl. H. Zotenberg, Catalogues des Manuscrits Syriaques et Sabéens (Mandaïtes) de la Bibliothèque Nationale, Paris 1874, zur HS 234, fol. 376 ff.

[253] E. Amélineau, Histoire des Monastères de la Basse-Egypte (Annales du Musée Guimet 25), Paris 1894, S. 46—117.

[254] Sie sind aufgeführt bei G. Graf, Geschichte der christlichen arabischen Literatur, Bd. 1 (StT 118), Rom 1944 (Nachdruck 1966), S. 395. Vgl. auch G. Troupeau, Catalogue des Manuscrits Arabes, 1. partie: Manuscrits Chrétiens, 2 Bde., Paris 1972, 1974, Nr. 257,3; 258,12; 259,1 (hier sind die Wunder durchnumeriert); 4885,1 (hier sind die Wunder von der Vita getrennt).

[255] Codex Atheniensis 231, saec. XIV, fol. 184 v—211 v.

klären. G. Graf zufolge ist die syrische Fassung von der arabischen abhängig, die wiederum eine freie Übersetzung der koptischen sein soll[256]. Als Autor wird genannt[257]:

— „Abba Serapion, das Haupt der Schüler des Mar Antonius" (Bedjan S. 177).

— „Abba Sarapion, der hochheilige Bischof der Christus liebenden Stadt Thmoui, der Schüler von Abba Antonius dem Pneumatophoren" (Amélineau S. 46).

— „Der heilige Sarapion, der Schüler des großen Antonius, der Leitfigur der Wüste" (Cod. Ath. 231, fol. 184 v).

Die Überschriften führen also einhellig Serapion als Autor an, womit im Zusammenhang mit Antonius sicher der Bischof von Thmuis gemeint ist — die koptische Überschrift sagt es ausdrücklich. Unterstützt wird diese Zuschreibung von einem koptischen Fragment, in dem es heißt, Abba Serapion, der Schüler des großen Abba Antonius, habe über das Leben des Makarius berichtet[258].

Aber: Bereits bei der Besprechung der Epistula ad Monachos war das Problem aufgetreten, daß Serapion den 390 gestorbenen Makarius kaum überlebt haben und somit auch nicht seine Vita verfaßt haben kann. Es muß also über die äußere Zuschreibung hinaus untersucht werden, welche Indizien der Text selbst für die Frage nach der Autorschaft Serapions an die Hand gibt.

2. Der Charakter des Werkes, die „Verfasser"

Die Bezeichnung „Vita" erweckt den Eindruck eines in sich geschlossenen Werkes, welches — auf mündlicher und schriftlicher Überlieferung basierend — das Leben der Titelfigur darstellt. Tatsächlich wird das Leben des Makarius von der romanhaft geschilderten Kindheit und Jugend bis zum Tod nachgezeichnet. Und doch ist die „Vita" da, wo es um das eigentliche Wirken des erwachsenen Makarius geht, eher eine bunte Samm-

---

[256] S. 395, Anm. 2. T. Orlandi hält es für wahrscheinlich, daß die griechische Fassung das Original ist (Elementi di Lingua e Letteratura copta, Mailand 1970, S. 80). Die von Orlandi angeführten lateinischen Versionen (nach BHL, Brüssel 1898—1901, Nr. 5093—5095) sind Übersetzungen aus Palladius und Rufin und haben mit unserer Vita nichts zu tun.

[257] Die arabischen Handschriften geben Serapion, aber auch einmal Makarius den Alexandriner an (Graf S. 395). Serapion und Sarapion sind nur zwei Formen eines Namens, s. u. F. II.

[258] In: H. G. Evelyn White, The Monasteries of the Wâdi'n Natrûn, Bd. 1, New York 1926, S. 133. Der Text stammt aber wahrscheinlich erst aus dem Jahre 830 (S. 131). Ein arabisches Testimonium wird von Graf erwähnt (S. 275): „Merkurius (lies Makarius), der Einsiedler in der innersten Wüste, dessen Geschichte Anba Serapion erzählt hat".

lung von Apophthegmen, Legenden und teilweise abstrusen Wunderge-
schichten, in der keine gestaltende Hand mehr zu erkennen ist.

Die Sammlung ist auch nicht einheitlich überliefert. So enthält die
syrische Version in Bedjan S. 218, Z. 20 — S. 242, Z. 3 etliches Sondergut,
das in der koptischen fehlt (vgl. Amélineau S. 96). Auch in der griechischen
ist es nur unvollständig vertreten[259]. Sondergut bietet die syrische Version
auch in Bedjan S. 243, Z. 13 — S. 246, Z. 7 (vgl. Amélineau S. 98) und
S. 250, Z. 15 — S. 251, Z. 21 (vgl. Amélineau S. 104). Zum Ende hin (ab
Bedjan S. 256, Amélineau S. 110) entfernen sich die Versionen sehr voneinander.

Was wird nun im Text über den Autor gesagt? In der syrischen Version
meldet sich im Sondergut ein Verfasser zu Wort: „Und als er (sc. Makarius)
das gehört hatte, sagte er zu mir — ich bin Paphnutius, das Haupt seiner
Schüler — ..." (S. 221, Z. 19 f). Die Ich-Erzählung erstreckt sich dann
aber nur über wenige Episoden[260].

Gegen Ende heißt es: „Das bezeugt nämlich der heilige Abba Paphnutius, das Haupt der Schüler unseres Vaters, des Seligen Abba Makarius" (S. 261, Z. 5 f). Die koptische Fassung nennt an dieser Stelle Paphnutius zwar als Nachfolger des Makarius, nicht aber als Gewährsmann
(Amélineau S. 111).

Paphnutius kann jedoch nicht der Autor der gesamten Vita sein, denn
ein anderer sagt über ihn: „Jener empfing die Vaterschaft ... weil er ein
heiliger Mann war, wie ich sagte" (S. 257, Z. 9—11). Außerdem gibt sich
noch ein zweiter Gewährsmann zu erkennen, der sich tatsächlich Serapion
nennt. Über den Besuch des Makarius bei Antonius sagt er: „Alle Tage
aber, die er bei uns war, dachte ich, Serapion, bei mir nicht daran, in der
Nacht zu schlafen" (S. 205, Z. 19 f). Die koptischen Handschriften bieten
an dieser Stelle die Namensformen ⲥⲁⲣⲁⲡⲁⲙⲱⲛ (Amélineau S. 79) oder
ⲥⲁⲣⲁⲡⲓⲱⲛ (App. Anm. 7), die griechische nennt keinen Namen
(fol. 194 v).

Von Serapion ist auch an einer anderen Stelle die Rede, nämlich da, wo
vom Begräbnis des Antonius erzählt wird: „Und nachdem jener Greis, der
große und heilige Abba Antonius, sein Leben vollendet hatte, begrub der
heilige und gesegnete Selige Abba Makarius seinen Leib, und (ihn begrub
auch) Serapion mit dem Rest seiner Schüler" (S. 210, Z. 21 ff). Die letzten

---

[259] Vgl. Cod. Athen. 231 ab fol. 200 r. Es fehlen z. B. Bedjan S. 218, Z. 20 — S. 225, Z. 17
und auch S. 226, Z. 12 — S. 230, Z. 11. Die Geschichte vom heidnischen Toten (Bedjan
S. 225, Z. 18 — S. 226, Z. 11) ist in der griechischen Version dafür länger (fol. 200 r/v).
Das syrisch überlieferte Sondergut muß auch in der Vorlage der koptischen Version
gestanden haben, denn in Amélineau S. 106 (vgl. dort Anm. 9) findet sich noch ein
Rückverweis darauf (dieser entspricht Bedjan S. 253, Z. 4 f; der Rückverweis bezieht sich
auf Bedjan S. 226, Z. 14 ff).

[260] Eine Wir-Passage beginnt S. 229, Z. 16. S. 188, Z. 12 ff ist Makarius der Ich-Erzähler.

Wörter wirken wie eine Glosse. Die koptische Version spricht von den Bestattern als „wir" (Amélineau S. 86), die griechische nennt nur Makarius (fol. 196 v). Nun ist bekannt (vgl. die Besprechung des Briefes an die Nachfolger des Antonius), daß ein Makarius an der Beerdigung des Antonius beteiligt war — es handelt sich nur nicht um den unsrigen[261]. Serapion wiederum soll an dieser Stelle der Vita Macarii als Schüler des Antonius gelten. So kann man Vita Antonii 82 und 91 interpretieren, doch gibt weder Serapion selbst in seinem Brief nach dem Tod des Antonius noch eine der Sekundärquellen einen Hinweis darauf, daß er an der Beerdigung des Antonius beteiligt war.

Der Text bietet also mit Paphnutius und Serapion namentlich zwei Gewährsleute an, wobei die Überlieferung der Namen keineswegs zuverlässig ist. Wie schon an der Verwechslung der Macarii in der Begräbniserzählung ersichtlich ist, enthält der Text außerdem Fehler: Er ist von so vielen Ätiologien, Vaticinia ex eventu, Anachronismen und sachlichen Irrtümern durchsetzt, daß er wenigstens in seiner jetzigen Form weder auf Serapion von Thmuis noch auf einen anderen Zeitgenossen des Makarius zurückgehen kann.

3. Inhaltliche Gründe gegen die Autorschaft Serapions

Ich nenne zuerst die augenfälligsten Anhaltspunkte für eine Spätdatierung, wobei ich von der syrischen Version ausgehe, die das Material am vollständigsten überliefert:

— Zwei Brüder „aus dem Land der Römer" kommen in die Wüste und sterben bald darauf. Der ätiologische Nachsatz verweist in spätere Zeiten: „Man nennt aber jenen Ort ‚Mönchsklause des Abba Romaios' bis auf den heutigen Tag" (S. 211, Z. 20 f, vgl. Amélineau S. 87).

— Über die erste Zelle des Abba Makarius: „Nach seinem Tode aber wurde jener Ort nach seinem Namen ‚Abba Makarius' genannt bis jetzt und für immer" (S. 213, Z. 8 f, vgl. Amélineau S. 89).

— Eine Zisterne wird gegraben, „und die Brüder nennen sie ‚Zisterne des Abba Makarius' bis jetzt" (S. 214, Z. 8 f, vgl. Amélineau S. 90).

— Einen Bruder, der Geld unterschlagen hat, ereilt 15 Jahre nach dem Tod des Makarius die Elefantiasis (S. 239, Z. 18—20).

— Makarius, dem mehrmals Nachfolger angekündigt werden, prophezeit die Zerstörung der von ihm gegründeten Siedlungen, in denen danach 40 Jahre lang niemand mehr leben werde (S. 244, Z. 6—8), und auch eine zweite Verwüstung (Z. 19 f). Die Sketis wurde tatsächlich verwüstet, und zwar in den Jahren 407/408 und 434.

---

[261] Es war Makarius von Pispir, vgl. A. Guillaumont, Art. Macaire l'Egyptien, DSp Bd. 10, Sp. 12 und H. G. Evelyn White, The Monasteries of the Wâdi'n Natrûn, Bd. 2, New York 1932, S. 67.

— Nicht nur der Tod des Makarius, sondern auch die spätere Überführung seiner Leiche nach Šišwîr wird dargestellt (S. 257, Z. 20 ff, vgl. Amélineau S. 112).

— Der oder die Verfasser bzw. Redaktoren wissen um die Existenz von anderem Überlieferungsmaterial: „Obwohl ihr diese (jetzt zu berichtende Versuchung) alle kennt, so wie sie jener aus seinem heiligen Mund bezeugt, habe ich sie jetzt auch in diesem Buch enthüllt" (S. 195, Z. 18—20, vgl. Amélineau S. 66). Und: „Viel mehr von seinen hervorragenden Taten wurden von vielen anderen aufgeschrieben, und zwar in anderen Büchern" (S. 252, Z. 4—6, vgl. Amélineau S. 105)[262].

Diese Passagen lassen sich nicht als sekundäre vom Text lösen, sie sind Einzelindizien für eine Spätdatierung der Vita bzw. für ihre Abhängigkeit von älteren Quellen[263]. Hinzu kommen die Fehler in der Darstellung der Fakten, die einem Zeitgenossen wie Serapion nicht unterlaufen wären und die dem älteren Überlieferungsmaterial widersprechen. Hugh G. Evelyn White hat die koptische Version untersucht und die wesentlichen Fehler aufgelistet[264]:

1. Sachliche Fehler: Mönche waren nicht erst nach Antonius' Tod in der Sketis; Makarius von Pispir begrub Antonius; Makarius der Ägypter wurde erst in der Sketis Priester; sein Sterbealter wird mit dem des Makarius von Alexandrien verwechselt.
2. Auslassungen: Sie betreffen das Exil des Makarius, die Existenz von nitrischen Mönchen und die des Makarius von Alexandrien.
3. Anachronismen: Sie sind in den oben von mir aufgelisteten enthalten.
4. Die Vita ist abhängig von bekannten Quellen, sie korrigiert Anstößiges: Makarius stiehlt nur Natron, um seiner Frau zu entgehen; er wird mit Hilfe eines Engels in die Wüste geführt und geht nicht nur dorthin, um sich dem Lob der Menschen zu entziehen.

Das Fazit ist eindeutig: Serapion von Thmuis ist nicht der Autor der Vita Macarii, vielmehr ist diese Materialsammlung wesentlich später entstanden, wahrscheinlich erst im 8. Jhd.[265]. Der oder die Sammler haben die einzelnen Traditionen z. T. unbearbeitet nebeneinander stehen gelassen und nicht einmal den Eindruck erwecken wollen, Serapion sei der alleinige

---

[262] Vgl. Amélineau S. 48: „Wie wir gelernt haben von unseren Vätern, die uns vorangegangen sind" (fehlt in der syrischen Version).

[263] Auf einen genauen Vergleich mit den bekannten Makarius-Quellen (Apophthegmata, Historia Lausiaca etc.) kann hier verzichtet werden. Schon ein kursorischer Vergleich macht deutlich, daß die Vita die alten Traditionen in ihren wunderhaften und erbaulichen Zügen weiter ausmalt.

[264] The Monasteries of the Wâdi'n Natrûn, Bd. 2, New York 1932, S. 466—468, vgl. S. 62—68.

[265] Evelyn White, Bd. 2, S. 468; Guillaumont (s. Anm. 261), Sp. 13.

oder wenigstens ein bedeutender Gewährsmann — dies will allein die Überschrift der Vita suggerieren.

Die beiden ganz marginalen Passagen, in denen Serapions Name genannt wird, können keine Zeugnisse alter Makarius-Tradition enthalten. In der ersten wird Serapion für den Besuch des Makarius bei Antonius nicht einmal ausdrücklich als Berichterstatter genannt. Das einzige, was ihm in den Mund gelegt wird, ist ein Eigenbericht über seine Schlaflosigkeit während des Treffens der beiden Wüstenväter. Wir sollen nur erfahren, daß sich auch Serapion bei Antonius aufhält. Davon weiß die Vita Antonii in Kap. 82 mehr zu berichten.

Die Notiz von der Schlaflosigkeit Serapions dürfte auf einem Mißverständnis in der Überlieferung beruhen: Das 4. Makarius-Apophthegma berichtet davon (PG 65, 264 CD), daß Makarius Antonius besucht habe und die beiden die Nacht flechtend, also ohne Schlaf, verbracht hätten. Im äthiopischen Synaxarium wird dann erzählt, Makarius habe „Abba Serapion, den Bischof" besucht und gesagt: „In all' den Tagen, die ich bei meinem Vater Abba Antonius war, sah ich ihn nie schlafen"[266]. Die Redaktoren der Vita Macarii haben also die Rede von der Schlaflosigkeit fälschlicherweise dem Serapion zugeordnet, dessen Name mit den Stichwörtern ‚Besuch des Makarius'/‚Schlaflosigkeit' in Beziehung stand.

In der zweiten Passage, die den Namen Serapion enthält — sie handelt von der Bestattung des Antonius — ist Serapion dann nur als Teilnehmer, nicht als Zeuge aufgeführt. Daß die syrische Version ihn an dieser Stelle erwähnt, dürfte auf Vita Antonii 91 zurückgehen, wo berichtet wird, Antonius habe an seinem Lebensende Serapion eine Melote vererbt.

Es ist also anzunehmen, daß Serapion aufgrund seiner Stellung in der Vita Antonii in späterer Zeit als bedeutender Schüler des Antonius galt — eine besondere Beziehung zu Makarius allerdings wird ihm auch in unserer Vita Macarii nicht nachgesagt.

V. DIE VITA PŠÔI

Die Zuschreibung dieser Vita an Serapion von Thmuis kann nur auf einem Mißverständnis beruhen. Bei Anton Baumstark heißt es: „erscheinen weiterhin syrische Texte der auf Johannes Kolobos bzw. Serapion als

---

[266] E. A. W. Budge, The Book of the Saints of the Ethiopian Church, Bd. 3, Cambridge 1928 (Nachdruck Hildesheim 1976), S. 739 (zum 27. Magâbît, dem Tag des Makarius). Da dieser Teil noch nicht in der PO ediert ist, sind wir auf Budge's vorläufige Übersetzung aus der Handschrift angewiesen. Die zitierte Notiz ist eine äthiopische Sonderüberlieferung; die Vorlage des koptisch-arabischen Synaxariums, das insgesamt von Serapion von Thmuis schweigt, erwähnt sie am entsprechenden Tag (dem 27. Barmahat) nicht: vgl. R. Basset, Le Synaxaire Arabe-Jacobite IV, PO 16,2, Paris 1922, S. 258 ff.

Verfasser zurückgeführten Lebensgeschichten zweier anderer führenden Größen des Skete-Mönchtums, Bîšôj und Makarios des Ägypters"[267]. Durch die Formulierung kann der Eindruck entstehen, die beiden Viten seien jeweils sowohl Johannes als auch Serapion zugeschrieben worden.

Tito Orlandi hat dann auch unter den Serapion zugeschriebenen Werken mit einem Verweis auf Baumstark die „Vita Psoi anachoretae" aufgeführt[268]. Den gleichen Befund bietet die Clavis Patrum Graecorum (Bd. 2, Nr. 2503). Tatsächlich aber ist laut Ausweis der Handschriftenkataloge die Vita Macarii nirgendwo Johannes und die Vita Pšôi nirgendwo Serapion zugeschrieben.

Die Clavis gibt die syrische Edition an[269], nicht aber die griechische, die im Jahre 1900 erschienen ist[270]. Die griechische Version läuft mit der syrischen weitgehend parallel, sie deckt auch die im syrischen Text bestehenden und von V. Scheil gefüllten Lacunen ab[271].

Wer soll der Autor sein? Die Überschrift der syrischen Version lautet nur: „Wiederum haben wir große Taten beschrieben des heiligen Anachoreten Abba Bischoi". Bei der Übersetzung des Textes wird aber bald deutlich, daß die Vita einen und nur einen Verfasser haben soll: Johannes „den Kleinen" (ܝܘܚܢܢ ܙܥܘܪܐ), also Johannes Kolobos. Dieser meldet sich auch an einigen Stellen als Erzähler zu Wort[272]. Die griechische Version ist denn auch überschrieben (Pomjalovskij S. 1): »Βίος καὶ πολιτεία τοῦ ὁσίου πατρὸς ἡμῶν Παϊσίου τοῦ Μεγάλου συγγραφεὶς παρὰ τοῦ ὁσίου πατρὸς ἡμῶν Ἰωάννου τοῦ Κολοβοῦ«.

---

[267] Geschichte der syrischen Literatur, Bonn 1922, S. 283.

[268] Elementi di Lingua e Letteratura copta, Mailand 1970, S. 80.

[269] P. Bedjan, AMSS, Bd. 3, Paris/Leipzig 1892, S. 572—620.

[270] I. Pomjalovskij, Žitie, Prepodobnago Paisija Velikago. Die Edition erschien als 3. Heft des 50. Bandes der Reihe Zapiski, Istoriko-Filologičeskago Fakulteta Imperatorskago, Petersburg 1900 (der Gesamtband erschien im Jahre 1902). Genaue Hinweise auf diese Publikation habe ich nur in BHG, Bd. 2 (SHG 8a), Brüssel ³1957, Nr. 1402f und bei H. G. Evelyn White, The Monasteries of the Wâdi'n Natrûn, Bd. 2, New York 1932, S. 111 gefunden. Bei D. J. Chitty, The Desert a City, Oxford 1966, S. 78, Anm. 40 ist nur angegeben: „Life of Paesius, ed. Pomialovsky". Chitty führt auch noch eine arabische Handschrift der Bibliothèque Nationale an (Nr. 4796, fol. 119ff). Vgl. noch G. Graf, Geschichte der christlichen arabischen Literatur, Bd. 1, Rom 1944 (Nachdruck 1966), S. 539 (zur Handschrift Göttingen Arab. 114, fol. 150 v—180).

[271] V. Scheil, Restitution de deux textes dans le récit syriaque de la vie de Mar Bischoï (Ed. Bedjan), ZA 15, 1900, S. 103—106. Hier liegt aber auch in der griechischen Version ein Überlieferungsproblem vor, denn diese bietet den Text der ersten Lacune in breiter Ausschmückung (Kap. 21—30, Pomjalovskij S. 14—20), während im Text der zweiten Lacune die Reminiszenz an die Totenerweckung des Makarius fehlt.

[272] Bedjan S. 574, Z. 8; S. 577, Z. 9; S. 584, Z. 20; S. 596, Z. 15; S. 597, Z. 2. Vgl. auch S. 575, Z. 18.

Fazit: Serapion ist nicht der Autor der Vita Pšôi und soll auch nicht als solcher gelten. Die Vita wird einhellig Johannes Kolobos zugeschrieben, ohne daß diese Zuschreibung hier auf ihre Richtigkeit hin untersucht werden muß.

VI. DIE VITA IOHANNIS BAPTISTAE

Die hier zur Debatte stehende Vita Johannes des Täufers ist arabisch (in Karschuni) überliefert und ediert[273]. Außerdem existieren noch verwandte koptische Fragmente[274]. Über die Frage der Autorschaft haben sich Alphonse Mingana und J. Rendel Harris (in der Einleitung zu Minganas Edition) schon hinreichend geäußert.

Kurz gesagt: Die Überschrift nennt keinen Autor, aber im Text behauptet der Ich-Erzähler, der sich „euer Vater Serapion", er sei vom Patriarchen Timotheus von Alexandria ordiniert worden. „Serapion" berichtet außerdem, er habe an der Einweihung der Reliquienkirche des Täufers teilgenommen, die unter Patriarch Theophilus stattfand (S. 484, Übersetzung S. 459). Auf diese Einweihung läuft die ganze Erzählung zu.

Serapion von Thmuis ist aber sicher nicht erst von Timotheus (380—385) ordiniert worden; ob seine Lebensspanne bis Theophilus (385—412) reicht, ist mehr als fraglich. Welcher Serapion auch gemeint sein mag — es kann nicht der von Thmuis sein.

---

[273] A. Mingana, A New Life of John the Baptist, BJRL Manchester, Bd. 11, 1927, S. 438—491 (S. 342—349 Vorwort von J. Rendel Harris). In diese Ausgabe sind die sonst in der Literatur zitierten Woodbrooke Studies 1, Cambridge 1927, S. 138—145, 234—287 aufgegangen, die mir aber nicht als Separatum zugänglich waren.

[274] A. van Lantschoot, Fragments coptes d'un panegyrique de S. Jean-Baptiste, Muséon 44, 1931, S. 235—254. Van Lantschoot meint, der Autor „Serapion" könne mit Serapion, dem Erzieher des Cyrill von Alexandrien, identifiziert werden (S. 240, Anm. 5). Die Fragmente sind, so van Lantschoot S. 241, keine Parallelversionen der Vita, sondern schöpfen mit dieser aus der gleichen Quelle. In den Fragmenten ist überhaupt kein Verfasser genannt.

E. SERAPION — GEWÄHRSMANN DER VITA ANTONII?

1. Einführung in den Problemstand

In den letzten Jahrzehnten ist die Vita Antonii immer wieder einer kritischen Sichtung unterzogen worden, um die von ihr aufgegebenen Rätsel zu lösen. Wer ist der Autor? Welchen Rang hat sie als Geschichtsquelle? Wo sind tendenzielle Partien und wie sind sie theologisch zu deuten? Von wem hat der Autor seine Informationen?

Im Jahre 1982 ist ein Aufsatz von Martin Tetz erschienen, der einen Lösungsansatz für diesen Fragenkomplex anbietet, indem er Serapion von Thmuis als „Gewährsmann" für die Vita einführt[275]. Tetz' wichtigste Argumente lauten:

— Athanasius erwähnt im Vorwort der Vita, der Schließung des Schiffsverkehrs wegen hätten keine Berichte der Mönchsgefährten des Antonius mehr verarbeitet werden können, da der Briefbote in Eile gewesen sei. Damit stellt sich die Frage nach der Informationsquelle des Athanasius (S. 6 f).

— Eine Antwort darauf gibt eine Lesart zu PG 26, 840, die mit den Übersetzungen der Vita dem bisherigen Textus receptus vorzuziehen ist (vgl. den Apparat des Migne-Textes): „... deswegen: Was ich selbst weiß — denn ich sah ihn oft — und was ich erfahren konnte von dem, der ihm nicht wenige Zeit nachfolgte und ,Wasser über seine Hände ausgoß (2Kö 3,11)', beeilte ich mich ... zu schreiben". Daraus folgt, daß Athanasius hier seinen Gewährsmann anführt (S. 7 f).

— In Kap. 91 werden Athanasius und Serapion von Antonius mit je einer Melote (einem Schaffellmantel) bedacht, was wie das Bild vom Wasserausgießen ein Anklang an die Elia/Elisa-Erzählungen (2Kö 2) ist (S. 8).

— Da es in der Vita sonst an Parallelisierungen mit dem Elia/Elisa-Verhältnis fehlt, läßt sich eine Brücke von Kap. 91 zum Vorwort schlagen: Der fragliche Gewährsmann ist Serapion, der in Kap. 82 als Intimus des Antonius gilt (S. 8—11). Diese Grundthese wendet Tetz im III. Teil seines Aufsatzes auf den Inhalt der Vita an: Athanasius hat demnach eine von Serapion gelieferte Vorlage korrigiert:

— Der Bezug auf die Vita Pythagorae in Kap. 14 ist ganz untypisch für Athanasius, paßt aber zum „Scholasticus" Serapion. Athanasius hat die

---

[275] M. Tetz, Athanasius und die Vita Antonii. Literarische und theologische Relationen, ZNW 73, 1982, S. 1—30.

Anspielung christologisch korrigiert: Der Held verwirklicht das Ideal nicht philosophisch, sondern durch den Kyrios. In ähnlicher Tendenz hat Athanasius in Kap. 6 ein Psalmzitat eingefügt (S. 19—22).

— Athanasius nennt das Kirchengebäude gemeinhin ἐκκλησία, nicht κυριακόν. Dieser Begriff kommt aber in Kap. 2 f, 8, 70 und dem Serapion zuzurechnenden Kap. 82 vor — also stammen auch die den Begriff umschließenden Kontexte in den genannten Kapiteln von Serapion. Daraus folgt auch, daß der Bericht über den Besuch des Antonius in Alexandria in Kap. 69—71 (mit Ausnahme der dogmatischen Rede) von Serapion stammt, der den Besuch auch arrangiert hatte. Athanasius war zu dieser Zeit noch im Exil (S. 22—24).

— In Kap. 2 hat Athanasius die biblischen Heiligen über die Mönche gestellt und somit die hagiographische Tendenz Serapions korrigiert; diese ist besonders in der Epistula ad Monachos zu beobachten (vgl. S. 16—19). Die gleiche Korrektur läßt sich in Kap. 65 und 89 ff wahrnehmen (S. 24—27).

Soweit die These von Tetz. Eine ähnliche Problemanzeige geben die Arbeiten, die sich mit dem Verhältnis von griechischer und syrischer Vita befassen[276].

2. Das Zeugnis der Vita: Serapion und Antonius

Die folgenden Überlegungen sind ein Versuch, die Vita Antonii von Serapion her und auf Serapion hin zu lesen. Nimmt man die Anfrage von Tetz kritisch auf, um sie an der Vita und vor allem an Serapion zu überprüfen, empfiehlt sich als Ausgangspunkt das, was die Vita expressis verbis über Serapion sagt. Eine solche Fokussierung ist auch deshalb notwendig, weil die häufig zu beobachtende Tendenz, die Vita im Spannungsfeld von historischem Antonius und berichtendem Athanasius zu deuten, einer genaueren Analyse des Profils der von Athanasius verarbei-

---

[276] R. Draguet, CSCO 418 (s. Anm. 283), Einleitung § 6: Die syrische Version (die Übersetzung einer verlorenen Vorlage in koptisierendem Griechisch) hat gegenüber der griechischen (die kaum auf Athanasius zurückgeht) den Vorzug. T. D. Barnes, Angel of Light or mystic Initiate? The Problem of the Life of Antony, JThS NS 37, 1986, S. 353—368: Die Vita beruht auf einem verlorenen koptischen Original, das von einem Vertrauten des Antonius verfaßt und dann ins Syrische und Griechische übersetzt worden ist (S. 357 ff). Barnes lehnt die These von Tetz ab: Athanasius ist nicht der Endredaktor, er hätte sich in Kap. 91 nicht mit Serapion auf eine Stufe gestellt (S. 366 f). R. Lorenz hat jüngst durch Textvergleiche gegen Draguet der griechischen Version den Vorzug gegeben (Die griechische Vita Antonii des Athanasius und ihre syrische Fassung, ZKG 100, 1989, S. 77—84).

teten Überlieferungen fast keinen Raum läßt [277]. Die „Ambivalenzen" der
Vita (vgl. Tetz S. 2 und 4 f) könnten sich ja auch als Polyvalenzen erweisen.
Eine vorläufige Konzentration auf die mit dem Namen Serapion markier-
ten Passagen der Vita erleichtert auch einen Vergleich mit Serapions
Äußerungen über Antonius, für den sein Brief an dessen Nachfolger ein
unverzichtbares Kriterium ist.

Die Untersuchung dieses Briefes hatte ergeben, daß Serapion Antonius
und dessen Lehre vom „Zorn" und der Bedeutung der Fürbitte gekannt
hat, daß er sie aber auch in eigenem Sinne kirchenpolitisch, also antiarianisch, zu interpretieren wußte: Serapion hat ein kirchenpolitisches, kein
biographisches bzw. hagiographisches Interesse an Antonius. Zwar kennt
er Antonius gut, doch geht es ihm vordringlich um eine aktualisierende
Anwendung seiner Lehren, wobei in das Leben des Antonius — im
Gegensatz zur Vita — keine explizite antiarianische Christologie eingetragen wird.

Untersuchen wir zuerst das 82. Kapitel der Vita. Dort heißt es, Antonius
habe oft Visionen über die Zukunft Ägyptens gehabt und sie dem Bischof
Serapion mitgeteilt, wenn der bei ihm auf dem inneren Berg gewesen sei.
Ein besonders schreckliches Gesicht wird im Zusammenhang mit der
Nennung Serapions dokumentiert und könnte also von ihm überliefert
sein. Antonius kündigt an: „Zorn wird die Kirche ergreifen und sie wird
Menschen, die unvernünftigen Tieren ähnlich sind, ausgeliefert werden.
Ich sah nämlich die τράπεζα τοῦ κυριακοῦ und überall um sie im Kreis
Maultiere herumstehen und die Inneren (PG 26, 957, Apparat!) zertram-
peln, wie eben Huftritte springender Tiere ohne Ordnung sind. Ihr merkt
sicher — sagte er — wie ich seufzte, denn ich hörte eine Stimme, die da
sagt: Mein Altar wird geschändet werden". Anschließend wird konstatiert:
„Und nach zwei Jahren geschah die jetzige (νῦν) ἔφοδος der Arianer und
die ἁρπαγή der Kirchen, als sie die Gerätschaften mit Gewalt raubten
und sie durch Heiden wegtragen ließen, als sie auch die Heiden von den
Werkstätten wegzwangen, daß sie sich mit ihnen versammelten. Und sie
taten in ihrem Beisein auf der τράπεζα, wie sie wollten. Da erkannten wir
alle, daß die Huftritte der Maultiere dies dem Antonius prophezeit hatten,
was die Arianer jetzt (νῦν) unvernünftigerweise tun wie die Tiere". Das
νῦν soll nach Auffassung von Tetz (S. 10) und anderen sekundär sein, da
es nur von der griechischen Version überliefert wird (vgl. dazu aber unten
S. 110). Es folgt dann noch ein Trost aus dem Munde des Antonius, der
die Wiederherstellung der alten kirchlichen Verhältnisse ankündigt, und
eine Warnung vor den Arianern.

---

[277] Ich beziehe deshalb weder die klassische Kritik (Reitzenstein, Dörries, Heussi u. a.) noch
neuere Publikationen zu Athanasius und der Vita ausdrücklich in diese Untersuchung
mit ein, weil sie zu dem speziellen Problem „Serapion und die Vita Antonii" kaum etwas
über Tetz Hinausgehendes beitragen.

Wie im Brief Serapions anläßlich des Todes des Antonius ist auch in der obigen Vision die Rede vom Zorn ein charakteristisches Merkmal. Für Athanasius ist das Thema sonst gar nicht belegt[278]. Für die Grundaussage vom kommenden Zorn könnte Serapion also der Tradent sein, evtl. auch noch für das Bild von den Maultieren (über die antiarianische Implikation des Epitheton ἀλόγοις müßte Klarheit geschaffen werden). Das bedeutet aber nicht, daß damit im Sinne von Tetz (s. o.) κυριακόν als ein serapionischer Terminus gewonnen wäre. Der Begriff ist sonst bei Serapion nicht nachzuweisen, und die Wendung ἡ τράπεζα τοῦ κυριακοῦ im Munde des Antonius kann auch ein bewußter Rekurs auf 1Kor 10,21 (τράπεζα κυρίου) und 11,20 (κυριακὸν δεῖπνον) sein. Der Terminus ist immerhin so weit verbreitet, daß auch andere Materiallieferanten der Vita ihn an den von Tetz genannten Stellen mit eingebracht haben könnten. Diese „Polyvalenz" bleibt solange gültig, wie sich keine Zusatzargumente für eine serapionische Tendenz der mit dem Begriff markierten Passagen finden lassen (zu Kap. 70 s. u.).

Nicht ohne weiteres einzuordnen ist die dann in Kap. 82 folgende Situationsbeschreibung („Und nach zwei Jahren ..."). Serapion sah in seinem Brief den Zorn erst nach dem Tod des Antonius auf Ägypten kommen. Stammte die Situationsbeschreibung von ihm, müßte die Vision in das Jahr 354 fallen. Im Jahr davor war Serapion im Auftrag des Athanasius am Kaiserhof in Mailand gewesen. Die kirchenpolitische Lage spitzte sich in diesen Jahren immer mehr zu, was eine Reise zum abgelegenen inneren Berg des Antonius eher unwahrscheinlich macht.

Sofern wir in diesem Teil der Vita noch einen chronologischen Rahmen annehmen können, wäre auch das zeitliche Verhältnis zum Balakius-Vorfall von 345 gestört (s. u. zu Kap. 86). Außerdem paßt die Situationsbeschreibung zu dem, was uns Athanasius aus seiner Sicht mitteilt: Auch in der Epistula encyclica von 339[279] werden die Heiden der Mittäterschaft geziehen (Kap. 3,2.5, S. 172, Z. 2.17 und Kap. 4,4, S. 173, Z. 15), die Verunreinigung der ἄγια τράπεζα wird beklagt (Kap. 3,5, S. 172, Z. 13) und die ἁρπαγή in der Kirche wird angeprangert (Kap. 4,2, S. 173, Z. 7). Athanasius hätte also auf seine eigene Situationsbeschreibung zurückgreifen können. In der wahrscheinlich erst nach der Vita entstandenen Historia Arianorum von 358 wird zwar wie in der Vita die ἔφοδος der Häretiker (von 356) beklagt[280], doch ist hier nicht die Verunreinigung, sondern der Raub des Altartisches das Thema (Kap. 56,1, S. 214, Z. 35 f). Zwar werden auch hier die Heiden des Mittuns beschuldigt (Kap. 57,1, S. 215, Z. 7 f),

---

[278] Vgl. G. Müller, Lexicon Athanasianum, Berlin 1952 zum Stichwort »ὀργή«. Dort ist nur ein Anklang an Röm 2,5 verzeichnet (in De Synodis), womit sich der spezifisch theologische Gebrauch des Wortes bei Athanasius erschöpft.

[279] H. G. Opitz, Athanasius' Werke, Bd. II/1, Berlin 1934 ff, S. 169–177.

[280] Historia Arianorum 65,1, Opitz II/1, S. 218, Z. 36.

doch nennt Athanasius sie an dieser Stelle Ἕλληνες und nicht ἐθνικοί wie in der Epistula encyclica und der Vita. Serapion hat sich in seinem Brief nicht über die Heiden und den Altartisch geäußert.

Die Situationsbeschreibung ist also bereits Athanasius zuzurechnen, der dabei auf seine eigene Schilderung von 339 zurückgreift. Die eigentliche Vision stammt dann aus dem Jahre 337.

Die Rückschau auf die Ereignisse wird von dem abschließenden Trost und der Mahnung aktualisierend aufgeschlossen. Insgesamt ist der Erzählduktus in die Gegenwart hin offen, das zweimalige νῦν ist also eine folgerichtige Ergänzung, wenn es nicht sogar ursprünglich ist: Athanasius hätte durchaus auf die Unkenntnis seiner Leser bauen können, die ja gar nicht wußten, daß die erzählte Vision schon Jahrzehnte zurücklag. Serapion hatte seinen Brief zwar auch mit einer Hoffnung auf Besserung der Lage abgeschlossen, doch weiß er von keiner ausdrücklichen Warnung des Antonius vor den Arianern. Für Serapion ist Antonius nicht der Tröster und Lehrer, sondern das neu auszuformende Vorbild in der Fürbitte. Das Ende des Zorns muß durch die vielen neuen Antonii bewirkt werden. Aufgrund dieser Unterschiede ist auch die abschließende Trost- und Mahnrede in Kap. 82 Athanasius zuzurechnen.

Wenn Serapion, der hier so exponiert genannt wird, einen Anteil an diesem Kapitel hat, dann nur in der Übermittlung der Zornesvision, die er miterlebt hat. Alles, was in Kap. 82 folgt, widerspricht seinem theologischen Interesse an Antonius.

Was hat es mit dem „Gewährsmann" Serapion über Kap. 82 hinaus auf sich? Der zweite Beleg für seine Nähe zu Antonius ist Kap. 91: Antonius erteilt vor seinem Tod zwei nicht näher genannten Schülern den Auftrag, seine Kleidung zu verteilen: Athanasius soll seine eine Melote und das von ihm geliehene Obergewand erhalten, Bischof Serapion die andere Melote, die beiden Ungenannten das härene Gewand. Hier ist oft eine Elia/Elisa-Typologie festgestellt worden, die aber nur einen Brennpunkt der Interpretation bildet. Der andere liegt darin, daß die Kleidungsstücke einen Ansatz zu einer besonderen Reliquienverehrung bieten:

In Kap. 92 wird betont: „Jeder von den beiden, die die Melote des Seligen Antonius empfangen haben und das von ihm abgewetzte Gewand, bewahrt sie wie ein großes Gut. Denn auch wenn er sie nur ansieht, ist es, als ob er Antonius erblickt, und wenn er sie anzieht, ist es, als ob er seine Weisungen mit Freude trägt". Dieser Nachtrag ist entscheidend für das Verständnis von Kap. 91. Die Vergabe der Kleidungsstücke ist von Antonius nicht interpretiert worden, ihm wird keine Beauftragung von Nachfolgern in den Mund gelegt[281]. Vielmehr erfolgt die Sinnstiftung erst

---

[281] Gewiß hat die Übergabe der Utensilien schon an sich symbolische Funktion, wie durch Parallelen deutlich wird (vgl. A. Dihle, Das Gewand des Einsiedlers Antonius, JAC 22, 1979, S. 22—29). Der hier zur Debatte stehende Nachsatz in Kap. 92 geht aber über den

im Nachhinein: Die Erbstücke repräsentieren Antonius und somit auch seine Lehre.

Serapion hatte in seinem Brief eine Repräsentation des Antonius in seinen Nachfolgern gewünscht und auch sich dabei nicht ausgeschlossen (Kap. 18: „wir"). Die Hinterbliebenen sollen das Vorbild ausformen und „viele Antonii" werden, und dies in der Fürbitte, die Antonius so erfolgreich gegen den Zorn praktizierte. Serapion hatte seinen Brief kurz nach dem Tod des Antonius und vielleicht als Antwort auf die ihm zugestellte Melote geschrieben. Die Vita ist danach, vielleicht schon im Herbst 356, abgefaßt worden. Der Kommentar von Kap. 92 bleibt ungefähr auf der Argumentationslinie des Briefes: Der Repräsentationsgedanke wird auf die beiden neuen Melotenträger angewendet, die somit auch zu neuen Antonii werden. Der für Serapion so wichtige Aufruf zur Fürbitte fehlt hier zwar, jedoch spielt er in der ganzen übrigen Vita keine Rolle und wäre hier überständig.

Denkbar ist also, daß Athanasius den von Serapion entwickelten Repräsentationsgedanken aufgenommen hat und somit auch hier Serapions Handschrift noch blaß erkennbar ist. Was wir auf jeden Fall erfahren, ist, daß Antonius ein besonderes, nicht dem zu seinen Mitanachoreten gleichwertiges Verhältnis zu Athanasius und auch Serapion gehabt haben muß.

3. Serapion und die Vita

Diese Anhaltspunkte aus Kap. 82 und 91 geben Anlaß zu der Frage, ob sich andernorts in der Vita ähnliche Tendenzen finden. Ich beschränke mich im folgenden auf das letzte Drittel der Vita; erst ab Kap. 67 setzen die eigentlichen kirchenpolitisch tendenziellen Passagen ein[282]. Erst ab hier tritt Antonius in das Licht der für Athanasius und Serapion relevanten Kirchengeschichte, und erst ab hier könnte Serapion ein Gewährsmann für Miterlebtes sein. Wenn sich in diesem Teil der Vita keine spezifische Mittlerfunktion Serapions feststellen läßt, erübrigt sich eine Untersuchung der vorangehenden Darstellung des Antoniuslebens.

In dieser ist bis Kap. 51 die Lebensgeschichte des Antonius bis zur diokletianischen Verfolgung und seiner Ansiedlung in der inneren Wüste nachgezeichnet; in dieses Material sind auch noch einige chronologische Notizen eingeschossen (z. B. in Kap. 10, 14, 46). Ab Kap. 52 folgen Einzelerzählungen, und am Anfang von Kap. 65 liest man: „Sehr viele der

---

Interpretationsrahmen „Legitimationsakt" hinaus; wir haben es ähnlich wie in Serapions Brief nicht mit einer geschlossenen Sukzessionskette, sondern mit einer das Vorbild reaktualisierenden Neubeauftragung zu tun.

[282] R. Reitzenstein läßt mit Kap. 67 einen neuen Hauptabschnitt beginnen (»ἦθος«), der bis Kap. 88 reichen soll: Des Athanasius Werk über das Leben des Antonius, SHAW. PH 1914, 8. Abh., S. 26—29.

Mönche haben übereinstimmend und gleichartig über ihn gesagt, daß auch
vieles anderes Derartiges durch ihn geschehen sei" (PG 26, 933 C). Wenigstens für die Kap. 52—64 ist demnach eine breitere Überlieferungsbasis
vorauszusetzen. Kap. 65 und 66 sind vereinzelte Visionsberichte; der bis
Kap. 51 relativ durchgängige Erzählduktus geht, wie gesagt, immer mehr
in Einzelepisoden über, die z. T. aber sachlich geordnet sind. Ich sehe in
dem von mir aus inhaltlichen Erwägungen behelfsmäßig abgeschiedenen
Teil der Vita folgende Grobstruktur:

— Kap. 67—70: Der „kirchliche" Antonius: Er ehrt den Kanon und die
Diener der Kirche, ist ein Gegner aller Häretiker und verdammt in
Alexandria die Arianer.
° Die antiarianische Rede in Kap. 69 ist redaktionell athanasianisch. Die
historischen Hintergründe des Besuches sind nur schwer auszuloten, die
Begründung der Vita (die Arianer erklärten Antonius zu einem der Ihren)
mag zutreffen. Serapion mit Tetz (S. 23 f) als Arrangeur des Besuches
anzusehen, läßt zu viele Fragen offen: Welche konkreten Indizien gibt es
dafür? Warum wird er nicht hier endlich als Gewährsmann eingeführt oder
wenigstens eine literarische Brücke zu Kap. 82 oder 91 geschlagen? Daß
Serapion im Jahre 337 die Zornesvision bei Antonius hörte, beweist nicht,
daß er auch mit ihm nach Alexandria zog. Auch wenn Athanasius noch
im Exil war, kann er doch aus anderer Quelle vom Antoniusbesuch
erfahren und ihn in seinem Interesse interpretiert haben. Das Vorkommen
von κυριακόν in Kap. 70 ist daher ein unwägbares Argument. Außerdem
besteht eine Differenz zwischen Kap. 70 und dem Denken Serapions über
die Bedeutung der ὄχλοι (s. o. C. I. 2. zum Fragment aus Brief 55).

— Kap. 71: Der Wir-Bericht über den Exorzismus am Stadttor von Alexandria.
° „Wir" sind augenscheinlich Alexandriner (s. u. Anm. 284), die Antonius
aus der Stadt geleiten, denn am Schluß geht „er" allein weg. Das „wir"
ist auf dieses Kapitel beschränkt und hat für die restliche Schilderung des
Besuches keine dokumentierende Funktion. Wenn das „wir" eine alexandrinische Quelle ist, kann sich dahinter nicht der Bischof von Thmuis
verbergen.

— Kap. 72—80: Die Disputationen des Antonius mit den Philosophen.
Kap. 73 und 74—80 sind ausgebaute Dubletten zu 72. Kap. 72 knüpft
thematisch eigentlich an die Heidenbekehrungen von 70 an, ein weiterer
Beleg dafür, daß 71 ein eigenes Überlieferungsstück ist. In Kap. 73 heißt
es für das Kommen der Philosophen zum äußeren Berg: ἀπαντάω.
° Für diese Reden ist kein Gewährsmann vonnöten und er wird auch nicht
vorausgesetzt. Serapion kennt die hier vermittelte Trennung von Philo-
sophie und Glaubenslehre nicht, wie der Manichäertraktat beweist.

— Kap. 81: Der Briefwechsel mit Konstantin und seinen Söhnen. Er ist ein Einschub, denn am Anfang von Kap. 82 heißt es dann: „Als … er so den zu ihm Kommenden geantwortet hatte, wandte er sich wieder zum inneren Berg". Die Kaiser aber waren nicht zu ihm gekommen, vielmehr ist hier das ἀπαντάω aus Kap. 73 wieder aufgenommen[283]. In den Apophthegmata (Antonius 31, PG 65, 85 B) wird nur Constantius als Briefschreiber aufgeführt.
° Auch hier gibt es keinerlei Indizien für eine Mittlerfunktion Serapions.

— Kap. 82: s. o.

— Kap. 83 f: Am Anfang von Kap. 83 steht die Notiz: „Derartig sind die (Taten) des Antonius. Wir dürfen aber nicht ungläubig sein, wenn durch einen Menschen solche Wunder geschehen". In Kap. 83 f wird dann die Bedeutung der Wunder thematisiert. Von Wundern im eigentlichen Sinne war aber zuletzt in Kap. 71 und in größerem Umfang vor Kap. 67 berichtet worden. Die Notiz ähnelt der aus Kap. 65 angeführten (s. o.).
° Diese Kapitel heben sich deutlich von Kap. 82 ab, sind also nicht mit Serapion in Verbindung zu bringen.

— Kap. 85: Antonius belehrt einen hohen Offizier.
° Das Kapitel gehört in eine ähnliche Kategorie wie 72—80: In einen grob skizzierten Rahmen werden Belehrungen eingetragen, die keinen Gewährsmann voraussetzen. Der Text basiert auf einem Antonius-Logion, das auch in den Apophthegmata überliefert ist (Antonius 10, PG 65, 77 BC).

— Kap. 86: Dieses Kapitel ist neben 82 und 91 f das interessanteste. Antonius schreibt an den Dux Balakius: „Ich sehe Zorn auf Dich kommen. Höre also auf, die Christen zu verfolgen, damit der Zorn Dich nicht einmal ergreift, denn er wird auf Dich kommen". Die Androhung des Zorns ist der in Kap. 82 parallel, und auch die Auswirkungen werden hier berichtet: Balakius stirbt. Eingeleitet wird das Kapitel mit den Worten: „… Balakius … verfolgte bitterlich uns, die Christen, wegen seines Eifers für die verrufenen Arianer". Der Wir-Erzähler („verfolgte … uns")[284] begründet

283 In den Übersetzungen fehlt das Stichwort: Vgl. die Anfänge von Kap. 82 in: Evagrius, PG 26; R. Draguet, La vie primitive de S. Antoine conservée en syriaque, CSCO 417/ 418, Louvain 1980; G. Garitte, S. Antonii Vitae versio sahidica, CSCO 117/118, Paris/ Louvain 1949; G. J. M. Bartelink, Vita di Antonio (Vite dei Santi 1), Verona 1974. Hier liegt eine sekundäre Glättung gegenüber der griechischen Version vor.
284 Dieses „wir" gehört wie das in Kap. 71 (Exorzismus am Stadttor) und das in Kap. 46 („er zeigte die Bereitwilligkeit von uns, den Christen", sc. zum Martyrium) nach Alexandria, also wenigstens in den Umkreis des Athanasius. In Kap. 12 („wir wissen es nicht"), Kap. 65 („wir wollen erinnern"), Kap. 82 („da erkannten wir alle") und Kap. 83 („wir dürfen nicht ungläubig sein") liegt ein allgemeiner und wohl auch auf Athanasius zurückzuführender Kommentar vor.

in der Exposition die Untaten des Balakius zwar mit seinem Arianismus, der eigentliche Vorwurf aber ist seine Grausamkeit gegenüber Jungfrauen und Mönchen. Was Antonius zu seiner Intervention bewog, ist ähnlich wie im Falle des Besuches in Alexandria nicht mehr genau zu ermitteln. Die Exposition wird man Athanasius zuschreiben können. Dies gilt auch für den Vorwurf der Christenverfolgung im Brief selbst: In der athanasianischen Trostrede in Kap. 82 wird den „Verfolgten" die Wiedereinsetzung verheißen[285]. Andererseits hat Athanasius in der Historia Arianorum (Kap. 14,4, Opitz II/1, S. 190) bei der Darstellung der Balakius-Episode die Zornesdrohung und überhaupt jede Inhaltsangabe des Antoniusbriefes ausgelassen. Er begründet den Tod des Balakius dort nicht mit der ὀργή, sondern mit der göttlichen δίκη. Die Rede vom Zorn ist in der Vita also wiederum nicht auf Athanasius zurückzuführen.

° In Kap. 82 war zu beobachten gewesen, daß beim Thema „Zorn" mit Serapions Vermittlung zu rechnen ist. Andererseits ist die Zornesstrafe von Antonius und auch Serapion aus gesehen nicht unbedingt ein Zuchtmittel gegen unliebsame Gegner. Serapion sieht zudem den Zorn erst nach des Antonius Tod losbrechen. Außer der thematischen Verwandtschaft zu Kap. 82 lassen sich auch keine weiteren Indizien dafür erheben, daß er hier eine Funktion als Tradent hatte. Nur der Grundgedanke der Zornesdrohung ließe sich also auf Serapion zurückführen, während alles andere auf alexandrinische Übermittler — die Balakius-Episode ereignete sich in der Nähe von Alexandria — bzw. Athanasius selbst zurückgeht.

— Kap. 87 f: Ein Summar, in dem Antonius als der Helfer aller dargestellt wird.
° Für dieses Fazit bedarf es keines Mittelsmannes.

— Kap. 89—92: Das Lebensende. Hier ist noch einmal Gelegenheit zu Mahnreden und Warnungen vor den Häretikern.
° Serapion kann die ihm zugedachte Melote nicht persönlich entgegennehmen, war also beim Tod des Antonius nicht zugegen. In seinem Brief an die Nachfolger des Antonius weiß er vom Lebensende des Meisters nichts zu berichten.

— Kap. 93 f: Ein Nachwort, in dem die Verbreitung der Kunde von Antonius dokumentiert wird.

---

[285] Athanasius sieht die Aktionen der Arianer und die vergangenen Christenverfolgungen in eins, vgl. die Philosophenrede in Kap. 79: „Die Anhänger Christi werden verfolgt ... der Glaube und die Lehre Christi ... wurden oft von den Kaisern verfolgt".

Was läßt sich nun als Ergebnis festhalten? Von Serapion her und auf
Serapion hin gelesen ist mit einiger Wahrscheinlichkeit die Vision aus
Kap. 82 von ihm als „Gewährsmann" überliefert. Die Idee der Repräsentation in Kap. 92 kann auf ihn zurückgehen, die (nicht von Tetz aufge-
führte) Zornesdrohung aus Kap. 86 ist für ihn nicht vollends wahrscheinlich zu machen — hier beginnt der Bereich der ungesicherten Hypothesen
und Petitiones principii.

Dieser gegen Serapion als entscheidenden Gewährsmann sprechende
Befund beinhaltet auch, daß wir uns Serapion nicht als „Schüler" des
Antonius vorstellen dürfen; seine Beziehung zu dem großen Anachoreten
ist laut Kap. 91 f eine besondere, ähnlich wie im Falle des Athanasius aber
keine dauerhafte. Der Mittelsmann, „der ihm nicht wenige Zeit nachfolgte
und Wasser über seine Hände ausgoß" (Vorwort der Vita), muß weiter
anonym bleiben, ebenso wie die beiden Miterben an der Kleidung des
Antonius, die nach Kap. 91 immerhin 15 Jahre bei ihm gewesen waren.

Athanasius hatte keinen Grund, Serapion nicht von vornherein als
Hauptzeugen einzuführen, zumal er ihn an zwei Stellen namentlich hervorhebt. Die Vita selbst sagt mehr über die Bedeutung Serapions aus als
das kryptische Vorwort, in dem der Autor nicht nur seinen imaginären
Gewährsmann vorstellt, sondern auch sich selbst: „Ich sah ihn (Antonius)
oft". Ohne eine Gesamtanalyse der einzelnen Überlieferungsmaterialien in
der Vita wird sich die Untersuchung ihres Entstehungsprozesses und die
Erhellung ihrer spezifisch athanasianischen Teile kaum vorantreiben lassen.
Die Aufschlüsselung der Ambi- bzw. Polyvalenzen könnte das Bild nachzeichnen helfen, das sich die Zeitgenossen des Antonius von dem Titel-
helden der Vita machten.

Aber zurück zu Serapion: Die von Tetz postulierten Korrekturen durch
Athanasius setzen eine schriftliche Vorlage voraus (vgl. besonders Tetz
S. 19—22). Athanasius, der so unter Zeitdruck stand, hätte nicht nur das
Material sammeln, sondern auch Serapions Vorarbeiten zensieren müssen.
In der Vita lassen sich aber keine zusammenhängenden Passagen einer
solchen Vorlage mehr finden. Zum anderen bleibt von Serapions hagio-
graphischer Tendenz, die Athanasius korrigiert haben soll, durch den
Wegfall der unechten Epistula ad Monachos nicht mehr viel übrig.

Wenn Serapion für die Vita eine Funktion hat, dann nur als ein Tradent
und Interpret unter mehreren, der Athanasius mit dem vertraut machte,
was er über Antonius wußte und dachte. Die beiden Bischöfe korrespon-
dierten, wie die Briefe des Athanasius beweisen, regelmäßig miteinander,
wobei — besonders was Serapion angeht — mit etlichen verlorenen Briefen
zu rechnen ist (s. u. F. X.—XII.).

Daß Serapion schon früher mit der Entstehung der Vita in Verbindung
gebracht worden ist, zeigt eine arabische Handschrift aus dem 18. Jhd.,
die verzeichnet: „Leben des heiligen Antonius, geschrieben von seinem

Schüler Bischof Serapion"[286]. Diese vollkommen isolierte Zuschreibung ist nichts weiter als der Versuch, die in vielen Handschriften waltende Anonymität der Vita durch die Einsetzung eines Namens zu tilgen. „Serapion" war ja auch als Autor der Vita Macarii eingeführt und steht in der Vita Antonii mit an prominentester Stelle.

---

[286] G. Graf, Geschichte der christlichen arabischen Literatur, Bd. 1, Rom 1944 (Nachdruck 1966), S. 459. Überschrift nach Graf, Catalogue des Manuscrits Arabes Chrétiens conservées au Caire (StT 63), Rom 1934, Nr. 454,14. Nach der von R. Lorenz veröffentlichten Inhaltsangabe des Textes handelt es sich um eine mittelalterliche legendarische Ausgestaltung des Antoniuslebens: Eine Serapion von Thumis [sic!] zugeschriebene arabische Vita Antonii, ZKG 102, 1991, S. 348—361.

F. ÄUßERE ZEUGNISSE

In den folgenden Einzeluntersuchungen soll das zusammengetragen werden, was wir aus Zeugnissen des Athanasius und anderer über Serapion erfahren können. Wenn es auch nicht übermäßig viel ist, so reicht es doch aus, zusammen mit den Anhaltspunkten aus den Primärquellen eine biographische Skizze zu entwerfen.

I. THMUIS: ORTSGESCHICHTE UND MONASTISCHES MILIEU

Serapion war nicht nur ein theologischer Schriftsteller, sondern auch Bischof von Thmuis, einer Stadt, von der außer Ruinen nichts geblieben ist[287]. Thmuis hatte im 2. Jhd. n. Chr. von Mendes die Funktion eines regionalen Verwaltungszentrums übernommen[288], und zu Serapions Zeit war die Stadt eine der größten in Ägypten[289]. Sie lag im nordöstlichen Nildelta, in der Nähe eines schiffbaren Nebenarmes[290], und sie gehörte zu Serapions Zeit zu der neu gegründeten Provinz Augustamnica Prima. Noch in islamischer Zeit behauptete sie mit dem Ehrentitel „die Christus liebende Stadt" ihre Bedeutung (s. o. S. 99 und 102: zur Vita Macarii aus dem 8. Jhd.).

---

[287] Heutiger Name: Tell Timai; vgl. H. de Meulenaere, Art. Thmuis, LÄ Bd. 6, Wiesbaden 1986, Sp. 493 f. Zahlreiche Belege bietet A. Calderini, Dizionario dei Nomi Geografici e Topografici dell' Egitto Greco-Romano, Bd. 2, Mailand 1977, S. 288 f und Suppl. I, Mailand 1988, S. 146 f. Ich verwende hier die übliche latinisierte Form „Thmuis" des Städtenamens (griechisch: Θμοῦις, koptisch: ⲐⲘⲞⲨⲒ).

[288] De Meulenaere, Art. Thmuis, Sp. 494. Eine lehrreiche Sammlung zur Geschichte der archäologischen Erforschung der Stadt und zu ihren Überresten selbst bietet das Werk von H. de Meulenaere und P. MacKay, Mendes II, Warminster 1976. In den Papyrusurkunden gilt die Stadt als „Metropolis". Vgl. z. B. S. Kambitsis, Le Papyrus Thmouis 1 (Publications de la Sorbonne, Sér. Papyrologie 3), Paris 1985, Index IV,2; S. 176 (zu μητρόπολις Θμοῦις). Der Papyrus stammt aus dem 2. Jhd.

[289] Ammianus Marcellinus zählt Thmuis neben Athribis, Oxyrhynchus, Memphis und Alexandria zu den Großstädten: Römische Geschichte 22,16,6 f, ed. W. Seyfarth, Bd. 3, Berlin 1970, S. 58. Ihrer Bedeutung in christlicher Zeit entsprechend ist die Stadt auch noch auf der Mosaikkarte von Madeba mit einer größeren Vignette verzeichnet: H. Donner, H. Cüppers, Die Mosaikkarte von Madeba, Teil I: Tafelband, Wiesbaden 1977, S. 163 (Abb. 129).

[290] Titus setzte im jüdischen Krieg hier seine Truppen an Land: Josephus, De Bello Iudaico IV,659, ed. O. Michel, O. Bauernfeind, Bd. II/1, Darmstadt 1963, S. 102/104.

Der erste nachweisbare Bischof von Thmuis ist Ammonius, der zur Zeit des Origenes lebte[291]. Den Ruhm der Stadt in christlicher Zeit begründete Bischof Phileas, der schon vor Serapion literarisch hervorgetreten war. Bekannt ist sein von Euseb überliefertes Schreiben an seine Gemeinde, in dem er von den Greueln der diokletianischen Verfolgung berichtet. Außerdem verfaßte er zusammen mit anderen Bischöfen einen Brief an Melitius. Berühmt wurde Phileas durch sein Martyrium im Jahre 305 bzw. durch die Überlieferung seiner Prozeßakten[292]. Um das Jahr 325 macht sich dann das melitianische Schisma auch in Thmuis bemerkbar: Auf einer melitianischen Bischofsliste ist „Ephraim in Thmuis" verzeichnet[293], während die Stadt in Nicäa von einem Tiberius vertreten wird[294]. Dessen direkter oder indirekter Nachfolger war Serapion, der somit frühestens 325 Bischof geworden sein kann. Der nächste bekannte Bischof von Thmuis, Aristoboulos, ist erst 431 als Teilnehmer der Synode von Ephesus nachzuweisen (Munier, Recueil, s. Anm. 294, S. 16 f). Über den 359 in Seleukia aufgetretenen Ptolemaios ist weiter unten eigens zu handeln (F. XIII.).

Im Zusammenhang mit der christlichen Geschichte von Thmuis ist noch zu klären, mit welcher Form von „Mönchtum" Serapion konfrontiert war, bzw. welchem „monastischen" Milieu er selber entstammt. Hinweise für die Beantwortung dieser Fragen bietet Johannes Cassian[295]. Er traf auf seiner Ägyptenreise gegen Ende des 4. Jhd. im Ostdeltagebiet auf eine Kombination von anachoretischer und koinobitischer Lebensweise, die dort nach den Angaben der befragten Väter schon Jahrzehnte verwurzelt gewesen sein muß und demnach schon in die Zeit Serapions zurückreichte. Charakteristisch war, daß sich die Anachoreten zuerst in Koinobien gemeinschaftlich auf ihre spätere Einzelaskese vorbereiteten (De Institutis V,36, CSEL 17, S. 108). Auch in der Nähe von Thmuis befand sich ein

---

[291] Photius, Interrogatio IX, PG 104, 1229 BC.

[292] Vgl. neben den Quellen, die in CPG I, Turnhout 1983, Nr. 1667 und 1671 f genannt sind, auch A. Pietersma, The Acts of Phileas Bishop of Thmuis (Cahiers d'Orientalisme 7), Genf 1984. Der Name Phileas ist koptisch auch als ϕιλΗΜωΝ überliefert: Four Martyrdoms from the Pierpont Morgan Coptic Codices, ed. E. A. E. Reymond, J. W. B. Barns, Oxford 1973, S. 86, Z. 16 (Übersetzung S. 188).

[293] Diese Liste gibt Athanasius wieder in Apologia secunda 71,6, Opitz II/1, S. 150, Nr. 27. Zur Datierung vgl. Opitz S. 149, Anm. 19.

[294] Die griechischen Listen nennen einen Gaius, doch ist der koptischen Überlieferung der Vorzug zu geben: Vgl. E. Schwartz, Über die Bischofslisten der Synoden von Chalkedon, Nicaea und Konstantinopel. ABAW PPH NF 13, 1937, S. 66, und H. Munier, Recueil des listes épiscopales de l'église copte, Kairo 1943, S. 4 f.

[295] In den Conlationes, ed. M. Petschenig, CSEL 13, Wien 1886 und in De Institutis Coenobiorum, ed. M. Petschenig, CSEL 17, Wien 1888. Zum Alter des von Cassian beobachteten Mönchtums vgl. z. B. Conlatio XIX,3, CSEL 13, S. 536 und De Institutis V,38, CSEL 17, S. 110.

Koinobion; Cassian traf auf einen Abba Johannes, „qui in vicinia civitatis cui nomen est Thmuis grandi coenobio praefuit" (Conlatio XIV,4, CSEL 13, S. 400, Z. 25 f). Was Serapions Auffassung vom Mönchtum und auch seine eigene „monastische" Vergangenheit angeht, ist also diese anachoretisch-koinobitische Mischform vorauszusetzen (s. u. F. IV. und F. V.).

II. „SERAPION"

Schon das Studium der Primärquellen zeigte, daß hinter dem Namen Serapion nicht immer die Person des Bischofs von Thmuis steht; vielmehr ist Vorsicht geboten, zumal der Name in Ägypten sehr häufig war. In den meisten Fällen ist die Entscheidung, welcher Serapion jeweils gemeint sei, eindeutig, doch wird der eine oder andere Serapion uns noch unter dem Stichwort „Irrwege" beschäftigen, da er mit dem Bischof von Thmuis verwechselt worden ist. Cuthbert Butler hat die wichtigsten Serapiones des 4. und beginnenden 5. Jhd. aufgelistet, es sind immerhin acht[296].

Zur Namensform Serapion ist anzumerken, daß Serapion und Sarapion tatsächlich nur zwei Formen eines Namens sind. Sarapion ist die im Griechischen häufigere Form und den Papyrusurkunden zufolge auch die ursprüngliche. Man könnte also auch von „Sarapion von Thmuis" sprechen. Die vom Lateinischen beeinflußte Variante Serapion ist aber weithin eingebürgert und soll hier beibehalten werden.

III. DER SCHOLASTICUS SERAPION

Unter den Zeugnissen über Serapion von Thmuis ragt das des Hieronymus besonders hervor: „ob elegantiam ingenii cognomen Scholastici meruit" (De vir. ill. 99). Hieronymus bewundert an ihm die eruditio saeculi und die scientia scripturarum, und Sozomenus rechnet ihn unter die ἐλλόγιμοι und ἐπιστημότατοι[297]. ἐλλόγιμος wiederum ist im Superlativ ein Ehrentitel, der die rhetorischen Qualitäten großer σχολαστικοί hervorhebt[298].

„Scholasticus" bezeichnet im 4. Jhd. meist einen Rechtsgelehrten[299], doch ist zu beachten, daß Hieronymus den Titel als ein Cognomen be-

---

[296] C. Butler, The Lausiac History of Palladius, Bd. 2, Cambridge 1904, Anm. 68 (S. 213—215). Vgl. auch DCB Bd. 4, New York 1887 (Nachdruck 1967), S. 612—615, wo außerdem die Märtyrer dieses Namens aufgezählt sind.

[297] Hieronymus, Ep. 70,4,4, ed. I. Hilberg, CSEL 54, Wien 1910, S. 706 f. Sozomenus III,14,42, ed. J. Bidez, G. C. Hansen, GCS 50, Berlin 1960, S. 125.

[298] So A. Claus, Ὁ ΣΧΟΛΑΣΤΙΚΟΣ (Diss. iur.), Köln 1965, S. 84—86.

[299] So heißt ab der Spätantike auch der öffentlich bestallte Parteianwalt: Vgl. neben Claus S. 63—95 auch F. Preisigke, Art. Σχολαστικός, PRE, 2. Reihe, 3. Halbbd., Stuttgart 1921, Sp. 624 f.

zeichnet, das Serapion aufgrund seines herausragenden Scharfsinns erworben habe. Außerdem sind Wechsel von anwaltlich tätigen Scholastici in das Bischofsamt erst gegen Ende des 4. Jhd. üblich[300].

Nun ist aber auch das Cognomen Scholasticus nicht frei verfügbar; es wird, wie zeitgeschichtliche Parallelen lehren, nur auf Menschen mit einer bestimmten Vorbildung angewendet, nämlich auf „einen umfassend, namentlich in den bonae artes ausgebildeten … Mann"[301]. Für eine solche rhetorische, grammatische und philosophische Vorbildung spricht auch der Manichäertraktat Serapions, in dem die Anlehnung an philosophische Inhalte und dialektische Formen auffällt. Als Serapion 353 zu Constantius II. reist, sticht er besonders durch seine rhetorischen Fähigkeiten hervor[302].

Demnach müssen wir annehmen, daß Serapion zwar nicht als anerkannter Scholasticus im Rechtswesen fungiert hat, wohl aber eine vergleichbare Vorbildung hatte. Er wird wenigstens einen Teil des Bildungsweges absolviert haben, den Makarios/Symeon darstellt: μανθάνειν τὰ σημεῖα – σχολὴ τῶν Ῥωμαϊκῶν – σχολὴ τῶν γραμματικῶν – σχολαστικός[303].

IV. DER MONACHUS SERAPION

Das Bild, das man sich bisher von Serapion für die Jahre vor dem Antritt seines Bischofsamtes machte, war weniger das eines umfassend Gebildeten als vielmehr das eines „Mönches". Prägend dafür war das Zeugnis des Athanasius in der Epistula ad Dracontium: »Σεραπίων μοναχός ἐστι, καὶ τόσων μοναχῶν προέστη«[304].

Daß hier wirklich der Bischof von Thmuis gemeint ist, geht aus der dann folgenden Mahnung hervor: »μνημονεύεις Ἀμμωνίου, τοῦ μετὰ Σα-

---

[300] Claus S. 127–131.

[301] Claus S. 43. Er hat für unsere Hieronymus-Stelle den Titel auf die „geistigen Talente" eingegrenzt und ihn als Namensbestandteil aufgefaßt (S. 46 f). Claus hat mit der Edition in PL 23 gearbeitet und dabei den lateinischen Text für eine sekundäre Übersetzung gehalten. Die Anmerkung zu Scholasticus (PL 23, 738) nimmt er auf, ohne jedoch zu erklären, welche Vorbildung bei dem antiken „litteratus" oder „doctus" Serapion vorauszusetzen wäre. Alle anderen von Claus unter III,1 („Scholasticus als Bezeichnung für den gebildeten, gelehrten Menschen", S. 43–47) angeführten Belege handeln aber von entsprechend vorgebildeten Personen.

[302] Sozomenus IV,9,6, GCS 50, S. 149.

[303] Homilie 15,42. Anschließend kann man noch ἡγεμών und ἄρχων werden: Die 50 geistlichen Homilien des Makarios, ed. H. Dörries, E. Klostermann, M. Kroeger (PTS 4), Berlin 1964, S. 152.

[304] PG 25, 532 A. Der Brief ist wegen einer Anspielung auf das Osterfest und der Notiz über die Gesandtschaft nach Mailand (s. o. im Text) auf die Zeit vor Ostern 354 zu datieren. Vgl. M. Tetz, Zur Biographie des Athanasius von Alexandrien, ZKG 90 (Beiheft), 1979, S. 179 f.

ραπίωνος ἀποδημήσαντος«. Dies muß eine Anspielung auf die Reise Serapions und anderer Bischöfe zu Constantius nach Mailand sein, denn einer der Mitreisenden heißt tatsächlich Ammonius[305].

Serapion soll dem widerstrebenden Dracontius als Vorbild dienen: Dracontius sei schließlich nicht der einzige, der als μοναχός oder Vorsteher eines μοναστήριον auf die Bischofskathedra berufen worden sei. Athanasius nennt neben Serapion und Ammonius noch Apollos, Agathon, Ariston, Muitos und Paulus. Über Serapion erfahren wir, daß er ein μοναχός und sogar ein προεστώς (»προέστη«) von Mönchen gewesen ist, ohne daß Athanasius etwas über die Dauer und die konkreten Aufgaben dieses Amtes sagt. Er unterscheidet im allgemeinen nicht zwischen anachoretischer und koinobitischer Lebensweise. Deshalb leidet auch die Vita Antonii unter koinobitischen Verzeichnungen. Was Athanasius uns hier aber vor Augen führt, sind eindeutig koinobitische Verhältnisse; Serapion soll ja „vielen Mönchen vorgestanden haben". Nun wissen wir durch Johannes Cassian (s. o. S. 118 f), daß es schon zu Serapions Zeit im Ostdeltagebiet und sogar in der Nachbarschaft von Thmuis Koinobien gegeben hat, von denen Serapion eines geleitet haben könnte[306].

Kann aber wirklich aus dem Scholasticus Serapion ein Monachus geworden sein? Palladius berichtet, ein gewisser Eulogius, der ein in den ἐγκύκλια παιδεύματα bewanderter σχολαστικός gewesen sei, habe noch zu Lebzeiten des Antonius sein weltliches Leben verlassen[307]. Cassian wiederum führt einen Anachoreten Josephus an, der einer vornehmen Familie aus Thmuis entstammte und in koptischer und griechischer Sprachkultur erzogen worden war[308]. Es wäre also kein Einzelfall, wenn Serapion seine Karriere abgebrochen hätte und sich in das anachoretisch-koinobitische Milieu des Ostdeltagebietes zurückgezogen hätte. Stammte er aus ähnlichen Verhältnissen wie der genannte Josephus, und war Thmuis auch seine Heimatstadt?

Nachdem Serapion sich als Klostervorsteher ähnlich wie Dracontius für eine weitere Verwendung qualifiziert hatte, ist er — womöglich durch

---

[305] Historia acephala I,7 (3), ed. A. Martin, M. Albert, SC 317, Paris 1985, S. 140. L. de Tillemont hatte hier zwei verschiedene Serapiones differenzieren wollen: Mémoires pour servir à l'histoire ecclésiastique, Bd. 8, Paris 1713, S. 697. Dann müßte Serapion von Thmuis (der Reisende) nicht mit dem Mönch Serapion identisch sein. Tatsächlich können wir Serapions „Mönchtum" sonst nur aus Hieronymus herauslesen („carus Antonii monachi"). Die gängige Interpretation unserer Belegstelle ist aber nach wie vor die schlüssigste.

[306] Der von Athanasius ebenfalls angeführte Muitos (oder Muis) wiederum war der Vita Pachomii zufolge ein Klosterbruder des Pachomius, bevor er Bischof wurde: Vita Pachomii Graeca I,112 (s. Anm. 179), S. 72.

[307] Palladius, Historia Lausiaca 21 (s. Anm. 296), S. 64, Z. 9 ff.

[308] Cassian, Conlatio XI,3 und XVI,1 (s. Anm. 295), S. 316 und 439.

Athanasius — in Thmuis zum Bischof eingesetzt worden. Dies muß sich vor 335 ereignet haben (s. u. F. VI.5.).

V. SERAPION UND ANTONIUS

Die Bedeutung Serapions für die Abfassung der Vita Antonii hatten wir weiter oben schon untersucht (E). Nachdem nun auch geklärt ist, daß Serapion weder eindeutig dem pachomianisch-koinobitischen noch dem antonianisch-anachoretischen Milieu entstammt, sondern der im Ostdeltagebiet praktizierten Mischform, kann jetzt das Verhältnis zwischen Antonius und Serapion genauer bestimmt werden.

Serapion war laut Hieronymus „carus Antonii monachi". Dies ist vielleicht nicht einmal ein selbständiges Zeugnis, sondern von Hieronymus aus der Vita Antonii erschlossen worden. Auf jeden Fall geben weder Hieronymus noch die Vita einen Hinweis darauf, daß Serapion ein „Schüler" des Antonius gewesen ist, wie man gelegentlich behauptet hat[309]. Wenn Serapion gemäß dem Brief an Dracontius „so vielen Mönchen vorstand", kann er nicht gleichzeitig oder vorher Schüler des Antonius gewesen sein. In den Quellen gibt es dafür keinerlei positive Anhaltspunkte. In ihnen ist Serapion als geschätzter Freund und Gesprächspartner des Antonius ausgewiesen. Das gute Verhältnis wird auch durch den Brief Serapions an die Schüler des Antonius dokumentiert, ebenso durch seine Übernahme der Zornestheologie des Antonius. In dieser Hinsicht mag man Serapion als „Schüler" bezeichnen.

Antonius genoß weithin Verehrung; viele besuchten ihn, um sich Rat bei ihm zu holen. Schon deshalb ist Serapions Interesse an ihm nicht allein aus seiner Biographie abzuleiten. Seine Vergangenheit unter Koinobiten und eben auch Anachoreten im Ostdeltagebiet wird seine Hochschätzung der Anachoreten um Antonius begünstigt haben, doch ist es bezeichnend, daß Serapion den Nachfolgern des Antonius gegenüber primär als Gemeindebischof argumentiert. Was er und andere an Antonius suchten, war — ganz unabhängig von Serapions Vergangenheit — eine Befruchtung des christlichen Gemeindelebens durch das geistliche Vorbild der Anachoreten.

Der Gemeindebischof und Metropolit Athanasius macht dieses Anliegen zum Thema einer eigenen Schrift: der Vita Antonii. Und gerade in dieser Vita ist Serapion der „Bischof Serapion", er ist der Musterbischof für alle anderen, die sich ebenfalls um die Anachoreten bemühen sollen. Athanasius will in der Vita nicht in verborgener Weise davon berichten, daß Serapion ein Schüler des Antonius gewesen sei — wo Serapion herkam, wußte er

---

[309] Vgl. z. B. A. Hamman, Art. Serapion, LThK² Bd. 9, Sp. 682: „bevorzugter Schüler Antonios' d. Gr., Vorsteher einer Mönchskolonie".

laut dem Brief an Dracontius besser — sondern er will ihn wie auch sich selbst (Kap. 91) als bischöflichen Freund und Verehrer des Antonius hervorheben. Das hat auch kirchenpolitische Konsequenzen: Genauso wie Serapion etwa zur gleichen Zeit die Nachfolger des Antonius gegen die Arianer zu mobilisieren versucht, so will auch Athanasius mit dem Beispiel Serapions um eine Zusammenarbeit von Anachoreten und Kirchenführern werben.

VI. DAS BEGLEITSCHREIBEN ZU EINEM OSTERFESTBRIEF

Das erste unmittelbare Zeugnis dafür, daß Serapion sein Bischofsamt angetreten hat, ist ein Schreiben, das in die Sammlung der athanasianischen Osterfestbriefe aufgenommen worden ist. Der Brief ist nur syrisch über-liefert; der oft zitierte lateinische Text in PG 26 ist von einer italienischen Übersetzung des syrischen Textes abhängig[310].

1. Problemstand

Die Datierung des Briefes ist umstritten: Zum einen ist unklar, auf welchen Festbrief er sich bezieht, zum anderen bestehen generell Zweifel an der traditionellen Folge und Datierung der Festbriefe.

Der Brief an Serapion folgt in der Sammlung auf den 11. Festbrief. Die Notiz am Ende („Diesen schrieb er aus Rom. Den 12. gibt es nicht.") ist offenkundig sekundär. Aufgrund dieser Schlußbemerkung hat man den Brief früher für ein Begleitschreiben zum verlorenen 12. Festbrief (für 340) gehalten. An dieser Datierung hält gegenwärtig nur noch L. Theodor Lefort fest, der dafür besonders den Index der Festbriefe als Argument anführt: Dort heißt es zum Jahr 340, Athanasius habe in diesem Jahr den Festbrief nicht schreiben können. Und: Die Arianer hätten in diesem Jahr die Fastenzeit zu früh angesetzt und ihren Irrtum dann korrigieren müs-sen[311]. Darüber, so Lefort, hätten sich die Römer amüsiert, und Athanasius habe den Mißstand mit seinem Brief an Serapion beheben wollen[312].

---

[310] Ich zitiere nach der Edition von A. Mai, NPB, Bd. 6,1, Rom 1853. Hier findet sich auch die in PG 26 eingegangene lateinische Übertragung. Der syrische Text wurde erstmals ediert von W. Cureton, The festal letters of Athanasius, London 1848, S. ܩܣ-ܡܣ.

[311] Der Index ist ebenfalls ediert bei Mai, S. 1—18 (zum Jahr 340: S. 5 f). A. Martin und M. Albert haben ihn zusammen mit der Historia acephala ediert in SC 317 (S. 238).

[312] L. Th. Lefort, Les lettres festales de saint Athanase, BCLAB V,39, 1953, S. 655. Lefort hält aufgrund der Parallelen in der koptischen Sammlung und der Notizen bei Cosmas Indicopleustes die überkommene Reihenfolge der Briefe für die ursprüngliche. Daraus kann man aber auch schließen, daß die Sammlung schon zu Cosmas' Zeiten in Unordnung war.

Nun ist der Index zwar eine wichtige, in manchem aber zweifelhafte
Quelle. Vor allem widerspricht seine Auskunft zum Jahr 340 genau dem,
was Athanasius in seinem Brief an Serapion schreibt. Dort betont er, er
habe den Festbrief „wie gewohnt" abgeschrieben (Mai S. 113), während
es im Index heißt, Athanasius habe den Brief „nicht wie gewohnt" schreiben können. Der Index besagt also für den Brief an Serapion gar nichts,
er will nur das Fehlen des 12. Festbriefes erklären.

Neben diesem Datierungsvorschlag Leforts sind bisher zwei andere für
unseren Brief vorgebracht worden, die abhängig von der Gewichtung
seines Inhalts sind:

— Serapion wird aufgetragen, die Beachtung des „Fastens der 40 (Tage)",
  der Quadragesima, in Ägypten durchzusetzen, „daß nicht, während
  die ganze bewohnte Erde fastet, wir in Ägypten als einzige dafür
  ausgelacht werden, daß wir nicht fasten" (Mai S. 114). Eduard Schwartz
  ist der Ansicht, Athanasius habe die Quadragesima 336 in seinem
  Trierer Exil kennengelernt und sie für das folgende Jahr auch in
  Ägypten einführen wollen. Der Brief an Serapion gehöre also zu dem
  verlorenen Festbrief des Jahres 337. Schwartz folgert dementsprechend,
  alle Festbriefe, die nicht die Quadragesima ansagen, seien vor 337
  verfaßt, wodurch die Briefe in eine völlig andere Reihenfolge kommen[313]. Dieser Theorie und der Datierung des Briefes auf 337 schließt
  sich auch Rudolf Lorenz in seiner Untersuchung zum 10. Festbrief
  an[314].

— Vittorio Peri hat dagegen die Abwehr der melitianischen Gegner in
  den Vordergrund gestellt. Er sieht Parallelen zum 10. Festbrief und
  datiert den Brief an Serapion deshalb auf 338[315]. Schwartz' These von
  der Neueinführung der Quadragesima widerspricht Peri heftig (z. B.
  S. 55 f). Sie sei schon im 2. Festbrief bezeugt (S. 72) und meine auch
  nicht ein vierzigtägiges Fasten, sondern ein ungeregeltes Fasten in den
  40 Tagen vor Ostern (S. 77).

Bevor diese beiden inhaltlich bestimmten Datierungsansätze in die Diskussion einbezogen werden können, muß zuerst einmal der äußere Befund
geklärt werden.

2. Der äußere Befund: Die Bischofsliste

Der Brief „An den geliebten Bruder und Kollegen Serapion!" hat außer
der Adresse keine eigene Überschrift (auch hier führt die lateinische
Übertragung in die Irre!). Der vorhergehende 11. Festbrief wird von den

---

[313] E. Schwartz, Zur Kirchengeschichte des vierten Jahrhunderts (I), ZNW 34, 1935, S. 131 f.

[314] R. Lorenz, Der zehnte Osterfestbrief des Athanasius von Alexandrien (BZNW 49), Berlin
1986, S. 28—30.

[315] V. Peri, La Cronologia delle Lettere festali di sant' Atanasio e la Quaresima, Aevum 35,
1961, dort vor allem S. 53—70.

Sammlern mit der üblichen Formel abgeschlossen („Es endet der 11. Brief des heiligen Athanasius."), den 12. hielten sie für verloren oder nie geschrieben.

Das Schreiben an Serapion muß aber zu irgendeinem Festbrief gehört haben: „Ich habe jetzt aber den Brief wegen des Festes an Dich geschickt, o unser Geliebter, wobei ich ihn wie gewohnt abgeschrieben habe, so daß durch Dich auch alle Brüder den Tag der Freude kennenlernen können" (Mai S. 113). Ist dieser Festbrief nun der 12., nicht mehr auffindbare?

Merkwürdig an unserem Brief ist, daß er mit einer Liste verstorbener und neu eingesetzter Bischöfe endet. Empfänger dieses Verzeichnisses kann nicht Serapion allein sein, denn es werden konsequent mehrere Personen im Plural angesprochen, während der erste Teil des Briefes Serapion allein, d. h. im Singular, gewidmet ist. Dieser erste Teil endet mit den Worten: „Wenn Du nun die Schreiben (sc. über die Melitianer und über Ostern) erhalten, sie verlesen und (die anderen Bischöfe vom Fasten) überzeugt hast, schreibe mir zurück, unser Geliebter, damit auch ich, wenn ich es erfahren habe, mich freuen kann" (Mai S. 115).

Diese Worte lesen sich wie ein Briefschluß, und was folgt („Ich halte es aber für notwendig, Euch auch deswegen zu benachrichtigen, weil die Bischöfe, die gestorben sind, ersetzt worden sind"), ist die Fortsetzung eines Rundschreibens, das nicht nur Serapion erhalten haben kann. Dieses Rundschreiben muß einer der Osterfestbriefe gewesen sein. Der 19. Festbrief endet nämlich mit einer ganz ähnlichen Liste, die auch mit einer gleichartigen Formel eingeleitet wird (Mai S. 145 f). In beiden Listen werden die Adressaten aufgefordert, mit den Neuinthronisierten die Korrespondenz aufzunehmen.

Warum ist das Verzeichnis dem Brief an Serapion angefügt worden? Im 19. Brief folgt die Liste erst nach dem Schlußgruß, sie ist also anscheinend als Anlage versendet worden. Wenn aber die Listen in dem den Sammlern zur Verfügung stehenden Aktenstoß nur lose beigelegt waren, ist es gut möglich, daß die Liste wie auch der Brief an Serapion und ebenso einige Osterfestbriefe irrtümlich falsch einsortiert waren oder daß die Sammler selbst sich für diese Zuordnung entschieden. Sie haben auf jeden Fall nicht bemerkt, daß das an alle Bischöfe gerichtete „Amtsblatt" nicht zu dem persönlichen Schreiben an Serapion paßt.

Die Parallelität der beiden Verzeichnisse gibt uns noch einen wichtigen Datierungshinweis: Der 19. Festbrief für 347 soll die Personalstandsänderungen während des zweiten Exils des Athanasius anzeigen; dafür spricht die Zahl der Neueingesetzten: Es werden 16 von ca. 100 ägyptischen Bistümern genannt[316]. In unserer Liste im Brief an Serapion sind es immerhin 13 neue Bischöfe; würde sie sich nur auf ein Jahr beziehen, müßte in diesem über ein Achtel des ägyptischen Episkopats verstorben

---

[316] Vgl. die Anmerkung von Opitz zu Apologia secunda 49,3: Opitz II/1, S. 128.

sein. Auch hier müssen also die Neubesetzungen mehrerer Jahre verzeichnet sein, nämlich die während des ersten athanasianischen Exils. Von den aufgeführten Verstorbenen haben Saprion, Nikon und Nonnos noch an der Synode von Tyrus im Jahre 335 teilgenommen[317], viele von den Neueingesetzten erscheinen dann nach der Synode von Serdica auf einer Bischofsliste[318].

Halten wir also fest, daß die Liste ursprünglich nicht zum Brief an Serapion gehörte, sondern zum ersten Festbrief nach dem Trierer Exil des Athanasius. Er ist am 23. November 337 nach Alexandria zurückgekehrt[319], der nächste Festbrief ist der 10. für 338.

Der Brief an Serapion selbst kann nur aufgrund inhaltlicher Kriterien datiert werden. Dabei soll an erster Stelle nicht die Frage der Quadragesima stehen, sondern das in der Literatur bisher noch nicht besprochene, aber von Athanasius zuerst behandelte Thema der melitianischen Gefahr.

3. Inhaltliche Kriterien: Die Melitianer

Athanasius gibt nach einigen einleitenden Sätzen über die Versendung des Osterfestbriefes folgende Lagebeschreibung: „Weil aber die Melitianer, als sie aus Syrien gekommen waren, sich gerühmt hatten, daß ... auch sie der katholischen Kirche zugerechnet würden, deswegen schicke ich Dir die Abschrift eines Briefes von unseren Kollegen aus Palästina. ... Denn ... (es) bestand für mich die Notwendigkeit, den Bischöfen zu schreiben, die in Syrien waren, und jetzt haben uns die, die von Palästina sind, Antwort gegeben, weil sie mit der Verurteilung übereinstimmen, die über sie (erging)" (Mai S. 113 f).

Wann aber können die Melitianer, die doch eine spezifisch ägyptische Bischofspartei sind, aus Syrien gekommen sein? Peri identifiziert sie als syrische Quartadecimaner (s. Anm. 315, S. 63−70), aber um den Ostertermin geht es hier gar nicht. Die Melitianer, die aus Syrien gekommen waren und Teilhabe an der Kirchengemeinschaft beansprucht hatten, können nur von einer für sie günstigen Bischofsversammlung gekommen sein.

Diese Versammlung wiederum kann nur die Synode von Tyrus in der Provinz Syria sein, auf der den melitianischen Bischöfen unter dem Melitius-Nachfolger Johannes Archaph die κοινωνία mit der Kirche bescheinigt worden war[320]. Athanasius hatte an dieser im August 335 eröffneten

---

[317] Apologia secunda 78,7, S. 159, Nr. 14, 26, 30.
[318] Apologia secunda 49,3, S. 128−130 passim. Vgl. Anm. 323.
[319] Diese Datierung ist nicht unumstritten, da der Index der Festbriefe das Jahr 338 angibt. Doch ist die Annahme am schlüssigsten, daß Athanasius sofort nach Konstantins Tod entlassen wurde. Zur Diskussion um das Datum vgl. A. Martin, Einleitung zu SC 317, S. 83−85 und auch R. Klein, Constantius II. und die christliche Kirche, Darmstadt 1977, S. 32 f, Anm. 82.
[320] Sozomenus II,25,15, GCS 50, S. 86, Z. 17 f und II,31,4, S. 96, Z. 22 f.

Veranstaltung anfangs teilgenommen, war dann aber zu direkten Verhandlungen mit dem Kaiser nach Konstantinopel gefahren. Das Ergebnis war
seine Verbannung nach Trier, wo er im Februar 336 eintraf. Für die oben
von Athanasius geschilderte Korrespondenz bleibt in dieser Zeit der Reisen
und Verhandlungen kein Raum mehr, zumal wenn noch in Ägypten
rechtzeitig die Quadragesima angesagt werden sollte. Die Informationen,
die Athanasius uns gibt, deuten darauf hin, daß sich der Schriftwechsel
noch weit bis in das Jahr 336 hinzog: Die Melitianer waren anscheinend
nach der Synode von Tyrus nach Ägypten zurückgekehrt und hatten dort
ihren Erfolg verkündet[321]. Athanasius hatte sich dann brieflich an die
Synodenteilnehmer (die „Bischöfe, die in Syrien waren") gewandt und von
den Synodalen aus Palästina Antwort erhalten. Die Verurteilung, der diese
Bischöfe zustimmen, muß die Verbannung des Melitianerführers Johannes
durch Konstantin sein[322].

Nachdem sich Athanasius genügend kundig gemacht hatte, so können
wir weiter folgern, schrieb er Serapion, um in Ägypten über den Ursprung
der melitianischen Kirchengemeinschaft zu informieren. Das mehrmalige
Hin und Her der Briefe nach Palästina, Trier und Ägypten wird angesichts
des langen Postweges einige Monate gedauert haben, so daß unser Brief
erst den verlorenen 9. Festbrief für 337 begleitet haben kann, wie schon
Schwartz aus der Einführung der Quadragesima geschlossen hat.

4. Die Quadragesima

Die Quadragesima ist das zweite Thema unseres Briefes. Das Schreiben
soll einen spezifisch ägyptischen Mißstand beheben helfen, nämlich den
im Vergleich zur Ökumene zu späten Beginn der Fastenzeit am Anfang
der Karwoche statt 40 Tage vor Ostern. Peri hat die 40tägige Fastenzeit
vor Ostern (quadragesima) von einem während dieser Tage praktizierten,
nicht durchgängigen Fasten (quadragesimale ieiunium) unterscheiden wollen. Diese auf der lateinischen Übertragung gründende Differenzierung ist
aber am syrischen Text nicht zu verifizieren: Dort heißt es immer „Fasten
der 40 Tage". Peris Theorie ist somit hinfällig.

Schwartz und zuletzt auch Lorenz haben gemeint, der Brief an Serapion
habe die Quadragesima ganz neu eingeführt, und somit seien alle Festbriefe, die die Karwoche als Fastenzeit angeben, davor, und solche, die
die Quadragesima haben, danach einzuordnen. Dies ist eine elegante Hypo-

---

[321] Athanasius kann auch in Konstantinopel auf sie getroffen sein; sie hatten am Hof eine
eigene Vertretung (4. Festbrief, Mai S. 52 f). Ansonsten müßte er durch Boten Nachricht
erhalten haben.

[322] Sozomenus II,31,4, GCS 50, S. 96. Laut Sozomenus geschah die Verbannung des Johannes
nach der des Athanasius. Unmittelbar nach der Synode von Tyrus hatte Konstantin den
Melitianerführer noch zu sich eingeladen: Apologia secunda 70,2, Opitz II/1, S. 148.

these, die die „jahrelange Wechseldusche" (Lorenz S. 30) der unterschiedlichen Fastenansagen beseitigt.

Und dennoch ist sie in einer Hinsicht unbefriedigend: So bestechend
diese philologisch-logische Sortierung der Festbriefe ist, so wenig gibt sie
Antwort auf die Frage nach den kirchengeschichtlichen Hintergründen.
Läßt sich eine solche einschneidende Änderung von einem Jahr auf das
andere durchsetzen? Ist der Spott, den Athanasius erfahren hat, wirklich
der Auslöser dafür? Er schreibt zwar, er sei zu dem Brief an Serapion
gezwungen worden, weil sich die Ägypter mit ihrem kurzen Fasten dem
allgemeinen Gelächter aussetzten — aber ist das eine überzeugende Begründung? Gerade der Brief an Serapion läßt ja ahnen, wieviel Aufwand
an Überzeugungsarbeit zur Durchsetzung der neuen Praxis nötig war.

Tatsächlich beschäftigt sich von den Festbriefen nur der 6. etwas ausführlicher mit dem Thema: „Aber so wie Israel, als es nach Jerusalem
heraufzog, sich vorher in der Wüste reinigte, indem es gezüchtigt wurde,
um die ägyptischen Gewohnheiten zu vergessen — wobei das (Schrift-)
Wort uns für das heilige Fasten der 40 Tage einen Typus geben will (ܐܡܠܟ)
— sollen auch wir uns vorher reinigen und gesäubert werden ... Es ist
aber nur erlaubt, nach Jerusalem heraufzukommen und das Passa zu essen,
wenn das Fasten der 40 Tage erfüllt ist" (Mai S. 70 f).

Schwartz' Theorie, die den 6. Brief in das Jahr 356 umsetzt, geht nicht
darauf ein, warum hier die „ägyptischen Gewohnheiten" durch eine ty-
pologische Argumentation (sie fehlt in der lateinischen Übertragung)
bekämpft werden. Daß Athanasius den entscheidenden Impuls für eine
Neuordnung der Fastenpraxis durch in Trier erfahrene Kritik erhalten hat,
ist nach wie vor überzeugend, doch ist damit nicht ausgeschlossen, daß
er schon einmal vorher versucht haben könnte, die ägyptische Praxis an
die der Ökumene anzugleichen. Athanasius kennt jedenfalls die Entschul-
digung, man habe die Quadragesima nicht einhalten können, weil der
Festbrief zu spät verlesen worden sei (Brief an Serapion, Mai S. 114).
Räumt er sie nur präventiv aus dem Weg oder weiß er um die Zählebigkeit
der „ägyptischen Gewohnheiten"? Noch im 19. Festbrief nach dem zweiten
Exil muß er die Einhaltung der Quadragesima anmahnen (Mai S. 144).

Diese Frage kann den Stellenwert unseres Briefes aber nicht entscheidend ändern: Er ist das Zeugnis dafür, daß Athanasius durch seine Erfah-
rungen in Trier veranlaßt worden war, für das Jahr 337 die Quadragesima
endgültig in Ägypten durchzusetzen.

5. Ergebnis

Der Brief an Serapion ist ein Begleitschreiben zum verlorenen Osterfestbrief für 337. In ihm spiegelt sich das Wiedererstarken der melitianischen Partei seit der Synode von Tyrus sowie die Durchsetzung der
Quadragesima in Ägypten.

Serapion hat in beiden Angelegenheiten eine wichtige Mittlerfunktion: Er soll seine Kollegen vor den Melitianern warnen und sie vor allem rechtzeitig über den Beginn des Fastens informieren. Die anderen Bischöfe waren darauf durch den verlorenen 9. Festbrief schon vorbereitet: „Ich habe aber allen einzeln geschrieben, daß Du das Fasten der 40 Tage den Brüdern verkünden wirst" (Mai S. 114).

Und nicht nur das: Serapion ist allem Anschein nach während der Abwesenheit des Athanasius auch für die Verteilung der Festbriefe zuständig gewesen: „... so daß durch Dich alle Brüder den Tag der Freude kennenlernen können" (Mai S. 113). Schon zu diesem Zeitpunkt ist Serapion als Geschäftsträger des Athanasius eine wichtige Person in Ägypten.

Wir hatten oben festgestellt, daß unser Brief nicht die Bischofsliste umfaßt, die dem 10. Festbrief beigegeben war. Da diese Liste die Neueinsetzungen der Jahre 335—337 verzeichnet und Serapions Name sich nicht auf ihr findet, muß er vor 335 Bischof geworden sein.

VII. DIE BISCHOFSLISTE VON SERDICA

Athanasius führt in der Apologia secunda im Anschluß an die von ihm gesammelten Dokumente des Konzils von Serdica (ca. 343) mehrere Bischofslisten an. Neben der eigentlichen Teilnehmerliste des Konzils gibt er auch etliche, nach Provinzen geordnete Verzeichnisse wieder. In diesen sind Bischöfe aufgeführt, die auf Regionalsynoden im Nachhinein die Beschlüsse von Serdica gutgeheißen haben. Das Verzeichnis der ägyptischen Bischöfe enthält zweimal den Namen Serapion[323]. Obwohl in den Verzeichnissen nur die Namen, nicht aber die Sitze der Bischöfe aufgeführt sind, kann vermutet werden, daß einer der beiden Träger des Namens Serapion der Bischof von Thmuis ist. Er hätte dann an einer ägyptischen Synode teilgenommen, die sich in der Folge des Konzils von Serdica — wohl nach der Rückkehr des Athanasius nach Alexandria im Jahre 346 — für Athanasius erklärt hat[324].

Auf jeden Fall ist anzunehmen, daß Serapion wenigstens in der Folgezeit des Konzils von Serdica an der Rehabilitierung des Athanasius mitgewirkt hat. Ob er während des zweiten athanasianischen Exils eine ähnlich wich-

---

[323] Ap. secunda 49,3, Opitz II/1, S. 128—130 (Nr. 205 und 224). Die eigentliche Teilnehmerliste des Konzils von Serdica ist mehrfach, aber immer nur verstümmelt überliefert und wie die regionalen Unterschriftenlisten fast ohne Angaben über die Bischofssitze. Einen gebündelten Überblick zur Frage der Herkunft und Überlieferung der Bischofslisten bietet H. G. Opitz in seiner Anmerkung zu Kap. 48,2 (Opitz II/1, S. 123 f.).

[324] Opitz vermutet hinter den beiden Namen Serapion allerdings nicht den Bischof von Thmuis, sondern die Bischöfe von Apollon Inferior und Antipyrgos (Anmerkungen zu Nr. 205 und 224).

tige Funktion hatte wie während des ersten? Die Athanasius wohlgeson-
nenen Bischöfe hatten von Serdica aus die alexandrinische Gemeinde wie
auch die Bischöfe von Ägypten und Libyen schriftlich davon in Kenntnis
gesetzt, daß sie Athanasius rehabilitiert hatten (Apologia secunda,
Kap. 37—40 und 41—43). Serapion hätte also Anlaß genug gehabt, sich
in Ägypten für seinen Mentor einzusetzen.

VIII. SERAPION UND FLAVIUS PHILAGRIUS

In der Historia Arianorum berichtet Athanasius in Kap. 7 über das
Schicksal des Paulus von Konstantinopel, der nach mehreren Verbannungen nach Kappadokien verschleppt und dort umgebracht worden war.
Philagrius, zu dieser Zeit Vicarius Ponticae, habe dies „vielen anderen und
uns wohl bekannten und auch dem Bischof Sarapion" mitgeteilt[325]. Auch
hier ist nicht sicher, ob der Bischof von Thmuis gemeint ist[326], doch
müßte es ein ägyptischer Bischof gewesen sein, und Serapion wiederum
stand Athanasius sehr nahe.

Philagrius war etwa um 350 Vicarius Ponticae[327]. Über seinen weiteren
Cursus honorum ist nichts bekannt, doch können ihn seine Wege noch
einmal nach Ägypten zurückgeführt haben, wo er zweimal Praefectus
gewesen und durchaus nicht unbeliebt war[328]. Vielleicht traf ihn Serapion
bei einem Verwandtenbesuch: Der Bruder des Philagrius war Praeses
Augustamnicae, also der Provinz, in der Thmuis lag[329]. Die Begegnung
mit Serapion müßte sich Anfang der 50er Jahre ereignet haben.

IX. DIE GESANDTSCHAFT NACH MAILAND

Wie wichtig Serapion für die Durchsetzung der Interessen des Athanasius war, beweist seine Mission zum Mailänder Kaiserhof, zu der er am
19. Mai 353 zusammen mit 4 anderen Bischöfen und 3 Presbytern aus

---

[325] Historia Arianorum 7,5, Opitz II/1, S. 187, Z. 3 f.
[326] Opitz vermutet S. 187, Anm. 4: „doch wohl der Bischof von Thmuis".
[327] Das Ende seiner Amtszeit ist umstritten. Für 350 treten ein: A. H. M. Jones, J. R.
Martindale, J. Morris, The Prosopography of the Later Roman Empire, Bd. 1, Cambridge
1971, S. 694.
[328] Dies berichtet Gregor von Nazianz, Oratio 21,28, ed. J. Mossay, SC 270, Paris 1980,
S. 168.
[329] Jones, Martindale, Morris, S. 694.

Ägypten aufgebrochen war. Der Grund: „Athanasius audiens adversum se turbam futuram"[330].

Die Teilnehmer sind aus dem Deltagebiet zusammengezogen worden, was für eine kurzfristig geplante Intervention des Athanasius spricht. Athanasius selbst erhielt schon 4 Tage nach der Abreise seiner Delegation von dem kaiserlichen Gesandten Montanus eine Einladung an den Hof, schlug sie aber aus (SC 317, S. 142).

Bei dieser Mission müssen besonders Serapions rhetorische Fähigkeiten, also sein Verhandlungsgeschick, aufgefallen sein[331], doch fanden die Gesandten in Mailand ebensowenig Resonanz wie Montanus in Alexandria: Sie kehrten ohne Verhandlungsergebnis zurück[332]. Was bei Hofe verhandelt wurde und ob man überhaupt über ein Antichambrieren hinauskam, wissen wir nicht. Constantius jedenfalls zwingt gänzlich unbeeindruckt schon im Herbst 353 der in Arles tagenden Synode eine Verurteilung des Athanasius ab.

Spätestens seit dieser Reise ist Serapion auch über Ägypten hinaus als ein Protagonist athanasianischer Kirchenpolitik in das Licht der Öffentlichkeit getreten.

X. SERAPION UND DIE FLUCHT DES ATHANASIUS 356

An dieser Stelle sollen zwei Quellen vorgestellt werden, die bisher noch nicht in die Diskussion um Serapion von Thmuis einbezogen worden sind. Es handelt sich um die koptische „Geschichte der Kirche von Alexandria" aus dem 6. Jhd.[333] und um die arabische „Geschichte der Patriarchen der koptischen Kirche von Alexandria", im 10. Jhd. aus älteren Quellen zusammengestellt von „Sawîrus (Severus)-ibn-al-Muqaffa', Bischof der Stadt Al-Ašmûnain"[334].

---

[330] Historia acephala I,7 (3), SC 317, S. 140. Die übrigen Teilnehmer waren Triadelphos von Nikiu, Apollo von Cynopolis, Ammonius von Pachnemunis (der 5. Name fehlt) und die alexandrinischen Presbyter Petrus, Asterikius und Phileas (zu den Personen vgl. SC 317, S. 179, Anm. 26).

[331] Sozomenus nennt ihn bei seiner Darstellung der Mission »θεσπέσιος καὶ λέγειν δεινός« (IV,9,6, GCS 50, S. 149, Z. 7). Er bringt die Ereignisse fälschlicherweise mit dem Mailänder Konzil in Verbindung und setzt noch einen Sommer zwischen dieses (355) und die Erstürmung der Theonaskirche im Februar 356 (IV,9,8 f).

[332] Index der Festbriefe, SC 317, S. 252.

[333] Storia della Chiesa di Alessandria, ed. et trad. T. Orlandi, Bd. 1, Mailand 1967. Zur Datierung vgl. Orlandi, Testi Copti: Encomio di Atanasio/Vita di Atanasio, Mailand 1968, S. 160 f.

[334] History of the Patriarchs of the Coptic Church of Alexandria, ed. B. Evetts, PO 1,2.4, Paris 1948. Der Autor wird S. 106 als Sammler älterer Überlieferungen genannt. Der Text wurde auch ediert von C. F. Seybold, CSCO 52, Louvain ²1954.

Die beiden Quellen bieten bei der Lebensbeschreibung des Athanasius einen verwandten Text, der u. a. folgende Vorgänge darstellt[335]: Bischof Georg erobert mit militärischer Hilfe den alexandrinischen Bischofsthron. Das Volk muß fortan in Höhlen, wüsten Gegenden und auf freiem Feld seine Gottesdienste feiern. Athanasius aber hält sich verborgen.

Die koptische Version fährt fort: „Serapion aber, der Bischof von Thmuis, nahm Athanasius auf und schrieb dem Volk, sie sollten sich davor hüten, mit den Arianern gemein zu werden"[336]. Die arabische Version bietet einen anderen Text: „Serapion, der Bischof von Thmuis, korrespondierte mit dem Patriarchen Athanasius und dem ganzen Volk, daß sie sich hüten sollten vor den Arianern"[337].

Weiterhin erfahren wir aus beiden Versionen, Athanasius habe sich nach sechs Jahren wieder an die Öffentlichkeit gewagt, sei verhaftet und in einem Boot auf dem Meer ausgesetzt worden. Gott habe ihn aber gerettet. Anschließend sei Georg aus Alexandria vertrieben worden. Sieben Jahre später sei Gregor gekommen und habe für vier Jahre das Bischofsamt an sich gerissen, woraufhin Athanasius mit Liberius nach Rom gegangen sei.

Der legendarische Charakter der Darstellung und die Fehler sind leicht zu erkennen. Liberius wird mit Julius verwechselt, und vor allem haben der bzw. die Sammler den Ablauf der Ereignisse verdreht: Was zuerst erzählt wird, hat sich in Wirklichkeit ab 356 abgespielt, was zuletzt erzählt wird, ab 339. Wenn die parallelen Textstücke also im Ganzen nur mit Vorsicht als Quelle zu handhaben sind, so ist doch das in die Gesamtdarstellung eingewobene Einzelmaterial nicht von vornherein als sekundär abzutun.

Was unsere Notiz über Serapion angeht, so ist hier der arabischen Version im Sinne der lectio brevior potior der Vorzug zu geben; sie paßt auch ganz zu dem, was aus den Primärquellen zu erheben ist (F. XI. und XII.). Die Angabe der koptischen Version über einen Aufenthalt des Athanasius bei Serapion kann wohl auf eine griechische Vorlage zurückgehen (s. o. Anm. 336), doch kann auch diese schon unter sekundären Ausgestaltungen gelitten haben. Mit dem geringeren Alter der arabischen Version ist kaum zu argumentieren, da auch sie sicher auf ältere Vorlagen zurückgeht[338].

---

[335] PO 1,4, S. 413 f. Orlandi S. 30−34 (Übersetzung S. 61 f).

[336] Der Autor hat die im Koptischen ungewöhnlichen Fremdwörter für „aufnehmen" und „nicht gemein werden" anscheinend aus einer griechischen Vorlage übernommen, die an dieser Stelle gelautet haben könnte: Σαραπίων δὲ ὁ ἐπίσκοπος τῆς Θμούεως διεδέξατο τὸν Ἀθανάσιον γράψας τῷ λαῷ φυλάσσειν ἑαυτοῖς μὴ κοινωνεῖν τοῖς Ἀρειανοῖς.

[337] PO 1, S. 414. Severus geht von einem längeren Briefwechsel aus: ktb im III. Stamm.

[338] Nach T. Orlandi, Storia (s. Anm. 333), S. 106 genießt die koptische Version den Vorzug. Orlandi nimmt hier einen Fehler in der arabischen Tradition an, ohne dies schlüssig zu begründen.

Serapion soll also das Kirchenvolk (und interessanterweise auch Athanasius) ermahnt haben. Diese Information paßt zum Brief Serapions an die Nachfolger des Antonius, in dem er die Adressaten zum geistlichen Kampf gegen die Arianer aufruft. Schon vor 356 hat Serapion die kirchenpolitischen Interessen des Athanasius vertreten, und wie wir an der Epistula de Morte Arii und den Lehrbriefen über den Heiligen Geist sehen werden, war Serapion damit befaßt, die eigenen Reihen gegen die dogmatischen Herausforderungen anderer zu ordnen.

XI. DIE EPISTULA DE MORTE ARII

1. Anlaß des Schreibens

Der von Athanasius verfaßte Brief „De Morte Arii" ist adressiert an den „Bruder und Kollegen Serapion", womit sicher der Bischof von Thmuis gemeint ist[339]. Athanasius berichtet, Serapion habe ihm drei Aufträge gegeben: Er solle 1. über „das jetzt an uns Geschehene", 2. „über die allerunfrömmste Häresie der Arianer, deretwegen wir auch dies erlitten haben" und 3. darüber, „welches Lebensende Arius nahm", berichten (1,1, S. 178). Die ersten beiden Anfragen, so antwortet Athanasius, habe er in dem beantwortet, „was ich den Mönchen geschrieben habe" (1,2, S. 178); vom Tod des Arius werde er nun in dem vorliegenden Brief berichten.

Athanasius betont, er habe gezögert, den Bericht zu verfassen, um sich nicht dem Vorwurf auszusetzen, er wolle den Tod des Arius verhöhnen. Er habe es dann doch getan, denn es habe „bei euch" eine Diskussion über die Häresie stattgefunden und diese habe in der Frage gegipfelt, „ob Arius in Gemeinschaft mit der Kirche gestorben sei" (1,2, S. 178). Diese Frage aber erledige sich, wenn man die Todesart des Arius kenne, die ein Beweis für die Gottverhaßtheit der arianischen Häresie sei (1,3, S. 178).

Der eigentliche Bericht über den Tod des Arius kurz vor seiner Wiederaufnahme in die kirchliche Gemeinschaft (um 335) ist für unsere Fragestellung nicht von Belang. Wichtig ist, daß der Bericht mit aktuellen Mahnungen endet: Selbst wenn Kaiser Constantius die Bischöfe mit Gewalt für die Häresie einnehmen wollte, wäre sie doch ohne Gemeinschaft mit der Kirche. Keiner soll sich ihr anschließen oder ihre Anhänger aufnehmen (4,3, S. 180).

Im Nachwort versichert Athanasius, diese Ausführungen genügten, um die Streitsüchtigen zu beschämen (5,1, S. 180). Er zählt auch noch einmal die anderen Informationsquellen für Serapion auf: ein Schreiben an die

---

[339] Ed. Opitz II/1, S. 178—180. Theodoret zitiert in der Kirchengeschichte I,14,3—10, ed. L. Parmentier, F. Scheidweiler, GCS 44 (19), Berlin 1954, S. 56—58, den Brief im Auszug, und zwar als »γράμματα πρὸς Ἀπίωνα« (S. 56, Z. 8). Apion läßt sich leicht als Verschreibung von Serapion erkennen.

Mönche (5,1, S. 180, Z. 13) bzw. einen „Brief, den ich den Brüdern geschrieben habe" (5,2, S. 180, Z. 17). Aus dem Schreiben an die Mönche soll Serapion vorlesen, keinesfalls aber eine Abschrift davon anfertigen, sondern bestenfalls etwas ergänzen. Auch den Mönchen selbst hatte Athanasius eine Abschrift verboten (5,1, S. 180), da er eine Verfälschung des Textes durch seine Gegner befürchtete (5,2, S. 180).

2. Datierung; Serapions Bedeutung

Das von Athanasius erwähnte Schreiben an die Mönche wird gemeinhin mit der Historia Arianorum ad Monachos identifiziert, die 358 verfaßt wurde[340]. Daß unser Brief mit dieser Historia zeitgleich sei, ist von Charles Kannengiesser bestritten worden: Zwischen unserem Brief an Serapion und der Historia Arianorum findet sich in den Sammlungen noch ein kurzer Brief „An die Mönche", der allgemein ebenfalls mit der Historia in Verbindung gebracht wird[341]. Dieser kurze Brief aber ist in Wirklichkeit, so Kannengiesser, ein Begleitbrief zu einer Frühfassung der ersten beiden Orationes contra Arianos. Da der Brief an Serapion einen ähnlichen Anfang wie der kurze Brief hat, habe er ebenfalls die Orationes begleitet und gehöre somit an den Anfang der 40er Jahre[342].

Paßt der Brief an Serapion nun besser zur Historia Arianorum oder besser zu den Orationes? Charakteristisch für ihn ist, daß er keinerlei dogmatische Information und Polemik enthält. Serapion hatte ja nicht um theologische Schulung nachgesucht, sondern sich für die »νῦν γενόμενα« und das Lebensende des Arius interessiert (1,1, S. 178). In den Orationes findet sich nichts, was Antwort auf die ersten beiden Fragen Serapions geben könnte. Die Historia Arianorum aber informiert sehr genau über das jüngste Geschehen, indem sie die Geschichte des Athanasius bis 356 nachzeichnet.

Auch Kannengiessers zweite Argumentationslinie, der Tod des Arius sei 358 gar kein Thema mehr gewesen, überzeugt nicht. Seiner Meinung nach ist die Behandlung der Sache in der Epistula ad Episcopos Aegypti et Libyae typisch für die Zeit um 358: In Kap. 18 finde sich nur eine kurze, sachliche Notiz über den Todesfall; die ausführliche Dublette in Kap. 19 sei eine rein literarische, aus dem viel früheren Brief de Morte Arii übernommene Reminiszenz (Kannengiesser S. 385 f). Dem ist zu entgegnen, daß schon die erste Erwähnung des Todes in Kap. 18 so polemisch-aktuell ist wie die zweite: Daß Arius wie Judas in der Mitte zerrissen wird, offenbart seine Lüge vor dem Kaiser. Im übrigen ist die schaurige Ge-

---

[340] Ed. Opitz II/1, S. 183—230. Zur Datierung vgl. die einleitende Anmerkung S. 183.

[341] Ed. Opitz S. 181 f.

[342] Ch. Kannengiesser, Athanase d'Alexandrie. Evêque et Ecrivain (ThH 70), Paris 1983, S. 375—397.

schichte vom Tod auf der Latrine auch noch in späteren Zeiten gern erzählt worden[343].

Gegen Kannengiesser ist also an der Datierung des Briefes De Morte Arii auf 358 festzuhalten. Athanasius' Anspielung auf den gewaltsamen Druck, den Constantius auf die Bischöfe ausübt, paßt auch eher zu den Verhältnissen nach 356, jedenfalls äußert er sich in der Epistula encyclica von 339 wesentlich zurückhaltender. Die Mönche, von denen er in unserem Brief spricht, spielen nach 356 als seine Fluchthelfer wiederum eine wichtige Rolle.

Die Historia Arianorum ist demnach tatsächlich die Quelle, aus der Serapion weitere Informationen schöpfen soll. Was hat es dann mit dem „Brief, den ich den Brüdern geschrieben habe" (5,2) und der Serapion als zweitrangige Quelle dienen soll, auf sich? Der kurze Brief an die Mönche (Opitz S. 181 f) kann keine Antwort auf Serapions Fragen geben. Wir hatten aber oben gesehen, daß die Epistula ad Episcopos Aegypti et Libyae eine gewisse Verwandtschaft mit unserem Brief hat. Mit ihr werden im Jahre 356 die Bischöfe zur Unbeugsamkeit gegenüber den Zwangsmaßnahmen des Constantius aufgerufen, und sie enthält einige Informationen, die Serapion interessieren könnten. Dieses Rundschreiben könnte also der „Brief, den ich den Brüdern geschrieben habe", sein.

In Bezug auf Serapion ist festzuhalten, daß er in der Auseinandersetzung mit den Gegnern des Athanasius in vorderster Reihe steht. Die dogmatischen Diskussionen hat er ohne Rückfrage bei Athanasius gut bestanden, doch war er über die jüngsten kirchenpolitischen Ereignisse nicht auf dem Laufenden. Unser Brief ist kurz nach der Historia Arianorum, also 358, verfaßt worden. Zu dieser Zeit war Athanasius schon länger auf der Flucht. Serapion bemühte sich in seinem Interesse, einen weiteren Durchbruch der Arianer zu vermeiden.

Was aber würde geschehen, wenn er mit einer gänzlich neuen dogmatischen Herausforderung konfrontiert werden würde? Eine Antwort darauf geben die Lehrbriefe des Athanasius über den Heiligen Geist.

XII. DIE PNEUMATOLOGISCHEN LEHRBRIEFE DES ATHANASIUS

Das theologiegeschichtlich bedeutendste Zeugnis für Serapions Wirken sind die Briefe, die Athanasius über die Frage der Geschöpflichkeit des Heiligen Geistes an ihn adressierte[344]. Bevor wir darauf eingehen können,

---

[343] Sokrates I,38, PG 67, 177 AB: Man zeigte den Ort des Geschehens in Konstantinopel vorbeikommenden Reisenden. Die Epistula ad Episcopos Aegypti et Libyae ist ediert in PG 25, 537—594.

[344] PG 26, 529—676. Die Überschrift nennt als Empfänger eindeutig Serapion von Thmuis. Daraus hat Euthymius von Zigabene, der ein umfangreiches Exzerpt von Brief I erstellt hat, „Serapion von Thermupolis" gemacht (Panoplia dogmatica, PG 130, 688 C).

mit welchen theologischen Problemen Serapion befaßt war, müssen wir unter 1. kurz zwei Fragen der Textüberlieferung erörtern.

1. Gliederung und Umfang des Textcorpus

Grundsätzlich unbestritten ist, daß die Briefe II und III in Wirklichkeit ein Brief sind, der nur im Laufe der Überlieferung zerteilt worden ist. Die Argumente dafür sind überzeugend: Am Anfang von Brief II verspricht Athanasius eine Zusammenfassung der pneumatologischen Ausführungen von Brief I (II,1, 608 f). Eingelöst wird dieses Versprechen aber erst mit dem „III." Brief, der somit der eigentliche Hauptteil des zweiten Schreibens ist. Der als Nr. II gezählte Text ist nur ein christologischer Vorspann, „damit wir aus dem Wissen über den Sohn auch das Wissen über den Geist in guter Weise haben können" (III,1, 625 A). Die Zusammengehörigkeit von II und III hat schon Bernard de Montfaucon erkannt[345]. Der Eindeutigkeit halber behalte ich die übliche Zählung beim Zitieren bei.

Umstritten ist, welchen Umfang das an Serapion gerichtete Briefcorpus hat: Etliche griechische Handschriften führen die Kapitel 8–23 des IV. Briefes getrennt von IV,1–7 unter einer eigenen Überschrift an, nämlich als eine exegetische Abhandlung über Mt 12,32[346]. So verfahren auch die armenische und die syrische Überlieferung[347]. Montfaucon hatte sich in seiner Edition auf zwei Handschriften gestützt („S" und „R"), die diese Abtrennung nicht vollziehen.

Der von Montfaucon vorgegebene Zuschnitt des Umfangs von Brief IV, dem das Hauptgewicht der Handschriften entgegensteht, wurde in letzter Zeit nur noch von Joseph Lebon vertreten. Er führt dafür inhaltliche Gründe an[348]: In Brief I,3 (536 A), III,7 (637 A) und – so Lebon – IV,1 hatte Athanasius Mt 12,32 nämlich gegen seine pneumatologischen Gegner ins Feld geführt. Lebon geht davon aus, daß Athanasius mit Brief IV die Exegese des Textes unter christologischem Skopos habe nachreichen wollen und daß dieses rein exegetische Interesse auch den unpolemischen Ton des Schreibens erkläre[349].

---

[345] Einleitung zur Edition, jetzt in PG 26, 525 f (II.) und 624, Anm. 73.

[346] Titel: εἰς τὸ ῥητὸν τοῦ εὐαγγελίου· ὃς ἂν εἴπῃ λόγον κατὰ τοῦ υἱοῦ τοῦ ἀνθρώπου ἀφεθήσεται αὐτῷ κτλ. Zur Handschriftenüberlieferung vgl. H. G. Opitz, Untersuchungen zur Überlieferung der Schriften des Athanasius, Berlin 1935, S. 163, und M. Tetz, Zur Edition der dogmatischen Schriften des Athanasius von Alexandrien, ZKG 67, 1955/ 56, S. 23 f.

[347] Vgl. R. P. Casey, Armenian Manuscripts of St. Athanasius of Alexandria, HThR 24, 1931, S. 46 (es existiert aber nur ein Fragment aus IV,8–23). Zur syrischen Überlieferung: R. W. Thomson, Athanasiana Syriaca II, CSCO 272, Louvain 1967, S. III und S. 1.

[348] J. Lebon, Athanase d'Alexandrie, Lettres à Sérapion sur la divinité du Saint-Esprit, SC 15, Paris 1947, S. 32–39.

[349] SC 15, S. 36. Lebon setzt sich hier mit A. Stülcken auseinander, dem das Fehlen von

Lebons Argumentation überzeugt aber nicht: IV,1—7 endet mit einer Schlußdoxologie, und die Pneumatologie von IV,8—23 ist im Vergleich zu den anderen Briefen an Serapion anachronistisch (s. u. 5.). IV,8—23 ist folglich ein eigenständiges Werk, das von einem Redaktor — wahrscheinlich aufgrund der Erwähnung von Mt 12,32 in Brief I und II/III — den Lehrbriefen an Serapion angegliedert wurde.

Wie geartet war nun der Konflikt, in den Serapion mit seinen leider verlorenen Briefen an Athanasius eingriff, und welche Lösung riet Athanasius ihm an?

2. Theologiegeschichtliche Einordnung: Brief I

Der I. Brief enthält eigentlich alles Wissenswerte: In ihm sind die Argumente der Gegner und die des Athanasius genannt. In Brief II/III und IV,1—7 ist kaum ein inhaltlicher Fortschritt zu beobachten.

Folgende Situation bildet den äußeren Rahmen: Athanasius befindet sich in der Wüste, bedrängt von Verfolgern (I,1, 529 A; I,33, 605 C). Serapion hatte ihm einen Brief geschickt, in dem er berichtete, es hätten sich einige von den Arianern getrennt, weil sie die Lästerung des Sohnes Gottes mißbilligten. Die Abtrünnigen aber hätten ihrerseits den Heiligen Geist zu einem Geschöpf oder einem der dienstbaren Geister erklärt (I,1, 529—532).

Für Athanasius nun sind die Vertreter der neuen Lehre und die Arianer nur zwei Parteien einer gegen die Wahrheit gerichteten Bewegung (I,1, 532 A). Er hatte sich zwar vorgenommen, „zu solch einem Zeitpunkt" zu schweigen (532 B), hatte dann aber auf Serapions Mahnung hin doch eine Antwort verfaßt. Serapion, der über die Vorkommnisse selber „betrübt ist" (529 A), soll den Brief zur vollständigen Widerlegung der Gegner ergänzen (I,1, 532 B; I,33, 605 C) — ein Auftrag, der auch in der Epistula de Morte Arii an ihn ergangen war. Gegen die Arianer meint Athanasius nicht noch einmal vorgehen zu müssen: „es genügt nämlich das vor diesem gegen sie Gesagte" (I,2, 532 BC).

Was erfahren wir über die neue Partei? Athanasius nennt ihre Anhänger aufgrund ihrer exegetischen Methode „Tropiker"[350]. Sie verstehen die Aussagen der Schrift über den Geist „mit einem gewissen Tropos" (I,2, 532 C), also etwa: in übertragenem Sinne („mit einem gewissen Dreh"). Die Methode hat Tradition, so bei Origenes[351]. Als dogmengeschichtlich

---

Polemik gegen die „Pneumatomachen" in IV,8—23 aufgefallen war und der deshalb Arianer als Gegner ausgemacht hatte (A. Stülcken, Athanasiana. Litterar- und dogmengeschichtliche Untersuchungen, TU NF 4,4, Leipzig 1899, S. 60).

[350] I,10, 556 B; I,17, 572 B; I,21, 580 D; I,30, 600 A; I,32, 605 A.

[351] Origenes kennt den Gegensatz τροπικῶς — σωματικῶς: De Principiis IV,3,1, ed. P. Koetschau, GCS 22, Leipzig 1913, S. 324, Z. 3 f. Athanasius wirft den Tropikern vor, sie würden sich „neuere Lesarten als die der Schrift" ausdenken (I,17, 572 C).

identifizierbare Gruppe aber tauchen die Tropiker „für die Forschung plötzlich und isoliert aus dem Dunkel auf"[352]. Sie sind eine eigenständige ägyptische Erscheinung und nur indirekte Vorläufer des kleinasiatischen Pneumatomachentums.

Anhand der Gliederung des Briefes soll jetzt aufgelistet werden, mit welchen theologischen Anfragen Serapion konfrontiert worden war (in den Klammern die Zitationsformeln) und welche Gegenargumente Athanasius ihm anriet:

— I,1: Die Tropiker (ἔγραφες ... λεγόντων): Der Geist ist »μὴ μόνον κτίσμα, ἀλλὰ καὶ τῶν λειτουργικῶν πνευμάτων ἕν« (532 A).

° Athanasius: „Wie jene (Arianer), wenn sie den Sohn verleugnen, auch den Vater verleugnen, so lästern diese auch den Sohn, wenn sie den Heiligen Geist lästern" (532 A).

— I,2: Die Tropiker: Man muß bei der Untersuchung des Problems einen „Tropos" anwenden (ὡς ἂν αὐτοὶ φαῖεν). Nicht der Sohn, aber der Geist ist ein Geschöpf (532 C). Der Sohn ist mit dem Vater eins, der Geist aber ist ἑτεροούσιον (ὡς αὐτοὶ ἑαυτοῖς ἀνεπλάσαντο, 533 A).

° Athanasius: So wird die trinitarische Einheit Gottes in Schöpfer und Geschöpf gespalten, so daß auch Vater und Sohn gelästert werden. Der Geist geht vom Vater aus und wird vom Sohn gegeben (533 B).

— I,3—6: Die Tropiker: Nach Amos 4,13 ist der Geist ein Geschöpf (ἀνέγνωμεν, φασίν, 536 A) — darin ist den Arianern zuzustimmen (ἐπείσθημεν, 536 B).

° Athanasius: Amos meint hier gar nicht den Heiligen Geist, sondern einfach ein πνεῦμα, einen Wind. In der Schrift ist durch Attribute o. ä. immer kenntlich gemacht, wann vom Heiligen Geist die Rede ist und wann von einem anderen πνεῦμα.

— I,7 f: Die Tropiker: Auch wenn vom geschaffenen Geist die Rede ist, ist der Heilige Geist gemeint (ἀλλ' ἁπλῶς ἐτολμήσατε τρόπους ἑαυτοῖς ἐπινοεῖν καὶ εἰπεῖν, 548 B).

° Athanasius: Es gibt in der Schrift viele Beispiele für ganz verschiedene Bedeutungen von πνεῦμα.

— I,9—10 a: Die Tropiker (φησί, 552 B): In Amos 4,13 sind der χριστός (LXX!) und das πνεῦμα gemeinsam genannt. Also ist hier der Heilige Geist gemeint.

° Athanasius: An dieser Stelle ist in Wahrheit vom menschlichen Geist die Rede, der bei der Ankunft Christi neu erschaffen wird.

— I,10 b—14: Die Tropiker (ἐτόλμησαν, ὡς αὐτοί φασι, τρόπους πάλιν ἑαυτοῖς ἐφευρεῖν, 556 B): In 1 Tim 5,21 stehen Gott, Christus und die

---

[352] W.-D. Hauschild, Die Pneumatomachen. Eine Untersuchung zur Dogmengeschichte des vierten Jahrhunderts (Diss.), Hamburg 1967, S. 27.

Engel in einer Reihe. Also gehört der Heilige Geist zu den Engeln, wobei er von höherem Rang ist als die übrigen. Auch in Sach 4,5 wird der Geist als Engel bezeichnet (ἰδού, φασίν, ἐν τῷ προφήτῃ Ζαχαρίᾳ γέγραπται, 557 B).

° Athanasius: Im Wortlaut von Sach 4,5 ist nur von einem Engel die Rede und damit ist auch ein Engel gemeint. Der Heilige Geist wird in der Schrift nie Engel genannt. Zu 1 Tim 5,21: Selbst wenn eine göttliche Person nicht ausdrücklich neben den anderen beiden genannt wird, so ist sie doch immer mitgemeint.

— I,15–21: Die Tropiker (ὡς γράφεις ... πάλιν φάσκουσιν, 565 C): „Wenn er kein Geschöpf ist und keiner von den Engeln ist, sondern vom Vater ausgeht, ist er also selbst ein Sohn, und es gibt zwei Söhne: Ihn und den Logos. Wenn er aber ein Bruder ist, wie kann der Logos Eingeborener sein, oder warum sind sie nicht gleich, sondern der eine wird nach dem Vater, der andere nach dem Sohn genannt? Warum aber wird, wenn er vom Vater ist, nicht gesagt, daß auch er gezeugt wurde oder daß er Sohn ist, sondern einfach, daß er Heiliger Geist ist? Wenn er aber der Geist des Sohnes ist, ist folglich der Vater ein Großvater des Geistes" (I,15, 565 C–568 A: τοιαῦτα παίζουσιν). Der Sohn jedenfalls ist der οὐσία des Vaters eigen (τοῦτο γὰρ καὶ ὑμεῖς προσποιεῖσθε λέγειν, 580 C).

° Athanasius: Solchen spöttischen Fragen sollte man eigentlich gar nicht antworten, sondern die Häretiker gemäß Tit 3,10 einfach zurechtweisen. Um ihnen keinen Vorwand zu geben, müssen sie aber widerlegt werden: In der Gottheit gibt es keine Vater- und Sohnschaft nach menschlicher Art. Vielmehr ist der Sohn der Eingeborene, und der Geist ist Geist des Vaters, so sagt es die Schrift. Der Geist ist kein Geschöpf, denn er ist Teil der unteilbaren göttlichen Trinität[353]. Die aber ist unerforschlich und nur mit dem Glauben zu erfassen. Damit hält Athanasius die von den Tropikern vorgebrachten exegetischen Argumente für erledigt. Er entwickelt in den folgenden Kapiteln seine eigene Lehre:

° I,22–27: Der Heilige Geist ist kein Geschöpf, da er keinen Anfang hat, sondern aus Gott ist. Er heiligt und erneuert die Geschöpfe, kann also keines von ihnen sein. Durch den Geist haben die Menschen teil an Gott. Er ist der Geist des Sohnes (der die gleiche οὐσία wie der Vater hat) und ist ἴδιον κατ' οὐσίαν τοῦ υἱοῦ (I,25, 589 A). Der Geist

---

[353] Die Trinität ist ἀδιαίρετος καὶ ὁμοία ἑαυτῇ (I,17, 569 C, vgl. I,28, 596 A). Sie ist auch ἡ αὐτὴ οὖσα ἑαυτῇ (I,30, 600 A). Schöpfer und Geschöpf aber sind τὰ ἀνόμοια τῇ φύσει (I,9, 552 B). Zu diesen verstreuten Aussagen vgl. auch den Kommentar von C. R. B. Shapland, The Letters of Saint Athanasius concerning the Holy Spirit, London 1951, S. 104, Anm. 5. Zum zentralen Thema wird die Trinität erst im zweiten Teil von Brief II/III.

gehört zur Gottheit des Vaters (589 B), ja „er ist dem einen Gott eigen und ὁμοούσιον" (I,27, 593 C).

° I,28—31: Diese Lehre wird von der Tradition bestätigt. Die Gegner verehren nur eine Dyas und setzen damit die Wirksamkeit ihrer auf die Trinität erfolgten Taufe aufs Spiel.

— I,32 f: Serapion hatte berichtet, die Tropiker hätten sich hinter ihrem Widerspruch gegen die Arianer verstecken wollen. Damit sind sie aber gescheitert und als πνευματομαχοῦντες (605 B) entlarvt und verurteilt worden[354].

Was Serapion zu berichten wußte, bzw. was Athanasius einer Widerlegung würdigt, reduziert sich also auf einige exegetische Argumente (Amos 4,13, 1 Tim 5,21 und Sach 4,5 sollen den minderen Rang des Geistes beweisen) und ein logisches (eine innertrinitarische Verwandtschaft von „Vater", „Sohn" und „Geist" ist absurd). Die bis dahin in der Dogmatik nicht geleistete Einarbeitung der Pneumatologie in die Trinitätslehre gab den „Tropikern" offenbar einen Argumentationsvorsprung: Das in der Christologie so betonte Vater-Sohn-Verhältnis klammerte den Geist scheinbar aus.

Die Gegner hatten wohl noch gar nicht viel Material gesammelt, womöglich meinten sie sogar, mit ihren weiterführenden Überlegungen zur Pneumatologie die Nicäner überzeugen zu können. Die später in den Pneumatomachen weiterlebende Schule steckte also noch in den Anfängen, obwohl sie durchaus Aufsehen erregte: Didymus von Alexandria mußte sich etwa zur gleichen Zeit mit ihr auseinandersetzen[355].

Was Serapion über die neue Bewegung dachte, ist nur ansatzweise zu ermessen. Er hat keinen eigenen Parteinamen für sie und reagiert durchaus zwiespältig: Einerseits betont er ihre Abkehr vom Arianismus, andererseits empfindet er ihre Fragen als „hartnäckige Streitsucht gegen die Wahrheit"[356]. Wir können davon ausgehen, daß Serapion mit seinen Gegnern

---

[354] πνευματομαχοῦντες ist kein Parteiname. Athanasius nennt seine Gegner τροπικοί, er kennt auch das Substantiv πνευματομάχοι nicht. Vielmehr will er hier die Heillosigkeit des Kampfes der Gegner charakterisieren. Auch in IV,1 prophezeit er ihren baldigen Untergang durch λογομαχεῖν und πνευματομαχεῖν (637 B).

[355] Die Datierung seines Werkes De Spiritu Sancto ist umstritten. E. Staimer datiert es auf 355—358 (Die Schrift „De Spiritu sancto" von Didymus dem Blinden von Alexandrien, Diss., München 1960, S. 172 f). Hauschild plädiert für Zeitgleichheit mit den Briefen an Serapion (s. Anm. 352), S. 33 f. A. Heron vertritt eine Spätdatierung auf ca. 365, da er Abhängigkeiten von den Serapionsbriefen und der Schrift Adversus Eunomium des Basilius sieht (Zur Theologie der „Tropici" in den Serapionsbriefen des Athanasius, Kyrios 14, 1974, S. 12—14).

[356] „Sie aber, die hartnäckige Streitsucht gegen die Wahrheit haben, wie Du schreibst" (I,15, 565 C).

in einen mündlichen Disput geraten war; schriftliches Argumentations-
material hätte er Athanasius sicher mitgeschickt.

Lassen sich die „Tropiker" nun einem der theologischen Schulhäupter
dieser Zeit zuordnen? In Ägypten lenkten ab 356 besonders Aetius und
Eunomius die Aufmerksamkeit auf sich, indem sie von der homöischen
Lehre Abstand nahmen. Eunomius wurde 356/357 in Alexandria Sekretär
des Aetius, 360 veröffentlichte er seine „Erste Apologie", die in etwa das
theologische Programm dieser Jahre enthalten dürfte[357]. Seine „anhomöi-
sche" Christologie definiert den Sohn als Geschöpf[358] und sie erregte
sowohl bei der „Hofpartei"[359] als auch bei den Homöusianern heftigen
Widerspruch: Letztere stellten ihr eigenes Programm vor Ostern 358 auf
einer Synode in Ancyra vor und wiesen die eunomianische Christologie
in den Anathematismen ab[360].

Die Pneumatologie hatte zu dieser Zeit unter den nichtnicänischen
Parteien keinen Streitwert, in Ancyra wurde sie nicht eigens thematisiert.
Was besagt das aber für die Einordnung der Gegner Serapions? Zunächst
einmal dies, daß sie tatsächlich keiner der bekannten Gruppen zuzuordnen
sind, sondern ihre Lehre eine Auswahl aus zwei Systemen darstellt:

Was die Christologie angeht, sind sie verwandt mit der homöusianischen
Partei. Wie diese haben sie sich von der alt- und neuarianischen Lehre
über den Sohn losgesagt und die Rede von dessen Geschaffenheit als
Blasphemie empfunden, was auch Athanasius anerkennt (I,1, 529—532).
Genau wie Athanasius behaupteten sie dann auch, der Sohn sei ἴδιος τῆς
τοῦ πατρὸς οὐσίας (I,25, 588 C; I,21, 580 C).

Was die Pneumatologie angeht, sind sie beeinflußt von Eunomius,
dessen Christologie sie ablehnten. Er ist der einzige, der in pneumatologischer Hinsicht Neues entwickelte und somit auch anderen einen „Anstoß
von außen"[361] für eine Weiterentwicklung der Lehre über den Geist

---

[357] Zu den Lebensdaten und zur Datierung des Werkes vgl. A. M. Ritter, Art. Eunomius,
TRE Bd. 10, S. 525 f. Ich zitiere hier nach der Edition von B. Sesboüé und G.-M. de
Durand in SC 305, Paris 1983.

[358] ποίημα, κτίσμα: 1. Apologie, Kap. 12—24 passim.

[359] „Das Erschrecken war so allgemein, daß es Konstantius und seinen kirchlichen Vertrauten
ratsam erschien, zumindest den Aetius fallenzulassen": A. M. Ritter, Dogma und Lehre
in der Alten Kirche, in: C. Andresen (Hg.), Handbuch der Dogmen- und Theologiegeschichte, Bd. 1, Göttingen 1982, S. 193.

[360] Epiphanius, Panarion 73,11,1, GCS 37, S. 282.

[361] Hauschild (s. Anm. 352), S. 187. Hauschild lehnt aber die Ableitung der Pneumatologie
der Tropiker aus dem System des Eunomius ab (S. 176—181). Dem steht jedoch entgegen,
daß sich die Tropiker ganz ohne Systemzwang auf die (wie man doch annehmen muß:
aktuelle) „arianische" Pneumatologie beriefen (s. o. im Text). Schon Shapland hatte die
Tropiker als von den Eunomianern beeinflußt angesehen (s. Anm. 353, S. 32 f), ihre
orthodoxe Christologie aber damit erklärt, daß sie — selbst ehemalige Arianer — durch
die Gewaltmaßnahmen des bischöflichen Usurpators Georg im Jahre 358 in die orthodoxe

gegeben haben kann, da er ja „den unhinterfragten Lehren der Vielen" über den Heiligen Geist ein Ende machen wollte[362]. Bezeichnend ist, daß sich die Tropiker ausdrücklich auf die „Arianer" berufen: „Und daher wurden wir von den Arianern überzeugt, die sagen, der Heilige Geist sei ein Geschöpf" (I,3, 536 B). Da aber die Eunomianer als einzige überhaupt die Pneumatologie thematisierten, können nur sie diese „Arianer" sein.

Eunomius hatte den Geist dem Sohn untergeordnet und ihm nach dem Vater und dem Sohn den dritten Rang an Würde, Stand und Natur zugewiesen[363]. Basilius, der 364 auf die 1. Apologie des Eunomius antwortet, weiß davon, daß er den Geist κτίσμα und ποίημα nennt[364] und er setzt auch voraus, daß Eunomius als Beleg für diese Terminologie Amos 4,13 heranzieht[365].

Die Tropiker sind also Parteiverwandte der kurz vor unseren Briefen erwachsenen homöusianischen Lehre, die die Füllung des seit Nicäa undefinierten 3. Artikels durch Anleihen bei Eunomius vorantreiben wollten. Sie haben diese Anleihen noch weiterentwickelt und mit zusätzlichen Argumenten angereichert — insofern sind sie nicht einfach als „Schüler" des Eunomius zu identifizieren. Ihre Motive bleiben in den Briefen an Serapion im Dunkeln. Da sie aber soviel Wert auf ein konsequent binitarisches Modell gelegt und den Geist mit gewollt scharfsinnig-logischen Argumenten daraus ausgeschlossen haben, legt sich der Schluß nahe, daß sie dem theologischen Avantgardismus des Eunomius folgen wollten.

Kirche zurückgetrieben worden seien. Von diesem doch erwähnenswerten theologisch-kirchenpolitischen Opportunismus aber wissen weder unsere Briefe noch andere Athanasiuswerke etwas; Shaplands Theorie muß ohne Belege aus vergleichbaren Quellen auskommen.

[362] 1. Apologie 25, Z. 3, SC 305, S. 284.

[363] 1. Apologie 25, SC 305, S. 284—287.

[364] Contra Eunomium III,6, Z. 4, ebenfalls in SC 305, S. 166. Dieses Eunomius-Zitat ist nur bei Basilius und nicht im überlieferten Text der 1. Apologie zu finden.

[365] Contra Eunomium III,7, S. 170. Die von den Tropikern vorgenommene Einstufung des Geistes als λειτουργικόν (I,1, PG 26, 532 A) nimmt Basilius ebenfalls nur in einer Gegenfrage auf (III,2, Z. 24 f, SC 305, S. 152). Daß die Amos-Stelle bei Eunomius selbst nicht zu finden ist, ist allerdings ein Anlaß für die Frage, ob Eunomius sie wirklich verwendet hat, und vor allem, ob die Tropiker sie von ihm übernommen haben (so Heron, s. Anm. 355, S. 7—9). Das Amos-Zitat könnte auch ein archaisches und dann tropisches Argument sein (dies ist Herons Hauptthese, vgl. besonders S. 15—17). Zwar sieht auch Heron den eigentlichen Auslöser der tropischen Parteibildung in dem Einfluß einer anderen, „arianischen" Gruppe (S. 17 f), doch läßt er offen, um welche es sich handeln könnte. An seiner These ist problematisch, daß die Verwendung von Amos 4,13 außer bei Euseb (Heron S. 14 f) sonst nicht belegt ist. Heron formuliert hier sehr hypothetisch (S. 15); er kann die Geschichte dieses Arguments im 4. Jhd. nicht rekonstruieren. Insofern bleibt es wahrscheinlicher, daß die Tropiker die Amos-Stelle mitsamt den übrigen exegetischen Argumenten überhaupt als erste in die Diskussion eingeführt haben.

Auch ihre exegetische Methode, „Tropen" anzuwenden, zeugt von einem
gewissen intellektuellen Ehrgeiz, der sich nicht mit den bisherigen unre-
flektierten Anschauungen zufriedengeben wollte — und wie sehr pocht
Athanasius demgegenüber auf die Unerforschlichkeit der Trinität!

Die folgenden Briefe bieten keine weiteren Argumente, geben aber
Aufschluß über Serapions Rolle in der Kontroverse.

3. Die Epitome: Brief II/III

Die Widerlegung, die Athanasius im I. Brief geboten hatte, war für den
praktischen Gebrauch zu wenig bündig, denn Serapion fragt im Auftrag
„einiger Brüder" um eine Epitome nach (II,1, 608 C). Die Auseinandersetzung hatte also Kreise gezogen, und Serapion hatte es übernommen,
die eigenen Reihen zu festigen und mit Athanasius' Hilfe zu instruieren.

Die Ausweitung der Auseinandersetzung dürfte auch ein Grund dafür
sein, daß Athanasius in II doch noch eine Widerlegung der christologischen
Irrlehre bietet, die er Serapion gegenüber für unnötig gehalten hatte (I,2,
532 B).

Der zweite Grund ist der, daß Athanasius in II den Tropikern die
gemeinsame christologische Basis vor Augen führen will: Er will die
widerlegen, die den Sohn ein Geschöpf nennen (II,3, 612 A), also die
Neuarianer, von denen sich die Tropiker abgesetzt hatten. Athanasius
beruft sich auf das ὁμοούσιος von Nicäa (II,5, 616 B). Von dieser Basis
aus entwickelt er dann seine Pneumatologie: In III legt er die eben
angeführte, in Nicäa festgelegte Homousie des Sohnes mit dem Vater
zugrunde und setzt voraus, der Geist habe das gleiche Verhältnis zum
Sohn wie der Sohn zum Vater. Daraus folgt: „Wenn also der Sohn ... kein
Geschöpf ist, sondern ὁμοούσιος τοῦ πατρός, so ist wohl auch der Heilige
Geist kein Geschöpf" (III,1, 625 C − 628 A). Daß Athanasius seinen Schluß
auf das Wesen des Geistes um das ὁμοούσιος verkürzt, fällt auf; die Aussage
über die Homousie des Geistes in I,27 (593 C) bleibt singulär.

Athanasius wendet im II/III. Brief eine johanneisch geprägte Formel an
(„er wird vom Vater durch den Sohn gegeben", III,2, 628 A), die er schon
im I. Brief zugrundegelegt hatte: „der Geist, der vom Vater ausgeht und,
da er dem Sohn eigen ist, von ihm ... gegeben wird" (I,2, 533 B). Beim
Nachweis der Ungeschöpflichkeit des Geistes führt Athanasius seine Herkunft aus Gott an (III,2, 628 B), dann aber auch die Gleichheit der
Eigenschaften von Geist und Sohn (III,3 f). Er wendet also, wie er es in
III,1 ankündigt, die für Sohn und Vater geltende Argumentationsstruktur
auf das Verhältnis von Geist und Sohn an.

Die Ausführungen laufen auf die Feststellung der μία θεότης τῆς τριάδος
zu (III,6, 633 C, 636 AB). Damit verbietet sich auch die Annahme, etwas
Geschöpfliches könne Teil der Trinität sein (III,7). Athanasius zitiert hier
noch einmal ein Argument der Tropiker (III,7, 636 BC, λέγουσιν): „Die

Trinität besteht aus Wandlung und Wachstum, und es gibt eine Binität, sie wartet aber auf die Entstehung eines Geschöpfes, auf daß es mit Vater und Sohn verbunden werde und die Trinität entstehe". Die Tropiker sind also, wie schon aus Brief I erschlossen, strenge Binitaristen, für die die Trinität nur eine zeitliche, heilsökonomisch bedingte Erscheinung ist.

Im wesentlichen zieht Athanasius die von Serapion erbetene Epitome aus den Kapiteln 22—27 des I. Briefes, die allein seine eigenen Argumente enthalten. Den exegetischen und logischen Argumenten der Tropiker geht er damit aus dem Weg. Vor allem gibt er keine positive Definition für die Person und das Wirken des Heiligen Geistes, sondern argumentiert primär von der Einheit der Trinität her. Sie ist für ihn der χαρακτὴρ τῆς καθολικῆς πίστεως (III,7, 636 B, vgl. I,32, 605 A). Damit war die Frage nach dem (Verwandtschafts-)Verhältnis des Geistes zu Vater und Sohn aber nicht beantwortet.

4. Der Gegenangriff: Brief IV,1—7

In diesem letzten Schreiben verschärft sich der Ton. Die Tropiker hatten Serapion gegenüber offenbar nicht lockergelassen und ihre Frage nach den Verwandtschaftsverhältnissen innerhalb der Trinität wieder vorgebracht. Serapion reichte die Anfrage noch einmal an Athanasius weiter, der in IV,1 aber nur I,15 f wieder aufnimmt: Eine solche Frage erfordert im Sinne von Tit 3,10 eine Zurechtweisung, erlaubt aber keine Diskussion. Athanasius unterstellt den Gegnern böswilliges λογομαχεῖν und πνευματομαχεῖν. Er wiederholt in diesem Brief nur noch seine bekannten Argumente. Auf die Frage, ob der Geist Enkel oder zweiter Sohn sei, reagiert Athanasius mit Gegenfragen und rät den Tropikern Schweigen an (IV,2). Sie sollen sich an die Lehre von der einen Gottheit der Trinität halten (IV,3) und endlich deren Unerforschlichkeit anerkennen (IV,4 f).

Daß Eunomius und andere solchen Anweisungen heftig widersprochen hätten, muß Athanasius gewußt haben, denn er fragt: „Wird also danach noch einer, wenn er Sohn und Geist hört, zu sagen wagen: Ist also der Vater Großvater oder der Geist also Sohn? Ja, wagen werden es die Eunomier, Eudoxier und Eusebier" (IV,5, 644 D—645 A).

Über Eunomius ist alles Wesentliche im Zusammenhang mit Brief I schon gesagt worden. Eudoxius war mit Eunomius bekannt, er weihte ihn 358 zum Diakon. Pneumatologische Äußerungen sind von ihm nicht bekannt. Mit den Eusebiern meint Athanasius die Schüler Eusebs von Caesarea; in IV,7 sagt er nämlich, „der in Caesarea" stelle neben „dem in Scythopolis" die Spottfrage: „Ist also der Geist Sohn und der Vater Großvater?" (648 A). „Der in Caesarea" kann nur Acacius sein, Schüler Eusebs und sein Nachfolger als Bischof[366]. „Der in Scythopolis" ist Pa-

---

[366] Vgl. Shapland (s. Anm. 353), S. 186, Anm. 7. Athanasius zählt ihn zu den κοινωνοί ... τῆς Εὐσεβίου κακουργίας (Apologia secunda 36,6, Opitz II/1, S. 115).

trophilus, ein Mann, den Athanasius in eine Reihe mit Acacius und Eudoxius stellt[367].

Allerdings ist außer Eunomius keinem dieser Theologen ein pneumatologischer Radikalismus nachzuweisen. Wie wir im Zusammenhang mit Brief I festgestellt haben, war die Pneumatologie ein Thema, das neben der Christologie noch kaum Beachtung fand[368]. Acacius legte zwar 359 in Seleukia ein eigenes Symbol mit ausgebautem 3. Artikel vor, es enthielt aber keines der von Athanasius verurteilten Reizwörter[369]. Athanasius hat also in IV,5.7 in einem Generalangriff neben Eunomius weitere mögliche Parteigänger der neuen Lehre angeführt, um Serapion und andere bei dieser Gelegenheit vor ihnen zu warnen. Darauf deutet schon das Futur τολμήσουσιν hin (IV,5, 644 D). γελῶσιν in IV,7 (648 B) könnte dann Konjunktiv sein.

5. Die Abhandlung über Mt 12,32 (Brief IV,8—23)

Unter 1. hatten wir bereits festgestellt, daß IV,8—23 ein eigenes Werk ist. Damit ist aber noch nicht gesagt, daß nicht auch dieser Text an Serapion adressiert gewesen wäre. Er ist ein Auftragswerk und geht auf einen Brief zurück, in dem jemand gefragt hatte, „weshalb zwar die Lästerung gegen den Sohn vergeben wird, die aber gegen den Heiligen Geist keine Vergebung hat, weder in diesem Äon noch im zukünftigen" (IV,8, 649 B).

Sichere Argumente dafür, daß Serapion der Empfänger auch dieses Schreibens war, gibt es nicht. Lassen sich inhaltliche Verbindungen zwischen dieser Exegese und unseren Lehrbriefen nachweisen? Auch in IV,8—23 fügt Athanasius eine trinitätstheologische Definition ein: „Denn es ist offenbar, daß der Sohn, wenn er im Vater ist, in denen ist, in denen auch der Vater ist, und auch der Geist nicht abwesend ist. Denn untrennbar ist die heilige, selige und vollkommene Trinität" (IV,12, 652 C). Mit „Geist" meint Athanasius hier aber die Gottheit Christi (IV,19); durch ihn wirkt der Logos (IV,20, 669 C). „Geist" ist auch nur ein anderer Name für den präexistenten Logos im Unterschied zum Menschensohn, und die Sünde wider den Geist ist die Lästerung der göttlichen Natur Christi. Die aber ist typisch für die „Ariomaniten" (IV,22, 673 B).

Gehörte der Text zu den drei Lehrbriefen an Serapion, so fiele Athanasius hier hinter das zurück, was er schon vorgebracht hatte. In den

---

[367] De Synodis 1,3, Opitz II/1, S. 231 und 37,2, S. 264.

[368] Athanasius erwähnt nur einmal vage in Oratio contra Arianos III,15 (PG 26, 353 A), die Arianer hielten den Geist für aus dem Nichts stammend, ohne daß er hier den Titel Geschöpf anführt.

[369] Sokrates II,40, PG 67, 340 B. Es handelt sich vorwiegend um eine Aneinanderreihung neutestamentlicher Aussagen, wie es sie auch schon in früheren Symbolen gegeben hatte.

Briefen verbindet sich mit der Zitierung von Mt 12,32 das Verständnis vom Geist als einer eigenständigen göttlichen „Person" (dafür hat Athanasius noch keinen Terminus). Somit kann die Abhandlung IV,8—23 weder der letzte Brief in der Korrespondenz mit Serapion sein, noch zu Brief IV oder hinter II/III gehören, obwohl III mit der Zitierung von Mt 12,32 endet.

Der Text muß also früher verfaßt worden sein. In Oratio contra Arianos I,50 hatte Athanasius die Mt-Stelle ganz ähnlich ausgelegt: Der Geist gehört dem Sohn und bezeichnet die Göttlichkeit des Fleischgewordenen. Folgt man der heute bevorzugten Frühdatierung der Orationes auf die Zeit um 340, dann wäre damit ein gewisser Anhaltspunkt gegeben[370].

Einen weiteren Hinweis enthält die Schrift De Decretis Nicaenae Synodi (350/351). Athanasius zieht hier wie in IV,9—11 Theognost und Origenes zur Beglaubigung heran[371]. Mit ihnen beschäftigt er sich ausdrücklich sonst nirgends, soweit es sich feststellen läßt[372]. In IV,9 nun berichtet Athanasius, er habe gerade die Werke dieser beiden Autoren zu dem zur Diskussion stehenden Problem gelesen (649 B), wobei das Werk des Theognost nur die Hypotyposen sein können (hier das 3. Buch[373]). Da wir in De Decretis 25,2 ebenfalls ein Zitat aus den Hypotyposen (Buch 2) finden, ist für De Decretis die in Brief IV,9 erwähnte Beschäftigung mit Theognost schon vorauszusetzen. Der gleiche Befund gilt für Origenes[374].

Für eine zeitliche Nähe von De Decretis und Brief IV,8—23 spricht, daß in beiden Werken die τριάς erstmals kurz thematisiert wird[375]. Brief IV,8—23 ist dann in den 40er Jahren verfaßt worden (nach dem zweiten Exil des Athanasius?), vielleicht als Antwort auf eine Rückfrage Serapions zu Oratio contra Arianos I,50.

6. Ergebnis: Die Datierung der Briefe

Die Briefe I, II/III und IV,1—7 dokumentieren das Engagement Serapions in der beginnenden pneumatologischen Kontroverse. Diese wurde provoziert durch den Subordinatianismus des Eunomius, dessen Pneu-

---

[370] PG 26, 116 B. Auf diese Parallele verweist auch Lebon (SC 15, S. 36 f, Anm. 1): Athanasius habe seine Exegese schon zur Abfassungszeit von Oratio I erarbeitet, sie aber erst mit den Briefen an Serapion veröffentlicht. Warum sollte er für sie aber einen derart unpassenden Rahmen gewählt haben, in dem sie völlig anachronistisch wirkte?

[371] De Decretis 25,2 (Theognost) und 27,1—3 (Origenes), Opitz II/1, S. 20 f und 23 f.

[372] Bei der Suche nach den Stichworten „Theognost" und „Origenes" und auch bei der Erschließung anderer athanasianischer Termini habe ich mich im wesentlichen auf das Lexicon Athanasianum von G. Müller gestützt (Berlin 1952). Versteckte Zitate und Anspielungen auf Theognost und Origenes bleiben dabei natürlich unberücksichtigt.

[373] Vgl. Lebon, SC 15, S. 189, Anm. 2.

[374] Athanasius zitiert in Brief IV,10 und in De Decretis 27 jeweils aus De Principiis. Vgl. die Testimonien in der Edition von P. Koetschau, GCS 22, Leipzig 1913, S. XVI f.

[375] De Decretis 26,3.7, Opitz S. 22, Z. 15; S. 23, Z. 15. Vgl. Brief IV,12 (652 C).

matologie cinige Homöusianer aus seinem System herausbrachen, um damit ihren exklusiven Binitarismus logisch zu untermauern. Serapion konnte ihnen wenigstens hinhaltenden Widerstand entgegensetzen.

Wie ist die Korrespondenz zwischen Athanasius und Serapion zu datieren? Nachdem Eunomius 356 in Alexandria eingetroffen war, werden sich seine Ideen bis 358 verbreitet haben; in diesem Jahr grenzten sich die Homöusianer in Ancyra von den neuarianischen Lehren ab. Athanasius, der als seinen Aufenthaltsort die „Wüste" angibt, ist wahrscheinlich erst nach 358 dorthin geflohen[376]. Wenn sein Vorbehalt, er habe „zu solch einem Zeitpunkt" (I,1, 532 B) eigentlich schweigen wollen, nicht nur eine Captatio ist, wäre Brief I das erste Werk nach seinem Rückzug in die Wüste: Jede Korrespondenz konnte seinen Verfolgern ja Hinweise auf seinen Aufenthaltsort geben. Folglich hat der Briefwechsel etwa Anfang 359 begonnen, zumal die Bemerkung des Athanasius in I,2, gegen die Arianer sei genug gesagt, auch den Brief De Morte Arii von 358 mit umfassen könnte. In der Attacke gegen Acacius und seine Freunde (IV,5.7) wird sich deren Auftritt in Seleukia 359 spiegeln, so daß die Korrespondenz in die Jahre 359 und 360 fällt.

Die in den Briefen angelegte Lehrentwicklung wird durch die Synode von Alexandria 362 (von der leider keine Teilnehmerliste mehr existiert) und den kurz danach verfaßten Tomus ad Antiochenos vorläufig abgeschlossen[377]. Im Tomus ergeht ein Anathema über die, die sagen »κτίσμα εἶναι τὸ πνεῦμα τὸ ἅγιον, καὶ διῃρημένον ἐκ τῆς οὐσίας τοῦ Χριστοῦ« (PG 26, 800 A). Die hier Verurteilten müssen die Tropiker sein, nicht aber die Eunomianer: Der Vorwurf lautet, sie gäben zwar vor, dem Glauben von Nicäa anzuhängen — christologisch ist ihnen also nichts vorzuwerfen — lästerten aber den Heiligen Geist.

XIII. SERAPION CONFESSOR. PTOLEMAIOS BISCHOF VON THMUIS

Aus den Briefen über den Tod des Arius und über die Widerlegung der Tropiker können wir schließen, daß Serapion in den Jahren 358—360 unmittelbar an den dogmatischen und kirchenpolitischen Auseinandersetzungen in Ägypten beteiligt war und sich nicht wie Athanasius auf der

---

[376] Laut dem Index der Festbriefe (XXX, SC 317, S. 258) soll er sich 358 noch in Alexandria versteckt gehalten haben.

[377] PG 26, 795—810. M. Tetz zufolge ist mit der Epistula catholica wenigstens der Rest eines Rundschreibens der Synode erhalten (Ein enzyklisches Schreiben der Synode von Alexandrien, ZKG 79, 1988, S. 278). Auch in der Epistula catholica wird die Lehre vom Geist als Geschöpf (hier: ποίημα) abgelehnt und ihr die Homousie der Trinität gegenübergestellt (Text ediert bei Tetz S. 272, § 5.7). Daß in § 5 gleichzeitig die Geschöpflichkeit des Geistes und die des Sohnes abgelehnt werden, weist allerdings eher in eine antieunomianische als in eine antitropische Richtung.

Flucht oder in der Verbannung befand. So fehlt sein Name auch auf einer Liste verbannter Bischöfe dieser Zeit[378]. Was hat es dann mit den drei Zeugnissen auf sich, aufgrund derer man bisher eine Exilierung Serapions vermutet hatte?

Der Befund ist folgender: Hieronymus schreibt in De vir. ill. 99, Serapion „sub Constantio principe etiam in confessione inclitus fuit"[379], und in Brief 70,4,4 nennt er ihn Confessor[380]. Auf der Teilnehmerliste des Konzils von Seleukia 359 wiederum wird „Ptolemaios, Bischof von Thmuis in der Augustamnica" aufgeführt[381]. Diesen Ptolemaios tituliert Athanasius in seiner Aufzählung der Konzilsteilnehmer als Melitianer, ohne aber seinen Bischofssitz anzugeben[382].

Zwei Fragen sind also zu klären: Ist die Confessio für Hieronymus zwingend an eine Verbannung gebunden? Und: Setzt die Existenz eines Gegenbischofs unbedingt die Absetzung Serapions voraus?

Die zweite Frage ist mit Nein zu beantworten. Doppelbesetzungen waren nichts Ungewöhnliches. Schon zur Zeit des Konzils von Nicäa gab es ja einen melitianischen Gegenbischof (s. o. I. Thmuis). Es ist auch zu fragen, ob „Thmuis" nicht nur eine Titelkirche für den sonst unbekannten Ptolemaios war, um ihm auf dem Konzil Sitz und Stimme zu geben. Jedenfalls korrespondierte Serapion zur gleichen Zeit ungehindert mit Athanasius.

Die erste Frage ist schwerer zu beantworten. Über andere Confessores weiß Hieronymus mehr zu berichten, so über Eusebius von Vercelli: „ob confessionem fidei a Constantio principe Scythopolim et inde Cappadociam relegatus"[383]. Über Eustathius von Antiochia, den er nicht Confessor nennt, schreibt er: „sub Constantio principe pulsus est in exilium Traianopolim Thraciarum"[384]. Confessio und Verbannung fallen terminologisch also nicht zusammen, wenn sie auch in anderen Werken des Hieronymus nahe beieinanderliegen[385]. „Confessor" ist auch für Hieronymus ein von der Märtyrertheologie vorgeprägter Begriff, der aber zu dieser Zeit nicht mehr eindeutig definiert ist: Athanasius wendet das griechische Pendant ὁμολογητής auf abgesetzte, aber auch auf mißhandelte Bischöfe an[386].

---

[378] Historia Arianorum 72, Opitz II/1, S. 222 f. Vgl. Apologia de fuga sua 7,4, Opitz II/1, S. 73.

[379] TU 14,1, Leipzig 1896, S. 47.

[380] CSEL 54, S. 706, Z. 13.

[381] Epiphanius, Panarion 73,26,7, GCS 37, S. 301, Z. 5.

[382] De Synodis 12,3, Opitz II/1, S. 239, Z. 22.

[383] De vir. ill. 96, TU 14,1, S. 47, Z. 3 f.

[384] De vir. ill. 85, S. 44, Z. 12 f.

[385] Confessores sind auch die (verbannten) Bischöfe in Diocaesarea, Confessor ist auch der (verbannte) Hilarius: vgl. Ep. 15,2,2, CSEL 54, S. 64, Z. 7 f und Ep. 82,7,1, CSEL 55, S. 113, Z. 23 — ohne daß Hieronymus die Verbannung jeweils ausdrücklich erwähnt.

[386] Apologia secunda 33,2, Opitz II/1, S. 111.

Demnach können wir nur feststellen — immer vorausgesetzt, daß nicht auch schon Hieronymus aus der Existenz eines Ptolemaios von Thmuis auf ein Exil Serapions geschlossen hat — daß „Confessor" hier ein Ehrentitel sein muß, den sich Serapion durch seine weithin bekannte Teilnahme am Kampf um die rechte Lehre erworben hat. Dafür spricht auch die in De vir. ill. singuläre Formel „in confessione inclitus fuit". Nur zu vermuten ist, daß er für seinen Einsatz andere, nicht in einer Verbannung eskalierende, persönliche Konsequenzen in Kauf nehmen mußte.

XIV. DER BRIEFWECHSEL MIT APOLLINARIS

Zu der Korrespondenz mit Apollinaris ist unter C. (Fragmente) alles Wesentliche gesagt worden. Alle Angaben zu den Quellen und zur Datierung sind dort zu finden. Aus den drei kurzen Textstücken läßt sich nichts über Serapions Lebensumstände erheben, sie haben ihre Bedeutung als das letzte Lebenszeichen Serapions überhaupt. Da die Korrespondenz um das Jahr 370 stattfand, muß Serapion irgendwann danach gestorben sein.

In den Teilnehmerlisten des Konzils von Konstantinopel 381 ist kein Teilnehmer aus Thmuis verzeichnet, doch sind die Listen unvollständig, so daß für uns offenbleibt, ob und durch wen der Bischofssitz Thmuis vertreten wurde. Wir wissen also nicht, ob Serapion 381 noch lebte. Vermutlich ist er in den 70er Jahren gestorben.

G. IRRWEGE UND HAGIOGRAPHISCHES

In diesem Abschnitt müssen noch die Sekundärquellen bearbeitet werden, die in der Literatur mit Serapion von Thmuis in Zusammenhang gebracht worden sind, bei denen aber begründete Zweifel daran bestehen, ob nicht ganz andere Träger des Namens Serapion gemeint sind. Dabei wird uns wiederum der eine oder andere Serapion begegnen, der in späterer Zeit mit dem Bischof von Thmuis verwechselt worden ist, weshalb sich abschließend ein Blick auf das Werden der Heiligenverehrung „Serapions" anbietet.

I. IRRWEGE

1. Der junge Mann Serapion

In seinem Aufsatz über „Athanasius und die Vita Antonii" hatte Martin Tetz einen Brief des Bischofs Alexander von Thessalonike an Athanasius aus dem Jahre 332 wieder in die Diskussion eingeführt[387]. Alexander lobt darin einen Serapion, der ihm einen Brief von Athanasius überbracht hatte, dafür, daß „er darum kämpft, sich mit heiligen Sitten zu schmücken, und das Gedächtnis (μνήμη) seines Vaters gar lobpreisend (ἐγκωμιαστικώτε-ρον) mehrt". Dem Brief zufolge war Serapions Vater, Sozon mit Namen, kurz zuvor gestorben.

Tetz sieht in der Hervorhebung des enkomiastischen Gedächtnisses, mit dem dieser Serapion seinen Vater ehrt, eine Parallele zur Epistula ad Monachos, wo die Mönche von „Serapion" ebenfalls einer solchen μνήμη gewürdigt werden[388]. Demzufolge hält er Sozon, den wir nicht weiter kennen, auch nicht für den leiblichen Vater Serapions, sondern für seinen Mönchsvater. Der Kampf Serapions um die heiligen Sitten ist laut Tetz ein Hinweis auf seine asketische Lebensweise.

Aber diese Brücke zu Serapion von Thmuis, dem Mönch, trägt nicht. Von einer „monastischen" Existenz Sozons und Serapions erfahren wir nichts, und selbst wenn wir — abgesehen von der Unechtheit der Epistula ad Monachos — die rhetorischen Fähigkeiten des Bischofs von Thmuis in dem ἐγκωμιαστικώτερον wiedererkennen, so irritiert doch, daß Alex-

---

[387] In ZNW 73, 1982, S. 11. Der Brief findet sich in Apologia secunda 66, Opitz II/1, S. 145. Vgl. schon Tillemont, Mémoires pour servir à l'histoire ecclésiastique, Bd. 8, Paris 1713, S. 143.

[388] Tetz S. 17—19.

ander seinen Serapion als νεώτερος bezeichnet. Wie wir aus der dem
Begleitschreiben zum Osterfestbrief angehängten Bischofsliste erschlossen
haben (s. o. F. VI.), ist Serapion vor 335 Bischof geworden, und davor
hatte er eine leitende Stellung in einem Kloster inne (s. o. F. IV.). Kann
er dann 332 noch ein „junger Mann" sein, der als Briefträger fungiert?

Wenn wir den Äußerungen Alexanders folgen, erfahren wir nur, daß
ein junger Mann mit dem häufigen Namen Serapion, der für Athanasius
als Briefbote tätig gewesen war, für seine Wohlerzogenheit, seinen Anstand
(ἐπιείκεια) und seine Pietät dem verstorbenen Vater gegenüber gelobt
wird.

2. Serapion, „Oberhaupt der Mönche"

Heinrich Dörrie hat in seinem Lexikonartikel über Serapion von
Thmuis[389] einen Zeugen angeführt, der das Bild vom Mönchsvorsteher
Serapion abrunden könnte: Es handelt sich um Maruta von Maipherqat,
der in seinen „Canones" von einem Brief spricht, „den Magna von Alexandria an Serapion (Sarapun), das Oberhaupt der Mönche, geschrieben
hat". Dieser Magna nun habe erstmals das „Kroniqon" in der Kirche
geordnet. Auch Euseb habe ihn erwähnt, nämlich am Anfang der Canones
für die vier Evangelisten und auch in anderen Schriften[390].

Diese Angaben bieten nur einen einzigen konkreten Anhaltspunkt: Die
erwähnten Canones des Euseb sind angehängt an die Epistula ad Carpianum[391], und dort ist zu Beginn Ammonius von Alexandria genannt.
„Magna" — ein Name, der bei Euseb nicht nachzuweisen ist — muß also
Ammonius sein. Alles andere bleibt aber im Dunkeln: Was ist das Kroniqon[392], und welcher Serapion kann gemeint sein, wenn Ammonius einen
Brief an ihn geschrieben hat?

Ammonius gilt allgemein als ein Zeitgenosse des Origenes[393]; Adolf
von Harnack hat ihn, da Serapion als „Oberhaupt der Mönche" bezeichnet
wird, ans Ende des 3. Jhd. gesetzt[394]. Aber auch mit dieser doch fraglichen

---

[389] PRE, Suppl. VIII, Stuttgart 1956, Sp. 1261.

[390] Ed. A. Vööbus, The Canons ascribed to Maruta of Maipherqat and related sources,
CSCO 439/440, Louvain 1982 (Text 439, S. 14).

[391] Ed. Nestle/Aland, Novum Testamentum Graece, Stuttgart, 26. Aufl. 1979, S. 73*f.

[392] Welches griechische Wort ist mit ܩܘܢܝܐ gemeint? χρονικόν? Oder ist im Syrischen ܝ
zu ܝ verschrieben, so daß κανονικόν zu lesen ist? So A. Harnack, Geschichte der
altchristlichen Litteratur bis Eusebius, Bd. II/2, Leipzig 1904, S. 82.

[393] Vgl. z. B. Altaner/Stuiber, Patrologie, Freiburg, 9. Aufl. 1980, S. 210.

[394] Geschichte der altchristlichen Litteratur, S. 82: „denn ein Brief an ein Haupt der Einsiedler, d. h. an einen Vorsteher eines Mönchsvereins, am Anfang des 3. Jahrhunderts ist
gewiß keine leichte Annahme. Am Ende des 3. Jahrhunderts hat er keine Schwierigkeit".
Harnack übersetzt ܝܚܝܕܝܐ also mit „Einsiedler". Diese Vorentscheidung ist für uns hier
nur insofern von Belang, als auch Harnack die Frage offenläßt, was ein „Haupt der
Einsiedler" am Ende des 3. Jhd. konkret sein soll.

Datierung kommen wir nicht an die Entstehungszeit des christlichen
Mönchtums und die Lebenszeit Serapions von Thmuis heran: Der von
Maruta erwähnte Serapion kann demnach nicht der unsere sein.

Wahrscheinlich hat eine spätere Überarbeitung hier einiges in Unordnung gebracht. An der Originalität der jetzigen Fassung des Maruta
zugeschriebenen Werkes bestehen erhebliche Zweifel, so daß wir auch an
dieser Stelle mit späteren Zusätzen rechnen können[395]. Ursprünglich mag
Maruta wirklich von einem Serapion gesprochen haben, der am Ende des
3. Jhd. gelebt hat. Später ist dieser dann mit Serapion Arsenoites (»ἡγού-
μενος πολλῆς ἀδελφότητος«[396]) oder tatsächlich mit Serapion von Thmuis
(»τόσων μοναχῶν προέστη«[397]) verwechselt worden und so zu seinem
Titel „Oberhaupt der Mönche" gekommen.

3. Serapion, Leiter der Katechetenschule Alexandrias

Gallandi hat in seiner Vorrede zum Manichäertraktat Serapions auf ein
Fragment des Philippus von Side hingewiesen, in dem dieser einen Serapion als Leiter der alexandrinischen Katechetenschule anführt[398]. Philippus
nennt die Vorsteher in folgender Reihenfolge: ... Pierius — Theognost —
Serapion — Petrus, der Bischof und Märtyrer ... usw. Petrus starb 311
und war im Jahre 300 Bischof geworden[399]. Wenn er vorher noch Leiter
der Schule war, hat der genannte Serapion um 290 das Amt innegehabt.

Hier stellt sich das gleiche Problem wie bei Maruta: Diese Daten passen
nicht auf Serapion von Thmuis, der dann zur Zeit seiner Korrespondenz
mit Apollinaris über 100 Jahre alt gewesen sein müßte. Außerdem ist dann
ungeklärt, was er nach dem Ende seiner Ära als Schulleiter und vor seinem
Antritt des Bischofsamtes tat. Gallandis Lösung, er sei Mönch geworden
und erst als Bischof wieder aufgetreten (also rund 40 Jahre später) ist
wenig überzeugend (PG 40, 898 A).

Epiphanius wiederum berichtet, es habe schon zu der Zeit, als Arius
Presbyter war, in Alexandria eine Serapionskirche gegeben[400]. Sie war

---

[395] A. Baumstark, Geschichte der syrischen Literatur, Bonn 1922, S. 54. Vööbus, CSCO 440,
S. VII f.

[396] Historia Monachorum in Aegypto, ed. A.-J. Festugière (SHG 34), Brüssel 1961, S. 114.

[397] Epistula ad Dracontium 7, PG 25, 532 A.

[398] PG 40, 897 BC. Das Fragment wurde erstmals von H. Dodwell in einem Anhang ediert:
Dissertationes in Irenaeum, Oxford 1689, S. 488. Es ist heute zugänglich in PG 39, 229
und in der von G. C. Hansen veranstalteten Edition des Theodoros Anagnostes, GCS,
Berlin 1971, S. 160.

[399] Altaner/Stuiber, Patrologie, Freiburg, 9. Auflage 1980, S. 212. Philippus hat Theognost
ʼund Pierius im übrigen in falscher Reihenfolge aufgeführt.

[400] Epiphanius, Panarion 69,2,4, GCS 37, S. 153, Z. 24. Schon Dodwell sah einen Zusammenhang zwischen der Serapionskirche und dem Leiter der Katechetenschule (s.
Anm. 398, S. 512, Anm. zu μετὰ τοῦτον Σεραπίων).

anscheinend — wie auch die ebenfalls von Epiphanius erwähnte Pieriuskirche, die Theonaskirche und andere — nach einem verstorbenen Kirchenlehrer benannt worden, also nach dem Leiter der Katechetenschule, der demnach zur Zeit des Arius schon tot war und somit nicht mit Serapion von Thmuis identisch sein kann.

4. Die Regula ad Monachos

Ignaz Rucker hat die „Regula ad Monachos S. Serapionis, Macarii, Paphnutii et alterius Macarii"[401] unter die Werke Serapions von Thmuis gerechnet[402]. „Serapion" soll aber mit Sicherheit einer der großen Anachoreten dieses Namens sein, nämlich Serapion der Große aus der nitrischen Wüste[403]. Die Regel ist überdies unecht, sie ist für Koinobiten späterer Zeit geschrieben[404].

5. Serapion und die Verurteilung des Arius

Hier soll uns nicht die jüngere und ältere Sekundärliteratur, sondern eine koptische Athanasiusvita des 8. Jhd. beschäftigen[405]. Sie zählt Serapion von Thmuis neben Athanasius, Liberius und vielen anderen zu den Vorkämpfern gegen den Arianismus. Diese orthodoxen Bischöfe nun sollen noch zu Lebzeiten des Arius, und zwar nach einem Exil des Athanasius, ein Konzil abgehalten haben, auf dem sie Arius in die Verbannung schickten[406].

Es wird sogleich deutlich, daß diese Quelle einen sehr legendarischen Charakter hat. Der Verfasser hat alle Informationen, die ihm wichtig waren, in einen fingierten Zusammenhang gebracht. Was die Verurteilung des Arius angeht, hat er weder von dem alexandrinischen Konzil 319 noch von dem nicänischen 325 eine konkrete Vorstellung. Für ihn ist entschei-

---

[401] PG 34, 971—978 und PL 103, 433—442.

[402] Florilegium Edessenum anonymum, SBAW.PPH 1933, Heft 5, S. 29.

[403] Er wird mit Paphnutius in einem Atemzug genannt: Historia Lausiaca 46, ed. C. Butler, Bd. 2, Cambridge 1904, S. 134, Z. 12 f. Sozomenus III,14,4, GCS 50, S. 118, Z. 22 f.

[404] Vgl. O. Bardenhewer, Geschichte der altkirchlichen Literatur, Bd. 3, Freiburg ²1923, S. 91 f.

[405] T. Orlandi, Testi Copti: Encomio di Atanasio/Vita di Atanasio, Mailand 1968. Der hier diskutierte Text findet sich S. 95—97, Übersetzung S. 125 f. Zur Datierung vgl. S. 160.

[406] Zwei Jahre nach diesem Urteil soll Arius gestorben sein. Der Verfasser ist vielleicht von der Epistula de Morte Arii angeregt worden, Serapion unmittelbar mit der Verurteilung des Arius in Verbindung zu bringen. Zur Kritik an diesem Zeugnis vgl. auch Orlandi S. 155—157. Die gleiche Bischofsliste findet sich im übrigen in ähnlichem Zusammenhang auch in einer anderen koptischen Version der Athanasiusvita: F. Rossi, Trascrizione di alcuni Testi Copti del Museo Torinese, Memorie della Reale Accademia delle Scienze di Torino, Serie II, Bd. 36 (Scienze morali, storiche e filologiche), Turin 1885, Text S. 102 f, Übersetzung S. 163.

dend, daß alle orthodoxen Bischöfe, die er kennt, den Häresiarchen verurteilt haben, darunter eben auch Serapion von Thmuis. Daß Serapion
zur Zeit des Konzils von Nicäa noch nicht Bischof war, wissen wir aber;
Liberius und andere vom Verfasser genannte Bischöfe können Arius
ebensowenig zu dessen Lebzeiten verurteilt haben.

Somit ist dieses Quellenstück völlig unhistorisch und nur ein Indiz für
das Ansehen, das Serapion von Thmuis auch noch in späteren Jahrhun-
derten genoß.

II. HAGIOGRAPHISCHES

1. Grundlagen

Bei der Häufigkeit des Namens Serapion blieben Verwechslungen nicht
aus. Ein Anlaß dafür ist der Brief des Athanasius an Dracontius gewesen:
„Serapion ist Mönch und er stand so vielen Mönchen vor" (PG 25, 532 A).
Wie wir schon beim Thema „Serapion, Oberhaupt der Mönche" gesehen
haben, ähnelt diese Angabe dem Anfang des 18. Kapitels der Historia
Monachorum in Aegypto: „Wir sahen aber im Gebiet des Arsenoitês einen
Presbyter mit Namen Serapion, einen Vater vieler Monasterien und Führer
einer großen Bruderschaft, ungefähr 10 000 an Zahl"[407]. Neben diesem
arsenoitischen Serapion hatte auch Serapion Sindonita einen großen Ruf[408],
ebenso Serapion der Große, der Mitverfasser der oben behandelten Regula
ad Monachos sein soll. Außerdem gibt es noch Märtyrer dieses Namens[409].

2. Wirkungen

Die Tradition hat bald Serapion von Thmuis mit einem der Anachoreten
identifiziert. Eine einzelne Handschrift schreibt das 4. Serapion-Apo-
phthegma Serapion von Thmuis zu[410]. Im „Paradies der Väter" wird aus
dem Abba Serapion des 2. Serapion-Apophthegmas: „Abba Serapion, der
Bischof"[411]. Das äthiopische Synaxarium behauptet, Cyrill von Alexandria
sei in seiner Jugend einem Bischof Abba Serapion anvertraut gewesen[412].

---

[407] Ed. A.-J. Festugière (SHG 34), Brüssel 1961, S. 114.

[408] Historia Lausiaca, ed. C. Butler, Bd. 2, Cambridge 1904, S. 109 ff.

[409] Vgl. z. B. Euseb, Kirchengeschichte 6,41,8, ed. E. Schwartz, GCS 9,2, Leipzig 1908,
S. 602.

[410] R. Draguet, Le Paterikon de l'Add 22 508 du British Museum, Muséon 63, 1950, S. 38
(Nr. 124). Vgl. PG 65, 416 f.

[411] E. A. W. Budge, The Book of Paradise, Bd. 2, London 1907, S. 35 (Nr. 160), S. 231
(Nr. 386). Vgl. PG 65, 416 C.

[412] Le Synaxaire Ethiopien II, ed. I. Guidi, PO 7,3, Paris ²1950, S. 223. Vgl. meine Anm. 274
zur Vita Iohannis Baptistae.

Die Person eines „Abba Bischof Serapion" ist also ein Konstrukt der orientalischen Hagiographie.

Somit ist auch gut verständlich, daß man einen „Abba Serapion" bzw. einen „Abba Serapion, Bischof von Thmuis" für den Autor der Vita Macarii Scetensis gehalten hat. Aus dem Freund des Antonius (Vita Antonii, Hieronymus) und dem Mönchsvorsteher (Epistula ad Dracontium) ist in späteren Quellen durch Verwechslung ein Anachoretenführer geworden.

Noch Sixtus von Siena hielt den Bischof von Thmuis für den Obersten von 10000 Mönchen, verwechselte ihn also mit dem arsenoitischen Serapion[413]. Auch in der jüngeren Hagiographie blieb es bei der Bezeichnung Serapions von Thmuis als Serapion Anachoreta, obwohl die patrologische Gelehrsamkeit sehr wohl mehrere Serapiones kannte[414].

Die Überlieferungen von Serapion dem Märtyrer, Serapion dem Anachoreten und Serapion dem Bischof flossen schließlich ineinander: Der 21. März, traditionell Tag eines Serapion Anachoreta, wurde im Martyrologium Romanum der Tag „Alexandriae beati Serapionis anachoretae et episcopi Thmueos, magnarum virtutum viri, qui Arianorum furore in exilium actus migravit ad Dominum"[415].

---

[413] Sixtus schreibt nur Hieronymus, De vir. ill. 99 aus, fügt aber ein: „monachus quondam et abbas, circiter decem millia monachorum proprio labore viventium sub se habens": Sixtus Senensis, Bibliotheca sancta, Buch IV, Venedig 1566, S. 468 = Frankfurt 1575, S. 324 = Köln 1576, S. 377.

[414] Vgl. J. Bolland, Acta Sanctorum Martii, Bd. 3, Antwerpen 1668 (Nachdruck Brüssel 1968), S. 259 f.

[415] Propylaeum ad Acta Sanctorum Decembris: Martyrologium Romanum, Brüssel 1940, S. 106, Nr. 5 und Anm. 5. In der koptischen Kirche ist entsprechend der 7. März der Gedenktag (vgl. H. Dörrie, Art. Serapion von Thmuis, PRE, Suppl. VIII, Sp. 1262).

H. SERAPIONS LEBENSLAUF UND DOGMATIK

Serapion ist nunmehr in seinen Schriften zu Wort gekommen, die unechten Werke sind ausgeschieden und die äußeren Zeugnisse dargestellt. Das gängige Serapionbild vom Antoniusschüler und subalternen Weisungsempfänger des Athanasius hat sich ebensowenig bewähren können wie die Annahme seiner Autorschaft für die Epistula ad Monachos und das Euchologium. Insofern bleibt das Ergebnis der vorliegenden Arbeit hinter dem zurück, was bisher von Untersuchungen über Serapion zu erwarten gewesen war.

Gezeigt hat sich der „eigentliche" Serapion: der kenntnisreich argumentierende Autor des Manichäertraktates und intime Kenner der theologischen Anschauungen des Antonius, der neben und für Athanasius selbständig auf der Bühne der Kirchenpolitik agierte.

Die Quellen stellen uns einen vielseitig interessierten und engagierten Theologen vor: Den erhaltenen Primärquellen zufolge — die Briefe Serapions an Athanasius und andere sind ja verloren — ist er eher mit den theologischen Seitenströmungen seiner Zeit befaßt gewesen; den äußeren Zeugnissen zufolge gehört er in den Hauptstrom der theologischen Auseinandersetzungen seiner Zeit.

Wenn wir uns, diese beiden Seiten komplementär verstehend, um eine Zusammenfassung dessen bemühen, was Serapions Leben und sein theologisches Denken ausmacht, sind wir oft auf Rückschlüsse angewiesen. Gerade Athanasius läßt seinen Korrespondenten fast nicht zu Wort kommen, so daß wir uns bei seinen Zeugnissen — so wertvoll sie auch für Serapions Biographie sind — mit der Annahme begnügen müssen, Serapion und er seien meist einer Meinung gewesen.

Im folgenden werden die Einzelergebnisse der Quellenuntersuchungen vorausgesetzt. Sie können an Ort und Stelle verglichen werden, da sie durch die rückverweisenden Seitenzahlen bzw. durch stichwortartige Quellenangaben schnell zu verifizieren sind.

I. DER LEBENSLAUF SERAPIONS

Serapion muß gegen Ende des 3. Jhd. geboren worden sein, er war also ein Altersgenosse des Athanasius. Sein Geburtsort ist unbekannt, doch mag er ähnlich wie ein gewisser Josephus aus Thmuis oder dessen Umgebung gestammt haben (S. 121). In seiner Jugend durchlief er eine enzyklopädische Schulbildung, die ihn zu einem höheren Amt befähigen sollte (S. 120). In den 20er Jahren brach er seine Laufbahn ab und verschrieb sich der Askese; allem Anschein nach übersiedelte er in eines der Koinobien im Ostdeltagebiet (S. 118 f und 121).

Dort gelangte er in eine führende Position (S. 120 f), so daß er sich für eine weitere Verwendung empfahl und mittelbarer oder unmittelbarer Nachfolger des Bischofs Tiberius von Thmuis wurde (S. 118). Zu dieser Zeit — also um 330 — erschien auch schon sein literarisches Meisterstück, der Traktat gegen die Manichäer (S. 12 f). In diesem ersten christlichen antimanichäischen Werk überhaupt greift Serapion auf die dialektischen, logischen und philosophischen Grundlagen seiner Ausbildung zurück und verknüpft sie mit seinen neu erworbenen exegetischen Kenntnissen.

Von Thumis aus suchte Serapion dann Kontakt zu Antonius, den er 337 und vermutlich öfter besuchte (Vita Antonii 82) und dessen Theologie er schätzen lernte (S. 122 f). Bei ihm fand er Anregungen für seine asketischen Interessen. Zugleich aber wurde sein kirchenpolitischer Einfluß aufgewertet, denn Athanasius beauftragt ihn im Jahre 336/337 mit der Durchsetzung der Quadragesima in Ägypten und der Abwehr der Melitianer (S. 128 f). Seitdem handelt er immer wieder im Auftrag des Athanasius, so besonders während seines Aufenthaltes am Mailänder Kaiserhof 353 (S. 130 f).

Zu dieser Zeit entstanden viele Schriften und wahrscheinlich mehr als 55 Briefe (es existierte ja ein 55. Brief, S. 68 f), in denen Serapion zu dogmatischen, exegetischen und praktischen Fragen Stellung nahm. Bis auf zwei kurze Schreiben sind sie nur in Fragmenten erhalten.

Seit dem Jahr 356 wird Serapion dann endgültig zum wichtigsten Mittelsmann des Athanasius. Er mobilisiert die Anachoreten im Umkreis des inzwischen verstorbenen Antonius gegen die Arianer (S. 63 f) und setzt sich mit Athanasius' brieflicher Hilfe gegen die Behauptung zur Wehr, Arius sei in Gemeinschaft mit der Kirche gestorben (S. 134 f). Kurz danach schon warnt er Athanasius vor den Ideen der „Tropiker" (S. 137).

Athanasius wiederum informiert und berät ihn, läßt ihm aber bei der Ausgestaltung seiner Entwürfe freie Hand (S. 137). Serapion nimmt zu dieser Zeit also eine sehr eigenständige Position ein, er ist fast als Bevollmächtigter des Athanasius zu bezeichnen, wenn auch eher als „Kirchenpolitiker" denn als „Theologe".

Serapion ist zwischen 356 und 362 nicht verbannt gewesen, wenn auch das Bistum Thmuis in dieser Zeit von einem Gegenbischof beansprucht wurde (S. 149). Er war sicherlich persönlichen Anfeindungen ausgesetzt, doch ist seine Confessio in erster Linie mit seinem Einsatz gegenüber den Repräsentanten der Arianer gleichzusetzen, durch den manche wegen der Flucht des Athanasius aufgebrochene Lücke geschlossen wurde.

Serapion hat um 370 noch mit Apollinaris korrespondiert (S. 76 f) und ist danach, etwa zur gleichen Zeit wie Athanasius, gestorben. Sein Ansehen hielt sich weit über seinen Tod hinaus und führte dazu, daß auch Werke fremder Hand unter seinem Namen überliefert wurden und er schließlich sogar an der Heiligenverehrung eines imaginären Serapion partizipierte (S. 154 f).

II. DIE DOGMATIK SERAPIONS IN GRUNDZÜGEN

Serapion hat die theologische Entwicklung im 4. Jhd. mitgestaltet und mitvollzogen. In den großen Auseinandersetzungen seiner Zeit folgt er den Vorgaben des Athanasius und setzt sie mit durch; er gehört, was den Hauptstrom der Dogmengeschichte angeht, ganz auf seine Seite. Andere Maßstäbe gelten für die Seitenströmungen: den Antimanichäismus mit seinen wissenschaftlich-theologischen Anforderungen und den Bereich des asketischen Lebens. Diese Seitenströmungen machen — nebst Serapions bisher unterschätztem eigenständigem kirchenpolitischem Agieren im christologischen und pneumatologischen Hauptstrom — den oben angesprochenen „eigentlichen" Serapion aus.

Wenn wir Serapions Theologie zusammenfassend würdigen, müssen die spezifisch antimanichäischen Themen nicht noch einmal aufgenommen werden. Wir wollen uns vielmehr an die dogmatischen Topoi halten, die Serapions Werke hier und dort durchziehen. Dabei lassen sich neben der Christologie und der Pneumatologie folgende wichtige Seitenströmungen erkennen und zusammenfassen: Anthropologie und Ekklesiologie, aber auch Wissen und Erkenntnis, Askese, Zorn und Gebet.

1. Christologie

Serapion hatte einige Jahre nach dem Konzil von Nicäa ganz ähnlich wie Athanasius das Verhältnis von Vater und Sohn mit dem Begriff ὅμοιος definiert und dabei jede Abwertung des Sohnes ausgeschlossen: ὅμοιος ist, was von gleicher Natur und Wesen ist (S. 11). Einen anderen Schluß läßt Serapions Umgang mit dem Begriff nicht zu, und wir können dieses Verständnis auch für seinen Brief an die bekennenden Bischöfe voraussetzen (S. 71). Vater und Sohn gehören zusammen; der Sohn kennt den Willen des Vaters genau (Adv. Man. XXVII,12 f), ja in der Rede über die Jungfrauenschaft nennt Serapion ihn sogar Gott (S. 69 f).

Für die 50er Jahre können wir annehmen, daß Serapion die christologische Lehrentwicklung des Athanasius samt der Wiederaufnahme des ὁμοούσιος mitvollzogen hat. Zwar haben wir dafür keine unmittelbaren Zeugnisse Serapions in der Hand, doch ist das Wohlwollen des Athanasius der beste Beweis dafür. Er setzte soviel Vertrauen in Serapion, daß er ihm die Nachbesserung seiner Briefe erlaubte (S. 137) und ihn als Leiter der Gesandtschaft zum Mailänder Kaiserhof auswählte (S. 130 f).

An der Entwicklung der Zweinaturenlehre ist Serapion nicht mehr beteiligt gewesen. Apollinaris gegenüber stützte er sich ganz konservativ

auf die bekannten antiarianischen Formeln (S. 77 f), ohne auf dessen Anliegen einzugehen. Grundsätzlich können wir für Serapion also eine konventionelle, athanasianische Christologie voraussetzen.

2. Pneumatologie

An Serapion läßt sich studieren, welche Weiterentwicklung die Pneumatologie im 4. Jhd. — hier in der Spanne zwischen dem Manichäertraktat
Anfang der 30er Jahre und den pneumatologischen Lehrbriefen des Athanasius Ende der 50er — erfährt. In Adv. Man. ist der Geist noch einfach
die heiligende Kraft Gottes, ohne die die Seelen nicht sein können. Durch
den Geist, konkret durch das geistliche Gesetz, wird die Beziehung von
Gott und Mensch ermöglicht (S. 11 f).

Diese Äußerungen lassen erkennen, daß Serapion das Wirken des Geistes
schon immer hoch einschätzte, vor allem wegen seiner Achtung vor dem
biblischen Zeugnis (S. 12). Andererseits weiß er den Geist, genau wie
seine Zeitgenossen, theologisch nicht recht einzuordnen. Daß er ihn sonst
nicht thematisiert, kann nicht nur daran liegen, daß er zu ehrfürchtig über
ihn gedacht hat, als daß er über ihn hätte reden mögen. Weder das Gebet
der Antoniusnachfolger noch die fromme Bewährung des Bischofs Eudoxius erfahren eine „geistliche" Begründung, und auch im Manichäertraktat wird die Pneumatologie nur am Rande des Beweisgangs abgehandelt. Wenn wir in Serapions Theologie pneumatische Elemente erkennen
wollen, dann noch am ehesten in dem bei Evagrius Ponticus überlieferten
Fragment, in dem von der „geistlichen Erkenntnis" die Rede ist, die den
Menschen zusammen mit Liebe und Enthaltsamkeit bessert (S. 74 f). Jedoch geht es hier, typisch für Serapion, mehr um die Erkenntnis als um
den Geist (vgl. S. 56 f), und vor allem ist die geistliche Erkenntnis in einen
praktisch-asketischen Rahmen eingestellt. Daß wir von Serapion nicht das
Bild „mönchischer" (das heißt vorwiegend anachoretischer) Spiritualität
späterer Quellen erwarten dürfen, sei hier noch einmal angemerkt
(vgl. S. 12).

3. Anthropologie

Serapions Lehre über den Menschen vor Gott ist in ihrer antimanichäischen Ausprägung von den Axiomen „Einheit von Körper und Seele"
und „Eigenverantwortung des Geschöpfes" bestimmt (S. 50—53). Der
Mensch ist zum Guten und zur Orientierung am Willen Gottes fähig.

Serapion verankert seine Anthropologie in der Schöpfungslehre (Adv.
Man. XXVII,3 ff): Der Mensch ist (an Leib und Seele) aus der Güte des
Schöpfers erschaffen. Den Willen des Schöpfers offenbaren ihm der Sohn
— er war bei der Schöpfung dabei und kennt den Willen des Vaters
(XL,43—47) — und das Gesetz, das mit der Schöpfung gegeben wurde
(XVIII,21 f).

Der Mensch muß sich im Glaubens- und Lebensvollzug jederzeit gegen Sünde und Leichtfertigkeit wappnen, doch er kann es auch, wenn er sich am Gesetz orientiert (S. 53). Er ist nicht blind und taub Gott gegenüber, ja er kann es gar nicht sein angesichts der göttlichen Selbsterschließung im Heiligen Geist, der den Menschen nicht fehlen darf, ihnen aber auch nicht entzogen wird (XLVIII,63—65). Für Serapion gibt es nur eine Schwächung, keinen Verlust des freien Willens. Da er keine Erbsünden- oder Urstandslehre kennt, steht der Mensch für ihn immer aktuell in der Entscheidung zwischen ῥᾳθυμία und σωφροσύνη (vgl. S. 21) bzw. Vernunft und Unvernunft (XIII,3 f, vgl. S. 51 ff).

Ein ähnliches Modell von göttlichem Concursus in Verbindung mit philosophischer Ethik enthält auch der Brief an Eudoxius: Gott lenkt, doch gilt es, sich in der ἀρετή zu bewähren und dabei das eschatologische Lebensziel im Auge zu behalten (S. 65 f). Dabei spielt den syrischen Fragmenten zufolge auch die Christologie eine Rolle: In der Inkarnation und im Kreuzestod ist die Schwachheit der Menschen für alle Zeiten von Gott angenommen (S. 70 f). Rechtfertigung und Heiligung könnten hier thematisch impliziert sein. Auf jeden Fall kann sich der Mensch durch Askese und Erkenntnis vervollkommnen, wie Evagrius bezeugt (S. 74 f).

4. Ekklesiologie

Im Brief an Eudoxius spricht Serapion in Anlehnung an Mt 16,18 von der Unüberwindbarkeit der Kirche durch die „Pforten der Hölle" (S. 65 f). Im 23. Brief gilt ihm die Kirche trotz des immer wiederkehrenden Ansturms der Häresien als unbezwingbar: „Niemals hat eine Häresie die Kirche besiegt" (S. 68). Die „Kirche" — von der Serapion anscheinend einen ganz unhierarchischen Begriff hat — steht also seit jeher den Häretikern gegenüber, seien es Valentinianer, Markioniten (Adv. Man. XXXIX), Manichäer, Arianer oder Tropiker.

Serapion sorgt sich als Bischof besonders um die Reinheit der Gottesdienste: Sie sollen den Valentinianern und gewiß auch allen anderen Häretikern verschlossen bleiben (Adv. Man. XL,3 f, vgl. S. 12 f). Nach dem Tod des Antonius erregt sich Serapion über die von den Arianern verursachten Störungen des gottesdienstlichen Lebens, über den Entzug der Kirchen und die Vertreibung der Kleriker. Diese Mißstände bringen selbst die Mauern der Kirchen zum Schreien (An die Nachfolger des Antonius 20 f, vgl. S. 63).

„Kirche" (ἐκκλησία) ist also in erster Linie die gottesdienstliche Gemeinde, die in ihrem Kirchengebäude eine äußere Gestalt hat. Darüberhinaus ist „Kirche" aber auch die von Gott durch die Zeiten geleitete und von ihm gegen die Häresien bewahrte Gemeinschaft aller Gläubigen.

5. Wissen und Erkenntnis

Serapion ist ein Theologe der Bildung und der Aufklärung (vgl. S. 56 f).
Die „Hingabe für Gott" ist ein Ergebnis des Überflusses an Erkenntnis
(Adv. Man. XLV,27—29). Diese Erkenntnis hat aber nichts Gnostisches
an sich, sie wird vielmehr durch Erziehung und Wissen geformt (XX,8 f;
LIV,12 f). Ihr entspricht eine philosophische, sich in den Kardinaltugenden
manifestierende Ethik (S. 55 f) und die stoische Glaubenshaltung, an die
sich auch Eudoxius halten soll (S. 65).

Das eigentlich Bestechende an Serapion jedoch ist seine Synthese von
eruditio saeculi und scientia scripturarum, die schon Hieronymus bewun-
derte (Ep. 70,4,4). Erst sie hat dem Scholasticus Serapion (vgl. S. 119 f)
die Befähigung gegeben, die recht verstandene christliche Lehre selbständig gegenüber ihren Widersachern zu verteidigen. Serapion hat die theologische Auseinandersetzung mit Manichäern, Arianern und Tropikern
wohl nicht gesucht, sie aber auch nicht gescheut. Daß er sich bei Athanasius
gelegentlich rückversichert, muß nicht gegen seine eigene wissenschaftlich-
theologische Kompetenz sprechen.

Berücksichtigen wir aber, daß das Wissen seine Bedeutung vor allem
im Kampf gegen das irreleitende Denken der Häretiker enthüllt — von
diesem ist die Rede im Brief an die Antoniusnachfolger 19 — und daß
Serapion dieses „hütende Wissen" (Adv. Man. III,6) nicht nur als Schriftsteller, sondern auch als Gemeindebischof in Diskussionen mit Anders-
denkenden zur Geltung bringt. Im Umgang mit Gesinnungsgenossen sind
ihm andere Themen wichtiger:

6. Askese

Serapion hat wie viele seiner Zeitgenossen ein theologisches Interesse
an Fragen der Askese, wobei er sich als Bischof nicht mehr mit der
koinobitischen (vgl. S. 121), sondern mit der anachoretischen Lebensweise
befaßt. Gerade die Anachorese gibt Gelegenheit, sich der Fürbitte für das
ganze Kirchenvolk zu widmen; Antonius ist das prominenteste Beispiel
dafür (S. 61 f). In der individuellen Askese werden Kräfte frei, die unter
Menschenmassen (auch denen im Koinobion?) sonst erstickt werden: So
verhilft die Anachorese zur Vollkommenheit (Brief 55, S. 68 f). Enkratie,
Liebe und geistliche Erkenntnis gehören dabei zusammen, wie das Fragment bei Evagrius beweist (S. 74 f).

7. Zorn und Gebet

Die Bedrohung der Kirche durch die Häresie ist nur ein Aspekt der
Bedrohung der ganzen Welt (bzw. Ägyptens) durch den Zorn Gottes
(S. 61). Was Serapion hierüber von Antonius gelernt hat, ist die dunkle
Seite und zugleich der originellste Topos seiner Theologie. Der Zorn ist

das Damoklesschwert, das mit aller Kraft des Gebetes am Fallen gehindert werden muß.

In der Rede vom Zorn steckt der Versuch, das durch die Arianer geschehene gegenwärtige Unheil geschichtstheologisch zu deuten. Wie im Alten Testament ist der Zorn das Zeichen des drohenden Gerichts, und wie im Neuen Testament gibt es einen Katechon, nämlich das Gebet des Antonius und anderer (S. 62). Vor der drohenden Apokalypse zeichnet sich also um so heller wiederum der göttliche Concursus mit den menschlichen Möglichkeiten ab. Allerdings läßt sich das Übel in solchen Dimensionen nicht mehr, wie im persönlichen Bereich des Eudoxius, durch Vertrauen auf Gottes Leitung stoisch-christlich tragen (S. 65), sondern es muß durch die Mobilisierung ganz außerordentlicher Fürbitten aufgehalten werden (An die Nachfolger des Antonius 13—18, vgl. S. 63).

ÜBERSETZUNG: SERAPION ADVERSUS MANICHAEOS

Auf den folgenden Seiten gebe ich meine Übersetzung des serapionischen Manichäertraktates wieder. Die Kapiteleinteilung der Edition von Robert Pierce Casey habe ich übernommen; die Zeilenzählung am Rand bezieht sich ebenfalls darauf. Den Text habe ich gemäß meiner in B. I. 6. erstellten Übersicht gegliedert, wobei ich die zusammenfassenden Überschriften nur in Stichworten aufgenommen habe — dies wird dem Leser ein eigenes Urteil über die Schwerpunkte des Textes offenhalten. Es versteht sich, daß die Aufgliederung den Text nicht mechanisch zerlegen soll — auch wenn sie gelegentlich Satzgefüge zerteilt — sondern Lesehilfen geben will. Sie soll und kann nur die Hauptabschnitte kenntlich machen, innerhalb derer Argumente und Gegenargumente auch einmal vermischt auftreten können.

Auf Kommentare und Querverweise habe ich hier verzichten müssen; sie würden den thematischen Rahmen der hier vorliegenden Arbeit überschreiten. Alles Wesentliche ist den Punkten B. I. 7—11 meiner Einführung zu entnehmen.

Nicht immer ließen sich die oft überlangen Perioden, die gelegentlichen Anakoluthe und andere syntaktische Vorlieben Serapions um einer besseren Lesbarkeit willen glätten. Ich habe die Sätze zu strukturieren versucht, mich aber andererseits bemüht, Serapions Stil ins Deutsche umzusetzen. Die von Casey vorgegebene Interpunktion habe ich dort verändert, wo sie die Satzgliederung zu entstellen schien.

Caseys Gebrauch der Anführungszeichen habe ich revidiert: In Anführungszeichen gesetzt sind nunmehr alle direkten biblischen und manichäischen Zitate. Bei den Bibelzitaten und -anspielungen habe ich einige Belege ergänzt und falsche Angaben korrigiert. Die alttestamentlichen Belege richten sich nach der Zählung der Septuaginta; dies betrifft natürlich besonders die Psalmen.

An zwei Stellen habe ich die Akzentsetzung aus inhaltlichen Gründen geändert: In XXVII,13 liest Casey νόει, während m. E. νοεῖ zu lesen ist. Serapion will nämlich sagen: „er (sc. der Sohn) kennt die Worte des Schöpfers". Dies geht sowohl aus dem Kontext als auch aus einer Parallele in XL,43 f hervor, wo es heißt, nur der Sohn kenne den Willen des Vaters (μόνου νοοῦντος ... τοῦ υἱοῦ). In XX,12 wiederum dürfte mit Ps 145,1 αἴνει statt αἰνεῖ zu lesen sein.

Im übrigen setze ich Caseys textkritische Entscheidungen voraus.
In XLIII,25 hat Casey anscheinend ὁ πνευματικός im Zitat aus 1Kor
2,15 vergessen. Das πόσῳ μᾶλλον in XLIII,26 ist ohne diese Worte
unsinnig; sie finden sich jedenfalls in der alten Hamburger Handschrift, vgl. die Appendix der De Lagarde'schen Titus-Edition,
Berlin 1859, S. 88, Z. 17. In LI,43 wiederum ist das erste ἡ ψυχή
zu streichen, auch Casey hält es seinem Apparat zufolge für einen
Zusatz.

Casey S. 29   SERAPION BISCHOF VON THMUIS GEGEN DIE MANICHÄER

Vorwort

a) Der Betrug   **I)** Es widerlegt die Wahrheit den Irrtum und zerstört den Betrug, und sie hindert
der Mani-   jede Lüge am Fortkommen. Wir wollen den Herrn Jesus anflehen — er ist die Wahrheit
chäer   — daß er unser Denken erleuchte, damit weder ein Betrug das Denken einnehmen
kann oder ein Irrtum es zu beherrschen vermag, noch, wenn denn einer es eingenommen hat und zur Herrschaft gekommen ist, er dauerhaft die Herrschaft innehabe.   5
Denn allein der, der erschienen ist und die Strahlen seiner Wahrheit leuchten läßt,
wird den entstandenen Betrug zerstreuen, das Denken aber untrügbar bewahren. Er
selbst sagt ja: „Ich bin der Weg und die Wahrheit und das Leben" (Joh 14,6), er
selbst mahnt: „Hütet euch vor den Falschpropheten, die zu euch kommen in Ge-
wändern von Schafen, innerlich aber sind sie reißende Wölfe" (Mt 7,15).   10

Weil die Gesinnung jener nämlich nur vorgetäuscht war und ihr Verhalten nur
eine Verstellung, schwieg die Wahrheit nicht, sondern sie enthüllte, denn sie wollte
nicht zulassen, daß das Verborgene an deren Denken von dem Verstellten und nur
Vorgezeigten überdeckt würde, damit ihr Betrug nach seiner Aufdeckung unwirksam
werde bei ihren Vorhaben und niemanden mit sich reißen könne.   15

b) Warnung   **II)** Das Übel nun ist vielgestaltig und vielfältig, da es in verschiedene Vorhaben
auch vor   verstreut ist, wobei es in sich einige Teile umfaßt, die schädlicher und verderblicher
dem gering-   sind. Wir dürfen aber weder über die kleineren Teile schweigen noch von den größeren
sten Betrug   ablassen, weil wir wissen, daß die kleineren Teile des Übels die geringeren Schäden   5
anrichten, die größeren aber große. Wer aber durch Größeres strauchelte, wird auch
für Größeres bestraft, und wer von Größerem betrogen wurde, wird auch für
Größeres gezüchtigt.

Die Betrugsfälle werden nämlich abgemessen, abgemessen werden auch die Ver-
fehlungen, und für die von dem Richter auf der Waage abgewogenen wird dann die
Bestrafung gefordert. Er hat ja gesagt: „Wer mißt den Himmel mit einer Handspanne
und die Erde mit einer Hand, wer wiegt die Berge auf einer Waage und die Täler   10
mit einem Waagebalken?" (Jes 40,12). Nichts läßt er ungewogen, sondern den Betrug
eines jeden Betrügers und die Leichtfertigkeit des Betrogenen bemessend setzt er die
Strafe fest.

S. 30   Bemühen wir uns also, nicht auch von dem Geringsten überwältigt zu werden:
Auch der geringste Betrug nämlich ergreift, wie ein Funke das Brennholz, die
Zustimmung der Seele, entflammt sie und erzeugt das große Feuer. Viele nämlich,   15
die mit einem kleinen Betrug anfingen, wurden zu einer Flut von Betrug ausgegossen.

III) Deswegen müssen wir darauf achten, auch nicht von dem geringsten Betrug überwältigt zu werden, wodurch wir eine für die Seele sehr vorteilhafte Schutzmauer bauen, damit wir nicht auch durch einen größeren ergriffen werden. Denn wer an sehr Geringem gestrauchelt ist, wird auch einmal an noch Größerem zu Fall kommen, und wer von keiner Kleinigkeit überwältigt wird, wird unwiderrufliche Standhaftig-
5 keit auch in Größerem haben.

Weil also viele Wölfe, angetan mit dem weichen Fell von Schafen, aufgetreten sind,   **c) Wölfe in**
schweige das Hirtenwissen nicht, sondern zum Schutz der Herdentiere und zur   **Schafspelzen**
Verteidigung der Herde schwinge es das Schwert des Wortes, um für die Herde nach
Sicherheit zu trachten, das Vorhaben der wilden Tiere aber zu enthüllen. Denn siehe,
10 es gibt viele, die auftreten, und sie treiben sich hier und dort herum, wobei sie sich
statt weicher Felle den Namen Christi angezogen haben und sich zwar nach etwas nennen, was sie nicht sind, aber sind, was sie nicht ertragen genannt zu werden. Vielmehr
verbergen sie die eigene Schlechtigkeit hinter dem Aushängeschild des Namens und
haben zwar Teil an dem Namen, bemühen sich aber, den Namen Christi gänzlich zu
vernichten; und sie streiten zwar gegen Jesus, rufen Jesus aber an. Denn das ist die
15 abgrundtiefste Schlechtigkeit, daß sie sich mit dem Namen Christi nennen, Christus
aber bekämpfen. Weil nämlich die Schlechtigkeit zu erschöpft war, gegen Gott zu
kämpfen, benutzte sie den Namen, damit sie unter Ausnutzung des Namens den
Dummen eine Meinung einflöße und, als ob sie Christus eigen sei, hier und dort,
wie sie will, die zum Glauben an den Heiland Gekommenen verderbe.
20 Hier trat Valentinus auf, hier Markion, hier Sitianus, anderswoher Ophanius. Als
letzte Fehlgeburt der Schlechtigkeit aber trat der Irrsinn des Mani auf, der alle
Schlechtigkeiten der anderen gering machte und durch größere Schlechtigkeit die
Schlechtigkeiten der anderen als zweitrangig erwies. So steht in den prophetischen
Büchern geschrieben: „Weil du Jerusalem völlig vernachlässigt hast, wurde Sodom
25 deinetwegen gerechtfertigt" (? vgl. Ez 16,52). Eben noch entsprachen viele widersinnige, im Irrtum befindliche Lehren an Größe der Irrlehre der Manichäer, bevor sie
von der Flut des Übels überschwemmt wurden.

Die beweisende Darstellung   *S. 31*

1. Anthropologie

IV) Damit wir uns die Widersinnigkeiten aber nicht aufs Geratewohl vornehmen   · **Erster Leit-**
und nur mit der Benennung ihrer Namen ohne einen Gegenbeweis auf ihre Anwürfe   **gedanke**
loszugehen scheinen, wollen wir jetzt zur beweisenden Darstellung schreiten, damit
wir sowohl ihre Irrtümer zerstören als auch die Wahrheit zur Veröffentlichung
bringen.
5 Es ist also das Böse ohne Substanz und Seinsgrundlage, eher ein Tun als eine
Substanz, und ein Tun, das aus freiem Willen bei den an der Willenskraft Erkrankten
geschieht, ja ein Tun, das zwar Ereignis geworden ist, leicht aber von den Erkrankten
abzuscheiden ist. Wenn es Ereignis geworden ist und nicht mehr abzuscheiden
wäre, könnte man sagen, daß zwar das Böse nicht für sich besteht, niemals aber eine
10 Wesenssubstanz ohne das Böse sein kann. Wenn die Wesenssubstanz bei dem Ereignis
Gewordenen den freien Willen hatte, leicht aber abzuscheiden ist, so daß sie als die
Grundlage wiederum rein zurückgegeben wird und keine Zeichen des Bösen an sich
hat, wird das Böse weder für sich etwas sein, noch sein können, noch für immer sein,

sondern es wird zerstört und widerlegt durch die Zerstörung, weil es nicht sein kann
oder von jeher ist, sondern erst jüngst aus erkrankter Willenskraft hervorging.   15

**Zweiter Leit-
gedanke**

V) Daß es nicht möglich ist, die Seele für sich wesenhaft gut zu sehen, so wie sie
von Natur aus ist und existiert, noch den Körper für sich wesenhaft böse, bezeugen
die Worte und die Taten.

a) Der Körper

**•) Seine Fä-
higkeit zur
Besonnenheit
als einem
Tun
— These
Serapions**

Denn wenn die Besonnenheit eine Tugend ist, der Körper aber wesenhaft böse ist,
wäre es wohl unmöglich, einen besonnenen Körper zu finden, damit nicht etwa der   5
Körper, der doch vom Wesen her schändlich ist, ein Körper der Tugend werde. Denn
wenn der Körper besonnen ist, ist er ein Körper der Tugend geworden und bleibt
dann ein Körper der Tugend; und weil er ein Körper der Tugend ist, kann er auch
ein Tempel sein. Wenn wirklich jeder Körper unzüchtig wäre und es unmöglich wäre,
in Körpern Besonnenheit zu finden, könnten wir der Wesenssubstanz der Körper das
wesenhaft Böse zuweisen. Wenn die Körper aber soweit Fortschritte machen, so in   10
Ehren stehen und solche Besonnenheit angezogen haben, daß sie ein Haus des
Schöpfers sind, daß sie eine Kammer des Herrn sind, daß Vater und Sohn Aufenthalt
nehmen und sie die Wohnung der Körper annehmen: Wie ist die Darlegung jener
nicht widersinnig und lächerlich?

VI) Denn siehe, wenn Paulus irgendwo sagt: „Wißt ihr nicht, daß eure Körper ein
Tempel des Heiligen Geistes in euch sind?" (1Kor 6,19), Gott aber durch den
Propheten verheißt: „Ich werde unter ihnen wohnen und einhergehen und ich werde
ihr Gott sein" (Lev 26,12 laut 2Kor 6,16), dann überzeugt er das Denken und bezeugt
es den Körpern, und das wesenhaft ... vertreibt er. Das Bemühen aber ermöglicht   5
die Sache, denn wenn das Bemühen das Lebensnotwendige ermöglicht, dann ist auch

S. 32

eine solche Vorbereitung in den Körpern ermöglicht, daß die Körper dem Geist
dienen können, aber auch der Vernunft.

Wie kann nun die Zunge dem Gedachten dienen? Denn wenn die Zunge von Natur
aus böse ist, der Verstand aber gut, wie kann sie an dem Gedachten Anteil haben, die   10
die Gedanken durch die Sprache heraus ans Licht bringt? Denn wie durch Unzucht
keine Mäßigung gezeugt wird, so ist es unmöglich, daß aus wesenhaft Bösem etwas
Edles hervorgeht. Wenn du also jedes Glied untersuchst, die Ohren, die Augen, die
Zunge, die anderen Glieder, und siehst, daß sie Werkzeuge der Erkenntnisse sind,
dann wirst du den Körper annehmen und nicht tadeln, und du wirst diese Schöp-   15
fungswerke als rein ansehen, den Betrüger aber als Feind der Wahrheit verabscheuen.

**°Potentieller
Einwand**

VII) Wenn einige der Körper immer besonnen wären und niemals nachlässig,
einige aber immer nachlässig wären und in keinem Teil von der Besonnenheit
zurückgehalten, könnte man sagen, daß unter den Körpern eine Spaltung sei und
einige seien von Natur aus so, einige aber so.

**°Wider-
legung**

Schwach aber ist diesbezüglich ihre Darlegung. Nicht mehr gegen alle Körper   5
nämlich richtete sich ihre Darlegung, wenn sie sich solch einer Hypothese bedienten;
aber die Widerlegung wiederum würde leicht: Wie war es möglich, wenn die Körper
dieselbe Substanz haben, daß zwei gegensätzliche Naturen auf dieser Substanz beruhen
und diese Substanz geteilt wird in zwei Naturen, so daß der eine Teil immer böse,
der andere immer gut ist und sie einander nicht annehmen, sondern miteinander   10
kämpfen, sich vernichten und in den Kampfübungen einander töten, wo doch dieselbe

Substanz niemals mit sich kämpft und sich selbst vernichtet? Nach Ablauf dieser
Untersuchungen wird sich ihre Behauptung als Geschwätz und Dummheit erweisen.

    VIII) Wenn aber die Körper nicht so sind, und weder die einen immer besonnen,   ° **Richtig-**
noch die anderen immer nachlässig sind, vielmehr Furcht bei den besonnen ist,   **stellung**
daß sie aus einer Sorglosigkeit heraus einmal nachlässig werden — denn schon viele
der mit der Besonnenheit vertrauten Körper wurden überwältigt und durch die
5 Leidenschaft der Begierde aufgesogen — besteht Hoffnung für die lüsternen und
zügellosen Körper, weil viele der schon nachlässig gewesenen Körper so weit zur
Besonnenheit hin Fortschritte gemacht haben, daß sie keine Anzeichen der alten
Zügellosigkeit mehr haben und sie wegen der Besserung und des großen Fortschritts
von jeder „Runzel und jedem Flecken" (Eph 5,27) des Alten befreit sind.

    Wenn also das Evangelium sagt: „Die Zöllner und die Huren gehen vor euch in
10 die Himmelsherrschaft voran" (Mt 21,31), wenn Paulus sagt: „Durch Glauben ging
die Hure Rahab nicht zusammen mit den Ungehorsamen zugrunde" (Heb 11,31),
von wie beschaffener Substanz oder Natur waren die Körper? Denn wenn sie von
guter waren, wie waren sie nachlässig? Wenn aber von schlechter, wie waren sie
besonnen? Wenn sie sich aber von der Nachlässigkeit zur Besonnenheit wandelten
und einst zwar nachlässig waren, dann aber besonnen waren, und nachlässig sein   *S. 33*
15 konnten, dann aber nach der Nachlässigkeit besonnen sein konnten — die Veränderungen bezeugen es ja — dann ist die Naturgegebenheit aufgehoben und der freie
Wille sichtbar geworden. Der Körper ist nicht mehr wesenhaft böse, sondern dem
freien Willen zu Diensten, und so ist er ein Untergebener des freien Willens, nicht
der Natur, und er wird das sein, was der freie Wille ermöglicht.

    IX) Wenn nämlich die Vernunft durch die Aufnahme von Erkenntnissen zur Lust
auf Erkenntnisse kommt, dann würdigt auch der Körper, indem er von aufreizenden
Empfindungen Abstand nimmt, den guten Zustand und widerstrebt nicht dem
Hilfsdienst der Taten. Wenn aber, da Unbedarftheit und Eitelkeit den Verstand
5 aufreizen, etwa Schwäche und Eitelkeit des Verstandes entstehen, dann wird dem
Körper die Leidenschaft zugeschrieben, und es erscheint eine Grenze für jeden von
beiden, nichts anderes ist es.

    Wahr ist, was geschrieben steht: „Siehe, ich habe vor dich den Tod und das Leben
gestellt" (Jer 21,8, vgl. Dtn 30,19), wähle was du willst, damit der Handelnde, der
die Wahl trifft, um ein gerechtes Urteil einkommt und nicht als ein zu etwas
10 Gezwungener den Zwang und die Nötigung zu seinen Taten zur Verteidigung hat
und so nicht als ein von Natur aus Unbelangbarer, der gegen die Natur nicht
ankämpfen kann — obwohl er die Wahl zwischen beiden hat, denn er ist doch Herr
über die Entscheidungen seines eigenen Urteils — Rechtfertigungen und Entschul-
digungen für sich einfordert. Denn was er wählte, wählte er freiwillig, und deswegen
wird er für das Freiwillige verurteilt, da er sich aus eigener Wahl den Taten widmete.
15 Wenn das aber nicht so ist, dann wurden die Heiligen vergeblich bekränzt, vergeblich
wurden auch die Bösen gemartert, wenn nicht die Tatschuld den Tätern zuzuschreiben
ist.

    X) Woher also wurden die Manichäer veranlaßt, Anklagen gegen die Körper   •**) Die Worte**
vorzubringen, wo sie doch selbst angeklagt werden aus den Schriften und den alten   **der Schrift**
Worten? Denn die Besonnenheit als ein Tun gibt ein Zeugnis für den besonnen   **über den**
Körper, die Worte aber, die verkünden und sagen: „Bringt eure Körper dar als ein   **Körper**
5 lebendiges, Gott wohlgefälliges Opfer" (Röm 12,1), erbringen den hinreichenden   — **These und**
Beweis. Denn weder nimmt Gott das ihm nicht Gehörende an, noch fordert er das   **Begründung**

von einem anderen Geschaffene, damit er nicht anderen Gewalt vorwerfend selbst
gewalttätig werde und damit er nicht etwas anderes begehre, so als ob er es nicht
selbst schaffen könne. Denn wenn es ehrenvoll ist und er es auch will, daß die Körper
besonnen sind, warum schuf er nicht, was er wollte? Wenn er sie nicht selbst geschaffen   10
hat, sie aber von Natur aus so sind, daß sie schlecht sind, wie änderten sie ihre Natur,
so daß sie nicht mehr die eigene haben und nicht schlecht, sondern ehrenhaft sind?

Wenn aber eine Natur geändert werden kann, wie ist sie dann noch eine Natur, da
sie doch verwandelt und das Gegenteil zu sich selbst ist? Denn was Verwandlungen
und Veränderungen annimmt, hält nicht mehr die Definitionen von „Natur" ein. Der
Körper wird verändert und verwandelt, und nachlässig gewesen wird er besonnen.   15
Es verkünden die Worte: „Du sollst nicht huren", sie verkünden: „Du sollst nicht
ehebrechen" (Ex 20,13), wodurch sie die Erlaubnis durch das Verbot aufheben, die
Möglichkeiten der Ausführung durch die Ermahnung verhindern und der Vernunft
das Gebot als Bundesgenossen geben, damit der zur Tugend neigende Verstand auch
den Körper zur Tugend hinziehe.

S. 34

° **Beispiele**   **XI)** Gewiß machten die Körper der Heiligen soweit Fortschritte, daß sie Ehre
empfingen und weder an göttlicher Kraft noch Fähigkeit leer wurden. Tot lag Elisas
Körper da und tot daliegend weckte er einen Toten auf (2Kö 13,21). Er verjagte den
Tod, er befreite den Gestorbenen, er schickte den Toten zu den Lebenden, er
verschaffte dem Entschlafenen die Auferweckung. Wenn aber die Manichäer dagegen   5
wüten und das Schriftwort anklagen, weil sie nicht das Gesetz ehren, sollen sie mit
einer Parallele in Verlegenheit gebracht werden, beziehungsweise der Schatten des
Petrus soll ihre Vernunft beschämen. Denn der Schatten seines Körpers war auch
ausgebreitet über kranke Körper und er bewirkte, daß die Körper der Kranken frei
wurden (Apg. 5,15).   10

b) Die Lehre der Manichäer und ihre Widerlegung

— **Zitat**   **XII)** Wenn es also solche beweisenden Worte gibt und solch beweisendes Tun, wie
sind dann die wohl nicht widersinnig, die mit einer Redensart das nicht Passende
verbinden wollen? Die Manichäer sagen nämlich: „Wir tragen den Körper des Satans,
die Seele aber ist Gottes. Und so ist der Körper von Natur aus böse, da er aus Bösem   5
hervorging, die Seele aber ist von Natur aus gut, da sie vom Guten her ihren
Ursprung hat. Also gibt es zwei Prinzipien und zwei Wesenheiten; und die zwei
Prinzipien waren Ursachen, nämlich das eine die eines bösen Körpers und das andere
die einer guten Seele. Gut ist also die Seele, schlecht aber der Körper".

° **Wider-**   Doch warum ist der Körper zwar oft besonnen, die Seele aber oft nachlässig?
legung   Warum bleibt nicht jeder von beiden in seiner eigenen Stellung? Also: Der Körper   10
ist oft besonnen, die Seele aber oft nachlässig. Da liegt eine Umkehrung vor: Was
dem Teufel gehört, wird Gottes, was Gott, des Teufels, und die vielbeschwatzte
Feindschaft ist zerstört. Freundschaft und Bündnis sind entstanden, indem Gott die
Seele zum Teufel schickte, der Teufel wiederum den Körper Gott zurückschickte,
daß er ihm zu Willen sei. Denn der besonnene Körper ist zu Willen ... daß der Gott
gehörende dem Teufel diene, denn ihm dient auch die ungläubige und Lästerliches   15
redende Seele.

° **Beispiele**   **XIII)** Ist es also etwa nicht angebracht, daß die Verständigen diejenigen gewaltig
verhöhnen und auslachen, die sich bemühen, eine so widersinnige und lächerliche

S. 35   Lehre einzuführen? Daß das Vernunftmoment selbst vom Unverstand ergriffen wer-

den, den Unverstand nach dem Ergreifen aber wieder hinter sich lassen konnte und
5 kann, dafür ist ein in sich genügender Beweis die Geschichte vom jüngeren Sohn,
der durch seine Nachlässigkeit gegenüber dem Vater den Vater verließ, aufbrach zur
Reise zu den Leidenschaften und in der Prasserei verweilte. Erst spät dann besann er
sich, kehrte um zum Vater und lief zurück. Er läßt ab vom Schändlichen, geht zum
Flehen über, erlangt Vergebung. Der so entstandene kostbare Beginn der Erkenntnisse
10 löschte die Klage über die Sünde aus und erbrachte ein geistiges und göttliches Fest
(Lk 15).

XIV) Ich weiß nun nicht, ob sie auch den Apostel anklagen oder ihn überhaupt
zu den Aposteln rechnen wegen des Neuen. Denn wenn sie ihn wegen des Alten
anklagen, was werden sie wegen des Neuen sagen? Wenn sie das Neue loben, was
sagen sie wegen des Alten? Denn das erste stimmt nicht mit dem zweiten überein:
5 Er war ein Wolf und erwies sich als Hirte. Er war ein Zerstörer und jetzt ist er ein
Wachtposten wie ein Schildträger. Das Blut der Herde zu vergießen nahm er sich
vor, wagte dann das Äußerste und eiferte, das eigene Blut zu vergießen.

Er lebte doch nicht als gerade Geborener und dem Geburtsschmerz der Mutter
Entgangener bis zur Stunde des Begräbnisses als derselbe, sondern erfuhr vielfältige
10 Wechsel und Veränderungen. Er fand für sich das glückverheißende Ziel, indem er
von der gegensätzlichen, der neuen Lebensweise Gebrauch machte. Gewiß: Er errötet
nicht, er verschweigt nicht das Alte, er ist zum Glauben an den Ruhm des neuen
Lebens gekommen, weil er so großer Nichtsnutzigkeit entronnen und zu so großer
Höhe der Tugend aufgestiegen war. Er verkündet: „Deshalb kam Jesus Christus in
die Welt, um die Sünder zu retten, deren Erster ich bin. Deswegen fand ich Erbarmen,
15 damit Jesus in mir seine ganze Geduld erweise, zum Vorbild der zukünftig Glauben-
den" (1 Tim 1,15 f).

XV) Wenn wir den Reigen der Apostel betrachten, werden wir erkennen, daß er
aus Sündern und gottlosen Menschen besteht, die früher vielfach gestrauchelt waren
und dann nicht mehr zu Fall kamen und so beides hatten: vielfach zu Fall zu kommen
und nicht mehr zu Fall zu kommen. Wenn sie von böser Natur gewesen wären,
5 wären sie immer gestrauchelt; wenn aber von guter Natur, wären sie niemals gestrauchelt.

Wenn nun aber die, die vielfach zu Fall kamen und gewaltig sündigten, dazu ° **Richtig-**
kamen, nicht mehr zu sündigen — und sie kamen dazu, gefestigt zu leben — dann **stellung**
zeigt sich die Definition der Seele in ihrer Selbstbestimmtheit und Freiwillentlichkeit.
Sie ist nicht von Natur aus auf etwas gerichtet, sondern bewirkt durch freien Willen
die Veränderung bei sich und wendet sich, wohin sie auch will, kehrt zurück, wohin
10 sie sich auch entscheidet, und verweilt hier so, dort so und so — ganz wie sie will *S. 36*
— und sie macht sich ihren Willen zur Richtschnur ihrer Taten, denn der Wille des
Handelnden ist die Richtschnur des Tuns.

Wenn sie aber das, was sie gehaßt hatten, geliebt haben, und das, was sie geliebt
hatten, gehaßt haben, und die Willensentscheidung nicht im Haß verhärtet bleibt,
15 sondern leicht wie ein Vogel davonflattert, wohin sie will, wo ist da die Natur? Die
immer hassende Natur muß ja immer das Gehaßte hassen, und die liebende immer
das Geliebte lieben; sie darf weder das Gehaßte lieben noch das Geliebte hassen,
denn wo sich die Willensentscheidungen ändern und derartige Vorlieben solche
Veränderungen annehmen, geht es da etwa nicht um einen Kampf?

XVI) Einst wurde Jesus von Paulus gehaßt, dann wurde er ganz und gar von dem
Hassenden geliebt. Es wurde das Räuberdasein vom Räuber geliebt, die Tugend aber

gehaßt. So weit veränderte sich das Denken, daß es das ganz und gar Gehaßte im Übermaß liebte. Das ist ja das Eigentümliche des Tugendhaften: Das Gehaßte zu lieben, das Geliebte aber zu hassen. Viele haben in ihrer Jugend das Schändliche geliebt und das Ehrenvolle gehaßt, und jetzt, zur Erkenntnis gelangt, haben sie sich davon getrennt. Deswegen werden sie auch nicht wiedererkannt, deswegen kämpfen sie mit sich selbst, deswegen nehmen sie nicht die alte Gestalt an, obwohl sie auch Menschen sind: Sie hören nicht auf, Mensch zu sein. Wenn auch die Substanz bleibt, bleiben nicht die Verhaltensweisen. Die Substanzen sind nicht zerstört, die Verhaltensweisen aber sind gänzlich vernichtet. Es bleibt die Substanz eines jeden bestehen, die Substanz des Menschen. Aber ich erkenne den Menschen nicht wieder: Ein Unzüchtiger war er — besonnen wurde er. Ein Räuber war er — und ahmte das wohltätige Leben nach. Er hat nicht das Gepräge seiner Person ausgelöscht. Das Gepräge der Äußerlichkeiten bleibt; die Äußerlichkeiten der Natur hat er nicht beseitigt.

XVII) Wenn ich den Menschen betrachte, erkenne ich wieder, wie er beschaffen ist. Wenn ich aber sein Verhalten in Augenschein nehme, werde ich befremdet. Ich erkenne ihn nicht mehr: Die Verwandlung erbrachte die Befremdung. Die Substanzen aber ändern sich nicht, denn der Körper bleibt Körper, wurde nicht etwas anderes. Es ist weder der Körper in das Unkörperliche verwandelt, noch die Seele an Natur eine andere geworden, aber trotz dieses Bleibens der Substanzen ist die Lebensart nicht gleich geblieben.

XVIII) Was sollen wir also sagen? Wenn trotz Bleibens der Substanzen die Lebensart nicht gleich geblieben ist, ist die Lebensart nicht mehr wesenhaft, denn wenn sie mit den Substanzen zusammenbleiben würde, könnte sie sich nicht ändern. Wo nun die Substanzen gleich geblieben sind, die Lebensart aber nicht gleich geblieben ist, hat das einst von der Lust überwältigte Auge die Besonnenheit als Riegel, die Zunge aber, die einst voreilig und vorschnell war und sich den überlegten Entschlüssen vordrängelte, gehorcht jetzt durch einen Zügel, sie bekennt das Unanfechtbare und spricht es aus, der Körper aber bleibt, nachdem er seine Lebensweise geändert hat, jetzt unverändert, er ist demütig und in Zukunft besonnen.

Nicht war die Natur des Auges die Begierde, nicht die der Zunge die Vorwitzigkeit, nicht die des Körpers die Nachlässigkeit. Wo man das Natürliche bedenken muß, darf man auch das nicht verschweigen: Sache des Auges ist das Sehen, nicht das Wie des Sehens, und Sache der Zunge das Reden, nicht das Wie des Redens. Die Beschaffenheit der Empfindungen ist nämlich bestimmt durch den freien Willen, die einfache und gefahrlose Ausführung der Taten aber wird den Gliedern überlassen. Wirklich gefahrlos ist die einfache Bewegung, mit Unsicherheit behaftet aber die Veränderung. Sofern Vernunft und Erkenntnisse die Augen führen, ist der Blick recht und göttlich, da er zu dem, was für würdig erachtet ist, hingelenkt wird. Wenn aber Nachlässigkeit regiert, sind die Taten schändlich und verfehlt. So achtet der Körper, so auch jedes Glied auf das Tun und ahmt das Tun nach.

Gut ist das Geschaffene, denn es kann der Tugend dienen. Heilig sind die Gesetze, denn sie tragen Sorge um die Sorgfalt des Geschaffenen. Vermische mit der Schöpfung das Gesetz, und du wirst das Geschaffene als etwas sehen, das dem Schöpfer ähnlich ist, und es wird den Schöpfer nachahmen. Wenn du die Schöpfung nimmst, die Gesetze aber, die doch Abbilder der Schöpfung sind, nicht dem Schöpfer zugestehst, läufst du Gefahr, ihn mit einer Verleumdung anzuklagen: Indem du scheinbar das Geschaffene verhöhnst, tust du dem Schöpfer eine Verhöhnung an.

S. 37

c) Die Seele

XIX) Da aber die Seele irgendeine Wesenssubstanz hat und ihre Wesenssubstanz nicht zerstört ist und nicht zerstört werden wird, oft aber die Verhaltensweisen zerstört sind und zerstört werden können, warum erklärst du das Zerstörbare — als ob es unzerstörbar sei — für wesenhaft? Es gibt oft Seelen, die, zwar von Unverstand
5 ergriffen, später doch von Einsicht erfaßt wurden. Und oft sind durch Einsicht hervorstechende Seelen später einmal in Uneinsichtigkeit gefallen. Oft hörtest du: „Ein Mensch, der in Ehren ist, versteht nichts, er ist vergleichbar mit unverständigen Tieren und wurde ihnen ähnlich" (Ps 48,13.21). Und Paulus verkündet: „Das Törichte der Welt hat Gott auserwählt, damit er die Weisen beschäme" (1Kor 1,27).

10 Also: Die einen kamen von der Torheit zur Einsicht und die anderen von der Einsicht zur Torheit; und Nachlässigkeit ergriff die Vernunft, die von einer Erkrankung der Einsichtsfähigkeit angegriffen war, Erkenntnis aber fing die unverständige Vernunft auf und gewann sie zurück, indem sie die Krankheit der Uneinsichtigkeit austrieb und die Gesundheit als Herrin zurückgab. Ausgewechselt waren die Übel
15 und die Tugenden, sie werden erworben und gehen verloren. Du hast, du hast nicht, hast gefunden und verloren. Du hast, was du gefunden hast, du hast nicht, was du verloren hast. Du wirst zu den Gewinnern oder Verlierern gezählt. Das eine ist das Gefundene, das andere das Verlorene.

Das eine ist die Tugend, das andere der Handelnde; das eine ist das Böse, das andere der Täter. Und das eine, das Böse, ist nichts, denn für sich gesehen ist es nichts: Es ist nämlich unmöglich, eine Wesenssubstanz des Bösen zu finden. Dieses Böse entnimmt das der Eitelkeit der Einsichtsfähigkeit unterworfene und der Fürsorge
20 des freien Willens enthobene Tun sicher den Erkenntnissen und Empfindungen. Untersuche das Äußere! Betrachte das Innere! Bedenke deine Gedanken, wenn du Wirrsal erduldest oder irgendein Durcheinander, wenn eine Lust kitzelt, wenn du trotz noch so großer Gefahr durch die Dreingabe von ein wenig Erkenntnis in der Seele Ruhe bemerkst und große Standhaftigkeit, und das an demselben Ort, ohne
25 daß viel Zeit vergangen ist, sondern oft in demselben Augenblick, in dem so etwas geschah.

XX) Und wenn die Seele oft zu schändlicher Leidenschaft antreibt, sich aber augenblicklich demütigt, sich beruhigt und sofort das Besonnene wiedererkennt — wenn so etwas geschieht, wie ist es nicht als Wunder aufzufassen? Muß man dann nicht sagen, daß der Seele nichts eigen ist, sondern sie sich zu eigen macht, was sie
5 sich zu eigen machen will?

Nichts Schändliches existiert für sich, sondern es scheint zu existieren, weil es in der Vorstellung so aussieht. Das Schändliche existiert also nicht für sich, sondern durch die ablenkenden und abschweifenden Gedanken nimmt es Bestand an, weshalb die Seele auch der Schulen bedarf, damit sie Schliff und Glanz von den Schulen her
10 empfängt. Deshalb spricht sie auch oft zu sich selbst, um sich aufzuwecken, oder hört, von einem anderen aufgerüttelt: „Meine Seele preise den Herrn, und alles, was in mir ist, seinen heiligen Namen" (Ps 102,1) und „Lobe den Herrn, meine Seele" (Ps 145,1). Denn entweder rüsten die eigenen aufweckenden und aufrüttelnden Worte sie immer noch mehr zur Tapferkeit aus, oder die von dem Ermahnenden ausgehenden
15 schenken ihr den vollkommenen Zustand. Oft erweckt sie sich aber auch zum Schändlichen, geht gegen ihre eigene Ermahnung an, beschenkt sich auf andere Weise

— Anwendung des vorher Gesagten

S. 38

— mit Verwerflichem — und verkündet: „Seele, du hast Güter liegen für viele Jahre. Iß, trink, freue dich!" (Lk 12,19).

° Potentieller
Einwand

XXI) Und wenn die Seelen, die sich dem Verwerflichen hingeben, die einen wären und sie für sich wären, auf der anderen Seite aber die wären, die sich dem Besonnenen hingeben, könnte man zwei Arten von Seelen benennen.

° Wider-
legung

Die so etwas sagen, müßte man wiederum auslachen und die widersinnige Lehre der Manichäer beschämen, weil sie den Irrsinn entzwei schneiden und zerteilen, wenn sie das in sich Widersprüchliche verkünden und nicht auf die Übereinstimmung mit   5
ihrer widersinnigen Lehre achten. Wenn es aber ebendieselben Seelen sind, und die Seele, die eben noch sich das Verwerfliche anempfahl, sich dann das Ehrenvolle

S. 39

anempfehlen kann, und die, die sich eben noch zu dem Ehrwürdigen aufweckte, sich dann zu dem Schändlichen anschickt — sie also bald nach dem Ehrwürdigen strebt und das Ehrwürdige ehrt, bald dieses verläßt — wird sie aus dem Wechsel als mit freiem Willen begabt erwiesen.   10

° Beispiele

XXII) Demas begleitete Paulus, und obwohl er die Gemeinschaft des Paulus schätzte, wurde er von der Begierde des Teufels ergriffen, er verließ die apostolische Gemeinschaft, und es drängte ihn, der ein Überläufer geworden war, zum Ruhm der Welt: „Denn Demas hat mich verlassen, weil er den jetzigen Äon liebt, und ist nach Thessalonike gegangen" (2Tim 4,10). Einst folgte Gehasi dem Elisa und verschrieb   5
sich dem Dienst, aber als sich eine gute Gelegenheit zeigte, zu Geld zu kommen, ließ er das Göttliche hinter sich, nahm das Geld und verkaufte so die eigene Gesinnung um die Annahme des Geldes (2Kö 5). Judas, der unter den Aposteln war, trieb einst Fieber aus, führte den Befehl gegen Dämonen und war einer von denen, die sagten: „Herr, siehe, sogar die Dämonen sind uns unterworfen" (Lk 10,17). Und doch ist er,   10
obwohl er die Peitsche gegen Dämonen schwang, durch eine kleine Lockspeise geködert und von der Begierde geangelt worden. So sind diese Leute aus solch hoher Gemeinschaft zum Dasein in Schändlichkeiten übergewechselt.

XXIII) Was aber sagt man über Petrus oder Thomas? Daß er einst ein Fischer und böse war. Denn er war nicht sündlos, er war ja ein Mensch. Nach seiner Berufung aber verließ er die Netze und die Fische, ging in die Nachfolge, indem er alles verließ, damit er allein Jesus habe. Und als er die Anfänge hinter sich gelassen hatte, wurde er nicht etwa um das Ersehnte gebracht, sondern er fand das Gesuchte und rückte   5
zu solcher Stellung vor, daß er hörte: „Du bist Simon, der Sohn des Jona; du wirst Kephas genannt werden, das heißt übersetzt ‚Petrus' " (Joh 1,42), ja daß er hörte: „Ich werde dir, Petrus, die Schlüssel des Himmelreiches geben" (Mt 16,19) und das Zeugnis erhielt: „Fleisch und Blut haben es dir nicht offenbart, sondern mein himmlischer Vater" (Mt 16,17). Später wurde er von vorwitziger Rede überwältigt, kam ins Schelten und hörte, da er vom Schelten nicht abließ: „Weiche hinter mich,   10
Satan, du bist mir ein Ärgernis, weil du nicht denkst, was Gottes, sondern was der Menschen ist" (Mt 16,23). Eben erst hatte er die Schlüssel des Himmels erhalten, hatte der Vater in ihm verkündigt, war er Petrus statt Simon; nun zog er stattdessen Tadel vor. Aber der Schaden wurde durch Besserung geheilt, und der Tadel wurde ein Heilmittel. Die Vernunft hielt sich an die Heilbehandlung, und Petrus war groß   15
und göttlich, denn wer den Schaden behandelt, wird in keiner Hinsicht bestraft aufgrund dessen, was oben gesagt worden ist. Als aber der Herr verraten und in den Hof des Hohenpriesters geführt worden war, wurde der kraftvolle Petrus ausgefragt und schämte sich. Er zitterte, obwohl er die Schlüssel hatte; er lief Gefahr, außerhalb der Türen der Wahrheit die Wahrheit sagen zu müssen. Ihm, der erfüllt war, ging

20 die Gesinnungsstärke aus. Von einem einzigen Mädchen wurde er besiegt, er fürchtete *S. 40*
eine Magd, er konnte einer Sklavin nicht ins Gesicht sehen. Durch Feigheit fiel der
Gottesfürchtige, der Gottgeliebte, der das Offenbarte kannte, der Augenzeuge des
Herrn.

Und ich sage das nicht, um ihn anzuklagen. Denn er vertraut darauf, daß ich dies
sage, damit die Wahrheit nicht verleumdet werde. Für die Wahrheit spreche ich, den
Knecht der Wahrheit führe ich an, damit die Lüge nicht siege. Den Diener der
25 Wahrheit bringe ich bei: Denn weil sie wollen, daß es Naturen gibt, und sie über die
Darstellung hinsichtlich der Natur wütend sind, habe ich Petrus beigebracht, damit
die Natur untersucht werde. Es zeigen nämlich die vielen Veränderungen, was alles
aus freiem Willen vollbracht wird, und müßig wird das Geschwätz sein, sobald der
freie Wille die Belohnungen des Gerichts erbringt. Denn aus freiem Willen leben
30 wir, aus freiem Willen bewahren wir das Glück.

XXIV) Deswegen fürchte ich, daß wir überwältigt werden: So mühen wir uns °**Folgerung**
immer an etwas ab, damit wir nicht — scheinbar gesichert — plötzlich aus Sorglosigkeit ins Verderben stürzen. Unseretwegen heißt es: „Ich quäle meinen Körper und
knechte ihn, damit ich nicht anderen predige, selbst aber unbewährt bin" (1Kor 9,27).
5 Ich achte ehrfürchtig das Wort vom Unbewährten; da ich die Schlüpfrigkeit des freien
Willens kenne, sichere ich mich gegen die Leichtfertigkeit durch Sorgfalt. Die
Leichtigkeit des freien Willens festige ich durch die Mühe der Umsicht. Darüber
spricht, schreibt und freut sich Petrus, damit seine Fehltritte und seine Erfolge eine
Einführung in die Lehren seien.

Deswegen sind auch die Sünden der Heiligen berichtet, denn was kümmerte es
10 sie, den Fehltritt mit Schweigen zu übergehen? Wer schreibt denn darüber? Es klagen
doch nicht die Bösen die Guten an, sondern die Guten berichten über die Fehltritte
der Guten, andere auch über die eigenen: Paulus über die eigenen, Johannes über
die des Petrus, dann die des Thomas, einer über die des anderen. Wenn die Bösen
die Ankläger wären, würden wir ihnen Haß vorwerfen und den Neid und die
15 Verleumdung tadeln, weil solche Reden von Hassenden vorgebracht würden. Wo sie
nun aber ihre Selbstvorwürfe, beziehungsweise die Guten ihre Vorwürfe gegen die
Guten, geäußert haben — eher der Heilige Geist, der in den Heiligen redet — und
der Herr selbst die Fehltritte seiner Knechte berichtete und sie nicht verschwieg,
wollen wir den Grund untersuchen: Denn nicht, um sie anzuklagen, wurden sie
20 geäußert — man ließ nämlich die Anklage fallen — sondern damit sie nicht unter
Verschweigung der Sünden für sündlos an Natur gehalten würden. Um der Wahrheit
willen geschah also der Bericht, und die Aufzählung der Fehltritte gibt eine Einführung in die Wahrheit.

XXV) O welch unerhörtes Wunder! Die Sünden der Heiligen wurden aufgeschrie- *S. 41*
ben, damit die Wahrheit erkannt würde, weil sie zwar von gleicher natürlicher
Herkunft und von gleicher Natur sind, aber durch Tugend das größere Gut erhielten;
nicht indem sie aufgrund ihrer Natur den Sieg davontrugen, sondern indem sie durch
Tugend hervorstachen. Wenn aber bei Petrus und den anderen Aposteln nicht die
5 Natur, sondern der freie Wille das Bestimmende ausmacht, bei wem finden wir dann
die Natur sündlos, wo wir sie schon bei den Aposteln nicht so finden? Wo werden
wir sie aufspüren können? Vergeblich plagen wir uns mit dem ab, was doch gar nicht
existiert. Siehe, ich frage den Petrus, siehe, ich forsche den Thomas aus — ich rede
nicht über das Alte Testament, erinnere nicht an David, obwohl ich an ihn erinnern

sollte — damit sie von ihnen, die sie so unverständig darum bitten, die Gegenbeweise   10
erhalten und damit sie von ihnen, von denen sie so gern lernen, die Widerlegung
erfahren.

d) Überleitung und Abschluß

Denn weil die Evangelien von ihnen studiert worden sind, wurde die Widerlegung
auch aus den Evangelien vorgetragen. Sie aber verkünden ihre Lehre ohne Gesetz,
weil sie nicht dazulernen wollen, und sie haben deshalb überhaupt keine Kenntnis
vom Evangelium, weil sie den Anfang der Evangelien nicht begreifen wollen: „Anfang   15
des Evangeliums von Jesus Christus, wie geschrieben steht in Jesaja dem Propheten"
(Mk 1,1 f). Den Anfang der Erkenntnisse haben sie verworfen, den Anfang der
Erkenntnisse bekämpften sie; sie suchten nach dem Endgültigen, konnten es aber
nicht finden, weil sie aus dem Anfang nicht die Folgerung zogen.

XXVI) Wenig ist dies und gar nicht viel, aber ausreichend für die Untersuchung.
Denn nur an den Grundzug habe ich gerührt und bin nicht zu einer Fülle von
Zeugnissen übergegangen. Was zu dem Gesagten paßt, wird der Leser selber unter-
suchen und von da aus zu ähnlichen und verwandten Texten fortschreiten.

2. Darstellung und Widerlegung der manichäischen Lehren

A. Über den Anfang der Dinge

— **Zitat**   Nun, wir wollen ihre Meinung darstellen, indem wir ihre Lehren anführen: 5
„Schlecht war der Satan, gut aber war Gott. So war es." Den Mythos drehe und
wende ich, damit ich den Mythos zuschanden mache, und wenn ich nicht anführe,
was sie erzählen, kann ich die Mythenmacherei nicht überführen. „Gut war Gott",
heißt es, „schlecht aber der Satan. Er war schlecht und war nicht einstmals nicht. Er
war immer und war nicht von jemandem. Er war nämlich und war eine Grundwurzel"   10
heißt es. „Und da war der Herr und der war gut, und er war eine Grundwurzel, und
zwar eine gute Grundwurzel, eine Grundwurzel der guten Dinge, und jedes Gute
ging von ihm aus. Es waren also zwei Grundwurzeln, und die zwei Auswüchse
gingen hervor, Auswüchse entsprechend den Grundwurzeln." Sie schwätzen, von
jener komme solches und von dieser solches.

Wir wollen hier einhalten, nunmehr die Untersuchung vornehmen, die Schlußfol-   15
gerungen betrachten und wieder an das Zitierte erinnern, damit wir es mit den
Schlußfolgerungen zusammenstellen und dann durch das Zitierte überzeugen.

a) Exkurs

— **These** *S.42*   Wir werden nämlich zu ihnen sagen: Wenn Gott eine Grundwurzel war und zwar
eine gute Grundwurzel, und gute Früchte von guten Grundwurzeln hervorgebracht
werden, und auch der Satan eine Grundwurzel war und zwar eine böse Grundwurzel,
und böse Früchte von einer bösen Grundwurzel hervorgebracht werden, wessen
Früchte sind dann die Apostel? Damit wir das Gesuchte aus den Früchten erkennen,   20
fasse ich sie nun nicht als von den Grundwurzeln her stammend auf. Wir werden
nämlich sagen: Die böse Grundwurzel wußte nichts Gutes hervorzubringen, und die
gute Grundwurzel wußte nichts Böses hervorzubringen — es scheinen aber die
Apostel bald gut, bald böse gewesen zu sein, später zwar gut, vom Anfang her aber

böse, weil sie eine Umwandlung vom Bösen her vollzogen. Wenn wir nämlich sagen,
25 die Apostel seien Früchte des Satans wegen der vergangenen Fehltritte, werden
sie beschämt werden wegen des Apostolates und der Vollkommenheit der Tugenden.
Wenn wir aber sagen, sie seien Früchte Gottes, was werden sie über die vergangenen
Fehltritte und die vergangenen Anklagen sagen? Die Schrift wird sie beschämen und
ihr Urteil widerlegen.

XXVII) Wenn sie aber, ratlos und unfähig zu antworten, Gegenfragen stellen und
behaupten, die Lösung der vorgelegten Fragen sei schwierig und schwierig sei die
Beweisführung, sagen wir, daß die Apostel eben keine Früchte Gottes sind, sondern
Werke und Geschöpfe; denn nicht als Früchte von einer Grundwurzel wurden sie
5 hervorgebracht, sondern als Geschöpfe von einem Schöpfer und Werkmeister, und
als Werke des Schöpfers entstanden sie, nicht als dem Schöpfer Gleichwesentliche.
Die Gewordenen kommen ja von dem Ungewordenen, sie waren einst nicht, wurden
dann geschaffen, erhielten das Sein von dem Schöpfer. Sie sind nicht Substanzen aus
einer Substanz, sondern als Wesen aus der Güte des Schöpfers erschaffen, und so
10 erschaffen, daß sie von Anfang an am freien Willen festhalten.

Der Heiland also offenbart sich in den Worten: „Wenn einer mir nachfolgen will"
(Mt 16,24), „Wenn du vollkommen werden willst" (Mt 19,21), „Wenn du gesund
werden willst" (Joh 5,6). Wenn er, der so Großes tut, dazu ruft, er, durch den der
Vater alles geschaffen hat, dann kennt er die Worte des Schöpfers. Im Wollen macht
er die Gesetze fest, im Willen verschließt er die Rechtsordnungen; den Ratschluß der
15 Handelnden bestimmt er zur Gebieterin über die Taten. Gewiß doch macht das Wort,
um zu belohnen, die Teilnahme am Handeln vom Willen abhängig: „Wenn ihr wollt
und mir gehorcht, werdet ihr die Güter des Landes essen; wenn ihr aber nicht wollt
und mir nicht gehorcht, frißt euch das Schwert" (Jes 1,19 f).

Unangebracht wäre es nun, das Thema der ganz schlechten Menschen zu übergehen
20 und die Nachfrage nach denjenigen zu unterlassen, die sich schändlichst und verdor-
ben verhalten, damit nicht etwa unser Schweigen die schlimmste Tollheit bei ihnen
bewirke. Klagen sie nicht heftig Nebukadnezar an? Tadeln sie nicht heftig den Pharao?
Sind sie nicht im Glauben, diese seien das Äußerste an Schändlichkeit? Solches
schwätzen sie doch hin und her über deren Lebensführung.

25 Wenn nun in deren Gedanken keinerlei Bemühen erschiene, wäre das eine andere
Geschichte. Wenn aber in den so Bösen auch Teile von Gutem gefunden werden —
Gefühle, Aufnahmefähigkeit, Reue und Flehen — was werden sie dann noch sagen?
Was werden sie sagen, wenn dieser ganz und gar Schändliche irgendwelche Teile von
Tugend und Nützlichkeit des Verhaltens zu haben scheint? Sie werden sagen: Ent-
30 weder ist der Satan gemischt aus Tugend und Bosheit, so daß er gemischte Früchte
hervorbringt, oder diese Früchte sind nicht vom Teufel. Keineswegs nämlich dürften
die Gemischten Früchte des Ungemischten sein, noch dürfte sich das Ungemischte
als Grundwurzel des Gemischten zeigen. Diese aber erschienen als Gemischte, da sie
im Laufe der Zeit sowohl Einsichten gewannen als auch von der Schlechtigkeit
gepackt wurden. Und es wird sich nach dieser Überlegung zeigen, daß die festen
Wesensmerkmale eine bloße Wortschöpfung sind und nicht der Wahrheit zugehörig.

XXVIII) Denn siehe, der Pharao gibt den Plagen nach und erweicht sich, er gibt
seinem Verstand nach und bleibt, an der Seele verbrannt, nicht bei seiner Strenge,
sondern tut zweierlei: Er bittet um das Gebet und mißbilligt das Gewesene (Ex 12).
So zeigt sich die Seele nicht blind, sondern sehend und zur Buße gelangend, indem
5 sie sich des Bittens und Flehens befleißigt und inständig um ein Gebet einkommt.

° **Einwand
der Gegner**
S. 43

° **Wider-
legung**

Wenn er von Natur aus böse wäre, wie sollte er Kenntnis vom Gebet und der Buße haben? Denn wenn die Buße gut ist und das Gebet auch gut ist, die Natur aber böse ist, wie wurde das Böse mit dem Guten vermischt? Wie wurde aus Bösem Gutes hervorgebracht? Sie scheinen nicht zu wissen, was sie reden, sondern sie bringen in ihrer ungebildeten Meinung eher Rotzigkeiten aus Worten als Worte selbst heraus.   10

Denn wenn auch Nebukadnezar — obwohl er von grausamem Charakter war und er schon den Ofen bereitgemacht und das Bildnis angefertigt hatte, um mit der Drohung Angst zu verbreiten und zur Verehrung der Bildsäule zu zwingen, so daß die Heiligen hineingeworfen wurden, der Brand aber zurückwich und nicht auf die Körper übergriff, und der Ofen eine Synagoge wurde und statt Wehklagen darin Loblieder gesungen wurden und keineswegs für verbranntes Fleisch eine Klage   15 geäußert wurde, sondern aus feiernder Seele ein Lied gesungen wurde — als er also hineinschaute, um das Innere zu sehen, und er mit dem Anblick des Engels beschenkt wurde, sagte er: „Haben wir nicht drei Männer in den Ofen geworfen? Siehe, ich sehe vier und den vierten, als ob er einem Sohne Gottes ähnelt" (Dan 3,91 f). Gleich

S. 44

schreibt er dann dafür ein Gesetz, Gott zu bekennen und die Wahrheit zu bezeugen;   20 er wird zum Erzähler seiner Vision.

Sollen wir nun seine Erzählungen tadeln oder loben? Gut ist es, „für Christus als Gesandter zu wirken" (2Kor 5,20) — oder wollen wir das im Falle eines Schlechten übergehen? Denn wenn es gut ist, die göttlichen Worte als Gesandter zu vertreten und Zeuge der Wahrheit zu sein, und auch Nebukadnezar als Gesandter wirkte, ein Schreiben aufsetzte und es in sein ganzes Reich schickte, ist die Natur ohne bindenden Einfluß. Weil er nämlich das Gute kannte, sah er auf die Erkenntnis des Guten. Wenn   25 er dann die Erkenntnis durch die Neigung zur Schlechtigkeit wieder abstumpfen würde, würde man ihn anklagen. Denn das eine ist es, das Gute überhaupt nicht tun zu können, das andere jedoch, es zu kennen, es aber nicht tun zu können, geschwächt durch den Hang hin zu den Leidenschaften.

— Potentieller Einwand

XXIX) Wenn nun aber in den Menschen keine Früchte des Teufels gefunden werden, ihr Verhalten aber beschämt und ihr Unverstand bewiesen wurde, wohin sollen wir uns künftig wenden? Wir werden wohl zu den Dämonen übergehen müssen, andernfalls werden sie nämlich sagen: Von den Menschen ist keiner eine Frucht des Teufels, die Dämonen aber sind allein seine Kinder und sein Nachwuchs.   5

° Widerlegung

Wenn sie dies sagen, werden sie auch darin beschämt werden, zuerst aber sollen sie hören: Wenn kein Mensch sich bis dahin von dem Einen getrennt hätte, nichts gemein hätte mit dem Satan und diesem Leben, sondern sich von allem fernhielte und allem fremd würde, wäre der Satan aus den Belehrungen gestrichen und aus der Unterweisung verbannt.

Wenn ihr aber lernen wollt, daß auch die Dämonen nicht von einer Grundwurzel   10 her böse sind und auch nicht die Grundwurzel der Verkehrtheit haben, sondern auch jene aus freiem Willen soweit kamen, da sie nicht schlecht von Natur aus sind, nicht der Unkenntnis zugeordnet sind, nicht Nacht und Finsternis an Wesenssubstanz sind, sondern es durch Verhalten und Betragen in ihren Unternehmungen wurden, wollen wir die Sache untersuchen. Die Natur jedenfalls ist blind und wird nicht zu dem   15 allergeringsten Sehvermögen kommen, und die Unkenntnis wird sich auch nicht einen Tropfen der Erkenntnis erwerben, und die Nacht und die von Natur aus so bestehende Finsternis werden wohl auch nicht in das kleinste Leuchten verwandelt werden. Es scheinen aber auch die Dämonen den Heiland zu kennen und den Herrn zu bekennen: „Wir wissen, wer du bist" (Mk 1,24) sagen sie, „der Sohn des lebendigen

20 Gottes" (Mt 16,16). Die Unwissenheit aber kann nicht wissen, und die blinde Natur
vermag nicht zu sehen. Sie wissen und sagen wissentlich die Wahrheit und reden
nicht als Heuchler. Denn sie sagen, wenn auch nicht mit edler Gesinnung, die
Wahrheit, werden aber keineswegs der blinden Natur oder der Unwissenheit gescholten. Denn sie würden freilich nicht das Geringste sehen und wären weder Schutzflehende, noch würden sie dem Zitierten Raum geben, noch würden sie den Offenbaren
erkennen, sondern sie würden glauben, daß er derselbe wie sie sei und ihn und sie
25 nichts unterscheide.   *S. 45*

Denn siehe, die vernunftlosen Lebewesen können unter Weisen und Unweisen
nicht erkennen, welche weise und welche unweise sind. Wenn die Dämonen das aber
wußten und unter Kenntnis des Unterschieds das Ununterscheidbare auseinanderhielten, da sie ja solches und solches durch Unterscheidung genau erkannten, wird
bewiesen, daß auch darin keine Natur, sondern ein freier Wille leitet. Denn ob ein
30 freier Wille verständig ist oder ob er strauchelt: Er hört trotzdem nicht auf, vernunftgemäß zu sein, sondern er behält dies unzerstörbar.

So erkannten auch die Dämonen ihn, baten inständig und flehten, daß er ihnen
nicht befehle, zur Hölle zu fahren. Wenn sie Kinder der Hölle wären, wenn sie
Verwandtschaft mit der Hölle hätten, was fliehen sie vor dem Verwandten? Warum
verschmähen sie die eigene Grundwurzel? Sie würden sie doch eher freudig begrüßen,
35 wenn sie meinten, die Verwandtschaft sei ihnen eine Erquickung, denn unter den
Verwandten gibt es Erholung, unter den Fremden aber Mißhelligkeiten. Eher müßten
sie ja Jesus verschmähen, eher müßten sie die hiesige Umgebung verschmähen, wo
sie eifrig und anständig sind, die Ankunft in der Hölle aber begrüßen. Die verschmä-
40 hen sie aber, hüten sich davor und ertragen es nicht, dorthin wegzugehen. Vielmehr
fliehen sie aus diesem Grunde und geben so ausreichend Zeugnis, daß sie keine
natürliche Verwandtschaft mit den Orten der Züchtigung haben.

Denn niemals quält sich etwas selbst, jedes Gequälte wird vielmehr von einem
anderen gequält. Notwendigerweise ist nicht die Selbstquälerei Quälerei, sondern die
eines anderen, der von Natur aus leidet oder gequält wird. Denn siehe, das Feuer
45 verbrennt nicht sich selbst, es verzehrt etwas anderes und nicht sich. Siehe, das
Wasser überschwemmt nicht sich selbst, denn es vermag anderes zu überschwemmen,
sich selbst aber kann es nicht überschwemmen. Siehe, die Luft vermag nicht sich
selbst zu blasen, weil jedes Handelnde und Quälende etwas anderes quält und belästigt.

Wenn aber die Hölle quälend ist und die Dämonen von der Hölle gequält werden,
und die Hölle einerseits eine Folterkammer ist, andererseits aber die Dämonen
50 gefoltert werden, dann werden sie nicht mehr durch Gleichartiges gefoltert, sondern
als die einen werden sie von anderem gefoltert, keineswegs von der gleichen Natur
und Substanz, denn die Hölle wurde als von anderer Substanz erwiesen. Und weil
die Dämonen im Vergleich zur Hölle von anderer Art und Substanz sind, genügt das
Gesagte.

XXX) Dieselbe Hölle ist zwar eine Folterkammer und ein Ort der Züchtigung,
aber nicht ewig und nicht ungeworden, sondern später einmal entstanden und
nachträglich einmal geschaffen zum Heilmittel und zur Hilfe für die Sünder. Heilig
sind nämlich die Leiden, die ein Heilmittel der Sünder sind; heilig sind die Schläge,
5 die Hilfen für die Gestrauchelten werden. Denn nicht, damit sie böse werden,
geschahen die Schläge, sondern damit sie nicht böse werden, geschahen die Leiden.
Die durch den Schlag schmerzlich getroffenen Bösen vermindern nämlich durch das   *S. 46*
Leiden das Böse. Deswegen halten wir auch die Höllen nicht für schlecht, sondern

wissen, daß sie als Folterkammer und Ort der Züchtigung entstanden sind, damit sie
eine Warnung für die Sünder würden.

Wenn aber die Hölle eine Folterkammer und eine Marter ist, die Dämonen aber   10
gemartert und gefoltert werden, ein für die Folterungen empfindliches Wesen haben
und auch Schmerzen leiden können, der Strafe unterworfen sind und eine Empfindung
für die Züchtigungen haben, wie sind sie ungeworden? Wie ewig? Wie jemals ohne
Anfang? Wie sind die aus sich selbst heraus, die nicht leidensunfähig sind, die zu
leiden vermögen und bestraft werden können?   15

Niemals nämlich wird das Ungewordene in etwas gehorchen und von jemandem
bestraft werden, sondern, da es aus sich selbst heraus seinen Anfang hat, bleibt es in
sich selbst, und weil es nicht von einem anderen her den Anfang nimmt, empfängt
es auch nicht von einem anderen die Strafe, und da es für sich keinen Urheber
beansprucht, wird es auch keinen Züchtiger beanspruchen. Und es wird von keinem
gerichtet werden, da es nicht von einem anderen her den Anfang nahm, und es wird
niemanden fürchten, da es von niemandem das Sein empfing. Warum soll es sich   20
fürchten, wenn es die vollkommene Beschaffenheit hat? Wenn es die volle Vollendung
hat? Wenn es aus sich selbst heraus vollendet ist und zu sich paßt?

Was eine leidensfähige innere Ordnung hat, fürchtet den, der die inneren Ordnun-
gen verändern kann; was leiden kann, fürchtet den Übeltäter. Wenn die Dämonen
aber Furcht haben und leiden können, sind sie nicht ungeworden. Denn das Unge-   25
wordene ist leidensunfähig und kann nicht leiden, weil es außerhalb der Natur des
Gewordenen ist. Weil sie aber flehen, leben sie in Empfindung und wissen, was sie
sind und daß sie leiden können. Sie kannten sich genau und hielten sich nicht für
leidensunfähig. Daß jemand um sich selbst weiß und sich genau kennt, ist ein Merkmal
und ein Zeichen von Empfindung. Wenn sie aber, da sie leidensempfindlich sind,   30
Angst hatten und in ihrer Angst flehten und den Mächtigen anflehten, kannten sie
ihren Verfolger genau, denn dieses ihr Flehen bezeugt, daß sie den Verfolger gekannt
haben müssen. Weil sie leidensempfindlich waren und als Leidensfähige genau wußten,
daß jener Verfolger der Herr und König aller Dinge war, erscheinen sie durch das
Flehen als Wissende. Das haben wir hinsichtlich der Dämonen festgestellt, damit   35
auch das Thema der Dämonen nicht unbearbeitet bleibe.

° Zusatz

Man kann auch das noch hinzufügen: Die Natur ist in sich gleichartig und hat
keinen Unterschied sich selbst gegenüber. Denn siehe, das in sich ganz gleichartige
Feuer — seine Hitze ist ihm selbst gegenüber weder schwächer noch stärker —
beinhaltet nicht sowohl das Stärkere als auch das Schwächere. In den Naturen ist das
Stärkere und das Schwächere ja sinnlos; wo Stärkeres und Schwächeres ist, ist keine   40
Natur mehr, sondern eine Gabe des freien Willens. Wenn aber über die Dämonen

S. 47

geschrieben steht: „Er geht weg und bringt mit sich sieben andere Geister, die
schlechter sind als er selber" (Lk 11,26), wird aus dem Wort auch diese Dreingabe
offenbar, weil das Schlechte einerseits, das Schlechtere andererseits einen Unterschied
der Schlechtigkeit markiert. Wo ist da noch eine Natur, wenn sie in sich nicht
gleichartig ist, da ein Unterschied in der Schlechtigkeit zu finden ist und der
Unterschied für den freien Willen und nicht für die Natur zeugt?   45

b) Wiederaufnahme: Der Mythos

— Zitat

XXXI) Genug mit solchen Worten, wir wollen ja auch ihre Mythenmacherei in
Angriff nehmen, indem wir die erste anführen, und wir wollen uns dann widerlegender
Worte bedienen. „Das Böse war", heißt es, „und es war ungeworden, es war aber

auch Gott da und Gott war gut. Die Wohnsitze waren getrennt, und jeder von beiden
5 sonderte sich für sich vom anderen ab. Gott grenzte sich vom Bösen ab, es grenzte
sich aber auch der Herrscher des Bösen von Gott ab. Jeder von beiden war für sich
und es herrschte jeder über das ihm Eigene und verwaltete es, wie er es hervorgebracht
hatte: Der Böse böse, der Gute gut, der Böse als Schadender dem Seinigen schadend
und nicht davon ablassend, dem ihm Eigenen zu schaden — der Gute aber als immer
10 Guter und Nützlicher dem Seinigen nutzend und ihm niemals nicht nutzend. Denn
jedes Nützliche geht aus einem Guten hervor."

Das sollen sie also erklären: Wenn das Böse wesenhaft war und für sich war, warum   ° **Wider-**
dann die Zerschneidung? Warum die Trennung, damit die Wesenheiten nicht ver-   **legung**
mischt würden? Denn wenn keiner eine Mauer baute, würde das Ganze ineinander-
geknetet, und Böses und Tugend wären zugleich, und zugleich würden die beiden
15 Wesenheiten ausgeschüttet und zusammengeknetet, und das eine wäre nicht mehr
vom anderen getrennt, vielmehr nützte die Wesensgemeinschaft — da sie nur eine
sehr schlechte Mischung zustandebringt — zwar nicht dem Bösen, belästigte aber
das Gute. So täte sie immer das Böse, das Gute aber würde geschädigt.

Und was anderes als ausgeliefert wäre die Güte, da sie nichts tun kann, da sie
20 immer von der Schlechtigkeit überwältigt wird und nicht das Ihre tun kann? Denn
wenn sie dem Ihren nicht nützte und nicht das Eigene verteidigte, sondern in dem
Eigenen schwach wäre: Wie kann eine Natur gut sein, wenn sie weder das Eigene
gewinnen noch dem Fremden nützen kann? Denn sie müßte ja, weil sie eine gute
Natur ist, unbeschadet das Eigene bewahren, dem Fremden aber nützen. Wenn sie
25 keines von beiden tun wollte und sie weder das Schändliche verändert noch das
Eigene bewahrt hat, sondern das eine ausgeplündert, das andere aber noch schlechter
würde — wobei es sich selbst schadet und sich dabei noch bestärkt — wie ist das
kein Frevel und eine Beschimpfung des Guten? Wie ist diese Erklärung keine
Verteidigung des Teufels, eine Anklage aber Gottes?

Siehe, die Manichäer erscheinen also als Verteidiger des Teufels und als Ankläger
30 Gottes, da sie die Überlegenheit Gottes verunglimpfen und verkleinern, die Kräfte
des Teufels aber vergrößern. Denn wenn jener immer schaden würde und niemals
nicht schaden würde, sondern dem Guten schadete und nichts ausließ, wo er vom   *S. 48*
Guten unterstützt würde, immer aber dem Guten Unrecht täte und ihm schadete,
wie wird er nicht als groß und stark erscheinen? Er wird jedoch als unfähig und als
35 ein Nichts erwiesen werden. Aber wenn er so wäre, was soll das Aufgemauerte und
Trennende? Mitten zwischen den Wesenheiten wären Mauern, damit nicht etwa eine
Wesenheit Hand an die andere lege, wobei irgendeine ungenannte Macht in der Mitte
liegt? Man muß fragen, ob die Mauer früher einmal gebaut wurde und von wem sie
gebaut wurde.

Denn wenn wir sagen, sie wurde gebaut, aber von einem Schlechten gebaut, war   ° **Weiter-**
die Schlechtigkeit demnach argwöhnisch und immer in der Angst zu leiden. Sie   **führung**
40 strebte für sich nach Sicherheit durch die Mauer. Doch wie handelte sie in ihrer
Angst zu leiden und zog raubend aus? Und wann wurde sie mißtrauisch? Denn wenn
es so geschah, was für einen ersten Krieg von Materie und Gott machen sie zum
Mythos, damit die Materie in ihrer Furcht sich einer Mauer bediene, in ihrer Angst,
erobert zu werden? Wenn sie aber den Kampf vorausahnte und, damit der Krieg
45 nicht beginne, mit der Mauer vorsorgte, werden sie ihr das Lob zollen, sie sei sehr
vorsorglich, indem sie ihre Vorsorge und Weisheit aufzeigen, und sie heben so die

Definition von Materie auf, da sie sie nicht mehr für unweise und unvernünftig halten, sondern sie als sehr vorsorglich und weise beurteilen.

**— Potentiel-
ler Einwand
° Wider-
legung**

XXXII) Wenn sie aber sagen werden: Gott hat die Mauer gebaut und ist ihr Architekt gewesen,

werden sie widerlegt werden, da sie zwei widersinnige Vorwürfe gegen Gott anzetteln: den der Furchtsamkeit und den der Kommandoschwäche. Wenn er für eine Mauer sorgte, gliche er einem, der sich fürchtet und seine Schwäche eingesteht. Denn diejenigen, die leiden können, tragen immer für Schutzwehren Sorge. Andernfalls 5 brauchte er keine sichere und unerschütterliche Mauer, denn die satanische Natur würde kaum einen Teil des Lichtes rauben.

**— Potentiel-
ler Einwand
° Wider-
legung**

Wenn sie sie aber Selbsterzeuger nennen werden,

dann erscheint als drittes Ungewordenes aus ihrer Darstellung noch etwas anderes — und ob es wohl einst an Substanz ein drittes war oder an Beschaffenheit ein drittes, nicht einem anderen nachgebildet, sondern etwas anderes neben anderem? So daß es 10 weder wie Gott noch wie der Satan war, sondern etwas anderes neben Gott, etwas anderes neben dem Satan? Wie beschaffen wäre wohl eine dritte Wesenheit, die weder gut noch materiell ist oder keins von beiden? Wenn sie nämlich sagen werden: Sie ist in der Mitte und unentschieden, lügen sie dabei. Diese mittlere und unentschiedene nämlich wird niemals für sich sein, sondern das Abbild jedes von beiden annehmen und in die Teilhabe an einem von beiden geraten; und sie hat dieselbe Stellung, da 15 sie in der Teilhabe an einem von beiden sein kann. Dann wird die Mauer nicht mehr unzerstörbar und trennend sein, dem Angriff eines jeden vorbeugend. Wenn sie nämlich in der Mitte ist und durch die Gemeinschaft mit einem umgestaltet wird, wird sie dem, der sie eingenommen hat, zugeteilt und entweder göttlich werden,

S. 49

indem sie Gott nachahmt, oder böse, indem sie das Böse nachbildet. Wenn das aber 20 geschähe, ginge nicht mehr das Böse allein gegen die Tugend vor, sondern zwei wider eines, und das eine würde belagert, indem es von zweien bedrängt wird. Denn wohin die Neigung des Mittleren erfolgte, dahin wirkte durch die Entstehung dieser Zugabe beim Angriff des anderen die Sache in doppelt so großer Erscheinung.

**— Potentiel-
ler Einwand**

Wenn sie aber sagen werden: Keineswegs ist das eine Mauer, was in der Mitte ist und die Nachbarschaft der Wesenheiten und ihre wechselseitige Annäherung trennt, sondern es ist etwas Nichtiges und Offenes in der Mitte, das die Trennung verursacht, 25

**° Wider-
legung**

werden sie wiederum sagen, was sie gar nicht wissen. Denn was ist offen, was ist nichtig oder eine gedankliche Darstellung des Nichtigen und Offenen? Wenn etwas ist, ist es weder nichtig noch offen; wenn es aber nichts ist und deswegen nichtig ist, weil es nichts ist, und deswegen offen, weil es überhaupt nicht existiert, wie soll dann das Nichtseiende Seiendes trennen? Wie soll das überhaupt nicht Existierende das 30 Existierende und Seiende unterscheiden? Denn das überhaupt nicht Seiende wird das Existierende und Seiende nicht unterscheiden können. Auch dieser Beweis ist also vorgebracht.

c) Wiederaufnahme: Der Mythos

— Zitat

XXXIII) Weil sie aber, noch zunehmend an Irrtum und Betrug, weiterhin ziemlich betrügerische und irreführende Worte vorbringen, wollen wir nicht schweigen. Denn sie sagen: „Die voranmarschierende und gegen sich vorrückende Schlechtigkeit schadete sich und mißhandelte sich. Als sie aber zum Land der Wahrheit gekommen

war, erschrak sie, wunderte sich über ein plötzliches Licht, vergaß den eigenen   5
Kampf, griff das Leuchtende an, raubte das Licht und verschlang das Gesehene".

Hier wird künftig viel Gelächter und großer Spott sein, hier ist jeder heidnische   ° **Erster**
Mythos zertreten, besiegt durch solch hohles Gerede. Denn die Mythen werden als   **Beweis**
Mythen erzählt, sie finden aber auch nur unter dem Vorbehalt, daß sie Mythen sind,
Glauben. Wenn dieser Mythos nun, sofern er wie ein Mythos erzählt wird, auch nur
10 unter dem Vorbehalt, daß er ein Mythos ist, Glauben fände, würde er nur geringen
Schaden anrichten. Nun aber schlägt er die Mythen, findet bei den Unverständigen
wie eine Wahrheit Glauben.

Denn wenn „die Schlechtigkeit wie eine Irrsinnige", wie ihr sagt, „und eine sich
bei sich selbst belagernde und eher gegen das eigene Gebiet aufmarschierende ein
Licht sah und so, beeindruckt und ablassend von dem eigenen Kampf, das Leuchtende
angriff und das Gesehene raubte", wie werden dann die Worte nicht kraftlos und
lügnerisch erscheinen?
15 Denn wie schadete sich die Schlechtigkeit, zerstörte sich, beseitigte sich, bald
verschlingend, bald aber hervorbringend, wenn sie doch ungeworden war? Denn sie
wurde zerstört, indem sie sich vernichtete, und konnte nicht mehr sein, nachdem sie
sich zugrundegerichtet hatte. Wenn sie denn Teile hatte, die zerstört werden können,
welche ausreichende Sicherheit besteht, daß sie nicht als ganze zerstört wird, da die
20 Teile, die von Natur aus da sind, zerstört werden? Wenn sie aber sich selbst erzeugte
und zu sein begann, also Urheberin und Erzeugerin des Seins war, wie ist sie noch
ungeworden?

Deswegen sollen sie keineswegs von etwas anderem die Widerlegung ihrer verwerflichen Lehre empfangen als von ihrem eigenen Geschwätz. Vieles verkünden sie   *S. 50*
nämlich, wobei sie sich in ihrer Verkündigung selbst widersprechen, und sie warten
25 es gar nicht mehr ab, von einem anderen zum Erröten gebracht zu werden, sondern
wegen ihres Geschwätzes widerfährt es ihnen von ihrer eigenen Vorwitzigkeit. Denn
wie soll das, was vernichtet werden kann und Vernichtung erleidet und zerstört
werden kann, ungeworden sein? Wie soll es aus sich selbst heraus sein? Wieso nahm
es nicht seinen Anfang von einem anderen her, von etwas, das unvergänglich und
leidensunfähig ist, da das, was beseitigt und zerstört werden kann, nicht aus sich
selbst heraus ist?

Wenn „es aber zerstört wird", wie ihr sagt (denn das gibt eure Darstellung als
30 Definition, wenn sie erklärt: „Das Verschlungenwerden ist Gefangenschaft und das
Verschlingen des Verschlungenen ist Zerstörung"), und es einnehmbar und zerstörbar
ist und zerstört und vertilgt wird, wird das, was das Unzerstörbare ausmacht, keinen
Bestand mehr haben. Da es keine unversehrte und unvergängliche Natur hat, wird
es nicht mehr als ungeworden angenommen. Da es nicht ungeworden ist, wird das
35 Böse weder als anfangslos noch als unendlich erscheinen, denn zu anderer Zeit war
es nicht, jetzt scheint es nur noch vor sich hin zu brummen. Denn das, was es ist,
ist keine Substanz, sondern irgendeine Krankheit, die die Substanzen befällt, wobei
sie von den Substanzen und Wesenseigenschaften getrennt werden kann.

Daß der Betrüger das, was er ist, durch einen Fall und Fehltritt ist — und der Fall
und der Fehltritt sind durch den Entzug der vorher erhaltenen Güter Zeugen dafür
40 — bezeugt auch der Prophet Jesaja: „Wie ist der Morgenstern vom Himmel gefallen,
der frühmorgens aufgeht" (Jes 14,12), weil er diesen seinen gefallenen Zustand kennt,
von dem alten aber weiß, daß er göttlich, voller Glanz und ganz heiligwürdig war.
Das bezeugt aber auch der Heiland, wenn er im Evangelium sagt: „Siehe, ich sehe
den Satan vom Himmel stürzen wie einen Blitz" (Lk 10,18).

Wenn er aber von Natur aus so wäre und existierte, würde nicht an der einen 45
Stelle ein Fall, an der anderen ein Sturz erwähnt. Denn das Fallende fällt aus
irgendeinem Stand, das Stürzende geht irgendeines Reichtums verlustig. Wenn er
unter den Gefallenen genannt wird, war er einmal in Stand und Festigkeit. Wenn er
unter den Gefallenen angeklagt wird, war er nicht arm, war er nicht ein Iros, weil
er großen Reichtum hatte. Er wird wegen irgendeiner Schwächung unter die Gefal- 50
lenen gerechnet werden, durch die er den Verlust des Reichtums erlitten hat. Gewiß
bestätigt auch die Schrift den Reichtum: Wenn es heißt „Wie ist der Morgenstern
gefallen", bezeichnet der Name auch den Reichtum, denn weil er Morgenstern war,
hatte er auch die Kraft und Fähigkeit des Morgensterns und seinen Reichtum und
Besitz, und als er daraus herausgefallen ist, ist er dessen beraubt worden. Er ist arm
gegenüber dem Reichtum des Morgensterns, zieht herum, und es scheint, als wäre 55
er Iros und ein Gefallener, der früher viel Reichtum hatte.

S. 51

Wenn er aber dem Evangelium zufolge einer von den Fallenden ist, die im Staube
liegen und sich dann auf der Erde herumtreiben, stand er einmal aufrecht und konnte
sagen: „Es hatten unsere Füße in deinen Höfen gestanden, Jerusalem" (Ps 121,2); er
konnte hören: „Steht, umgürtet an den Hüften mit Wahrheit" (Eph 6,14). Und 60
obwohl er das hören konnte, sicherte er sich nicht mit dem Spruch: „Wer zu stehen
meint, sehe zu, daß er nicht falle" (1Kor 10,12). Weil er sich demgegenüber keine
Sicherheit verschaffte, treibt er sich heute unter solchen Leuten herum. Denn was
seit jeher im Staube liegt, fällt doch nicht — es liegt ja schon im Staub — was aber
gefallen ist und Staub ist, das wird nie aus Stehendem und fest Gegründetem zu Fall 65
kommen. Und was immer arm war und niemals irgendeinen Reichtum empfangen
hatte, wird niemals stürzen, denn es hat von vornherein nichts und kann nicht stürzen,
da es niemals etwas hatte. Was aber einen Sturz erduldet und erlitten hat, hat ihn
eben von großem Reichtum und Besitz erlitten. Das war der erste Beweis.

— Zitat

XXXIV) Aber weil sie sagen: „Ferner raubte das voranmarschierende und sich
verschlingende und zum Licht gelangende Böse von dem Licht und verschlang etwas
von dem Licht",

° (Zweiter)
Beweis

wollen wir es nicht unterlassen, den Botendienst, den sie für das Böse gegen die
Wahrheit leisten, zu beenden. Denn mit dieser Darstellung erheben sie die Schlech- 5
tigkeit, verunglimpfen aber die Wahrheit, und sie geben der Schlechtigkeit Spannkraft,
der Wahrheit aber unterstellen sie Schlaffheit. Wenn tatsächlich die Schlechtigkeit
raubte, das Licht aber geraubt würde und unter der Beherrschung leiden würde und
— da es leidet — leidensfähig wäre, wäre ihnen zufolge Gott leidensfähig, der Satan
aber leidensunfähig, da der eine leiden müßte, der andere aber Leiden bewirken
könnte. Sofern nämlich das Licht leidensfähig ist, müßte auch er selbst leidensfähig 10
sein, weil er nicht ein anderer neben dem Licht ist. Wenn er denn leiden könnte —
leiden nicht durch sich selbst, sondern durch den Feind und Gegner — und er sich
selbst aufgeben und bei dem Schlechten bleiben müßte: Wie kann der von dem ihm
Eigenen getrennt werden, der die einheitliche Natur hat? Denn was der Natur gemäß
von Natur aus da ist, ist nicht von Natur aus da, um von sich getrennt zu werden.
Wenn das Licht ungeworden war und mit dem Ungewordenen vereinigt war, wie 15
konnte es einmal abgetrennt werden? Wie konnte es sich trennen und ein anderes
neben sich selbst werden?

° Weiter-
führung

Denn wenn es dem Schlechten diente und gezwungen von der Schlechtigkeit
künftig die Sache der Schlechtigkeit vorzöge und die Sache der Schlechtigkeit
betriebe, sich selbst nicht mehr kennen würde und nicht mehr um sich wüßte, sondern

selbstvergessen geworden wäre, ja vielmehr glaubte, es sei selbst so beschaffen, wie
20 auch das Schlechte sei, wird die Darstellung als widersprüchlich erscheinen.

Denn das Ungewordene kennt weder sich selbst nicht, noch wird es etwas anderes   *S.52*   ° **Wi-**
neben sich selbst sein, sondern es bleibt so, wie es war und wird niemals von sich   **derlegung**
selbst getrennt werden, da es niemals anfing zu sein.

XXXV) Weil sie aber Altweiberhaftes und Mythisches (vgl. 1Tim 4,7) erzählen —   ° **Wiederauf-**
unwissend, was sie da reden, vielmehr widerlegt von dem, was sie reden — wollen   **nahme**
wir auch folgendes der Abhandlung hinzufügen: Wenn das Licht verändert werden
könnte und etwas anderes neben sich selbst werden, ja bei der Schlechtigkeit sein
5 und sich selbst vergessen könnte, tun aber, was die Schlechtigkeit tut,

dann könnte dies auch den Herrschern der Schlechtigkeit widerfahren, und sie   ° **Wider-**
könnten eher zum Guten hin verwandelt werden. Wenn aber die Verwandlung   **legung**
möglich ist und die Veränderung geschehen kann, wie wäre es dann nicht besser,
eher vom Bösen zur Tugend hin verwandelt zu werden als vom Guten hin zum
Bösen? Warum aber duldete es Gott und erlaubte es, daß das Licht entführt wurde?
10 Warum wehrte er nicht den Angriff ab? Warum bewahrte er nicht das Eigene? Warum
wollte er nicht, daß nach der Entführung Fürsorge für das Entführte getroffen
würde? Warum hielt er nicht im Vorgriff den Überfall auf? Warum hat er nicht besser
auf das Vertilgte aufgepaßt und das Gefangene und Weggenommene überhaupt nicht
durch seine Hilfe geehrt? Wenn er das aber zuließ, damit das in das Böse geratene
15 Licht das Böse verwandele, nimmt das Böse, als ob es verwandelt werden kann —
es ist nicht mehr von Natur aus böse und kann vom Bösen weg verwandelt werden
— die Verwandlung gegen die Natur als Pfand.

Wenn man nun überzeugt wäre, daß es nicht verwandelt wird und daß es nicht
von Natur aus da ist, um verändert zu werden, warum erlaubte er törichterweise,
daß das Gute zwar einen Schaden erleidet, dem Bösen aber keinen Gewinn verschafft?
Warum erträgt er es, daß dieses Böse nicht verändert wird, sich aber und das eigene
20 verwandelte Gute vernachlässigt er? Widersinnig ist doch diese Definition, daß er
zwar verändert ist, weil das ihm Eigene verändert wurde, die Materie aber nicht
verändert ist.

d) Zur Methode

XXXVI) Das sei also die Widerlegung davon, damit wir eine lange Ausführung
abkürzen, indem wir über ihre Emanationen, die Kämpfe, jene Mythenmachereien
und die Gigantenschlachten schweigen, so daß das über den Anfang der Dinge
Gesagte nur eben wie ein Ausgangspunkt gesagt ist und als Same der Untersuchungen
5 zugrundeliegen kann. Wir wollen aber die Abhandlung über das Gesetz bearbeiten,
nachdem wir uns angemessen mit der über den Anfang abgegeben haben.

B. Über das Gesetz

a) Der Tatbestand

Sie sind nämlich zu der Ansicht gekommen, sie verstünden das Evangelium, haben
sich aber beeilt, das Gesetz und die Propheten zu tadeln. Sie haben das ganze Alte
Testament unter Anklage gestellt, aber angenommen, die Evangelien zu ehren, wobei
10 sie eher die Verehrung der Evangelien vortäuschen, um diese Vortäuschung als Köder   *S. 53*
für die, die betrogen werden sollen, zu nehmen. Denn nicht, weil sie den Evangelien

zustimmen, erklären sie, die Evangelien zu ehren, sondern weil der Name Jesu in
Ehren steht, schützen sie die Verehrung vor, um Zugriff auf die Ehrenden zu haben,
wie sie wollen.

Sie dürften aber, wenn sie die Evangelien wirklich ehren würden, die Evangelien
nicht beschneiden, nicht Teile der Evangelien herausnehmen, nicht anderes hinzufü- 15
gen, nicht den Evangelien etwas nach eigener Lehre und Meinung hinzuschreiben.
Ihre Zunge kennt diese Evangelien nicht, und sie übergehen sie bei der Lesung. Sie
haben freilich hinzugeschrieben, was sie wollten, und herausgenommen, was sie für
richtig hielten, und sie nennen ferner das Evangelium mit Namen, obwohl sie das
Corpus des Evangeliums nicht als Corpus bewahren, sondern ein anderes Corpus 20
von Schriften nach ihrem Willen gemacht haben, das auf die Bezeichnung Evangelium
Bezug nimmt.

Mehr noch als die Heiden aber haben sie die Evangelien verunehrt. Diese nämlich
nehmen sie zwar nicht an, doch wenn sie sie schon nicht annehmen, zerstören sie sie
wenigstens nicht, sondern schütteln sie nur ab, zertreten jedoch nicht die Schriften.
Sie aber, die sie doch anzunehmen schienen, zertraten sie, tanzten auf ihnen herum,
verschacherten die Schriften und taten die Werke von Gauklern und bösen Leuten. 25
Jene glaubten nicht, griffen zu nackter Ungläubigkeit und nahmen es nicht auf sich,
das zu studieren, was sie nicht glaubten. Diese, die hier zur Debatte stehen, unter-
nahmen es, den Einklang zu zerstören, sie wagten es, das Gleichmaß mit künstlich
gefertigten Lehren aufzuheben, wobei sie die Bezeichnung Evangelium zu einer
Voraussetzung ihres Betruges machten.

Wenn sie das Evangelium kennen würden, würden sie auch um das Gesetz wissen. 30
Wenn sie aber nicht um das Gesetz wüßten, wie nähmen sie Jesus an? Denn ohne
das Gesetz wird Jesus nicht aufgenommen. Wer sich nämlich nach dem Ziel sehnt,
kümmert sich auch um den Anfang; wer aber ein Verächter des Anfangs ist, ist eitel
leidenschaftlich, redet Nichtiges, kann nicht zum Ziel gelangen. Wenn aber „Christus
das Ziel des Gesetzes ist" (Röm 10,4), mühen sich die vergeblich, die einerseits zwar
Flüchtlinge vor dem Gesetz sind, andererseits Jesus aber zu kennen geloben. Wenn 35
das Gesetz nicht redet, wird der Herr nicht erkannt. Denn das Verschweigen des
Gesetzes bewirkt Unkenntnis des Verkündigten, die Kenntnis des Gesetzgebers aber
Erkenntnis des vorher Angekündigten.

Wenn sie nur auf Mose hören würden, würden sie an den, der hervorgegangen ist,
glauben. Man glaubt nicht an den Auferweckten, wenn nicht das Gesetz den Hörern
den Glauben eingibt. Denn auch wenn einer sagte: „Schicke Lazarus, damit er meinen 40
Brüdern ansage, nicht zu gehen auf den Weg dieser Pein" (Lk 16,24*27*28) und nach
den Worten Abrahams „Sie haben Mose und die Propheten" (Lk 16,29) sagte: „Wenn
nicht einer von den Toten aufersteht, werden sie gewiß nicht glauben" (Lk 16,30),
wird er hören: „Wenn sie nicht auf Mose und die Propheten hören, werden sie auch
nicht hören, wenn einer von den Toten aufersteht" (Lk 16,31). Papperlapapp! Das
Gebot des Auferweckten widerspricht nicht der Voraussicht des Gesetzes und der 45
Propheten.

Da er vom Gesetz und den Propheten beschirmt wurde, hielt Jesus es nicht für
würdig, ohne ihre Gemeinschaft den Aposteln zu erscheinen; und obwohl er vom
Vater bezeugt werden konnte, verachtete er nicht die Gemeinschaft der Heiligen,
sondern weil er den Augen der Apostel die genaueste Beglaubigung darbieten wollte,
als er sie auf den Berg geführt hatte und sie verwandelt wurden, „ließ er Mose und 50
Elia erscheinen" (Mk 9,4), damit die Gemeinschaft in der Heiligkeit ein Zeugnis

S. 54

würde und damit der, der Jesus annimmt, nicht die verachtet, die zu ihm gehören — ja damit er nicht die Begleiter und Diener verunglimpfend ihn oder das Himmelreich verachte.

Solche Sorge allerdings hat der Heiland für das Gesetz und die Propheten aufge-
55 bracht, daß er nichts Unvollkommenes in Bezug auf das Gesetz tat, sondern alles Geschriebene vollendete und sagte: „Ich bin nicht gekommen, das Gesetz aufzulösen, sondern es zu erfüllen" (Mt 5,17), und er in den Tempel ging und die verwerflichen Geschäfte hinauswarf, damit er, indem er das Haus rein wiederherstellte, durch diese Tat eine sehr genaue Beglaubigung dafür biete, daß er sich um eigene und väterliche Angelegenheiten kümmere. Er sagt ja: „Das Haus meines Vaters soll ein Haus des
60 Gebetes genannt werden, ihr aber habt es zu einer Räuberhöhle gemacht" (Mt 21,13).

Und weil die Sätze zahllos sind, die die widersinnige Lehre jener zuschanden machen können, wollen wir, um nicht durch den Gebrauch von mehr Worten die Abhandlung in die Länge zu ziehen, den anderen erlauben, Analogien aus dem
65 Gesagten zu ziehen.

b) Die Antithesen der Schriftworte

Wir aber wollen, im rechten Maß verfahrend, zu den Antithesen der Schriftworte kommen.

XXXVII) Obwohl sie das Evangelium annehmen, nehmen sie das Gesetz nicht an, denn sie nehmen auch das heilige Evangelium ganz und gar nicht unversehrt an. Sie würden nämlich ganz gewiß das Gesetz begreifen, wenn sie das Evangelium unversehrt annähmen. Nun aber, da sie als erstes das Evangelium verschacherten, nehmen
5 sie das Gesetz begreiflicherweise nicht an. Wegen der Ausplünderung des Evangeliums also werden sie widerlegt, deretwegen sie das Gesetz nicht dulden. Wenn sie für das Evangelium Zeugnis geben und das Gesetz nicht ehren, verunehren sie das Zeugnis, denn es geht dann nicht mehr um Verunehrung des Gesetzes, sondern um den Unglauben hinsichtlich des Zeugnisgebenden. Und wenn die Verunehrung zwar eines
10 der Evangelien bezeugen, ein anderes aber verschweigen würde und sich gegen eines allein wenden würde, würden die anderen Evangelien nicht schweigen, da sie die Verunehrung des einen für eine gemeinsame Verunehrung hielten.

Wenn aber Markus sagt: „Anfang des Evangeliums von Jesus Christus, wie geschrieben steht in Jesaja dem Propheten" (Mk 1,1 f), und Matthäus: „Buch von der Werdung Jesu Christi, des Sohnes Davids, des Sohnes Abrahams" (Mt 1,1), und dieser Abraham als Vorfahren der Geburt nach dem Fleisch kennt und David ehrt,
15 jener aber das Evangelium mit dem Gesetz verbindet und das Gesetz als Anfang des Evangeliums erkennt, sagt der Heiland die Wahrheit mit den Worten: „Wer euch verwirft, verwirft mich" (Lk 10,16). Denn die Verunehrung erstreckt sich nicht mehr nur auf das Gesetz, sondern greift auf den Heiland über.

Die Juden sollen hören: „Wenn ihr auf Mose hören würdet, würdet ihr auch auf mich hören, denn jener hat über mich geschrieben" (Joh 5,46). Die Manichäer aber
20 sollen hören: Wenn ihr auf das Evangelium hören würdet, würdet ihr auch auf das Gesetz hören, denn über das Gesetz hat das Evangelium geschrieben. Aber die Juden, die eine Decke nahmen (vgl. 2Kor 3,13 ff), kannten weder das Gesetz, noch erkannten sie den Verkündeten; die Sektierer wiederum „haben Augen, die nicht sehen, und Ohren, die nicht hören" (Jer 5,21), und weil sie nicht in die Evangelien schauen,
25 bekämpfen sie das Gesetz. Denn siehe, Johannes verkündet: „Es war ein Mensch,

— Die Anfänge der Evangelien

S. 55

gesandt von Gott, sein Name war Johannes, der kam zum Zeugnis, damit er Zeugnis
gebe von dem Licht" (Joh 1,6 f). Er kennt den Zeugen, er kennt den Bezeugten und
beschreibt den Zeugen mit den Worten: „Das Gesetz und die Propheten bis Johannes"
(Lk 16,16). So bezeugt Johannes und ist das Gesetz Zeuge. Wenn aber das Gesetz
Zeuge ist und das Gesetz bezeugt wird, sieh doch: Welch großer Ungereimtheit zollt   30
der Unglaube gegenüber den Zeugnissen Anerkennung.

Neben denen, die solches berichten, schweigt auch Lukas nicht. Denn er macht
die folgende Äußerung, verkündet mit den anderen Übereinstimmendes und berichtet,
daß Gabriel, als er gerade der Maria erschienen war, ihr einen himmlischen Gruß
entbot mit den Worten: „Sei gegrüßt, Begnadete, der Herr ist mit dir!" (Lk 1,28), so
daß jene „durch das Wort verwirrt wurde und bei sich überlegte", wobei sie sagte: 35
„Was ist das für ein Gruß?" (Lk 1,29). Er sagte: „Fürchte dich nicht, Maria, denn du
hast Gnade vor Gott gefunden, und siehe: Du wirst empfangen im Mutterleib und
wirst einen Sohn gebären und wirst ihn Jesus nennen. Der wird groß sein und ein
Sohn des Höchsten genannt werden, und der Herr wird ihm den Thron Davids,
seines Vaters, geben, und er wird herrschen in Ewigkeit, und seines Reiches wird   40
kein Ende sein" (Lk 1,30—33). So wird David geehrt und als Vater des Heilandes
bekannt, und seine anfängliche Herrschaft dauert an, wird dem Herrn übergeben und
nimmt kein Ende, weil die anfängliche Herrschaft in dem Endlosen verherrlicht wird.

XXXVIII) Das sind also die Anfänge der Evangelien. Es war nötig, daß wir die
Darstellung von den Anfängen her ersinnen, damit jemand, der auf diese Weise dem
Schriftwort nachgeht, sowohl die Folgerichtigkeit als auch die innere Übereinstim-
mung der Schriftworte aus den ganzen Evangelien wahrnehme.

Und weil auch der apostolische Dienst eine evangeliumsgemäße Prägung bewahrt   5
und auch Paulus es weiß und seinen Dienst der Leiden dem Evangelium zurechnet
(er sagt ja: „Gemäß meinem Evangelium durch Jesus Christus", Röm 2,16), wollen
wir auch die Anfänge beim Apostel nicht übergehen, sondern zur Erinnerung auch
an sie kommen, damit wir nach einem Durchgang durch alle Schriften und Anfänge
der Schriften das Gesetz in Übereinstimmung abhandeln. Im Brief an die Hebräer   10
sagt er folgendes: „Vielfältig und vielgestaltig hat Gott vorzeiten durch die Propheten
geredet, in diesen letzten Tagen aber redete er zu uns durch den Sohn, den er
eingesetzt hat zum Erben von allem, durch den er auch die Weltzeiten gemacht hat"
(Heb 1,1 f).

Daher kennt er den Vater des Sohnes, und im Wissen um den Vater des Sohnes
zerteilt er die Sache nicht: Er schweigt nicht über das Alte Testament und schreibt
es nicht anderen Propheten zu, sondern dem Gott der Propheten und dem Vater des   15
Sohnes. Paulus zerteilte nicht und zerschnitt nicht, sondern predigte den als Umfas-
senden, der einerseits von jenen Propheten verehrt wird, andererseits aber auch diesen
Sohn geboren hat, und zum einen dessen Erzeuger ist, zum anderen aber jene
Propheten zu Anbetern und Schutzflehenden hat. Denn seine Schutzflehenden sind
die Propheten, sein Sohn ist Christus. Wenn du nun den Sohn ehrst, die Schutzflehenden aber verunglimpfst und schmähst, redest du mit deinem Mund, was dir   20
beliebt. Siehst du nicht, daß der Sohn ärgerlich ist? Er duldet nicht, daß der Vater
beschimpft wird. Denn wenn der Vater die Verunehrung des Sohnes als eigene
Verunehrung angesehen hat, um wieviel mehr wird der Sohn die Schmähung des
Vaters als eigene Geringschätzung ansehen?

XXXIX) Damit wir sie, um allmählich vorwärtszukommen, in Kürze beschämen,
wollen wir den Punkt so in Angriff nehmen: Wenn das Gesetz Gottes ist, weswegen

S. 56

— Der An-
fang des He-
bräerbriefes

nehmen sie das Gesetz nicht an? Wenn du das Gesetz anklagst, wessen Wort und
wessen Stimme ist das Gesetz? Durch wessen Vollmacht wurde das Geschriebene
vom Gesetz ausgesprochen?

5   Hierin nun unterscheiden sich die Häresien und tragen nicht mehr Ähnliches,   **— Exkurs:**
sondern einander Widersprechendes vor. Die Valentinianer bezeugen hier, die Ma-   **Die Valenti-**
nichäer dort, Markion anderswo Rotzigkeiten, nicht Worte gegen das Gesetz. Die   **nianer**
Valentinianer sagen: „Rechtlich war der Gott des Gesetzes, und weil er rechtlich war,
war er nicht Vater des Sohnes. Jesus", sagen sie, „war gut. Gut war auch der Vater,
10 ja der Vater des Sohnes war gut, und gut war das Gezeugte, der Urheber des Gesetzes
aber war rechtlich".

Wenn sie nun so etwas vortragen, haben sie nicht bedacht, welche Stellung das
Rechtliche gegenüber dem Guten hat, und sie haben sich nicht vorstellen können,
daß, wenn etwas rechtlich ist, es auch gut ist, und daß, wenn etwas gut ist, es auch   *S. 57*
rechtlich ist. Weil sie sich solche Vorstellungen nicht machen können, seien sie nur
15 das eine gefragt: Wenn der Gott des Gesetzes rechtlich ist und er nicht der Vater des
Sohnes ist, dann ist Jesus nicht rechtlich. Warum aber erbitten wir die Rechtfertigung
vom Sohn? Wenn er nicht von dem Rechtlichen gezeugt wurde, wie kann er urteilen?
Wie Recht sprechen? Wie konnte ihm dann vom Vater der Richterstuhl überlassen
werden? Wie kann er jedem im Verhältnis zu dem vergelten, was er getan hat? Wie
kann Paulus die Wahrheit sagen mit den Worten: „Denen, die in Ausdauer des guten
20 Werkes ewiges Leben erstreben", „hilft Gott hin zum Guten", „denen aber, die aus
Streitsucht dem Unrecht gehorchen, ist Zorn, Grimm, Trübsal und Angst für jede
Seele eines Menschen, der das Böse tut" (Röm 2,7—9*8,28)? Diese Worte sind
ungültig, wenn die Definition eines Rechtlichen dem Sohn nicht zugegeben wird.
Wenn aber die Strafe für die Gestrauchelten festgelegt ist und die Entscheidung des
25 Rechtlichen ein Maß der Strafe ist, Ehren aber und Geschenke für die Wohlbeleumundeten verwahrt werden, und der Lohn nach der Beurteilung des Rechtlichen
berechnet wird, warum vergrößern sie ihre Vorwitzigkeit und mindern sie nicht?

Wenn der Eingeborene so ist, der Vater aber nicht so wäre, dann wäre nicht mehr
Gleiches von Gleichem gezeugt, wäre er nicht mehr Bild des Erzeugers, nicht mehr
„Abbild", nicht mehr „Abglanz" (Heb 1,3), nicht mehr „sieht den Vater, wer den
30 Sohn sieht" (Joh 14,9), wenn denn der Vater nicht hat, was der Sohn hat. Der Heiland
verkündet doch im Evangelium: „Gerechter Vater, die Welt kennt dich nicht, ich
aber kenne dich" (Joh 17,25).

XL) Was sollen wir tun? Dem Wort des Heilands den Rücken zudrehen? Sollen
wir dem Geschriebenen nicht glauben, oder sollen wir das Wort bewundern, denn
es ist doch ein Wort der Wahrheit? Werden wir die Valentinianer als Rasende und
Besessene außerhalb der gottgeziemlichen und heiligen Versammlungen halten?
5   Aber weil wir etwas Verwerfliches über uns ergehen lassen müssen, wenn wir die   **° Valentin,**
gegen die Sektierer gerichtete Abhandlung in die Länge ziehen, wollen wir, auf daß   **Markion und**
uns dieses Thema nicht weiter ablenke, die eigentliche Abhandlung wieder aufnehmen   **Mani**
und auf das vorliegende Thema kommen, nachdem wir dies der Nützlichkeit wegen
betrachtet haben, damit auch diese Lehre von uns nicht gänzlich verschwiegen werde.

Dreifach zerteilt nämlich erhob die Schlechtigkeit ihre Stimme gegen das Gesetz,
10 und da sie sich so vieler Unterteilungen bediente, bediente sie sich auch so vieler
Gehilfen und Oberhäupter der Gotteslästerung und nahm die, die als Gehilfen in
Frage kamen, so daß sie durch Valentin das Gesetz gering machte und das Evangelium
abtrennte, durch Markion aber die Schrift des Gesetzes das Werk irgendeiner Fehl-

geburt sein ließ und durch Mani das Werk irgendeines Bösen, Lichtlosen, ganz Dunklen.

—Mei- *S. 58* Denn solches tut sie, solches Wortgeklingel stellt sie zusammen und redet Unsinn, 15
nung der damit sie durch die Zusammenstellung von Worten die ungeübten Ohren betroffen
Gegner mache. Deswegen muß folgendes gefragt werden: Wenn jener Schlechte das Gesetz schrieb, jener Lichtlose, der durch und durch Finsternis ist, wie konnte es das Kommen Jesu kennen? Wie konnte es seine Ankunft kennen? Wie konnte es, obwohl die Dinge noch gar nicht geschehen waren, wissen, was Gott wollte, und es vorher- verkünden und offenbaren? Offenbar bezeugen doch die Schriften des Gesetzes 20 von jeher das Kommen des Sohnes. Wenn sie aber sagen werden: Das Gesetz offenbarte nicht, und die Propheten kündigten nicht vorher an,

° Wider- werden sie als gegen das Offenbare anredend widerlegt werden, wobei nicht wir
legung ihre Widerlegung einfädeln, sondern eben die Evangelien, die es öffentlich verkün- digen und da und dort bekanntmachen, irgendwo nämlich so: „Damit erfüllt werde, 25 was durch den Propheten Jesaja gesagt worden ist" (Mt 4,14), anderswo so: „Ich bin nicht gekommen, das Gesetz aufzulösen, sondern es zu erfüllen" (Mt 5,17). Wenn sie aber, daraus offensichtlich widerlegt, zustimmen, was antworten sie? Denn wenn „keiner weiß, was Gottes ist, außer dem Geist Gottes" (1Kor 2,11), der Schreiber des Gesetzes aber wußte, was in Gott ist, und Kenntnis von dem hatte, was Gott wollte, und er es deswegen aus Aufmerksamkeit und Kenntnis aufgeschrieben hat, 30 war der Schreibende also Gottes, war Gott und war in Gott und hat deswegen ausgesprochen, was Gott wollte, weil er wußte, was in Gott war, und es genau kannte.

Wenn denn keiner unser Herz kennt, sondern allein der Schöpfer es kennt, und wenn unser Herz den anderen verborgen ist, es aber Gott nicht verborgen sein kann — und wenn das, was Gott wollte, die Schlechtigkeit nicht etwa nicht wüßte, sondern es genau wüßte, und dieser etwas wollte, jene es aber wüßte — warum teilen sie 35 nicht der Schlechtigkeit noch größere Größe zu, da ihr sogar der Ratschluß Gottes nicht verborgen bleiben kann? Warum klagen sie nicht Gott an, daß er ihn nicht vor der Schlechtigkeit verbergen kann? Wir aber lachen doch über Männer, die, wenn sie etwas gegen ihre Gegner ausrichten wollen, ihr Vorgehen leicht aufdeckbar machen. Die aber, die eine Darstellung solcherart anlegen, sehen nicht, daß sie Gott zum Gespött machen, weil dann der gegen die Schlechtigkeit zu Felde ziehende Gott 40 nicht die eigenen Vorhaben unoffenbart gehalten hätte, sondern diese für die Schlech- tigkeit leicht aufdeckbar geblieben wären. Wenn aber die göttlichen und engelischen Kräfte nicht wissen können, was der Vater will, weil nur der Sohn es weiß und es berichtet („Keiner hat Gott jemals gesehen, der eingeborene Sohn aber, der im Schoß des Vaters ist, der hat es berichtet", Joh 1,18), wie wußten die schlechten Kräfte, was 45 in Gott ist — wo doch auch die göttlichen Kräfte dies nicht wissen konnten — wenn nicht eine Wiedergabe der Kenntnisse aus dem Bericht des Eingeborenen überliefert wurde?

S. 59 Weil aber gerade das Gesetz alles von seinem Kommen in Vorwegnahme berichtet („Siehe, die Jungfrau wird ihn im Mutterleib haben und einen Sohn gebären", Jes 7,14; Mt 1,23), kennt der eine Prophet genau den Ort („Und du Bethlehem, Land 50 Juda, bist keineswegs die kleinste unter den Fürsten Judas", Mi 5,1 laut Mt 2,6), ein anderer die genaue Stelle („Es kennt ein Rind seinen Besitzer und ein Esel die Krippe seines Herrn", Jes 1,3). Ein anderer kennt auch die Flucht nach Ägypten und die Rückkehr aus Ägypten („Aus Ägypten habe ich meinen Sohn gerufen", Hos 11,1

55 laut Mt 2,15), der nächste den Wohnsitz, den er in jungen Jahren hatte („Land
Sebulon, Land Naphtali, Straße am Meer, Transjordanien; das Volk, das im Finstern
sitzt, sieht ein großes Licht", Jes 8,23 f laut Mt 4,15 f), ein anderer kennt auch den
Vorläufer genau („Eine Stimme eines Rufers in der Wüste: Bereitet den Weg des
Herrn, macht seine Wege gerade", Jes 40,3 laut Mt 3,3).

Kurz: Wenn einer, der die Prophezeiungen aus dem Gesetz sammelt, das Evange-
60 lium ganz zusammenstellen wollte, indem er das dort Geschehene in prophetischen
Worten beschreibt, wird er sich als Wißbegieriger und als Philologe erweisen, der
nicht ohne Geist erzählt: seine Unterweisungen, seine Lehren, seine Taufe, das
Vollbringen von Wundern, das gefällte Urteil, den Verrat des Judas, das Heilsge-
65 schehen des Galgens, die ihm im Durst gegebene Galle und den Essig, das Begräbnis
und das Grab, das Heilsgeschehen im Totenreich, die Auferweckung, als letztes auch
die Aufnahme. Außerdem wird er noch sagen: „Hebt die Tore hoch, eure Herrscher,
werdet erhoben, ewige Tore, und der König der Ehre wird einziehen!" (Ps 23,7.9).
Und er wird auch das hinzusetzen, was bei David geschrieben steht: „Es sprach der
70 Herr zu meinem Herrn: Setze dich zu meiner Rechten, bis ich deine Feinde zu einem
Schemel für deine Füße mache" (Ps 109,1).

Wenn also das Gesetz so genau vom Kommen des Sohnes wußte und es lange
vorher angekündigt hatte, steht es nicht mehr unter Anklage und wird es nicht mehr
einem anderen zugeschrieben. Der, der zeugte, hat es vorhergesagt, der, der Rat hielt,
hat im Wort die Taten vorweggenommen. Gott zeugte und Gott sagt: „Mein Sohn
75 bist du, heute habe ich dich gezeugt" (Ps 2,7). Gott schickte einen Gesandten und
Gott redete durch Mose: „Der Herr Gott wird euch einen Propheten erwecken aus
euren Brüdern; auf den sollt ihr hören in allem, was er euch sagt" (Dtn 18,15 f). Gott
hielt Rat, und als er Rat gehalten hatte, schwieg er nicht, sondern sagte den Ratschluß
vorher, damit er durch das Vorhergesagte Glauben erwecke. Er sagt: „Denn sein
80 Name heißt Engel großen Ratschlusses, Wunderbarer, Ratgeber, Friedefürst, Vater
des zukünftigen Äons" (Jes 9,5).

XLI) Soweit der Beweis dafür. Weil sie aber dem Schlechten das Gesetz zuschreiben: — **Meinung**
Was werden sie sagen, wenn einer von ihnen erfragen wird, ob der Schlechte **der Gegner**
immer zum Schlechten auffordere und es unmöglich sei, daß er nicht zum Schlechten °**Widerle-**
auffordere, oder ob er einmal auch zum Guten auffordern und Gutes anraten werde? *S.60* **gung**
5 Denn wenn sie sagen werden, daß er von Natur aus da ist, um zum Guten aufzufordern
und Gutes anzuraten, heben sie ihre Definition wieder auf, denn der, der nicht zum
Schlechten auffordert, ist ja nicht mehr schlecht, schlecht ist nicht mehr der, der
Gutes anrät.

Wenn aber keine gute Absicht vom Schlechten ausgeht, von welchem Rang werden
sie sagen, daß jene Mahnungen sind: „Du sollst nicht huren, du sollst nicht ehebrechen,
du sollst nicht stehlen, du sollst nicht falsch Zeugnis reden" (Ex 20,13—16)? Von
10 welchem Rang werden sie sagen, daß jenes Geschriebene ist: „Du sollst dir keine
Bilder machen, kein Gleichnis von etwas, weder was im Himmel noch was auf Erden
noch was im Wasser ist" (Ex 20,4)? Von welcher Gattung werden sie sagen, daß diese
Taten sind: „Du sollst nicht begehren das Rind deines Bruders oder das Zugtier oder
die Frau oder irgendein Tier" (Ex 20,17)? Wenn sie nämlich solches heilig, göttlich
15 und lieblich nennen werden, werden sie von den Geboten beschämt, da sie die Größe
des Ratgebers verkennen.

Wenn sie es aber schlecht nennen werden und verworfen, und es schlecht ist, nicht — **Schluß-**
zu huren, und es schlecht ist, nichts Fremdes zu begehren, und das Schlechte so **folgerung**

beschaffen ist, dann sieh zu, was sie für gut halten! Sieh doch, daß sie Kuppler der
Lüste sind, Schutzherren der Götzenbilder und Erfinder schändlicher Begierden.
Denn weil sie das Gesetz anklagen, sind sie Botschafter der Ungesetzlichkeit. Die- 20
jenigen nämlich, die das Gesetz, das die Lüste vernichtet, den Betrug zerstört, den
Aberglauben abschafft, verbannen und vertreiben, was tun sie anderes, als die Lüste
ins Haus zu bringen und die Begierden hineinzuführen? Um den Gedanken ungehindert Lust einzuflößen, vertreiben sie das Gesetz aus den Häusern, damit sie sich
durch Nichtgebrauch des Gesetzes gegen das Gesetz wenden, aber irgendwie das 25
Gesetz abschüttelnd ihre käuflichen Ohren den Begierden darbieten. Das Gesetz
erscheint als ein Zerstörer des Bösen, sie aber haben es unternommen, das Gesetz
ungelehrt und ungebildet anzuklagen. Das Gesetz haßt das Böse, sie aber hassen das
Gesetz. Das Gesetz zerstört den Aberglauben, sie aber wagen es, das Gesetz zu
zerstören.   30

c) Die Antithetik der Tatsachen

— Der Tat-
bestand

XLII) Wir wollen also die Tatsachen gegenüberstellen. Wenn das Gesetz dem
Bösen entgegensteht, sie aber dem Gesetz widerstreiten, sind sie unzufrieden wegen
des Bösen, da das Gesetz das Böse anklagt. Denn weil sie die Anklage des Bösen
nicht ertragen, klagen sie wiederum das Gesetz an, damit die Anklage gegen das
Böse nichts ausrichte, da ja das Gesetz selbst unter Anklage gestellt ist.

Wenn das Gesetz die Götzenbilder zerstört und die Vielgötterei abschafft, sie aber 5
gegen das Gesetz zu den Waffen greifen, verkünden sie natürlich Vielgötterei. Damit
die Lehre von der Vielgötterei Wirkung habe, wird bei ihnen das Gebot des Gesetzes

S. 61

unterdrückt, das da sagt: „Höre, Israel, der Herr dein Gott ist ein Herr" (Dtn 6,4),
und „Du sollst den Herrn, deinen Gott, lieben" (Dtn 6,5), und „Wenn du aufblickst
zum Himmel und die Sonne und den Mond siehst, sollst du sie nicht anbeten" (Dtn 10
4,19). Gegen diese Worte haben sie zu den Waffen gegriffen in ihrem Zorn. Über
diese Gebote wetzten sie die Zunge wie ein Messer. Deswegen sind sie den Dämonen
hörig, haben für alles Verehrung und wissen nichts, außer alles anzubeten, und sie
fallen immer wieder in den Staub, haben keine erhabene Gesinnung, schweifen und
irrlichtern mit ihren Gedanken umher. Alles vergotteten sie nach Belieben und hielten 15
am Irrtum fest. Sie haben die Heiden geschlagen, da sie in Fülle und Hohlheit die
Heiden der Heiden geworden sind und durch die Größe ihrer Widersinnigkeit deren
Unverstand abschwächen.

° Einwand
der Gegner

XLIII) Damit nun aber nicht einer unter Anwendung eines sehr betrügerischen
Kunstgriffes ganz hergeholt sagt: Das Gesetz verstellte sich, und nachdem es einige
von den Gütern geraubt hatte, brachte es sie wie eigene vor, weil es die eigenen
Abscheulichkeiten zu Ehren bringen wollte, und es streute Teile der Güter ein, weil
es durch die guten Teile die anderen zu verbergen trachtete,

° Wider-
legung

wollen wir nun zuerst einüben, daß im Gesetz nichts Widersinniges erscheint, und 5
so eine Widerlegung ihrer Widersinnigkeit geschehe; daß zweitens das Gesetz —
wenn es einige Teile des Bösen in deren Verfolgung verbreitet, um die Gläubigen
frei von jedem Teil des Bösen zu machen — nicht mehr als sich verstellend, sondern
als Feind und Gegner des Bösen erscheint; daß drittens aber, wenn es nur einige der
Güter aussäte und nicht jedes Erscheinungsbild der Tugend an den Schriften fest- 10
machte, es so wäre, daß — wenn es einiges zwar geschrieben, das meiste aber
ausgelassen zu haben scheint — ihr Gegenbeweis eine gewisse Wirkung hätte. Wenn

aber insgesamt alle Güter den Schriften des Gesetzes eingefügt sind, wollen wir das Gesetz bewundern und als Gesetz Gottes bekennen und es Unterweisung des Vaters nennen, diesen aber wollen wir beischreiben, daß sie eine falsche und verdrehte
15 Meinung haben.

Weil es also auch nicht ein eingestreutes Teil des Bösen hat und nicht unter Hinderung eines Teils des Bösen einen anderen schonte, sondern das Gesetz rein, heilig und Gottes Gesetz ist, verkündet Paulus: „So ist das Gesetz heilig und das Gebot heilig, gerecht und gut. Denn wir wissen auch, daß das Gesetz geistlich ist"
20 (Röm 7,12.14). Das Heilige, Geistliche und Gute nämlich ist von jeder Widersinnigkeit befreit und ist mit keiner Schuld behaftet, es wird aber durch die Tugenden zu Ehren gebracht und steht im Gespräch mit Gott. Denn der Verkehr mit Gott duldet keine andere Ordnung: Durch die Aufsicht des Geistes wird er in Einklang gebracht. „Gott ist Geist, und die ihn anbeten, müssen ihn in Geist und Wahrheit anbeten" (Joh   *S. 62*
25 4,24). Wenn das Gesetz geistlich ist, stellt es die Verbindung mit Gott her, und es kann „der geistliche Mensch das andere beurteilen, selbst aber wird er von niemandem beurteilt" (1 Kor 2,15). Um wieviel mehr kann das geistliche Gesetz die Worte aller anderen beurteilen, selbst aber wird es von niemandem beurteilt werden?

XLIV) So zerstört es jedes Erscheinungsbild des Bösen und übersieht nicht ein   **— Die vier**
Teil, sondern jedes Erscheinungsbild des Bösen verfolgt es, um es zu zerstören und   **Kardinal-**
zurückzudrängen. Aus den Definitionen des Bösen ist offenbar, daß es vier Erschei-   **laster**
nungsbilder des Bösen gibt: Unverstand, Zügellosigkeit, Furchtsamkeit und Unge-
5 rechtigkeit. Wenn das Gesetz etwas Schlechtes verschwiegen hätte, wäre das Gesetz unvollkommen. Wenn es das aber verfolgt und Erfolg hat, indem es jedes Erscheinungsbild des Bösen im Vorgriff zerstört, wird das Böse offensichtlich vom Gesetz niedergehalten, da ihm nicht einmal zugestanden wird, einen Rest zu behalten.

Wo also das Gesetz gilt und dem Gehorsam Spannkräfte gibt, ist gar keine Spur des Bösen zu finden. Wo es aber nicht in Kraft ist, zieht die Schlechtigkeit raubend
10 und unter sich verteilend herum, nach Belieben marschierend, um in dem Sorglosen sich die Macht über die Seele anzueignen. Denn das Gesetz verkündet: „Wenn mein Volk auf mich hörte, wenn Israel auf meinen Wegen ginge, würde ich in Kürze ihre Feinde demütigen" (Ps 80,14 f). Jedesmal, wenn das Gesetz überzeugt, wird das Böse schlaff, liegt am Boden und kann der Seele nicht mehr widerstehen. Denn wenn „dein Gesetz eine Leuchte für meine Füße und ein Licht auf meinen Wegen ist" (Ps
15 118,105), ist jeder Stolperstein ausgeräumt, da das Herz erleuchtet und voller Glanz gefunden wird. Auch wenn einer noch in dem jungen und zum Ausgleiten neigenden Alter ist, aber die Wacht über seine Worte hält, wird er ohne Fall zum Ziel kommend verkünden: „Wodurch geht ein Jüngerer seinen Weg gerade? Durch das Bewahren deiner Worte" (Ps 118,9). Wenn er sich die Kraft, niemals zu Fall zu kommen,
20 erworben hat, indem er die Lehren des Gesetzes in seinem Denken geborgen hält, sagt er: „In meinem Herzen halte ich deine Worte geborgen, damit ich nicht an dir sündige" (Ps 118,11).

Und da er so das Gesetz als Wächter und Bewacher einsetzte, wird er verstehen, wie das Gesetz jedes der Erscheinungsbilder des Bösen verjagt, wobei es den Unverstand durch den Satz verjagt: „Werdet nicht wie Pferd und Maultier, die keinen
25 Verstand haben" (Ps 31,9), und es die Furchtsamkeit durch das Schriftwort verbannt: „Fürchte dich nicht, wenn ein Mensch reich ist" (Ps 48,17), „fürchte nicht den Tadel der Menschen und werdet nicht schwach durch ihre Verunglimpfung" (Jes 51,7). Fürchte Gott und du wirst stark sein, außer ihm fürchte keinen anderen! Indem es

S. 63

darin die Furchtsamkeit abschüttelt, den Mut eingibt und Tapferkeit einflößt, verkündet es: „Der Gerechte hat Vertrauen wie ein Löwe" (Prov 28,1), „der sich nicht fürchtet und sich vor keinem Tier verkriecht" (Prov 30,30). Und wenn es diese 30 beiden Erscheinungsbilder des Bösen zerstört hat, Unverstand und Furchtsamkeit, zerstört es zugleich auch die Zügellosigkeit mit den Worten: „Du sollst nicht huren, du sollst nicht ehebrechen" (Ex 20,13). Wo die Leidenschaften niedergehalten werden, wird der Zügel der Besonnenheit im Denken gefunden. Und wenn es die drei zugleich zerstört hat, zerstört es auch die Ungerechtigkeit: „Du sollst dir nicht kleine und große Gewichte machen; gerechte und gleiche Gewichte sollst du haben" (Lev 19,35 f). 35 Und wenn so die Arten des Bösen zugleich zerstört worden sind und jedes Erscheinungsbild des Bösen zerstört worden ist, ist die Schlechtigkeit beseitigt, so daß sie nicht mehr in das Denken eingehen kann.

— Das Verhältnis von Gesetz und Körper

XLV) Welche Erscheinungsbilder der Verwerflichkeit hat das Gesetz nicht zerstört? Welche Teile der Lust hat es nicht beseitigt? Welche Furchtsamkeiten? Welche Dummheiten? Verfolgte es nicht soweit die Lust, um sie zu zerstören, daß es sowohl für die Augen Sorge trug als auch die Ohren nicht im Stich ließ als auch die Zunge nicht vernachlässigte? „Ich stellte eine Wache vor meine Augen und will keineswegs 5 eine Jungfrau ansehen" (Hi 31,1). Der Heilige bezieht sich auf die Augen, damit nicht die Lust, indem sie die Seele kitzelt, sie in den Hinterhalt der Begierde lockt. Ein anderer von den Heiligen verkündet: „Schau dich nicht um nach fremder Schönheit" (Sir 9,8), damit nicht die Lust, die nicht einmal die Vordertüren der Seele einnehmen soll, die Hoffnung auf einen Zugang bekomme, sondern, da sie sogar die Türen vergessen muß, ihr Vorhaben hoffnungslos bleibe. 10

Indem das Gesetz sich auch auf die Ohren und Zungen bezieht, ordnet es den Gliedern Wächter und Bewacher zu, wobei es ihnen keinen eigenen Spielraum gibt, sondern sagt: „Herr, stelle vor meinen Mund einen Bewacher und eine Schwelle der Umfassung um meine Lippen" (Ps 140,3), damit nicht ein verwerfliches Wort, das ohne Nutzen herauskommt, als ein Köder der Lust für den wirke, der das Schändliche redet. Weil es sich auch um die Lende kümmert, auf daß nicht das hierhin und dorthin 15 gerissene Denken gefangen werde, sorgt es mit dieser Anordnung vor: „So sollt ihr das Passa essen: Eure Lenden sollen umgürtet sein" (Ex 12,11), damit wir nicht, da wir ungegürtete Glieder haben, eine leichtsinnige Regung versuchen, sondern so umgürtet die beste Ordnung für unsere Angelegenheiten finden.

° Das Beispiel der Ungerechtigkeit

Und nachdem so die Erscheinungsbilder der Lust im Vorgriff zerstört worden 20 waren, ging es auch gegen die Erscheinungsbilder der Sinnenhaftigkeit und gegen die Erscheinungsbilder der Ungerechtigkeit vor. Denn wenn es Unrecht ist, das dem anderen Gehörende wegzunehmen, es mit Gewalt zu nehmen und es ihm gegen seinen Willen zu nehmen, und es ein Erscheinungsbild des Unrechts ist, das dem anderen Gehörende wegzunehmen, es Hetären zu geben oder es ausschweifend zu verzehren, ist der ungerecht, der Gott die Ehre nimmt und sie Hölzern und Dämonen

S. 64

gibt und so die Ehre verzehrt und sie in der Sinnenhaftigkeit verpraßt. Der nämlich, 25 der sein Vermögen verzehrt, ist nicht so verschwenderisch wie der Ungerechte, der den großen Überfluß, die Ehre Gottes, aus Sinnenhaftigkeit vertilgt. Denn soweit der Überfluß der Erkenntnis in der Seele besteht, wird die Hingabe für Gott geäußert. Wenn die aber ganz ruiniert, verbraucht und bettelarm ist, dann bringt sie künftig seine Ehre den Hölzern und dem Kunstwerk dar. Deswegen sagte auch der Apostel, 30 der das Unrecht als Aberglauben kennt: „Auch die Habgier, die ist Götzendienst" (Kol 3,5).

XLVI) Weil also der schlimmste Teil des Unrechts die Unkenntnis gegenüber Gott ist, geringfügiger aber das Vergehen gegen Menschen ist, und das Unrecht in zwei Teile zerfällt, in die Unkenntnis gegenüber Gott und in das Vergehen gegen Menschen, 5 fängt das geschriebene Gesetz mit beiden an. Zuerst verkündet es: „Du sollst dir keine Bilder als Abbild von etwas machen" (Ex 20,4), damit du nicht, indem du die Ehre des Schöpfers verpraßt, diese voll und ganz zerstörst. Er zürnte natürlich über das Volk, weil es ein Kalb machte und dann sagte: „Dies sind deine Götter, Israel, die dich aus dem Land Ägypten herausgeführt haben" (Ex 32,4). Weil sie nämlich 10 die Gaben des Wohltäters dem, was sich nicht bewegen konnte, zuteilten, und es ein sehr schlimmes Unrecht war, den Überfluß der Wohltat des Schöpfers einem Kunstwerk und etwas Graviertem zuzuweisen, wurde die Wahrheit in Marsch gesetzt und das Gesetz geschrieben.

So wurde das Unrecht zurückgedrängt; der Gelehrige wurde erzogen, und nachdem so der Mutwille der Ungerechtigkeit vorher aufgehoben worden war, hob das Gesetz die Ungerechtigkeit gegen den Menschen mit auf. Als erstes wollte es nicht, daß die 15 Liebe zum Geld in der Seele entstehe, weil die Liebe zum Geld die Ungerechtigkeiten gebiert und die Gier nach Geld die Äußerungen der Habgier erzeugt. „Denn die Wurzel der Übel ist die Geldgier" (1 Tim 6,10), es werden aber die Ungerechtigkeiten und die Äußerungen der Habgier Zweige und Äste der Liebe zum Geld sein. Und weil Habgier und Ungerechtigkeit bei der Liebe zum Geld beginnen, trifft es Vor-20 kehrungen, zerstört es vorher, verkündet es vorher: „Wenn Reichtum fließt, hängt nicht euer Herz daran" (Ps 61,11), damit er nicht durch das fließende Geld den im Fluß des Geldes mitfließenden Verstand ergreife. Wenn nur das Geld fließt und kein Halten kennt, die Gesinnung aber ganz natürlich Widerstand leistet, damit sie nicht durch das fließende Geld den eigenen Halt zerstört!

Und weil einerseits die Liebe zum Geld schädlich ist, andererseits aber auch die 25 Liebe zum Ruhm, die den Verstand durch das neue und blühende … des Ruhmes ausplündert, spricht das Gesetz auch über diese Leidenschaft („Ich sah den Unfrommen erhoben und über alle Maßen erhöht wie die Zedern des Libanon; und ich kam *S. 65* vorbei, und siehe, er war nicht mehr da", Ps 36,35 f), damit der Verstand — durch keine leicht verwelkende Reife verführt — seine eigene Großspurigkeit ausverkaufe, dann aber, über allen diesen Dingen stehend, an der Liebe zur Wahrheit festhalte.

30 Deswegen ehrt das Gesetz das rechte Maß, vertreibt die Ungerechtigkeit und teilt die göttlichen Wohnungen denen zu, die das rechte Maß bewahren, und sagt so: „Herr, wer wird wohnen in deinem Zelt oder wer wird sich niederlassen auf deinem heiligen Berg? Der, der untadelig wandelt und Gerechtigkeit übt, der die Wahrheit spricht in seinem Herzen" (Ps 14,1 f), damit es durch die Verbannung jedes Erscheinungsbildes der Liebe zum Geld der Ungerechtigkeit keinen Spielraum gebe.

35 So zerstört das Gesetz durch Verfolgung jedes Erscheinungsbild davon. Deshalb spricht jeder, der dem Gesetz gemäß redet, für die Wahrheit, deswegen ärgern sich die Täter der Wahrheit nicht über das Gesetz, das wider das Böse redet. Es hielt einmal auch der Heiland einen Vortrag gegen die Liebe zum Geld, die Juden aber wurden zornig gemacht, denn die Liebe zum Geld bewirkte bei ihnen Zorn gegen den Vortragenden (Lk 16,10—15).

40 Gewiß: Wenn ein Erzieher zu einem nachlässigen Kind über die Nachlässigkeit spricht, wird er von dem Zögling gehaßt, denn jeder, der die Leidenschaft des jugendlichen Alters austreiben will, wird wegen der Liebe zu den Lüsten gehaßt. Deswegen ist das Gesetz auch bei den Sektierern verhaßt: Weil es gegen die Leiden-

schaften angeht, gegen die Sünden einschreitet, gegen das Geliebte anredet, ertragen
sie sein Vorgehen nicht.

— Die vier
Kardinal-
tugenden

XLVII) Damit aber unsere Worte noch wohlgesetzter werden und die Verwerflichkeit der Häresien in Erscheinung tritt, die ungerechtfertigterweise gegen das Gesetz
aufmarschiert ist, wollen wir in der Darstellung nicht nur schreiben, daß das Gesetz
jedes Erscheinungsbild des Bösen zerstörte, sondern wir wollen bei der Unterweisung
auch ergänzen, daß es jedes Erscheinungsbild der Tugend anführt und erklärt. Denn
wenn das Gesetz zwar alle Bosheiten zerstörte, nicht aber alle Tugenden einsetzte,   5
hätte das Gesetz einen Mangel, denn es unterließe die Einrichtung der Tugenden und
verbannte zwar alle Bosheiten, würbe aber für die Seele nicht um alle Tugenden.
Wenn nun aber von der Darstellung her klar ist, daß im Gesetz und den Propheten
alle Tugenden liegen, wie muß man das Gesetz Gottes dann nicht bewundern und
annehmen?   10

Es gibt aber vier Tugenden: Verständigkeit, Besonnenheit, Tapferkeit und Gerechtigkeit, und alle Tugenden erscheinen im Gesetz. Deswegen hat der, der besonnen
sein will, darin die Belehrungen dafür. Der, der sich bemüht, verständig zu sein, wird
darin der Beste sein, wenn er die Anregungen des Gesetzes aufnimmt. Wer tapfer
sein will, salbe sich mit den Geboten. Wer danach strebt, der Gerechtigkeit anzuhan-   15
gen, halte das Maß der Gerechtigkeit, und er wird nichts Unehrliches tun, wenn er
alles mit dem Maß der Gerechtigkeit tut.

S. 66

Wer an der Verständigkeit teilhat, sage: „Gott hat mich Weisheit gelehrt, und die
Verständigkeit der Menschen ist nicht in mir" (Prov 30,2 f), damit er die verstellte
und irregeleitete Verständigkeit austreibend die beste und göttliche willkommen heiße. 20

Wenn er sie nur sucht, wird der Leser zahllose Beispiele der Besonnenheit finden,
auf daß er sie nachbilde und die alten Beispiele als eine Salbe der Besonnenheit
annehme: Jenen blühenden Jüngling, der von den Brüdern gefesselt und von dem
Ägypter gekauft wurde, der zwar die Freiheit des Körpers eintauschte, die unver-
tauschbare Freiheit der Seele aber bewahrte; der die Kleider ablegte, damit er nicht   25
die Besonnenheit ablege; dem mit Gewalt die Kleider weggenommen wurden, der
aber nicht notgedrungen von der Besonnenheit abgebracht wurde; der das Leiden
vorzog, damit er nicht durch die Leidenschaft der Lust stürze, so daß er sich statt in
der Leidenschaft der Lust im Zustand der Fesselung befand; der es also vorzog, ein
Gefesselter zu sein, damit er nicht als gefesselt an die Lust gefunden würde; der die
Mißgunst dem schändlichen Tun vorzog; der für etwas gehalten werden, nicht aber   30
es sein wollte: Denn er hielt es für schöner, für schändlich gehalten zu werden, als
es zu sein und es zu verbergen (Gen 37). Denn wenn er es gewesen wäre und
verborgen hätte, hätte er Gott als Zeugen fürchten müssen; da er aber nur dafür
gehalten wurde, war er zufrieden mit seinem Aufseher, der Zeugnis für die gibt, die
so sind.

Das war ein Beispiel für die Besonnenheit, für die Tapferkeit aber gibt es viele
andere. Geeignet ist das der Judith: Sie war weiblich und war schwach und zaghaft,   35
weil sie weiblich war — mutig und tapfer aber, weil sie so gläubig war, daß sie das
für die Erwartungen der Menschen Unmögliche der Tapferkeit als möglich zugab
und das nicht zu Erwartende dem Glauben und der Hoffnung zuführte, wodurch sie
in tapferem Glauben stark war. Die Mauern öffneten sich, die junge Frau kam heraus
und kam nur mit einer Sklavin heraus, sie, die nicht den Argwohn gegenüber ihrer 40
Schönheit fürchtete; die die Schwerter überhaupt nicht beachtete; die keine Angst
davor hatte, sich der Lust hinzugeben und unter Gewaltanwendung Opfer von

Enthemmung zu werden; die sich nicht fürchtete, daß sie etwas Unvermitteltes durch das Schwert erleide, sondern die Furcht vor dem Schwert durch Tapferkeit besiegte und die Schönheit Gott anvertraute. Sie hielt Gott nämlich für einen glaubwürdigen
45 Wächter der Schönheit, die Schwerter erachtete sie für Reisig und schwächer als Papyrus, so daß sie die Furchtsamkeit durch die Gesinnung der Tapferkeit mit Füßen trat. Die Frau überwand sie, wurde aber weder für ihren Wagemut verurteilt, noch zog sie die Anklage der Rohheit auf sich. Denn das zur Beurteilung Stehende war nicht ziellos, so daß sie der Rohheit angeklagt werden müßte. Sie vollendete das Geplante. Das Beabsichtigte wurde zur Vollendung geführt. Deswegen wird sie bewundert, weil sie Verständigkeit mit Tapferkeit vermischte, weil das, was geplant worden war, zur Vollendung geführt wurde (Judith 8 ff).
50 Wenn wir das Beispiel dieser Tapferkeit übernehmen, werden wir uns auch an das *S. 67* der Gerechtigkeit halten: Als Abraham die Unrecht Leidenden rächte und für sie kämpfte und nach seiner Hilfe von den Befreiten hörte: „Nimm das Pferd" und alles „für dich" (Gen 14,21), sah er, als er das hörte, nicht auf den Geldvorteil, sondern blickte fest auf die Gerechtigkeit und sah ein, daß er sie als Geschenk empfing und
55 das Geschenk keinesfalls verkaufen durfte; daß die Gnade es nicht duldet, verkauft zu werden; daß die ungerecht sind, die die Geschenke weiterverkauft hatten; und daß man ganz zu Unrecht die Wohltaten wie die Marktwaren verkauft. Ein Mantel und ein Schatz sollen auf Märkten verkauft werden, unverkäuflich aber bleibe die Wohltat dem im Herzen Hochgesinnten, damit sie dem Bittenden umsonst gegeben werde.

XLVIII) Solch ein Beispiel der Gesinnung haben wir, daß die Geschenke und die Wohltaten nicht um viel Geld verkauft werden dürfen, sondern man den Wert eines jeden bewahren muß, damit es nicht vorher durch die Zahlung von Geld zerstört wird. Und indem wir das so verfolgen, bekräftigen wir, daß alles im Gesetz steht,
5 sowohl die Zerstörung des Bösen als auch die Verbesserung der Tugend.

Und weil dies geeignet ist zur Widerlegung und Beschämung, bringen wir auch   — **Weiterfüh-** noch etwas Ähnliches vor: Wenn es nämlich die Evangelien gäbe und auch das Gesetz   **rung** gäbe und wenn nun das Gesetz nichts dem Evangelium Gleiches hätte, richtete sich der Vorwurf gegen die Unähnlichkeit beider. Wenn aber eine Ähnlichkeit besteht, warum kommen wir über der Ähnlichkeit zur Entzweiung, wo doch die Ähnlichkeit
10 gar keine Entzweiung erlaubt? Das Abbild verkündet die Verwandtschaft, die Ähnlichkeit bezeichnet die Verschwisterung.

Gesetz und Evangelium ziehen das Denken zu dem einen Grund von allem hin, dem Vater des Heilandes. Es sagt das Gesetz: „Höre Israel, der Herr dein Gott ist ein Herr" (Dtn 6,4). Es sagt das Evangelium: „Keiner ist gut außer dem einen Gott" (Mk 10,18). Paulus verkündet: „Ein Gott, aus dem das Alles ist" (1Kor 8,6). Der
15 Ungezeugte und Vaterlose ist aus dem Gesetz, dem Heiland und dem Apostel erkannt worden.

Der Gezeugte nun ist ein Gezeugter aus dem Schoß und ein Sohn des Erzeugers. Darin stimmen wieder die Schriften überein: „Aus dem Bauch habe ich dich vor dem Morgenstern gezeugt" (Ps 109,3) sagt das Gesetz. „Der eingeborene Gott, der im Schoß des Vaters ist, der hat es verkündet" (Joh 1,18), führen die Evangelien aus.
20 „Schoß" wird von den Evangelien und „Bauch" vom Gesetz gesagt. Der vollbürtige Sohn, ähnlich dem Erzeuger, wird als aus dessen Bauch und Schoß kommend angekündigt. Das bezeugt die Äußerung des Evangeliums: „Dies ist mein geliebter Sohn, an dem ich Wohlgefallen habe" (Mt 3,17), es bezeugt dies aber auch der

Psalmist: „Mein Sohn bist du, heute habe ich dich gezeugt" (Ps 2,7). Weil die eine
Äußerung damals und heute vorgebracht wurde und es einer ist, der redet und damals
verkündete, aber auch jüngst zu uns sprach, hat sich der, der da gesprochen hat,   25
nicht verändert.

Der nämlich, der später einmal diese Äußerung machen sollte, findet sich schon
vorwegnehmend und vorhersagend in den Psalmen. Auch gibt es eine Weisung vom
Vater an die göttlichen Mächte, dem Sohn zu dienen und ihm Verehrung und
Anbetung zu erweisen, denn es steht geschrieben: „Auch alle Engel Gottes sollen
ihn anbeten" (Ps 96,7). Paulus stimmte dieser Weisung zu, besser: Er arbeitete sie   30
aus, legte sie aus und bemühte sich, ein Erklärer des vorher Gesagten und vorher
Geschriebenen zu werden: „Denn als er den Erstgeborenen in den Weltkreis einführt,
sagt er: Auch alle Engel Gottes sollen ihn anbeten" (Heb 1,6).

Du wirst den Apostel sehen, wie er sich bemühte, das Alte zu erklären, wie er es
nicht vernachlässigte, das im Gesetz Stehende auszulegen, sondern er einmal sagt: 35
„Alles hat er unter seine Füße getan" (Ps 8,7 in 1Kor 15,27), sofort aber ausdeutet:
„Wenn er sagt, alles sei ihm untergeordnet, ist klar, daß er ihm nichts ununterworfen
läßt außer dem, der ihm das Alles unterordnet, damit Gott sei Alles in Allem" (1Kor
15,27* Heb 2,8* 1Kor 15,28). Ein andermal sagt er: „Deshalb wird ein Mensch seinen
Vater und seine Mutter verlassen. Dieses Geheimnis ist groß. Ich rede aber von   40
Christus und der Gemeinde" (Gen 2,24 in Eph 5,31 f).

Die Apostel sind Erklärer des Alten Testamentes, das Alte aber stimmt mit dem
Neuen überein. Doch soviele Apostel erklären, soviele Unapostel tadeln. Indem sie
nicht tun, was die Apostel taten, sondern dem von jenen Geschriebenen widerstreiten, 45
verfälschen sie den Apostolat, da sie Falschpropheten sind. Denn siehe: Die, die in
die Wahrheit einführten und das Gesetz ehrten, legten das Gesetz aus. Diese aber,
die das Gesetz tadeln, streiten gegen das Gesetz und hadern mit den Auslegern des
Gesetzes. Die Apostel kennen die volle Ähnlichkeit von Evangelium und Gesetz,
und wenn sie sich das Gesetz vornehmen, sehen sie das Evangelium, und im Hinsehen 50
auf das Evangelium heben sie das Gesetz nicht auf. Diese aber, die das Ähnliche
immer für unähnlich halten und das mit sich Befreundete und Verschwisterte für
verhaßt und unversöhnlich erklären, entrinnen nicht dem Nachweis der Bosheit, weil
sie sich zwar bemühen, das Ähnliche zu trennen und zu zerteilen, es aber nicht
zerteilen können. Weil das Gesetz gar nicht vom Evangelium getrennt werden kann, 55
ernteten sie die Strafe für ihre Verleumdung.

Denn siehe, was über den Vater im Gesetz steht, das steht auch in den Evangelien.
Was über den Sohn gesagt wird, das ist in beiden gesagt. Was über den Heiligen
Geist zu finden ist, das können wir in beiden finden. Keine von beiden Urkunden
nämlich vergißt den Heiligen Geist, vielmehr ist er im Evangelium das Geschenk,
dort aber das Erwünschte. Und bald sagt David: „Du mögest deinen Heiligen Geist   60
nicht von mir wegnehmen" (Ps 50,13), bald das Evangelium: „Nehmt den Heiligen
Geist" (Joh 20,22), damit er dem einen, der ihn hat, nicht weggenommen werde, der
andere aber, dem er geschenkt wird, ihn so als Empfangender festhalte. Die Seelen
werden durch die Gemeinschaft des Heiligen Geistes geehrt, wobei sie weder von
der Gemeinschaft weggezogen werden, noch es ohne die Gemeinschaft überhaupt
aushalten. Und es wird einer Macht haben über Engel, Erzengel und die anderen   65
Mächte und über Himmel und Erde und die anderen Geschöpfe, wenn es ihm
vollkommen gelingt, die Ähnlichkeit aus dem Gesetz und dem Evangelium zu ersehen
und so dieser nachspürend bis ins Kleinste vórzudringen.

XLIX) Wir aber entsagen so großer Würde, da wir nur den Grundsatz in Anschlag bringen und die Wißbegierigen auffordern, an dem Grundsatz festhaltend zu allen Lehrsätzen vorzudringen. Allein das, was die Sektierer mit irgendeiner Anklage beschuldigen, werden wir in die Darstellung aufnehmen, damit wir sowohl den
5 Vorwurf jener beseitigen als auch die Anordnungen des Gesetzes erforschen. Wenn denn jene bei der Verlesung ihrer Anklage gegen die Schriften sich eines frechen Mundwerks bedienen, wollen wir sowohl ihre Dummheit mit der Ähnlichkeit von Gesetz und Evangelium zuschanden machen als auch nicht versäumen, ihre Anklage beizufügen.

Sie beschuldigen nämlich das alte Gesetz als hart und grausam, sie beschuldigen   **— Vorwurf**
10 auch die alten Diener als Grobiane und eher zur Bestrafung Geneigte und von der   **der Gegner**
erbarmenden Liebe Abgewandte, da sie nicht kennen, was geschrieben steht: „Von   **(Zitat)**
Barmherzigkeit und Urteil werde ich dir singen, Herr" (Ps 100,1), und auch nicht
wissen, daß die Vollendung des Heilsplans von Barmherzigkeit und Bestrafung
abhängt. Weil sie deswegen abgestumpft sind, verschweigen sie die Mitleidsäußerungen des Gesetzes, erinnern vielmehr an die Bestrafungen und verkünden sie hinauf
und hinab.

15 „Seht ihr nicht", heißt es, „daß Kinder den Elisa beschimpften, er aber sie verfluchte
und die Unmündigen durch die Auslieferung an zwei Bären preisgab, um die Kinder
den Bären zum Fraß und zur Atzung vorzuwerfen (2Kö 2,23 ff)? Seht ihr nicht",
heißt es, „daß einige Soldaten wider ihren Willen vom Befehlshaber geschickt worden
waren, um Elia zu rufen, dieser aber sich scheute zu gehen und sich weigerte
20 mitzukommen, dann aber Feuer herabholte, das die Männer fraß und vertilgte, da er
sagte: Wenn ich ein Mann Gottes bin, wird Feuer vom Himmel herabkommen und
dich und deine Fünfzig fressen (2Kö 1,9.10.12)?"

Weil sie nun solche Tatbestände und solche Bestrafungen zur Ordnung des Schlech-   **° Wider-**
ten und der Bosheit rechnen, was werden sie über Paulus sagen? Daß — als er sich   **legung**
25 einst mit dem Magier Bar-Jesus bei dem Proconsul Sergius Paulus unterhielt — er
sah, wie durch die Arglist der Rede das Denken der Unterwiesenen verkehrt wurde   *S. 70*
und er es nicht ertrug, sondern strafte, den Verlust des Augenlichtes bewirkte und
rief: „O du voller List und aller Bosheit, Sohn des Teufels, hörst du nicht auf, die
geraden Wege des Herrn zu verkrümmen? Und siehe: Die Hand des Herrn ist auf
30 dir und du wirst blind sein und die Sonne nicht sehen bis zu einer bestimmten Zeit"
(Apg 13,10 f).

Und was werden sie über Petrus sagen? Daß — als Ananias und Saphira nach dem
Verkauf ihres Besitzes einen Teil beiseitelegten, den anderen Teil aber brachten — er
Ananias anklagte und ihn überführte und als tot erwies, Saphira aber demselben Grab
überantwortete. Sie lagen tot da, getötet durch ein Wort (Apg 5).

Dort vertilgte herbeigebrachtes Feuer die, die gekommen waren, hier aber erwies
35 ein Wort, das vor die Augen der Jünger kam, die als tot, die den Glauben verschacherten. Dort überließ Elisa die Körper von Unmündigen den Tieren, hier nahm
Paulus das Augenlicht weg und machte den Sehenden blind. Indem sie dies taten,
verteilten sie Strafen.

Wenn nur bei den Verwerflichen die Bestrafung wahrzunehmen ist, sind Paulus
40 und Petrus verwerflich; wenn sie aber gut sind, weil sie Apostel sind, und gut sind,
weil sie gestraft haben, was tadelst du die Bestrafungen, wo doch auch die Apostel
Bestrafungen angewendet haben? Wenn wir die Apostel anerkennen, die Bestrafungen
aber tadeln — die Gesetze beurteilen oder richten die Taten doch nicht nach der

Person und treiben nicht Willkür mit den Personen, sondern stimmen in der Ähnlichkeit des Vorgehens mit den Aposteln überein.

— Vorwurf der Gegner (Zitat)

„Aber", heißt es, „mitleidig ist der Sohn, mitleidig ist der, der die Evangelien 45 geschrieben hat, und wer mitleidig ist, ist ein Sprößling des Mitleidigen. Das Gesetz aber ist hart, weil es den Sündern nicht verzeiht, während das Evangelium ein Herz hat, die Vergehen mindert und die Bußen predigt. Denn siehe, der Heiland", werden sie sagen, „schonte sogar den verleugnenden Petrus und stand so großer Sünde 50 dessen, der sich verfehlt hatte, bei. Er eignete sich die Bedrohung in Menschenfreundlichkeit zu, um den Mann als Beispiel in seinem ganzen Leben zurückzulassen, damit er in jenem ein Vorbild seiner Menschenfreundlichkeit darbiete."

° Widerlegung

Was also ist das Gesetz? Fehlt es in ihm an einer Entsprechung und bietet es kein passendes Bild? Petrus, der eifrig war und dann gestrauchelt, wurde durch Vergebung und Verzeihung geehrt, keiner aber im Gesetz, der sich verfehlte und sich schwer 55 verfehlte, warb für sich durch Buße um Vergebung?

S. 71

Wenn sie so unwissend sind, wollen wir anführen, was geschrieben steht: „Erbarme dich meiner, Gott, nach deiner großen Barmherzigkeit, und nach der Fülle deines Mitleids wasche meine Übertretung ab. Immer mehr säubere mich von meiner Gesetzlosigkeit, und von meiner Sünde reinige mich. An dir allein habe ich gesündigt 60 und das Schlechte vor dir getan" (Ps 50,3 f.6). Wenn sie das gewußt hätten, hätten sie von ihrem üblen Gerede geschwiegen.

L) Verschwistert sind also die Tatsachen, ähnlich sind die Bilder. Hier ist Petrus, dort der Psalmensänger, auf daß so die Fehltritte großer Menschen auch durch große Verzeihungen geheilt würden. Und denen, die sich im Großen verwerflich verhielten, wurde auch großes Erbarmen zuteil. Wenn sie also die Evangelien dafür bestaunen, daß Petrus Erbarmen fand, sollen sie auch darüber staunen, daß David Erbarmen 5 fand. Wenn sie aber tadeln, daß gemäß den so großen Evangelien David nicht freigesprochen wurde, wird ihretwegen weder er der Anklage entgehen noch Petrus. Zwar wird gegen David allein diese Anklage zu stehen scheinen, in Wirklichkeit aber wird auch Petrus mit diesem Vorwurf angeklagt werden.

Wenn sie sagen werden, daß die Verzeihung gut ist, sich aber die Verzeihung des Gesetzes auf einen bezog, und es dann in den Evangelien eine Menge an Verzeihung 10 und eine Flut von Vergebung gibt, und eine Stimme ist, die da rief: „Kommt her zu mir alle, die ihr mühselig und beladen seid, ich will euch erquicken" (Mt 11,28), sollen sie das Alte Testament genau lesen und sich über das Geschriebene wundern. Wenn sie sich aber aus Nachlässigkeit weigern, die Schriften durchzulesen, sollen sie auch deshalb von ihrem Tadel Abstand nehmen.

Der Heiland sagt: „Kommt her alle, die ihr mühselig und beladen seid, ich will 15 euch erquicken" (Mt 11,28), wobei er keinen übergeht, keinen im Stich läßt, alle einschließt. Der Psalmensänger sagt: „Klatscht in die Hände, alle Völker" (Ps 46,2), und wiederum: „Hört zu, alle, die ihr den Erdkreis bewohnt, die ihr Erdgeborene und Menschenkinder seid, insgesamt, reich und arm" (Ps 48,2 f). Alle sind aus dem Gesetz, alle aus dem Evangelium heraus angesprochen. Keinen überging das Evan- 20 gelium, keinen vernachlässigte das Gesetz.

Das Evangelium verkündete: „Tut Buße, denn das Himmelreich ist nahe" (Mt 3,2). An alle richtete es diese Unterweisung, sprach zu den Strauchelnden, redete den Gefallenen zu, verkündigte denen, die schon des Todes schuldig waren, warb um die Freiheit durch die Predigt. So lebte auch Jona in Ninive, in einer nicht kleinen Stadt, 25 unter einem menschenreichen Volk. Er zeigte die Bedrohung auf, er verschwieg nicht

die Strafe, er verkündete mit drängender Rede. Er kannte seine Gegner und brachte
sie zur Veränderung, er machte sie los von der Sünde: Die vorher angesagte Strafe
wurde überflüssig und Erbarmen folgte nach. Das Erwünschte geschah, denn nicht
30 die Vernichtung der Menschen war erwünscht, sondern es wurde nach einer Veränderung des Verhaltens gestrebt. Und weil das Erwünschte geschah und die Menschen
verändert wurden, wurde das Geschenk des Menschenfreundes sichtbar, ließ der
Richter seine Fürsprache verlauten und sagte zu seinem Diener: „Wenn du dich über   *S. 72*
die Kürbispflanze erbarmst, um die du dich nicht geplagt hast, die bei Nacht aufging
und bei Nacht verging, sollte ich mich dann nicht über die große Stadt Ninive
35 erbarmen, in der mehr als hundertzwanzigtausend Menschen und viel Vieh wohnen?"
(Jona 4,10 f).

Gott erbarmte sich, und es war offenbar, daß der Verkündende, der eben dies
gesagt hatte, durch einen anderen Propheten verlauten ließ: „Ich will nicht den Tod
des Sünders, so daß er umkehrt und lebt" (Ez 33,11). Der wurde von jenen, die zu
singen wußten, gepriesen: „Gnädig und barmherzig ist der Herr, geduldig und von
großer Güte" (Ps 102,8).

40 So groß ist nämlich die Flut der Mitleidsäußerungen bei Gott, daß er auch die
geringste und unbedeutendste und allerverdorbenste Neigung zur Buße nicht unbe-
lohnt läßt. Als Ahab es bis zum Äußersten der Bosheit getrieben hatte und gerade
einigermaßen in sich gegangen war, belohnte ihn Gott, wies seinen Diener auf diesen
Umstand hin und schwächte die Drohung ab, indem er die Zeit der Bestrafung
45 zwischenzeitlich zurückstellte. „Siehst du," sagte er, „wie Ahab in sich gegangen ist?
Ich will das Böse nicht in seinen Tagen herbeiführen, sondern in anderen Tagen"
(1 Kö 20,29), damit Gott auch den geringsten Tropfen von Buße mit angemessenem
Lohn ehre.

LI) Nachdem wir dies bis hierher dargestellt haben, damit auch die Darstellung   — **Abbruch**
über das Gesetz nicht gänzlich unvorbereitet zurückgelassen werde, brechen wir hier   **und Zusatz**
ab, wobei wir nur noch hinzufügen: „Das Gesetz ist ein Schatten der zukünftigen
Güter" (Heb 10,1). Auch ein Erzieher unterstützt ja das Kind und das jugendliche
5 Alter, bis der Lehrer diesen Bildungsstand übernimmt und an größere Erkenntnisse
verweist. Man wird nämlich genau das Richtige zustandebringen können, wenn man
diese Idee als Grundsatz aufstellt: Wie „durch Mose das Gesetz war, so kam vom
Herrn die Gnade und die Wahrheit" (Joh 1,17).

C. Weitere Themen: Anthropologie (Schöpfungslehre), Christologie

a) Die Meinung der Gegner

Wir wollen aber auch die anderen Angriffspunkte der Fehlgeburt berücksichtigen,   — **Schöp-**
indem wir ihre andere widersinnige Lehrmeinung in ihren eigenen Worten hinzufügen   **fungslehre**
10 und durch unsere Untersuchungen entblößen, damit — wenn es denn möglich ist —
wir die von der unsinnigen Lehre überwältigten Gedanken befreien können.

Sie erstreckt sich nämlich auch auf das Schöpfungswerk und will, daß dieses
sichtbare Werk ein Werk des Betrügers sei und der Mensch ein Gebilde des Schlechten
15 sei und die Seele zwar von Gott sei, sie aber mit dem Schlechten zusammengefügt
sei; und so sei der Mensch entstanden, indem er die Substanz des Körpers von der
Substanz des Schlechten empfangen habe, die Substanz der Seele aber wie ein Raub
oder eine Beute von Gott genommen worden sei, nachdem sie von dem Schlechten
erbeutet worden war. So sei aus der erbeuteten Substanz und der des Schlechten der

S. 73

Mensch geworden aus Seele und Leib, und der Schlechte sei nicht der Urheber der 20
Seele und habe nicht die Substanz der Seele gemacht, sondern er sei nur der
Verursacher ihres Eintritts in den Körper — „Als Plünderer nämlich", wie sie sagen,
„führte er sie ins Fleisch ein" — das Fleisch an sich aber und seine Formung, das
äußere Bild und die vorfindliche Gestalt und auch die ganze Substanz seien Werk
und Formung des Betrügers.

° **Wider-**
legung

Da sie also erklären, der Mensch sei aus Gegensätzen geworden, kennen sie nicht 25
die Lehre von den Gegensätzen und wissen nicht, daß es so ist: Die Gegensätze, die
untereinander unvermischt sind, können keine Mischung und Gemeinschaft untereinander annehmen, sondern würden, wenn man denn ihre Gemeinschaft voraussetzte,
Ursache ihrer eigenen Zerstörung, da sie nicht zusammen bestehen können, sondern
der eine durch die Überwältigung durch den anderen zerstört würde.

Denn siehe, in einem Schlafgemach finden sich doch nicht Tag und Nacht, weil 30
allein schon das Licht durch sein Vorhandensein die Finsternis zerstört. Siehe, in
einer Seele zeigen sich doch nicht Besonnenheit und Unzucht, weil allein schon die
Besonnenheit durch ihr Dasein bewirkt, daß die Unzucht aus dem Weg geräumt
wird. Siehe, Frömmigkeit und Gottlosigkeit sind doch nicht in einem Menschen,
denn wo Frömmigkeit erscheint, erscheint auch nicht ein Tropfen der Gottlosigkeit.
Der Apostel aber bestätigt und besiegelt das Gesagte: „Welche Gemeinschaft hat das 35
Licht mit der Finsternis? Welchen Anteil Christus an Beliar?" (2Kor 6,14 f). Was
einander gegensätzlich ist, kann miteinander doch nicht freund werden, und ein und
dieselbe Harmonie bewirkt doch nicht das, was sie auseinanderreißt. Es wird ja nicht
aus Rhythmus und Arythmie eine einzige Harmonie, und es wird auch nicht aus
Schweigen und Reden eine Einheit. Denn nur das Eine soll sein, weil es nicht mit 40
dem anderen zusammen bestehen kann.

Wenn aber der Körper vom Schlechten wäre und die Seele von Gott, wie würden
sie dann der einen Harmonie des Menschen unterstellt? Wie der einen Gesinnung
und Zuneigung? Denn siehe, er wurde zusammengefügt und wurde ein Mensch, und
in der Harmonie ist er einer. Siehe, die Seele hängt am Körper, mag ihn und liebt
ihn. „Denn keiner haßte einmal sein Fleisch, sondern hegte und pflegte es" (Eph 45
5,29). Wenn aber in der Tat das eine um das andere Sorge trägt und die Seele den
Schmerz des Körpers für den eigenen Schmerz hält und sich nicht von den Leiden
trennen läßt, sondern sich die Wunden zueignet und sich die Leiden zueignet und
jedesmal, wenn er Schmerzen hat, der Wunden wegen beschwert wird, da sie schmerz-
empfindlich sein kann, jedesmal aber, wenn er sich freut, auch von der Freude erregt 50
wird, hat die Seele Anteil an seinen Regungen und beteiligt sich an seinen Erregungen.
Sie läßt auch gleichermaßen wie er davon ab, nimmt aber ebenso eine Verstärkung
dessen an; und wenn die Seele von den Regungen der Leidenschaften abläßt, läßt

S. 74

mit ihr zusammen auch der Körper davon ab und wird ruhig, und wenn die Begierde
in der Seele aufgereizt wird und auch die Erregungen aufgereizt werden, gefällt das
auch dem Körper und er ist erhitzt. So stellen sich gleichermaßen die Erregungen, 55
gleichermaßen aber auch das Ablegen und Aufgeben der Erregungen ein.

Wenn der Mensch aus Gegensätzen bestände und der Körper zwar vom Schlechten
wäre, die Seele aber von Gott, entstände erstens weder eine Vereinigung beider, noch
würde diese dauerhafte Mischung überhaupt zustande kommen; zweitens würde das
eine das andere nicht annehmen, sondern jedes würde für sich das Eigene als ihm
gehörig, das Fremde aber als das des anderen ansehen. Weder würde die Lust der 60

Körper eine Lust der Seele werden, noch würden die Wunden der Körper Schmerzen der Seele erregen, sondern jedes würde mit sich seine Lust und seine Wunden teilen.

Wie aber schaffte es der Teufel, das nicht Seine von dort wegzunehmen? Wie ist dann die Seele, die nicht die seine ist, sondern von einem anderen ist und keine
65 Vermischung mit seinem Herrschaftsgebiet hatte — vielmehr von einer anderen Substanz ist und gänzlich der Substanz des Schlechten fremd war — jetzt in dem Fremden und Andersartigen, erträgt die Vermischung mit dem Körper als Fessel des Schlechten und ist gebunden an ihr nicht Eigenes? Wie macht sie sich dann das Fleisch zueigen und macht es heilig und rüstet es im Blick auf die Tugend aus, damit
70 es nach Möglichkeit das Bessere nachbilde? Denn wenn der Körper rein ist, unbefleckt und makellos, wenn er heilig ist und ehrwürdig, wenn er seine Reden heilig und recht führt, wenn er seine Blicke recht erhält und seine Bewegungen göttlich, was ist das anderes, als daß er sich dem Besseren nachbildet? So nimmt er sich das Gute zum Vorbild und bringt ein Abbild des Besseren hervor.

b) Übertragung auf die Christologie

LII) Dies sei so gesagt. Wir wollen aber noch einige von den Schriftworten beifügen, damit die Beifügung der Worte bei jenen eine Beschämung, bei uns aber Genauigkeit des Glaubens bewirke. Der Heiland sagt im Evangelium, als er an die Schöpfung von Mann und Frau erinnert und die Schöpfung auf seinen Vater und
5 Schöpfer des Alls zurückführt: „Der am Anfang geschaffen hat, hat sie als Mann und Frau geschaffen" (Mk 10,6), und er sagte: „Deswegen wird ein Mensch seinen Vater und seine Mutter verlassen und wird fest seiner Frau anhangen, und die zwei werden zu einem Fleisch werden. Was also Gott zusammengefügt hat, soll der Mensch nicht scheiden" (Mk 10,7—9). Er kennt das Verhältnis von Körper und Seele, da er deren
10 Urheber anführt. Er führt den Vater an und gibt acht auf die menschlichen Gedanken, denn er will, daß das Geschaffene unzertrennt sei, und gestattet niemandem, nach menschlicher Meinung das gut Verbundene zu trennen.

Im Evangelium sagt er denen, die sich an den äußeren Schein ihrer Sorgfalt halten, aber unbekümmert sind um das Verborgene und die innere Sorgfalt: „Dummkopf, S. 75
15 hat nicht der, der das Äußere gemacht hat, auch das Innere gemacht?" (Lk 11,40). Wenn das Innere die Seele ist, das Äußere aber der Körper, und der, der das Innere gemacht hat, die Seele gemacht hat, und der, der das Äußere gemacht hat, den Körper gemacht hat, dann ist der Schöpfer der Seele somit auch der Schöpfer des Körpers, und es ist Gott, der beide gemacht, verbunden und verknüpft hat und auch diese heiligwürdigste Harmonie zusammengefügt hat.
20 Der Heiland selbst macht sich in seinen Äußerungen große Sorge um den Körper, wenn er sagt: „Es gibt Kastraten, die haben sich entmannt wegen des Himmelreiches; wer es begreifen kann, begreife es" (Mt 19,12). Indem er diese Sorge dem Körper widmete und ihn zum heiligen, leidenschaftslosen und lustlosen rüstet und jede Begierde mit seinem Wort ab- und wegschneidet, zeigt er seine Sorge gegenüber dem
25 Körper und verweist auf seine Fürsorge gegenüber dem Fleisch. Indem er sich sorgt und sich Gedanken macht, zeigt er aufgrund seiner Sorgfalt sein Eigentumsrecht an ihm an.

Dabei kommt er auch auf das Sehen zu sprechen, damit nicht der sich zufällig umherbewegende Blick mit Schmutz und Schande erfüllt werde, sondern er durch die straffe Führung seiner Bewegung immer schicklich bleibe. Denn er sagt im

Evangelium: „Jeder, der eine Frau ansieht, um sie zu begehren, hat schon in seinem 30
Herzen die Ehe gebrochen" (Mt 5,28). So rechnet er die im Körper auftretende
Leidenschaft dem Herzen zu, und indem er sich um den Blick sorgt, macht er sich
gleichzeitig Sorge um das Herz, da er die Leidenschaft des Blickes als Leidenschaft
des Herzens einführt und die Sorge um die Augen der Sorgfalt des Nachdenkens
unterstellt. Denn das Auge wird auch nicht anders Schaden anrichten als das Denken
Schaden anrichten wird. Es ist nämlich unmöglich, das Auge zu verderben, die Seele 35
aber nicht zu verderben. Wenn die Seele anständig ist und aufrichtig sieht, werden
auch die Augen sehen, wie es sich gehört. Weil er nun den ungehörigen Blick
verachtete, führte er den heiligen ein, damit „die Augen Rechtes sehen und die Lider
sich Gerechtem zuwenden" (Prov 4,25). Denn er erhebt die Augen und läßt nicht
zu, daß sie in sich gewendet sind, sondern er weckt sie auf, ermutigt sie und läßt sie 40
sich erheben. Deswegen trug er, weil er sich viel Sorge um die Körper machte, auch
einen Körper und ging in einen Körper ein.

LIII) Wenn er nun nicht in einem Körper gekommen wäre, was werden sie über
das Kreuz sagen und über die Male der Nägel und der Lanze, über das Grabmal und
die Gruft? Wenn sie aber — daraus widerlegt — bekennen, der Heiland habe einen
Körper angenommen, was werden sie sagen, außer daß auch er von dem Schlechten
geformt wurde und keineswegs nur der menschliche Körper von dem Schlechten sei, 5
sondern auch der Körper des Wohltäters? Sie werden nämlich nicht ablassen, bis sie
auch zu dieser Ansicht vordringen und die Zunge gegen den Heiland ausstrecken.
Denn wer sich bemüht, gegen das, was jenem gehört, zu disputieren, der wird, daran
die Zunge wetzend, gegen ihn selbst disputieren.

Der Heiland aber wurde durch die Taufe im Jordan abgewaschen und mit Wasser 10
gereinigt — wer aber war er und als wer lebte er? Denn wenn er weder einen Körper
trug noch überhaupt einen Körper hatte, was ist da Gemeinsames zwischen Geist-
wesen und Flüssen? Welcher von den Engeln, welche Kraft, welche Herrschaft,
welche Amtsgewalt, welche Macht wollte ins Bad hinabsteigen und Bekanntschaft
mit dem Wasser machen? Wenn aber weder eine Kraft noch eine Macht noch ein
Thron noch … ins Wasser hinabgestiegen war, bedarf die Sache keiner weiteren 15
Untersuchung, denn das zu Untersuchende ist offenbar und klar. Also: Als er aus
dem Wasser herausgekommen war, wurde er vom Teufel versucht, hungerte, dürstete,
fuhr mit dem Segelschiff, schlief, wanderte, mühte sich ab, ging, kam hungrig zu
dem Feigenbaum, wurde zuletzt verurteilt und gekreuzigt. Wer verkündete das? Wer
bezeugte es? Die Zungen sollen schweigen, die Taten sollen reden. Die Tatsachen 20
haben einen Mund; auch wenn wir keine Luft mehr ausstoßen, können wir Kunde
von uns geben. Das Geschriebene hat einen Mund, auch wenn wir schweigen wollen,
schweigen die Tatsachen nicht; auch wenn wir nicht reden wollen, unterläßt das
Geschriebene es nicht, zu reden.

Wenn sich dies also so verhält und die Taten glaubhaft und die Worte über die
Taten wahr sind und die Wirkungen der Taten verkünden, daß der Heiland einen 25
Körper hatte und zwar einen sterblichen Körper, und er unserer Körper wegen einen
Körper trug, dann sucht er also den ihm ähnlichen, dann kommt unseretwegen der
Schöpfer von jenem Körper und der Schöpfer der unsrigen zu uns. Denn wenn es
ein anderer Körper wäre, würde nicht für von jenem verschiedene Körper Vorsorge
getroffen werden. Wenn er aber geschaffen ist und von Gott geschaffen ist, ist er für
uns geschaffen, ist er für die ihm eigenen Körper geschaffen. Damit er die ihm 30
eigenen Körper rette, schuf er jenen, auf daß er durch seine Erschaffung die Freiheit

S. 76

aller ihm eigenen Körper bewirke. Dank also dem, der unsere Körper geschaffen hat, der auch für die nachlässigen unter ihnen Vorsorge getroffen hat und seinen eigenen Sohn im Körper gesandt hat und ihn unseren Körpern als Pfand gegeben hat, damit wir uns nicht mehr krümmen und zu Boden blicken, sondern durch die
35 Gemeinsamkeit der Körper aufgerichtet sind.

Wir wollen also auch darin jene Betrüger verächtlich machen, weil sie gegen die Körper aufmarschierten und gegen den Schöpfer vorrückten, gegen die Heilsordnung Gottes die Zunge ausstreckten und nicht davon abließen, gegen unsere Freiheit hinsichtlich der Zunge zu reden, da sie irgendwelche Bettler und Straßenpöbel sind,
40 die einen Haufen von Worten der Schlechtigkeit zusammengebracht haben. Es ist nun möglich, daß das eine, was widerlegt worden ist, auch noch das andere anklagt, daß sie aber, wenn sie alles der Reihe nach durchgegangen sind, alles für unnütz und *S. 77* befremdend halten. Deswegen wollen wir der Darstellung auch nicht eine große Länge geben, indem wir uns zu jedem ihrer Worte herablassen. Hier wollen wir Halt machen, weil wir durch weniges auch das andere vorgeführt und durch das oben Gesagte den Gegenbeweis geliefert haben.

Schluß

45 Die Eifrigen bedürfen der Sorgfalt, damit sie durch Nichtbeachtung jedes Blendwerkes ihre Ohren als unangreifbar für die Schlechtigkeit bewahren, so daß sie Schlüsselbewahrer ihrer Ohren sind und sie bald öffnen, wenn das wahre Wort anklopft, sie bald verschließen, wenn das lügnerische und sich verstellende Wort — das die Wahrheit nur vortäuscht — sich bemüht, in die Schatzkammer des Denkens
50 einzubrechen. Denn viele, die sich verstellen und etwas vortäuschen, klopfen bei den Ohren an „und sagen: Ich bin der Christus; und sie werden viele irreführen" (Mt 24,5).

Einer allein aber ist der Christus, der Befreier, der Triumphator, der Wohltäter, der in der Willensverfassung anklopft, der durch seinen Eingang um die Freiheit wirbt, der zugleich mit seinem Einziehen die Sünden austreibt, der in seinem Eingang die
55 Liebe zum Vater gibt, der augenblicklich mit seinem Eingang Siegeszeichen gegen die Schlechtigkeit aufstellt, der seine Wohltat in der Seele birgt. Wenn dieser eingetreten und drinnen ist, werden göttliche und heiligwürdige Feste begangen, Chortänze, die nicht geschildert werden können, Herzensglück, das mit Schweigen geehrt wird. Sofort nämlich zieht er das Denken empor, beflügelt die Seele und macht sie
60 zu einer zum Besseren erhobenen. Gewiß wird einer, wenn er jenen sieht, nicht mehr auf sich selbst sehen, sondern durch die erblickte Schönheit beeindruckt werden; alles hält er dann für unschön. Wegen dessen Anmut sagt er: „Eitelkeit der Eitelkeit, alles ist eitel" (Pred 1,2), er sagt: „Alles halte ich für Dreck, damit ich Christus gewinne" (Phil 3,8).
65 Wenn er also so anklopft und das Denken zögert und sich dem Schlaf hingibt und dies die Ursache des Zögerns wird, ruft er aus: „Öffne mir, meine Schwester, meine Braut, weil mein Haupt voll ist vom Tau und meine Locken von Tropfen der Nacht" (Hhld 5,2), damit er seine Liebe erzeige und auf die Fürsorge hinweise. Denn das Wort läßt es sich gefallen, ausgesperrt zu sein, und erträgt es, draußen zu stehen,
70 und es entfernt sich nicht, bis das Denken sich durch die Beharrlichkeit des Bittens und Anklopfens öffnet, um dem Anklopfenden Raum zu geben.

LIV) Die Gaukler und Falschpropheten und Falschchristusse gehen umher, bald anklopfend, bald einbrechend. Sie bedienen sich eines sanften Klopfens und ahmen das wahre Anklopfen nach. Schnell öffnet ihnen das durch die Ähnlichkeit des Klopfens getäuschte Denken wie einem Vertrauten und Bekannten. Sie lassen nicht ⁵ davon ab, einzubrechen, sondern bemühen sich, sich durchzuwühlen, damit sie mit Betrug oder Gewalt die Gedanken ködern; die einen aber fangen sie mit Gewalt, die anderen täuschen sie mit Betrug.

Deswegen werden die, die weise und fromme Schlüsselbewahrer sind und Wissen mit Wachsamkeit vermischen, ihrer Wachsamkeit wegen niemals Opfer eines Einbruchs, ihres Wissens wegen niemals Opfer eines Betruges. Denn Wissen gibt der ¹⁰ Gaukelei, Wachsamkeit aber den Einbrechern keinen Raum. Deswegen wollen wir als Weise und Fromme unser Denken unter Verschluß halten, indem wir durch das Wissen den Betrug besiegen, durch die Wachsamkeit aber für uns nach Unverletzlichkeit suchen.

DES SELIGEN SERAPION BISCHOF VON THMUIS SCHRIFT GEGEN DIE MANICHÄER

LITERATURVERZEICHNIS

Dieses Verzeichnis enthält nur die in den Anmerkungen angeführte Literatur. Dies gilt auch für die Aufzählung der Hilfsmittel, in der ich von den Wörterbüchern, Grammatiken, Indices, Lexika und Handbüchern nur die aufführen konnte, die bei der Bearbeitung eines Problems einen speziellen Beitrag geleistet haben.

Die Abkürzungen richten sich nach S. Schwertner, Theologische Realenzyklopädie, Abkürzungsverzeichnis, Berlin 1976 (entspricht im wesentlichen IATG, Berlin 1974).

I. QUELLEN UND KOMMENTIERTE ÜBERSETZUNGEN

a) Primärquellen zu Serapion
(auch Unechtes, aufgeführt in der Reihenfolge der Bearbeitung)

— Adversus Manichaeos
° R. P. Casey, Serapion of Thmuis against the Manichees, HThS 15, 1931 (maßgeblich)
° PG 40, 900—924 (ed. Gallandi, veraltet)
° J. B. Pitra, Analecta Sacra II, Tusculum 1884, S. XL (veraltet)
° J. B. Pitra, Analecta Sacra et Classica V, Paris/Rom 1888, S. 48 f (veraltet)
— R. Draguet, Une lettre de Sérapion de Thmuis aux disciples d'Antoine, Muséon 64, 1951, S. 1—25.
— B. Outtier, Saint Sérapion, Evêque de Thmuis, Lettre sur la mort d'Antoine, in: Outtier u. a., Lettres des Pères du Désert, Spiritualité Orientale 42, Abbaye de Bellefontaine 1985, S. 149—157bis
— Epistula ad Eudoxium Episcopum, PG 40, 924 f (aus A. Mai, Classici Auctores e Vaticanis Codicibus editi, Bd. 5, Rom 1833, S. 364—366)
— Aus Brief 23:
° Johannes Damascenus, PG 95, 1165C; 96, 512A
° Pitra, Analecta Sacra II (s. o.), S. XL
     Analecta Sacra et Classica V (s. o.), S. 47
— Aus Brief 55: PG 95, 1245D; 96, 481D—484A
— 3 syrische Fragmente:
° J. B. Pitra, Analecta Sacra IV, Paris 1883, S. 214 f. 443 f
° I. Rucker, Florilegium Edessenum anonymum, SBAW. PPH 1933, Heft 5, S. 26—29
— 3 Katenenfragmente zur Genesis
° R. Devreesse,
    *Les anciens Commentateurs grecs de l'Octateuque et des Rois (StT 201), Rom 1959, S. 104
    *Anciens Commentateurs grecs de l'Octateuque, RB 44, 1935, S. 181
— Fragment bei Evagrius Ponticus
° Sokrates, Kirchengeschichte IV,23, PG 67, 520C
° W. Frankenberg, Euagrius Ponticus, AGWG.PH 1912, S. 552 f
— Briefwechsel mit Apollinaris

° H. Lietzmann, Apollinaris von Laodicea und seine Schule, S. 253 f (Fragm. 159—161), Tübingen 1904

° PG 86,2, 1948BC. 1960B

— Epistula ad Monachos

° PG 40, 925—941

° Cod. Vat. Gr. 439, fol. 66v—74r (≙ PG 40)

° Cod. Mosq. S. Synodi 128 (Vlad. 159), fol. 148v—152v

— C.-A. Zirnheld, Saint Sérapion, Evêque de Thmuis, Lettre aux Moines, in: B. Outtier u. a., Lettres (s. o.), S. 115—147

— A. Dmitrijewskij, Евхологıонъ IV вѣка Сарапıона, епископа Тмуитскаго, in: Труды, Кıевской духовной академıи 2, 1894, S. 242—274

— G. Wobbermin, Altchristliche liturgische Stücke aus der Kirche Aegyptens, TU 17 (NF 2), 3b, Leipzig 1898

— J. Wordsworth, Bishop Sarapion's Prayer-Book. An Egyptian Sacramentary dated probably about A. D. 350—356, ²1923 (Nachdruck Hamden/Conn. 1964)

— F. E. Brightman, The Sacramentary of Serapion of Thmuis, JThS 1, 1900, S. 88—113. 247—277

— F. X. Funk, Didascalia et Constitutiones Apostolorum, Bd.2, Paderborn 1905, S. 158—203 (ΕΥΧΟΛΟΓΙΟΝ ΣΑΡΑΠΙΩΝΟΣ)

— Vita Macarii Scetensis

° syrisch: ed. P. Bedjan, AMSS, Bd. 5, Paris/Leipzig 1895, S. 177—262

° koptisch: ed. A. Amélineau, Histoire des Monastères de la Basse-Egypte (Annales du Musée Guimet 25), Paris 1894, S. 46—117

° griechisch: Cod. Athen. 231, fol. 184v—211v

— Vita Pšôi

° syrisch: ed. P. Bedjan, AMSS, Bd. 3, Paris/Leipzig 1892, S. 572—620

° griechisch: ed. I. Pomjalovskij, Житıе преподобнаго Паисıя Великаго, in: Записки. историко-филологическаго факультета императорскаго, Bd. 50, Heft 3, Petersburg 1900 (Gesamtband 1902)

° V. Scheil, Restitution de deux textes dans le récit syriaque de la vie de Mar Bischoï (Ed. Bedjan), ZA 15, 1900, S. 103—106

— Vita Iohannis Baptistae

° ed. A. Mingana, A New Life of John the Baptist, BJRL Manchester, Bd. 11, 1927, S. 342—349. 438—491

° A. van Lantschoot, Fragments coptes d'un panegyrique de S. Jean-Baptiste, Muséon 44, 1931, S. 235—254

b) Äußere Zeugnisse zu Serapion und andere Quellen

— Acta Archelai (Hegemonius), ed. C. H. Beeson, GCS 16, Leipzig 1906

— Al-Biruni (Hg. E. Sachau), The Chronology of Ancient Nations. An English version of the Arabic text of the Athâr-Ul-Bâkiya of Albîrûnî, London 1879

— Alexander von Lycopolis

° Alexandri Lycopolitani contra Manichaei Opiniones Disputatio, ed. A. Brinkmann, Leipzig 1895

° P. W. van der Horst, J. Mansfeld (Übers. und Komm.), An Alexandrian Platonist against Dualism. Alexander of Lycopolis' Treatise 'Critique of the Doctrines of Manichaeus', Leiden 1974

° A. Villey (Übers. und Komm.), Alexander Lycopolitanus, Contre la doctrine de Mani (Sources Gnostiques et Manichéennes 2), Paris 1985

— Ammianus Marcellinus, Römische Geschichte, ed. W. Seyfarth (Bd. 3), Berlin 1970

— Andreas von Samosata, ed. F. Pericoli-Ridolfini, Lettera di Andrea di Samosata a Rabbula di Edessa, RSO 28, 1953, S. 153—169

— Antonius, Briefe

° ed. G. Garitte, Lettres de S. Antoine. Version géorgienne et fragments coptes, CSCO 148/149, Louvain 1950

° PG 40, 977—1000

— Aphraat, Demonstrationes, ed. J. Parisot, PS I,2, Paris 1907

— Apollinaris, Fragmente, Hg. H. Lietzmann, Apollinaris von Laodicea und seine Schule, Tübingen 1904

— Apophthegmata Patrum, PG 65, 71—440

— Athanasius

° Apologia ad Constantium Imperatorem, PG 25, 595—641

° Apologia de fuga sua, ed. H. G. Opitz, Athanasius' Werke, Bd. II/1, Berlin 1935—1941, S. 68—86

° Apologia secunda, Opitz II/1, S. 87—168

° De Decretis Nicaenae Synodi, Opitz II/1, S. 1—45

° Epistula ad Dracontium, PG 25, 523—534

° Epistula encyclica, Opitz II/1, S. 169—177

° Epistula ad Epictetum, PG 26, 1049—1070

° Epistula ad Episcopos Aegypti et Libyae, PG 25, 537—594

° Epistulae festales (Osterfestbriefe)
   *ed. W. Cureton, The festal letters of Athanasius, London 1848
   *ed. A. Mai, NPB, Bd. 6,1, Rom 1853

° Epistula „ad Monachos", Opitz II/1, S. 181 f

° Epistula de Morte Arii, Opitz II/1, S. 178—180

° Epistulae ad Serapionem I—IV
   *PG 26, 529—676
   *ed. R. W. Thomson, Athanasiana Syriaca II, CSCO 272/273, Louvain 1967 (nur IV, 8—23)
   *C. R. B. Shapland, The letters of Saint Athanasius concerning the Holy Spirit, London 1951
   *J. Lebon, Athanase d'Alexandrie. Lettres à Sérapion sur la divinité du Saint-Esprit, SC 15, Paris 1947

° Historia Arianorum ad Monachos, Opitz II/1, S. 183—230

° Orationes contra Arianos, PG 26, 11—526

° De Synodis, Opitz II/1, S. 231—278

° Tomus ad Antiochenos, PG 26, 795—810

° Vita Antonii
   *griechisch: PG 26, 837—976
   *lateinisch: Evagrius, PG 26, 837—976
   *lat. (älter): G. J. M. Bartelink, Vita di Antonio (Vite dei Santi 1), Verona 1974
   *syrisch: R. Draguet, La vie primitive de S. Antoine conservée en syriaque, CSCO 417/418, Louvain 1980
   *koptisch: G. Garitte, S. Antonii Vitae versio sahidica, CSCO 117/118, Paris/Louvain 1949

— Augustin
° Antimanichäische Schriften (De utilitate credendi u. a.), ed. J. Zycha, CSEL 25, Wien 1891
° Confessiones, ed. P. Knöll, CSEL 33, Wien 1896
° De moribus ecclesiae catholicae et de moribus Manichaeorum, PL 32, 1309—1378
° Contra adversarium legis et prophetarum, PL 42, 603—666
— Basilius, Contra Eunomium, ed. B. Sesboüé, G.-M. de Durand, SC 299 und 305, Paris 1982 und 1983
— E. A. W. Budge, The Book of the Saints of the Ethiopian Church, Bd. 3, Cambridge 1928 (Nachdruck Hildesheim 1976)
— E. Chavannes, P. Pelliot, Un traité manichéen retrouvé en Chine, Teil 2, JA, 11. Serie, Bd. 1, S. 99—199
— Chuastuanift. Ein Sündenbekenntnis manichäischer Auditores, ed. A. von Le Coq, APAW.PH, Anhang Abh. IV, Berlin 1910
— Codex Theodosianus, ed. Th. Mommsen, P. M. Meyer, Bd. I/2, Berlin 1904
— Cyprian, Ad Quirinum, ed. W. Hartel, CSEL 3,1, Wien 1868, S. 33—184
— Cyrill von Jerusalem, VI. Katechese: Opera quae supersunt omnia, Bd. 1, ed. W. C. Reischl, J. Rupp, München 1848 (Nachdruck Hildesheim 1967)
— Didymus, In Zachariam, ed. L. Doutreleau, SC 83—85, Paris 1962
— Ephräm: S. Ephraim's Prose Refutations of Mani, Marcion, and Bardaisan, ed. et trad. C. W. Mitchell u. a., Bd. 1 und 2, London 1912 und 1921
— Epiphanius, Panarion III, ed. K. Holl, GCS 37, Leipzig 1931
— Eunomius, 1. Apologie, ed. B. Sesboüé, G.-M. de Durand, SC 305, Paris 1983
— Euseb von Caesarea
° Epistula ad Carpianum, ed. Nestle/Aland, Novum Testamentum Graece, Stuttgart, 26. Aufl. 1979, S. 73*f
° Kirchengeschichte, ed. E. Schwartz, GCS 9,1.2, Leipzig 1903, 1908
° Vita Constantini, ed. F. Winkelmann, GCS Euseb I/1, Berlin 1975
— Euthymius von Zigabene, Panoplia Dogmatica, PG 130
— Evagrius Ponticus, Traité Pratique ou le Moine, ed. A. et C. Guillaumont, SC 170/171, Paris 1971
— Evodius von Uzalis, De fide contra Manichaeos, ed. J. Zycha, CSEL 25, Wien 1891
— Facundus von Hermiane, Ad Iustinianum, ed. I.-M. Clément, R. Vander Plaetse, CChr.SL 90A, Turnhout 1974
— Fihrist: G. Flügel, Mani, seine Lehre und seine Schriften. Ein Beitrag zur Geschichte des Manichäismus, Leipzig 1862
— Four Martyrdoms from the Pierpont Morgan Coptic Codices, ed. E. A. E. Reymond, J. W. B. Barns, Oxford 1973
— Gregor von Nazianz, Reden, ed. J. Mossay (Discours 20—23), SC 270, Paris 1980
— Große Griechische Abschwörungsformel, PG 1, 1461—1472
— Hennecke/Schneemelcher, Neutestamentliche Apokryphen, Bd. 1, Tübingen, 5. Aufl. 1987, S. 320—329
— Hieronymus
° Chronik, ed. R. Helm, GCS 47, Berlin 1956
° Epistulae, ed. I. Hilberg, CSEL 54/55, Wien 1910/1912
° De viris illustribus, ed. E. C. Richardson, TU 14,1, Leipzig 1896
° Vita Pauli
  *PL 23, 17—30

*J. Bidez, Deux versions grecques inédites de la vie de Paul de Thèbes, Gand/Brüssel 1900
- Ps.-Hieronymus, Ep. VI ad amicum aegrotum, PL 30, 75–104
- Hippolyt, Refutatio omnium Haeresium, ed. M. Marcovich (PTS 25), Berlin 1986
- Historia acephala, ed. A. Martin, M. Albert (Histoire „Acéphale" et Index Syriaque des Lettres festales d'Athanase d'Alexandrie), SC 317, Paris 1985
- Historia Monachorum in Aegypto, ed. A.-J. Festugière (SHG 34), Brüssel 1961
- History of the Patriarchs of the Coptic Church of Alexandria, ed. B. Evetts, PO 1,2.4, Paris 1947/1948
° (vgl. C. F. Seybold, CSCO 52, Louvain ²1954)
- Homer, Odyssee (griechisch und deutsch), Hg. A. Weiher, München, 6. Aufl. 1980
- Ignatius, Briefe, ed. F. X. Funk, K. Bihlmeyer (Die Apostolischen Väter), Tübingen ³1970, S. 82–113
- Index zu den Osterfestbriefen
° ed. A. Mai (s. o. Athanasius, Epistulae festales)
° ed. A. Martin, M. Albert (s. o. Historia acephala)
- Irenaeus, Adversus Haereses IV, ed. A. Rousseau, SC 100, Paris 1965
- Johannes Cassian
° Conlationes XXIV, ed. M. Petschenig, CSEL 13, Wien 1886
° De Institutis Coenobiorum, ed. M. Petschenig, CSEL 17, Wien 1888
- Josephus, De Bello Iudaico, ed. O. Michel, O. Bauernfeind (Bd. II/1), Darmstadt 1963
- Katenen
° Cod. Basiliensis AN III 13
° Nikephoros Hieromonachos Theotokis, Σειρὰ ἑνὸς καὶ πεντήκοντα ὑπομνηματισμῶν εἰς τὴν ὀκτάτευχον καὶ τὰ τῶν βασιλείων, Bd. 1, Leipzig 1772
- Kephalaia
° 1. Hälfte, ed. H. J. Polotsky, A. Böhlig, Stuttgart 1940
° 2. Hälfte, ed. A. Böhlig, Stuttgart 1966
- K. Kessler, Mani. Forschungen über die manichäische Religion (Sammlung von Übersetzungen), Berlin 1889
- Kölner Mani-Codex, ed. A. Henrichs, L. Koenen, ZPE 19, 1975, S. 1–85; 32, 1978, S. 87–199; 44, 1981, S. 201–318; 48, 1982, S. 1–59
- Leontius von Byzanz, PG 86,1.2
- S. N. C. Lieu, An early Byzantine formula for the Renunciation of Manichaeism — The Capita VII contra Manichaeos of Zacharias of Mytilene, JAC 26, 1983, S. 152–218
- Madeba-Karte: H. Donner, H. Cüppers, Die Mosikkarte von Madeba, Teil I: Tafelband, Wiesbaden 1977
- Makarios/Symeon
° Die 50 geistlichen Homilien des Makarios, ed. H. Dörries, E. Klostermann, M. Kroeger (PTS 4), Berlin 1964
° Epistola Magna, ed. R. Staats, AGWG.PH, 3. Folge Nr. 134, Göttingen 1984
- Ein Manichäisches Bet- und Beichtbuch, ed. W. Henning, APAW.PH 1936, Nr. 10
- Manichäische Homilien, ed. H. J. Polotsky, Stuttgart 1934
- A Manichaean Psalm-Book (Part II), ed. C. R. C. Allberry, Stuttgart 1938
- Martyrologium Romanum: Propylaeum ad Acta Sanctorum Decembris, Brüssel 1940
- Maruta von Maipherqat, ed. A. Vööbus, The Canons ascribed to Maruta of Maipherqat and related sources, CSCO 439/440, Louvain 1982
- F. Nau, Prière du Père Sérapion, ROC 12, 1907, S. 323–325

— Origenes
° De Principiis, ed. P. Koetschau, GCS 22, Leipzig 1913
° Homiliae in Genesim, ed. W. A. Baehrens, GCS 29, Leipzig 1920
— Palladius
° Dialogus de Vita Ioannis Chrysostomi, PG 47, 1–82
° Historia Lausiaca
　　*ed. C. Butler, The Lausiac History of Palladius, Bd. 2, Cambridge 1904
　　*ed. R. Draguet, Les formes syriaques de la matière de l'Histoire Lausiaque II, CSCO
　　398/399, Louvain 1978
— Papyrus Dêr al-Balâ'iza, ed. C. H. Roberts, B. Capelle, An early Euchologium. The Dêr-
　　Balizeh Papyrus enlarged and reedited, Louvain 1949
— Papyrus Rylands 469, ed. C. H. Roberts, Catalogue of the Greek and Latin Papyri in the
　　John Rylands Library, Bd. 3, Manchester 1938, S. 38–46
— Le Papyrus Thmouis 1, ed. S. Kambitsis (Publications de la Sorbonne, Sér. Papyrologie
　　3), Paris 1985
— Paradisus Patrum, Hg. E. A. W. Budge, The Book of Paradise, Bd. 2, London 1907
— Philippus von Side, Fragment
° ed. H. Dodwell, Dissertationes in Irenaeum, Oxford 1689, S. 488 ff
° PG 39, 229 f
° Theodoros Anagnostes, Kirchengeschichte, ed. G. C. Hansen, GCS, Berlin 1971, S. 160
　　(Anhang)
— Philo, Opera, ed. P. Wendland (Bd. 2), Berlin 1897
— Photius
° Bibliotheca, ed. R. Henry (Bd. 2), Paris 1960
° Interrogationes, PG 104, 1219–1232
° Contra Manichaeos, PG 102, 15–264
— A. Pietersma, The Acts of Phileas Bishop of Thmuis (Cahiers d'Orientalisme 7), Genf
　　1984
— Procopius von Gaza, Commentarii in Octateuchum, PG 87,1
— Regula ad Monachos S. Serapionis, Macarii, Paphnutii et alterius Macarii, PG 34,
　　971–978; PL 103, 433–442
— F. Rossi, Trascrizione di alcuni Testi Copti del Museo Torinese, Memorie della Reale
　　Accademia delle Scienze di Torino, Serie II, Bd. 36 (Scienze morali, storiche e filologiche),
　　Turin 1885, S. 89–182
— Severian von Gabala
° In Mundi Creationem, PG 56, 429–500
° Un traité inédit de christologie de Sévérien de Gabala. In centurionem et contra Mani-
　　chaeos et Apollinaristas, ed. M. Aubineau (Cahiers d'Orientalisme 5), Genf 1983
— Severus von Antiochien, Homilien
° 57. Homilie, ed. R. Duval, PO 4,1, Paris 1906
° 123. Homilie, ed. M. Brière, PO 29,1, Paris 1960
— Sokrates, Kirchengeschichte, PG 67, 29–842
— Sozomenus, Kirchengeschichte, ed. J. Bidez, G. C. Hansen, GCS 50, Berlin 1960
— Stoicorum Veterum Fragmenta, ed. I. v. Arnim, Bd. 3, Stuttgart 1903 (Nachdruck 1968)
— Storia della Chiesa di Alessandria, ed. T. Orlandi, Bd. 1, Mailand 1967
— W. Sundermann, Mitteliranische manichäische Texte kirchengeschichtlichen Inhalts
　　(Schriften zur Geschichte und Kultur des Alten Orients. Berliner Turfantexte XI), Berlin
　　1981

- Le Synaxaire Arabe-Jacobite IV, ed. R. Basset, PO 16,2, Paris 1922
- Le Synaxaire Ethiopien II, ed. I. Guidi, PO 7,3, Paris ²1950
- Testi Copti: Encomio di Atanasio/Vita di Atanasio, ed. T. Orlandi, Mailand 1968
- Theodoret
  ° Haereticarum fabularum Compendium, PG 83, 335—556
  ° Kirchengeschichte, ed. L. Parmentier, F. Scheidweiler, GCS 44 (19), Berlin 1954
- Titus von Bostra
  ° Titi Bostreni quae ex opere contra Manichaeos edito in codice Hamburgensi servata sunt graece, ed. P. de Lagarde, Berlin 1859 (S. 69—103: aus Serapions Text)
  ° Titi Bostreni contra Manichaeos libri quatuor syriace, ed. P. de Lagarde, Hannover ²1924
  ° P. Nagel, Neues Griechisches Material zu Titus von Bostra (Adversus Manichaeos III,7—29), Studia Byzantina II (Hg. J. Irmscher, P. Nagel), BBA 44, Berlin 1973, S. 285—350
  ° PG 18, 1069—1264 (veraltet; hierin auch Teile aus Serapions Text)
- Vita Pachomii Graeca I, ed. F. Halkin (Sancti Pachomii Vitae Graecae, SHG 19), Brüssel 1932

II. HILFSMITTEL

- B. Altaner, A. Stuiber, Patrologie, Freiburg, 9. Aufl. 1980
- C. Andresen (Hg.), Handbuch der Dogmen- und Theologiegeschichte, Bd. 1, Göttingen 1982
- O. Bardenhewer, Geschichte der altkirchlichen Literatur, Bd. 3, Freiburg ²1923
- A. Baumstark, Geschichte der syrischen Literatur, Bonn 1922
- BHG (SHG 8a), Brüssel ³1957
- BHL (SHG 6), Brüssel 1898—1901
- BHO (SHG 10), Brüssel 1910
- A. Calderini
  ° Dizionario dei Nomi Geografici e Topografici dell' Egitto Greco-Romano, Bd. 2, Mailand 1977
  ° Suppl. I, Mailand 1988
- Catalogue of Additions to the Manuscripts in the British Museum 1854—1875, London 1877
- R. Devreesse, Codices Vaticani Graeci (Cod. 330—603), Rom 1937
- M. Geerard, CPG, Bd. 1 und 2, Turnhout 1983, 1974
- G. Graf
  ° Geschichte der christlichen arabischen Literatur, Bd. 1 (StT 118), Rom 1944 (Nachdruck 1966)
  ° Catalogue des Manuscrits Arabes Chrétiens conservées au Caire (StT 63), Rom 1934
- A. v. Harnack, Geschichte der altchristlichen Litteratur bis Eusebius, Bd. II/2, Leipzig 1904
- G. W. H. Lampe, A Patristic Greek Lexicon, Oxford, 8. Aufl. 1987
- G. Müller, Lexicon Athanasianum, Berlin 1952
- T. Orlandi, Elementi di Lingua e Letteratura copta, Mailand 1970
- R. Payne Smith, Thesaurus Syriacus, Bd. 1 und 2, Oxford 1879, 1901
- J. Quasten, Patrology, Bd. 3, Utrecht 1963

- G. Troupeau, Catalogue des Manuscrits Arabes, 1. partie: Manuscrits Chrétiens, Bd. 1 und 2, Paris 1972, 1974
- H. Zotenberg, Catalogue des Manuscrits Syriaques et Sabéens (Mandaïtes) de la Bibliothèque Nationale, Paris 1874

III. SEKUNDÄRLITERATUR (AUCH LEXIKONARTIKEL)

- Acta Sanctorum Martii, ed. J. Bolland, Antwerpen 1668 (Nachdruck Brüssel 1968), Bd. 3 (zu Serapion S. 259 f)
- A. Adam, Rezension von A. Vööbus, History of Ascetism in the Syrian Orient, in: K. Suso Frank (Hg.), Askese und Mönchtum in der Alten Kirche, WdF CCCCIX, Darmstadt 1975, S. 230−254
- P. Alfaric, Les Ecritures Manichéennes, Bd. 1 und 2, Paris 1918, 1919
- G. Bardy, Art. Sérapion de Thmuis, DThC Bd. 14,1, Paris 1939, Sp.1908−1912
- T. D. Barnes, Angel of Light or mystic Initiate? The Problem of the Life of Antony, JThS NS 37, 1986, S. 353−368
- A. Baumstark
- ° Die Anaphora von Thmuis und ihre Ueberarbeitung durch den hl. Serapion, RQ 18, 1904, S. 123−142
- ° Der Text der Mani-Zitate in der syrischen Überlieferung des Titus von Bostra, OrChr 28, 1931, S. 23−42
- E. Beck, Ephräms Polemik gegen Mani und die Manichäer im Rahmen der zeitgenössischen griechischen Polemik und der des Augustinus, CSCO 391, Louvain 1978
- A. Böhlig, Das Böse in der Lehre des Mani und des Markion, in: W. Strothmann (Hg.), Makarios-Symposion über das Böse (GOF.S, Bd. 24), Wiesbaden 1983, S. 18−35
- B. Botte, L'Eucologe de Sérapion est-il authentique?, OrChr 48, 1964, S. 50−56
- A. Brinkmann, Die Streitschrift des Serapion von Thmuis gegen die Manichäer, SPAW 1894, S. 479−491
- B. Capelle, L'Anaphore de Sérapion, essai d'exégèse, Muséon 59, 1946, S. 425−443
- R. P. Casey
- ° Armenian Manuscripts of St. Athanasius of Alexandria, HThR 24, 1931, S. 43−59
- ° The Text of the Anti-Manichaean Writings of Titus of Bostra and Serapion of Thmuis, HThR 21, 1928, S. 97−111
- ° Einleitung zur Edition von Adv. Man. (s. o., S. 3−26)
- D. J. Chitty, The Desert a City, Oxford 1966
- A. Claus, Ὁ ΣΧΟΛΑΣΤΙΚΟΣ (Diss. iur.), Köln 1965
- G. J. Cuming, Thmuis Revisited: Another Look at the Prayers of Bishop Sarapion, TS 41, 1980, S. 568−575
- DCB, Art. Serapion, Bd. 4, New York 1887 (Nachdruck 1967), S. 612−615
- R. Devreesse, Art. Chaînes exégétiques, DBS 1, 1928, Sp.1109
- A. Dihle, Das Gewand des Einsiedlers Antonius, JAC 22, 1979, S. 22−29
- H. Dörrie, Art. Serapion von Thmuis, PRE, Suppl. VIII, Stuttgart 1956, Sp.1260−1267
- R. Draguet, Le Paterikon de l'Add 22508 du British Museum, Muséon 63, 1950, S. 25−46
- P. Drews, Über Wobbermins „Altchristliche liturgische Stücke aus der Kirche Ägyptens", ZKG 20, 1900, S. 291−328. 415−441
- M.-D. Dufrasne, Les Tendances ariennes et pneumatomaques de l'Eucologe du Pseudo-Sérapion, Louvain-la-Neuve 1981 (Diss. masch., 3 Bde., Signatur LV 22032)

— E. Feldmann, Der Einfluß des Hortensius und des Manichäismus auf das Denken des jungen Augustinus von 373 (Diss. theol.), Münster 1975

— K. Gamber, Die Serapion-Anaphora ihrem ältesten Bestand nach untersucht, OstKSt 16, 1967, S. 33—42

— A. Globe, Serapion of Thmuis as witness to the Gospel text used by Origen in Caesarea, NT 26,2, 1984, S. 97—127

— A. Grillmeier, Jesus der Christus im Glauben der Kirche, Bd. 1, Freiburg ²1982

— A. Guillaumont, Art. Macaire l'Egyptien, DSp Bd. 10, Sp.11—13

— J.-C. Guy, Art. Isaac (2.), DSp Bd. 7, Sp.2005—2007

— A. Hamman, Art. Serapion, LThK² Bd. 9, Sp.682 f

— A. v. Harnack, Marcion. Das Evangelium vom fremden Gott, TU 45, Leipzig ²1924 (Nachdruck Darmstadt 1960)

— W. D. Hauschild, Die Pneumatomachen. Eine Untersuchung zur Dogmengeschichte des vierten Jahrhunderts (Diss.), Hamburg 1967

— A. Heron, Zur Theologie der „Tropici" in den Serapionsbriefen des Athanasius, Kyrios 14, 1974, S. 3—24

— A. H. M. Jones, J. R. Martindale, J. Morris, The Prosopography of the Later Roman Empire, Bd. 1, Cambridge 1971

— Ch. Kannengiesser, Athanase d'Alexandrie, Evêque et Ecrivain (ThH 70), Paris 1983

— G. Karo, H. Lietzmann, Catenarum Graecarum Catalogus, AGWG.PH 1902, S. 2—17

— R. Klein, Constantius II. und die christliche Kirche, Darmstadt 1977

— L. Koenen, Manichäische Mission und Klöster in Ägypten, in: Das Römisch-Byzantinische Ägypten (Aegyptiaca Treverensia 2), Mainz 1983, S. 93—108

— H. Kraft, Kaiser Konstantins religiöse Entwicklung, Tübingen 1955

— M. A. Kugener, F. Cumont, Recherches sur le Manichéisme, Bd. 2, Brüssel 1912

— L. Th. Lefort, Les lettres festales de saint Athanase, BCLAB V,39, 1953, S. 643—656

— H. Lietzmann, Messe und Herrenmahl, Bonn 1926

— S. N. C. Lieu, Manichaeism in the Later Roman Empire and medieval China. A historical survey, Manchester 1985

— R. Lorenz
  ° Der zehnte Osterfestbrief des Athanasius von Alexandrien (BZNW 49), Berlin 1986
  ° Die griechische Vita Antonii des Athanasius und ihre syrische Fassung, ZKG 100, 1989, S. 77—84
  ° Eine Serapion von Thumis [sic!] zugeschriebene arabische Vita Antonii, ZKG 102, 1991, S. 348—361

— E. Mazza, L'Anafora di Serapione: una ipotesi di interpretazione, EL 95, 1981, S. 510—528

— R. Merkelbach, Mani und sein Religionssystem, Rheinisch-Westf. Akad. der Wiss., Vorträge Geisteswiss. G 281, Opladen 1986

— H. de Meulenaere, Art. Thmuis, LÄ Bd. 6, Sp.493 f

— H. de Meulenaere, P. MacKay, Mendes II, Warminster 1976

— J. Michl
  ° Art. Protoevangelium I, LThK² Bd. 8, Sp. 832—834
  ° Der Weibessame (Gen 3,15) in spätjüdischer und frühchristlicher Auffassung, Bib 33, 1952, S. 371—401. 476—505

— H. Munier, Recueil des listes épiscopales de l'église copte, Kairo 1943

— F. Nau, Le Chapitre Περὶ ἀναχωρητῶν ἁγίων et les sources de la vie de Saint Paul de Thèbes, ROC 10, 1905, S. 387—417

— H. G. Opitz, Untersuchungen zur Überlieferung der Schriften des Athanasius, Berlin 1935

— V. Peri, La Cronologia delle Lettere festali di sant' Atanasio e la Quaresima, Aevum 35, 1961, S. 28—86

- Ae. Peters, Het Tractaat van Serapion van Thmuis tegen de Manichaëen, SE 2, 1949, S. 55—94
- F. Petit, Catenae Graecae in Genesim et in Exodum, CChr.SG 2 und 15 (Einleitungen), Turnhout 1977, 1986
- F. Preisigke, Art. Σχολαστικός, PRE, 2. Reihe, 3. Halbbd., Stuttgart 1921, Sp.624f
- H. Ch. Puech, Le Manichéisme. Son Fondateur — Sa Doctrine, Paris 1949
- R. Reitzenstein, Des Athanasius Werk über das Leben des Antonius, SHAW.PH 1914, 8. Abh.
- A. M. Ritter, Art. Eunomius, TRE Bd. 10, S. 525—528
- P. E. Rodopoulos
- ° The Sacramentary of Serapion, Theol (A) 28, 1957, S. 252—275. 420—439. 578—591; 29, 1958, S. 45—54. 208—217
- ° Doctrinal Teaching in the Sacramentary of Serapion of Thmuis, GOTR (Brookline/ Mass.) 9, 1963/64, S. 201—214
- E. Rose, Die manichäische Christologie (Studies in Oriental Religions 5), Wiesbaden 1979 (urspr. Diss. 1941)
- Th. Schermann, Ägyptische Abendmahlsliturgien des ersten Jahrtausends, Paderborn 1912
- E. Schwartz
- ° Zur Kirchengeschichte des vierten Jahrhunderts (I), ZNW 34, 1935, S. 129—137
- ° Über die Bischofslisten der Synoden von Chalkedon, Nicaea und Konstantinopel, ABAW PPH NF 13, 1937
- Sixtus von Siena, Bibliotheca Sancta, Venedig 1566, Frankfurt 1575, Köln 1576
- R. Staats, Art. Hauptsünden, RAC Bd. 13, Sp.734—770
- E. Staimer, Die Schrift „De Spiritu sancto" von Didymus dem Blinden von Alexandrien (Diss.), München 1960
- G. Stroumsa, Monachisme et Marranisme chez les Manichéens d'Egypte, Numen 29, 1982, S. 184—201
- A. Stülcken, Athanasiana. Litterar- und dogmengeschichtliche Untersuchungen, TU NF 4,4, Leipzig 1899
- M. Tardieu, Les Manichéens en Egypte, BSFE 94, Juni 1982, S. 5—19
- M. Tetz
- ° Athanasius und die Vita Antonii. Literarische und theologische Relationen, ZNW 73, 1982, S. 1—30
- ° Zur Biographie des Athanasius von Alexandrien, ZKG 90 (Sonderheft), 1979, S. 158—192
- ° Zur Edition der dogmatischen Schriften des Athanasius von Alexandrien, ZKG 67, 1955/ 56, S. 1—28
- ° Ein enzyklisches Schreiben der Synode von Alexandrien (362), ZNW 79, 1988, S. 262—281
- L. de Tillemont, Mémoires pour servir à l'histoire ecclésiastique des six premiers siècles, Bd. 8, Paris 1713
- J. A. L. Vergote, Der Manichäismus in Ägypten, in: G. Widengren (Hg.), Der Manichäismus, WdF CLXVIII, Darmstadt 1977, S. 385—399
- A. Vögtle, Die Tugend- und Lasterkataloge in Neuen Testament, Münster 1936
- A. Vööbus, History of Asceticism in the Syrian Orient I, CSCO 184, Louvain 1958
- H. G. Evelyn White, The Monasteries of the Wâdi'n Natrûn, Bd. 1 und 2, New York 1926, 1932
- G. Widengren, Mani und der Manichäismus, Stuttgart 1961

REGISTER

(A = Anmerkung auf der angegebenen Seite)

1. BIBELSTELLEN

2. BIBLISCHE EIGENNAMEN

3. ZITATE ANTIKER AUTOREN

4. ANTIKE NAMEN
UND ERWÄHNTE ANTIKE AUTOREN BZW. SCHRIFTEN

Theophilus von Alexandria   105
Tiberius (Bischof)   118, 157
Timotheus von Alexandria   105
Timotheus (Apollinarist)   75
Timotheus von Berytus   76
Titus (Kaiser)   117 A

Titus von Bostra   5, 6, 7 A, 26, 36, 37, 39,
    40, 41, 42, 43, 44, 47, 51, 52, 54 A, 56

Valentin   9, 13, 17, 50
Valentin (Apollinarist)   76

5. MODERNE AUTOREN (IN AUSWAHL)

Baumstark, A.   37 A, 86, 103, 104
Beck, E.   36, 38, 48 A, 52 A
Botte, B.   87, 88, 89, 90, 91, 92, 94
Brightman, F. E.   85, 86
Brinkmann, A.   5, 6
Butler, C.   119

Casey, R. P.   3 A, 4 A, 5, 6, 7, 9, 10 A, 20,
    21, 22, 24 A, 52, 53, 64 A, 79, 87, 91,
    136 A, 163, 164
Cuming, G. J.   88, 89

De Lagarde, P.   5, 6, 7 A
Devreesse, R.   72, 73
Dmitrijewskij, A.   85
Dörrie, H.   10 A, 19 A, 96, 151
Draguet, R.   57, 61 A, 79, 107 A
Drews, P.   86
Dufrasne, M.-D.   88, 89, 90, 91, 92, 93, 94

Feldmann, E.   36

Gallandi   5 A, 152
Geerard, M. (CPG)   2 A, 80 A, 104
Graf, G.   99, 116 A

Harnack, A. von   151

Kannengiesser, Ch.   134, 135

Lebon, J.   136, 137, 146 A
Lefort, L. Th.   123, 124
Lorenz, R.   107 A, 116 A, 124, 127, 128

Mai, A.   64, 80, 83
Mingana, A.   105

Orlandi, T.   99 A, 104, 132 A, 153 A

Paramelle, J.   80, 84
Peri, V.   124, 126, 127
Peters, Ae.   22, 53
Petit, F.   73, 74
Pitra, J.-B.   5 A, 6 A, 68 A, 69, 71 A

Rodopoulos, P. E.   87
Rucker, I.   69, 70, 71, 153

Schwartz, E.   124, 127, 128
Shapland, C. R. B.   141 A, 144 A
Sixtus von Siena   155

Tetz, M.   2, 79 A, 81 A, 106, 107, 108,
    109, 112, 115, 120 A, 136 A, 147 A, 150

White, H. G. Evelyn   95 A, 99 A, 101 A,
    102, 104 A
Wobbermin, G.   85, 90, 95, 96, 97
Wordsworth, J.   85, 96

6. ORTE

Ägypten/ägyptisch   7, 8, 9, 36, 55, 56, 58,
    59, 61, 63, 80, 81, 82, 83, 89, 90, 108,
    109, 117, 118, 119, 124, 125, 126, 127,
    128, 129, 130, 131, 138, 141, 147, 157,
    161
Alexandria/alexandrinisch   7, 58, 59, 63,
    64, 68, 75, 79, 107, 112, 113 A, 114,
    117 A, 126, 129, 130, 131, 132, 141, 147,
    152, 153
Ancyra   141, 147
Arles   131
Arsenoites   154

Caesarea   144

Konstantinopel   64, 127, 135 A, 149
Korinth   76

Lycopolis   7, 81

Mailand   109, 120 A, 121, 130, 131, 157,
    158

Nicäa/nicänisch   10, 11, 20 A, 87, 118, 140,
    141, 142, 143, 147, 148, 153, 154, 158
Ninive   19

Palästina   126, 127

Rom   123, 132

Scythopolis   144
Seleukia   118, 145, 147, 148
Serdica   126, 129, 130
Šišwir   102
Sketis   101, 102
Syrien   126, 127

Thmuis   1, 56, 58, 59, 63, 74, 79, 80,
    90, 95, 99, 112, 117, 118, 119, 120, 121,
    122, 129, 130, 133, 148, 149, 150, 156,
    157
Trier   124, 126, 127, 128
Tyrus   126, 127, 128

7. SACHEN UND BEGRIFFE

Altes Testament/alttestamentlich   15, 17,
    18, 19, 26, 34, 46, 47, 48, 49, 53, 54, 55,
    56, 93 A, 162, 163
Anachoret/anachoretisch/Anachorese   2, 8,
    9, 12, 13, 56, 59, 60, 63, 68, 69, 80, 82,
    83, 90, 95, 104, 111, 115, 118, 119, 121,
    122, 123, 153, 154, 155, 157, 159, 161
Anthropologie/anthropologisch   13, 19,
    20, 26, 27, 30, 36, 41, 42, 44, 45, 46, 51,
    52, 53, 158, 159
Antimanichäismus/antimanichäisch   3, 4,
    5, 9, 19, 24, 27, 36, 37, 49, 52, 55, 56,
    57, 157, 158, 159
Antithesen   53, 54, 55
Apollinarismus   72
Apostel/apostolisch   10, 11, 14, 15, 18,
    24 A, 26, 92, 93, 96, 98

Arianer/arianisch/Arianismus (auch: anti-)
    11, 58, 59, 61, 62, 63, 64, 66, 71, 77, 78,
    87, 88, 89, 91, 96, 97, 108, 109, 110, 112,
    113, 114, 123, 132, 133, 134, 135, 137,
    138, 140, 141, 142, 143, 145, 147, 153,
    155, 157, 159, 160, 161, 162
Asket/asketisch/Askese   1, 70, 150, 157,
    158, 159, 160, 161

Bibel/biblisch (auch: Schrift)   7, 9, 12,
    20 A, 21, 23 A, 26, 43, 47, 57, 82 A, 94,
    159, 163
Bischof   1, 13, 56, 58, 64, 70, 71, 72, 73,
    75, 83, 90, 95, 99, 112, 115, 117, 118,
    120, 121, 122, 123, 125, 126, 127, 129,
    130, 132, 133, 135, 148, 150, 151, 152,
    153, 154, 155, 157, 160, 161

8. GRIECHISCHE WÖRTER

HERAUSGEGEBEN IM AUFTRAG DER
KIRCHENVÄTER-KOMMISSION DER
PREUSSISCHEN AKADEMIE DER
WISSENSCHAFTEN

ITALA

Das Neue Testament in altlateinischer Überlieferung

*Nach den Handschriften herausgegeben von Adolf Jülicher
durchgesehen und zum Druck besorgt von
Walter Matzkow und Kurt Aland*

Band I: Matthäus-Evangelium
Zweite verbesserte Auflage
Quart. VIII, 214 Seiten. 1972. Kartoniert DM 245,–
ISBN 3-11-002256-7

Band II: Marcus-Evangelium
Zweite verbesserte Auflage
Quart. VII, 160 Seiten. 1970. Kartoniert DM 225,–
ISBN 3-11-001244-8

Band III: Lucas-Evangelium
Zweite verbesserte Auflage
Quart. VII, 282 Seiten. 1976. Kartoniert DM 365,–
ISBN 3-11-002255-9

Band IV: Johannes-Evangelium
Quart. X, 230 Seiten. 1963. Kartoniert DM 280,–
ISBN 3-11-001243-X

Preisänderung vorbehalten

Walter de Gruyter · Berlin · New York

Gregory of Nyssa:
Homilies on Ecclesiastes

Proceedings of the Seventh
International Colloquium on Gregory of Nyssa
(St. Andrews, 5—10 September 1990)

Edited by
Stuart George Hall and Rachel Moriarty

1992. Large-octavo.
Approx. 340 pages. Cloth approx. DM 128,—
ISBN 3-11-013586-8

An English version of the eight Homilies on Ecclesiastes by a leading
theologian of the fourth century, with supporting introductory and
expository studies.

The translation is based on the text in Gregorii Nysseni Opera V (ed.
P. Alexander, 1986). Leading scholars from various countries provide
exegetical studies of each homily and wider researches on the Christian
interpretation of Ecclesiastes.

Proceedings of the Seventh International Colloquium on Gregory of
Nyssa, St. Andrews, 5—10 September 1990, under the chairmanship
of Stuart G. Hall, Professor of Ecclesiastical History, King's College
London.

Price is subject to change

Walter de Gruyter   W DE G   Berlin · New York